죽엄으로써 나라를 지키자

1950년대, 반공·동원·감시의 시대

죽음으로써 나라를 지키자
1950년대, 반공·동원·감시의 시대

초판 1쇄 발행 2007년 11월 30일

저 자 김득중·강성현·이임하·연정은
      김학재·후지이 다케시
펴낸이 윤관백
교정교열 김은혜·이수정
표 지 전돈효
펴낸곳

등록 제5-77호(1998.11.4)
주소 서울시 마포구 마포동 324-1 곳마루빌딩 1층
전화 02)718-6252 / 6257
팩스 02)718-6253
E-mail sunin72@chol.com

정가 24,000원
ISBN 978-89-5933-100-0 93900

·저자와 협의에 의해 인지 생략.
·잘못된 책은 바꿔 드립니다.

죽음으로써 나라를 지키자
1950년대, 반공·동원·감시의 시대

김득중·강성현·이임하·연정은
김학재·후지이 다케시

화보

▶ 『국제신문』은 『민주일보』와 더불어 여순사건 관련 사진을 가장 많이 게재했다. 여수 진압이 거의 끝난 10월 27일, 『국제신문』은 12장의 사진을 넣은 「현지보도 특집」을 발행했다. (『국제신문』, 1948년 10월 27일 「특집」 1면)

▶ 「일부 국군 응원부대 반군과 합류, 소위 인민재판은 어떻게? 총살·교살·소살 눈뜨고 보지 못할 순천의 참경」, 『국제신문』, 1948년 10월 27일 「특집」 2면

▶ 여순사건 발발은 국내뿐만 아니라 외국 기자의 관심을 끌었다. 반란 지역을 방문한 *Life* 기자 칼 마이던스는 순천에서 벌어진 협력자 색출장면과 여수진압작전을 직접 목격하였고, 그가 촬영한 사진들을 *Life*에 게재하였다.

이 사진은 진압군이 여수에서 제14연대 군인과 협조자를 색출하여 옷을 벗긴 채 연행하는 장면이다. 왼편 목조 건물에 오까모또(岡本)라고 쓴 문패가 보인다. 태평양전쟁이 끝난지 3년 만에 전쟁 같은 내전이 발발했고, 2년 뒤에는 한국전쟁이 발발했다. 전쟁의 연속이었다.

▶ 순천의 한 학교에서 즉결 처형된 14연대 봉기군의 시체. (*Life*, 1948년 11월 15일)

▶ 반란군에게 사살된 시신 앞에서 망연자실한 유족들. 뒤쪽에 서있는 사람은 미 임시군사고문단원 랠프 블리스(Ralph P. Bliss) 중위로서, 기갑부대 고문관으로 활동했다.

▶ 여순사건 당시 진압군은 반란 병사, 농민, 일반 지방민을 대상으로 경고문 삐라를 살포하였다. 사진은 일반 지방민에게 보내는 삐라이다. 군 작전지역에서 태극기를 세우지 않으면 반란군으로 취급하며, 반란군에게 피복이나 금품을 주면 반란군과 같이 사형에 처한다고 경고하고 있다.

▶ 여수여자중학교 교장이었던 송욱은 지역에서 존경받는 인물이었지만, 반란군에 협조했다는 이유로 진압군에게 체포되었다. 인쇄 상태가 좋지 않아 글자를 바로 알아볼 수 없으나, 벽보에는 "대강연회. 조국에 부르지음을 듣자. 연사 이용기, 송욱, 때 10월 22일 오후 1시, 곳 여수극장, 주최 조선인민공화국 여수군 인민위원회"라고 적혀 있다. 송욱은 강연회 참석을 거부하고 참가하지 않았지만, 벽보에 그의 이름이 적혀 있었기 때문에 송욱을 반란 협조자로 간주한 진압군의 체포를 피할 수 없었다. 체포된 이후, 송욱을 다시 본 사람은 없었다.

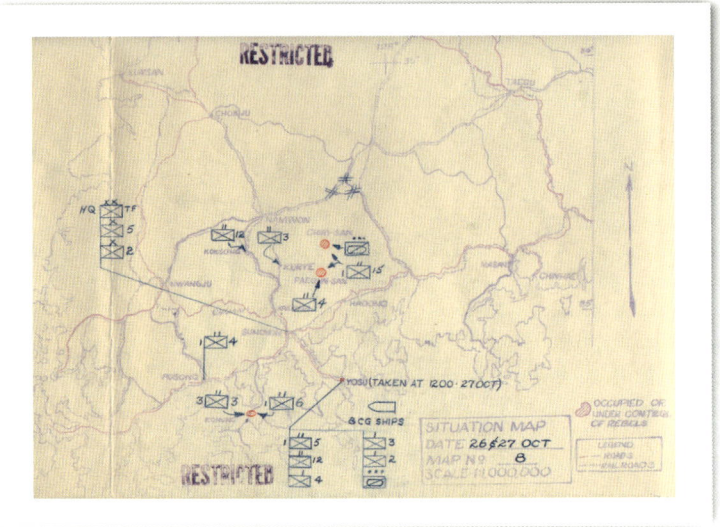

▶ 미 임시군사고문단 작성한 10월 26~27일까지의 작전 지도. 10월 27일 12시에 여수가 완전히 탈환된 것으로 표시되어 있고, 여수 작전에는 2, 3, 4, 5, 12연대 및 전술기갑소대가 투입된 것을 알 수 있다. 제4, 15연대는 산악지역으로 탈출한 반란군을 진압하기 위해서 백운산과 지리산 지역에 배치되어 있다.

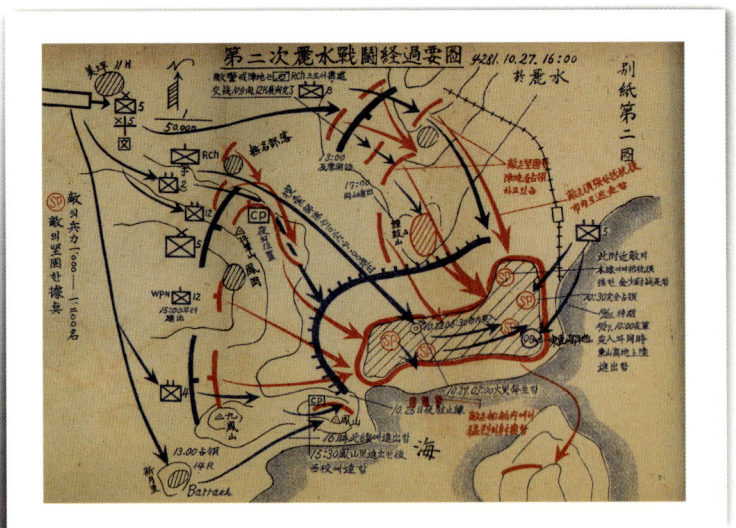

▶ 10월 27일 16시 진압군의 여수압박 작전 상황을 세밀히 표시한 「제2차 여수전투 경과 요도」. 여수를 탈환하기 위해 제2, 4, 5, 12연대, 수색대 등이 동원된 것을 알 수 있으며, 반란군의 병력을 1,000명에서 1,200명으로 추산하고 있음을 알 수 있다.

▶ 정부가 발간한 『반란과 민족의 각오』 표지. 이 책에는 이승만 대통령, 이범석 국무총리의 성명서와 함께, 김영랑, 박종화, 이헌구, 정비석, 김송 등이 작성한 현지 실정 답사기와 시(詩)가 실렸다. 문인들이 직접 현지를 방문하고 작성한 글들은 공산주의자를 적대적이고 비인간적인 존재로 보는 데 중요한 역할을 했다(자세한 내용은 본문을 참조).

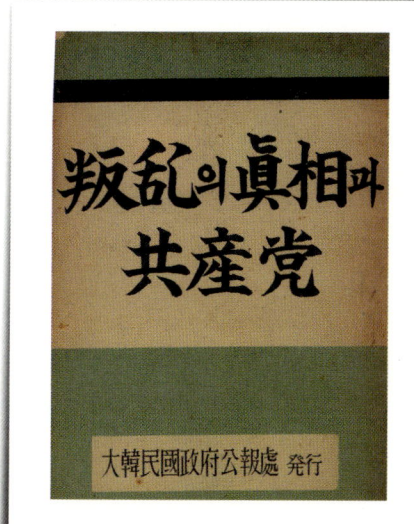

▶ 공보처가 발간한 『반란의 진상과 공산당』 표지. 여순사건 진압 후에 발간된 이 책은 '공산분자는 매국노', '공산주의는 평화의 적', '적구(赤拘)의 준동을 막자', '대한민국의 진로' 등으로 구성되어 있다.

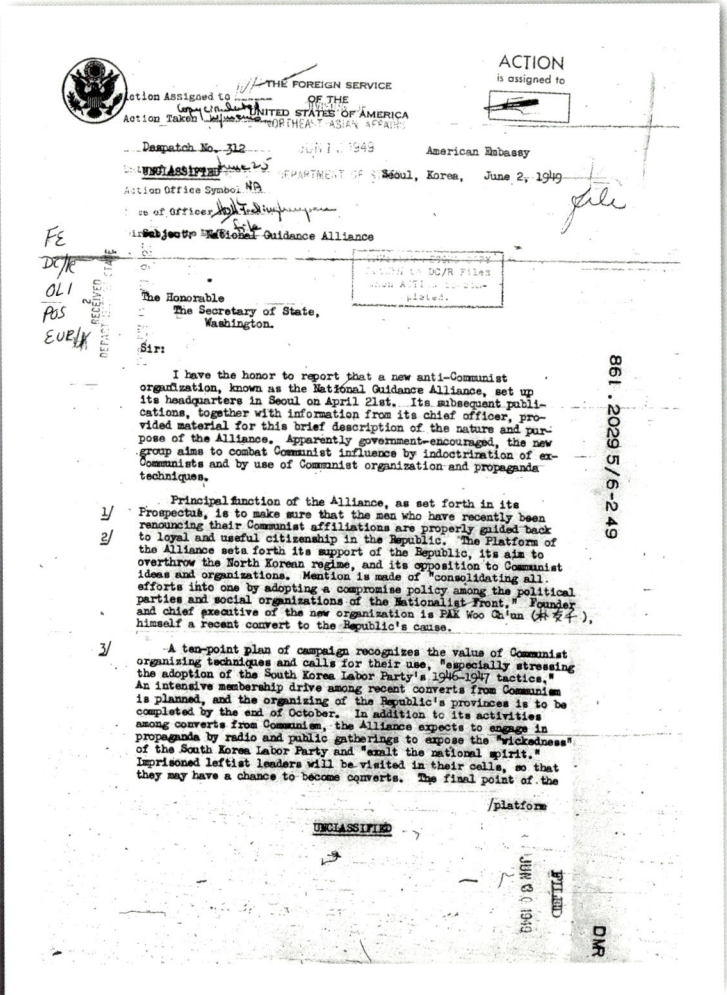

▶ 이 문서는 주한미대사관의 Everett F. Drumright 참사관이 국민보도연맹이 결성식을 갖기전인 1949년 6월 2일 미국무부에 올린 보고서이다. 제목 자체가 "국민보도연맹(National Guidance Alliance)"이다. 이 문서는 총 9쪽으로 구성되어 있는데, 드럼라이트가 작성한 3쪽짜리 보고서 외에 국민보도연맹 취의서, 강령, 캠페인 계획, 조직도가 첨부되어 있다. 대사관이 자체적으로 정보를 수집해 작성했다기보다는 경찰 당국으로부터 정보 협조를 받아 작성한 것으로 보인다.

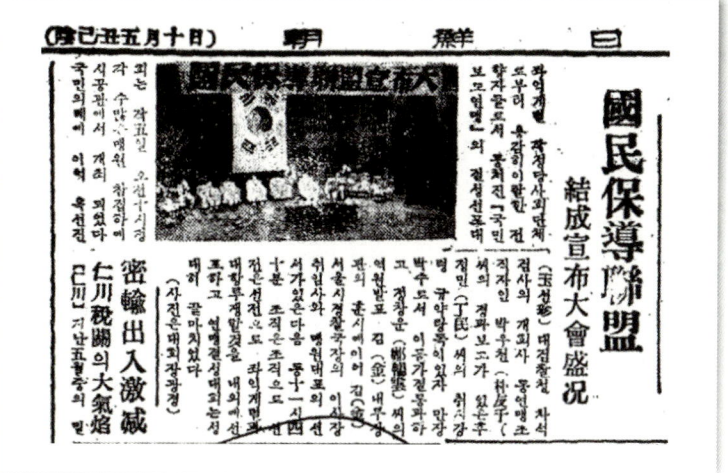

▶ "보도연맹 결성 선포대회 성황"(조선일보49.6.6)
1949년 6월 5일 명동의 시공관에서 보도연맹 결성식이 개최되었다. 보도연맹의 결성 목적은 좌익전향자를 포섭하여 명실상부한 대한민국 국민으로 만드는 것이었다. 신문의 사진은 결성식 광경임.

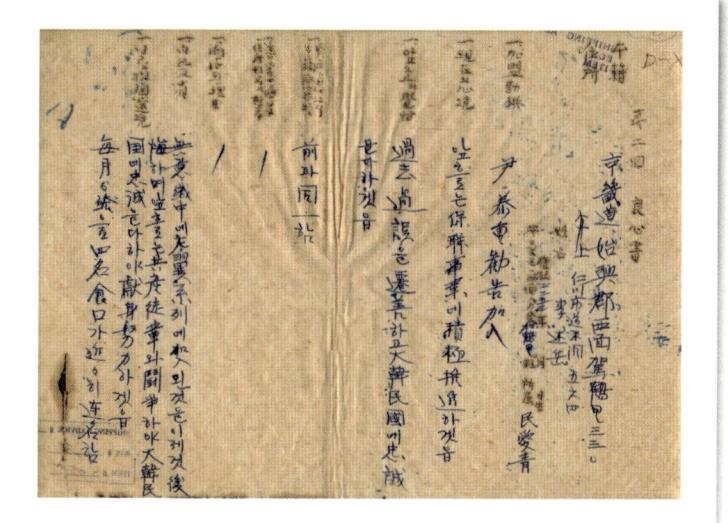

▶ 보도연맹 양심서
좌익전향자는 양심서를 일정 주기마다 제출했는데, 주소, 가맹동기, 앞으로의 각오 등 기본 사항부터 세포에서 함께 활동했던 사람들의 명단을 제출하도록 요구받았다. 만약 자백이 거짓이었거나 불충분한 것으로 드러나면 처벌되기도 했다. 사진은 경기도 시흥군 서면 가학리에 사는 전향자의 제2회 양심서임.

▶ "성과다대한 전향 결산 자수자 무려 5만여!"(조선일보 49.12.2)
1949년 10월 25일부터 시작된 남로당원 자수주간은 세 차례에 걸쳐 37일 동안 진행되었고, 중앙본부와 서울시연맹에 12,196명, 전국에 걸쳐 52,182명이 자수·전향했다.

▶ "국민사상선양대회 종로국민교정에서 성대히 거행"(조선일보49.12.19)
1949년 12월 18일 서울시연맹의 주최로 종로국민학교 교정에서 국민사상선양대회 개최. 신문의 행진 사진은 대회 직후 1만여 명의 맹원이 시위행진을 벌인 광경임.

▶ 보도연맹 기관지 『주간 애국자』(The Patriot)
한성일보(1949.9.13)에 따르면, 『애국자』초판의 발간은 1949년 9월 25일이었지만, 실제 이 때 발간되었는지 확실하지 않음. 사진은 『애국자』2호로 타블로이드판이었으며, 총 12면으로 구성되었다. 편집 겸 발행인은 보도연맹 간사장이었던 박우천(朴友千), 편집국장은 장기환(張基煥)이었으며, 1부에 50원이었다. 『애국자』2호는 현재까지 유일하게 실물로 확인되는 기관지이다.

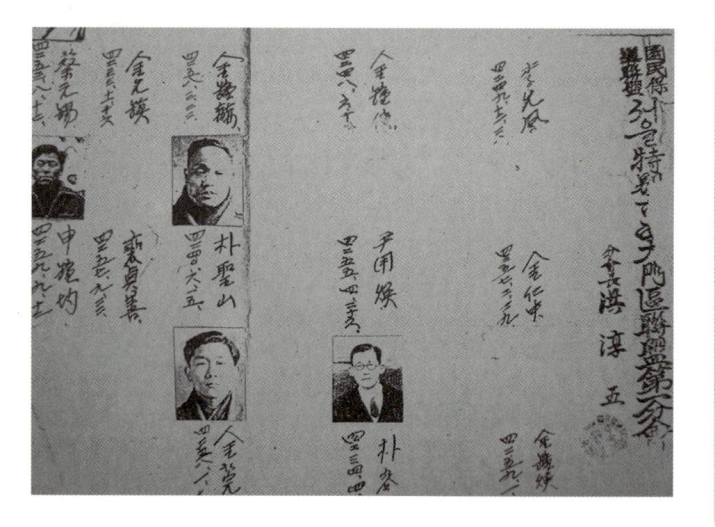

▶ 보도연맹 서울특별시 서대문구 제1분회 맹원조직표 및 맹원수첩용 사진
서울시연맹은 산하에 구연맹과 분회가 있었는데, 구 연맹은 1949년 9월에, 분회는 1950년 1월까지 대부분 결성 완료된 것으로 추정된다. 각 구의 간사장과 조직부서 체계, 그리고 세부적인 활동은 아직 구체적으로 알려진 바 없으며, 다만 국민반(애국반)과 긴밀하게 연동되어 활동이 이루어졌을 것으로 추정해왔는데, 이 자료로 서대문구 연맹 제1분회장은 홍순오(洪淳五)이며, 분회 조직의 일단을 엿볼 수 있게 되었다. 이 자료들은 오제도검사 개인이 가지고 있던 수사참고자료들이 유출된 것으로 보인다.

▶ 대전 근처 트럭에서 내리는 예비검속자들(이도영 발굴사진)
1950년 7월 초중순(8~10일, 혹은 그 직후 추정)에 한국군과 경찰에 의해 대전형무소 재소자 및 인근 예비검속된 보도연맹원이 끌려와 학살당했는데, 이 사진은 학살로 동원되는 예비검속자들의 모습이다.

▶ 대구 근처 부역자 처형(이도영 발굴사진)
이 사진은 한국군이 사용한 전형적인 처형 방법을 묘사하고 있으며, 미 군사고문단원이 처형을 지켜보고 있는 것이 인상적이다. 이 사진 역시 미군이 촬영한 것이다.

▶ 국가는 부상당한 병사들을 간호하고, 피묻은 군복을 빨고, 주먹밥을 해 나르고, 병사들의 무훈과 승리를 염원하는 위문문을 작성하고, 위문품과 위문금을 모집하는 등 병사들의 노고를 위로하는데 여성들을 동원했다. 사진은 주먹밥을 만들고 있는 여성들의 모습이다.(육군본부,『육군여군 50년 발전사』, 육군본부, 2000, 72쪽)

▶ 북한군이 살포한 삐라의 상당수는 미군이 "우리의 누나와 동생들을 강간하였다"는 내용을 담고 있다. 이런 내용의 삐라는 후방에 있는 아내와 어머니, 누이의 정조를 보호하기 위해 출정한 병사들에게 적은 총을 겨누고 있는 '우리(북한군)'가 아니라 '미군'임을 각인시킨다.

▶ 아기와 어머니 – 앞
한국군(UN군)이 북한군을 상대로 살포한 삐라에 실린 시 「아가와 어머니」의 일부분. 한국군의 삐라도 중국군에 의해 여성들이 강간당할 것이라는 우려를 담고 있다.

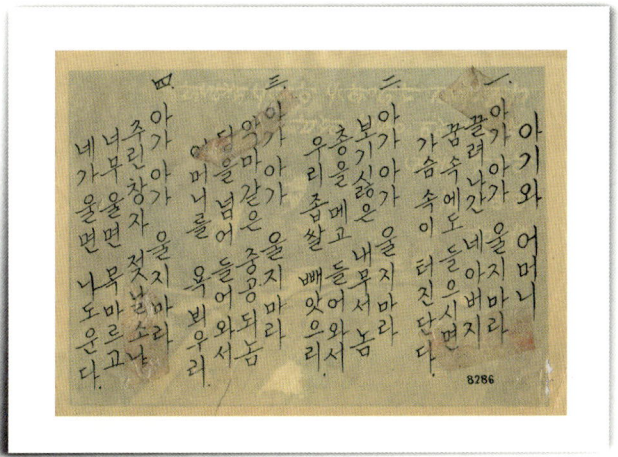

▶ 아기와 어머니 – 뒤

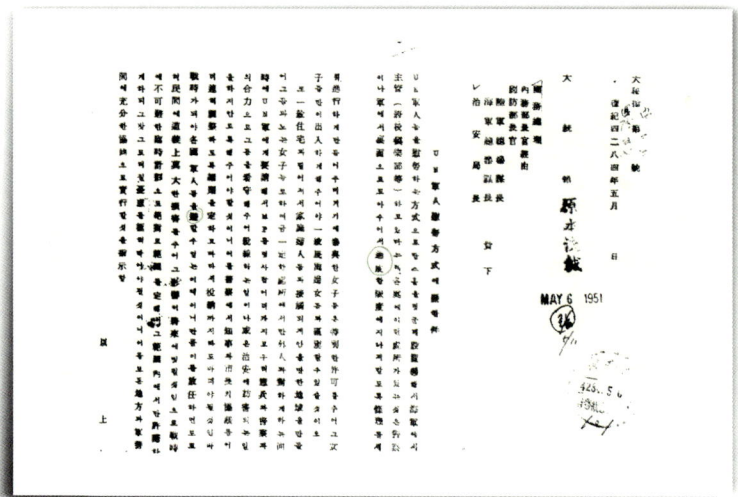

▶ 1951년 이승만 대통령이 UN군을 상대로 하는 성매매 및 성매매 여성의 관리방법에 대해 지시한 문건. 이 문건은 국무총리, 내무부장관, 국방부장관, 각군 참모총장, 치안국장 앞으로 보내졌다. 문건의 내용은 일정한 지역을 정해 UN군을 상대로 하는 성매매를 허가할 것과 경찰, 헌병이 나서 성매매 및 성매매 여성을 관리할 것, 성매매 여성으로부터 세금을 받을 것 등을 포함하고 있다.

▶ 미군과 춤을 추고 있는 여성들의 모습이다. 전체적인 크기와 천장의 규모로 보아 댄스홀은 아니고 미군부대 근처에 만들어진 장소인듯 하다. 한국전쟁을 계기로 미군 부대를 중심으로 하여 새로이 만들어진 공간은 기지촌으로 전환되었다.

▶ 1957년 8월, 국민반 모의 상회 시나리오 삽화. 도시에서의 반상회가 이루어지는 모습을 상상하여 묘사했다. (『지방행정』, 1957년 9월호)

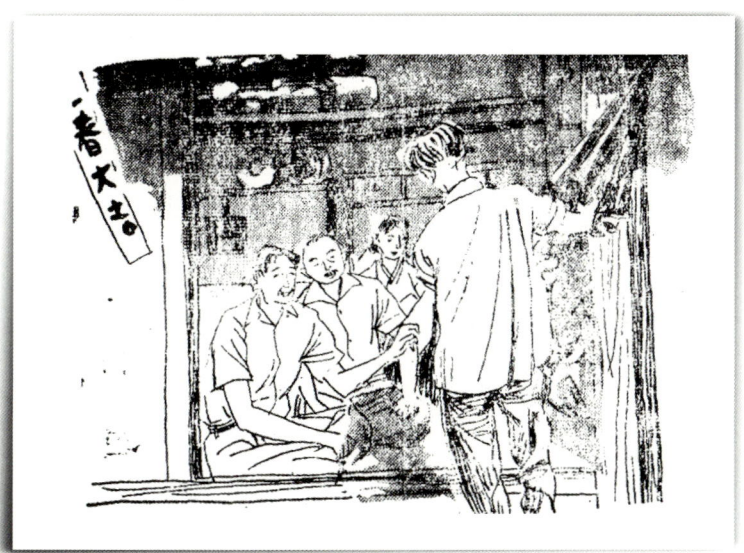

▶ 1957년 8월, 전남 광산군 송정읍 신촌리 제 4국민반 상회 모습에 대한 삽화. 반장 외 14명이 참석한 것으로 기록되어 있고 농촌에서의 반상회 풍경이다. (『지방행정』, 1957년 9월호)

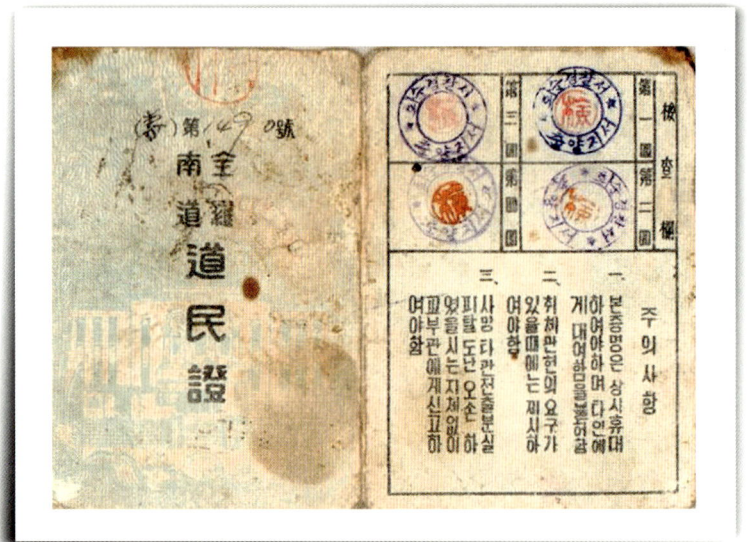

▶ 1950년대에 전라남도에서 발행된 도민증. 화순경찰서 직인이 찍혀있다.

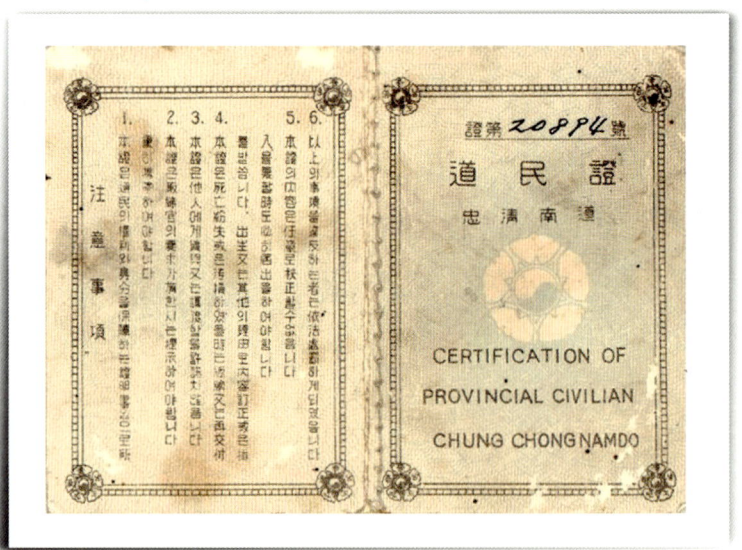

▶ 1950년대에 충청남도에서 발행된 도민증.

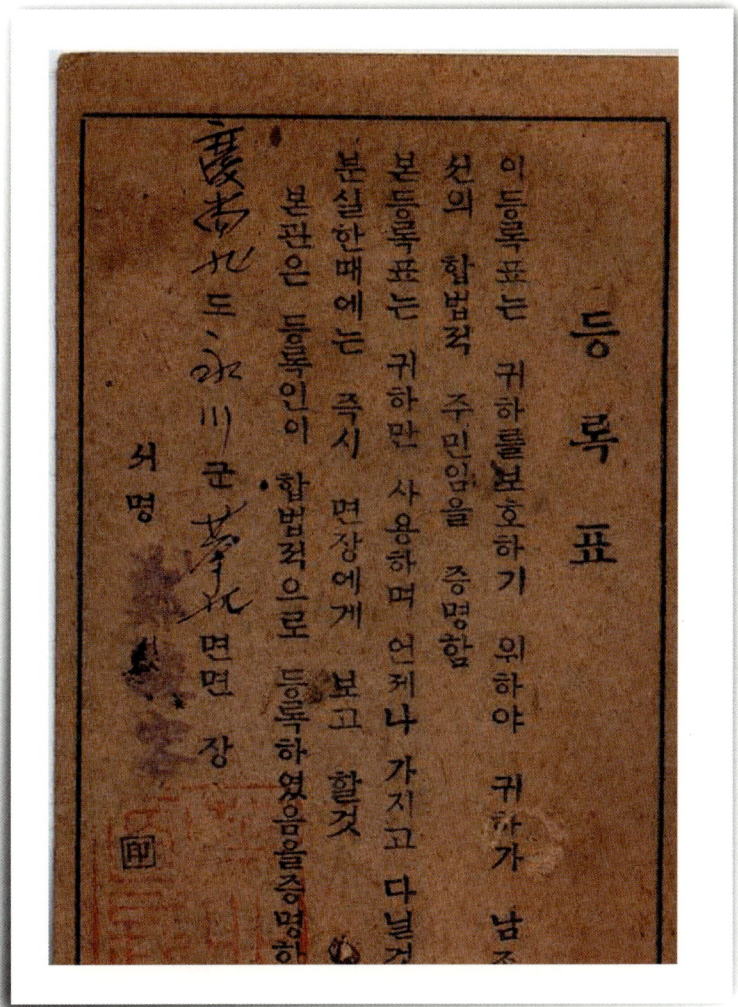

▶ 1947년 5월 10일 경상북도 영천군에서 발행된 등록표의 뒷면. 면단위로 관리가 이루어졌음을 알 수 있다.

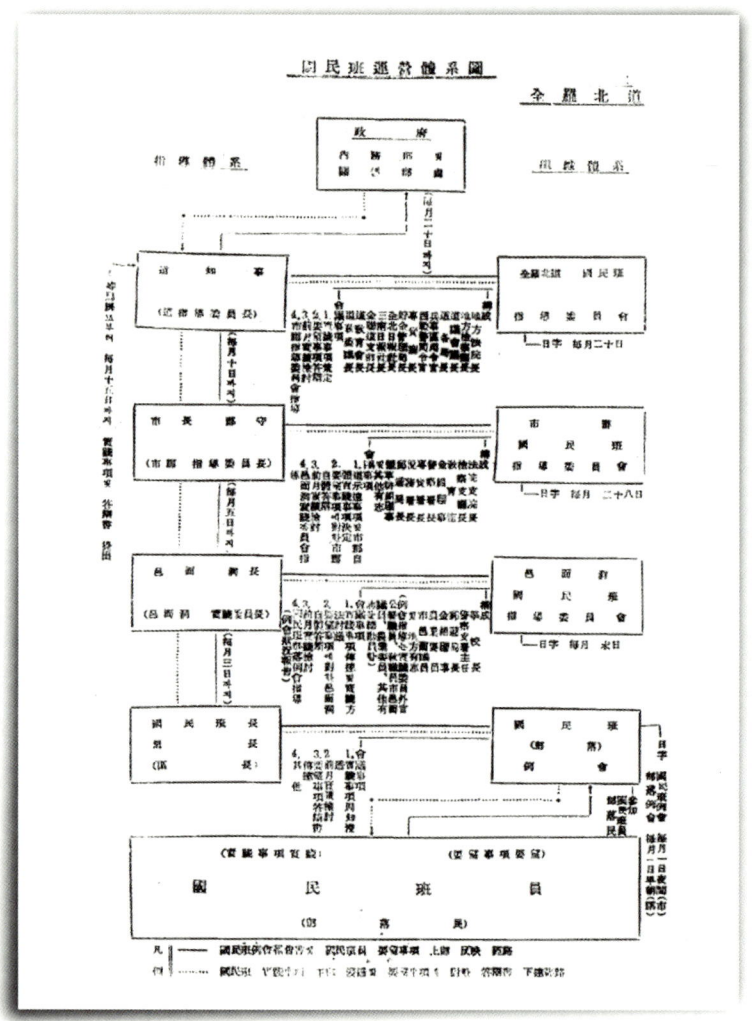

▶ 국민반운영체계도(전라북도) 1954년 당시 전북지역의 국민반 운영 체계도, 중앙과 상급기관에서부터 말단의 국민반에 이르기까지 세세한 일정과 보고체계가 기록되어 있다. (『지방행정』 1954년 제 3권 6호)

▶ 1949년 4월 22일 중앙학도호국단이 결성되었다.

▶ 한국전쟁 발발 후 부산으로 남하한 전학련, 이북학련, 반공학련 출신과 학도호국단 간부들이 정훈국의 지도하에 학도의용대를 만들었다.

▶ 출정학도 환송회

▶ 정부수립 10주년 제6회 학생의 날 기념전국학도대회 (1958.11.3)

▶ 재일한인 북송결사반대를 표시하는 학도 시가행진 (1959.2.21)

▶ 1952년 2월 1일 부산의 국방부 병무국 광장에서 대한민국재향군인회 창립총회가 열렸다

▶ 경남 칠곡에서 일어난 상이군인과 경찰의 충돌사건을 보도한 기사. 이 사건으로 경찰관 한 명이 숨지기까지 했다(『동아일보』1952년 9월 20일자)

▶ 경기도 광주에서도 상이군인과 경찰의 충돌은 일어났다(『조선일보』1956년 9월 13일자 석간)

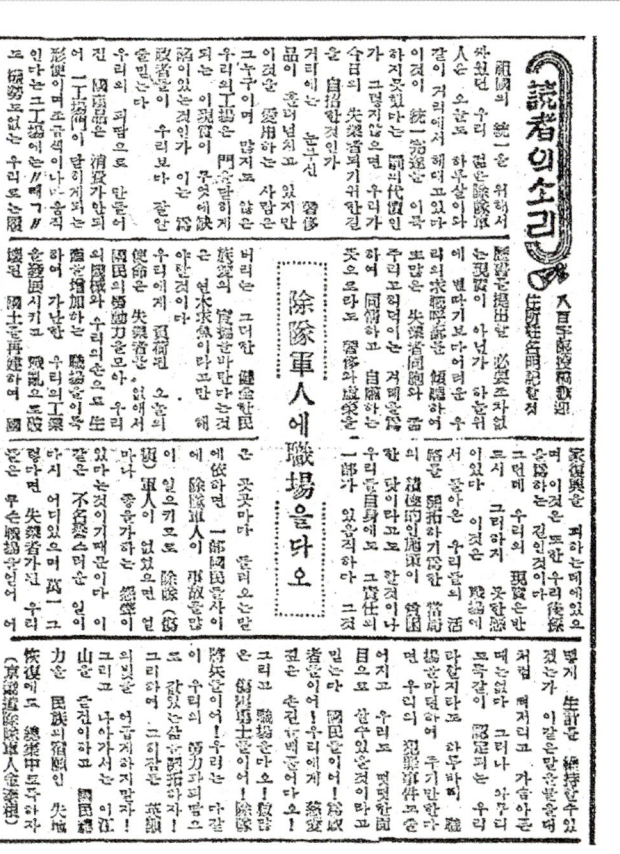

▶ 살 길이 막막한 제대군인에게 직장을 달라고 호소하는 투서(『조선일보』1955년 6월 28일자)

▶ 한 신문은 제대군인에 대한 대책의 필요성을 사설로 다루었다(『조선일보』1955년 6월 29일자)

▶ 중앙에서나 지방에서나 선거 때 입후보자들은 한결같이 제대군인에 대한 대책 마련을 공언했지만 당선되고 나면 바로 그런 말은 잊혀졌다(『진상』1957년 2월호)

▶ 생계보장도 없는 상황 속에서 제대군인들은 무리지어 다니며 폭행사건을 일으키곤 했다(『조선일보』1957년 8월 13일자)

▶ 일반 제대군인 또한 경찰을 두려워하지 않았다(『동아일보』1957년 11월 16일자)

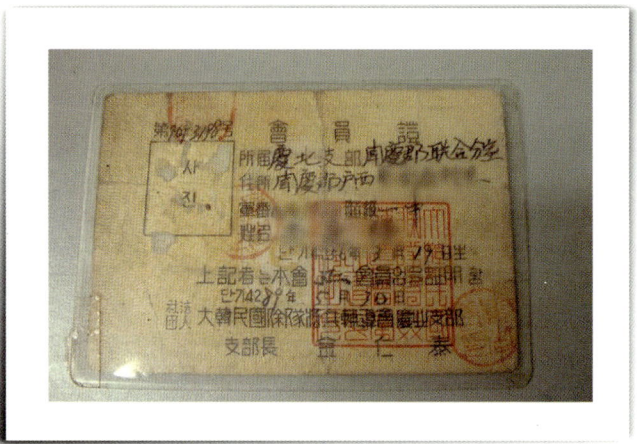

▶ 1956년에 발행된 제대제대장병보도회 회원증. 도 단위로 지부가 설치되고 군 단위로 연합분실이 설치되었으며 회원 관리는 지부 단위로 이루어졌음을 알 수 있다.

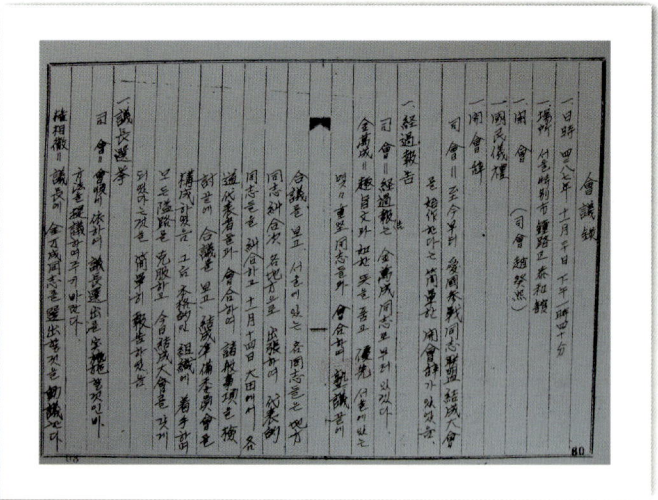

▶ 1954년 11월에 열린 애국참전동지연맹결성대회 회의이다.

역사연구총서를 발간하며

 우리는 1988년 11월 12일에 "우리 민족의 역사를 연구하고, 특히 민족통일의 참 방향을 전망하기 위해 민족해방운동사를 체계적이고 과학적으로 연구하며 그 성과물을 대중에게 보급"하기 위해 역사학연구소(옛 구로역사연구소)를 창립하였습니다.
 창립 이후 연구소는 연구 성과의 대중적 보급을 위해 학생, 노동자, 교사, 사회단체 회원들에게 대중 역사교육을 진행해 왔으며『바로 보는 우리역사』,『우리나라 메이데이의 역사』,『교실 밖 국사여행』,『함께 보는 한국근현대사』등 대중역사서를 발간하여 일반 대중들의 많은 호응을 받았습니다. 그리하여 오늘날 역사학연구소가 일반 대중과 더불어 시대의 문제를 공유하고 해결 방향을 모색하는 연구소로 성장할 수 있었던 데는 이러한 성과물에 힘입은 바가 큽니다.
 한편, 연구소는 연구원의 연구 수준을 질적으로 높이고 학계에 이바지하기 위해 분과별 공동연구와 주제별 정례 발표회를 꾸준히 열어 왔습니다. 이러한 연구 성과는 1992년 5월에 창간된 논문집『역사연구』를 통해 발표되었으며 현재『역사연구』는 16호에 이르렀습니다. 비록 연구소의 역사에 비해 많은 호수를 발간하지 못했지만, 여기에는 열악한 조건을 이겨내고 역사를 바로 세우려는 연구소 연구원들의 시대적 고민과 실천적 학문 활동의 내용이 고스란히 담겨 있습니다.
 특히 2003년 11월 연구소 창립 15주년을 기념하여 연례 학술발표회를 개최한 이래로 현재 네 차례의 발표회를 가졌습니다. 이 중에는 우리 시대가 반드시 풀어야 할 과제이지만 침묵을 강요당하거나 스스로 방기했던 주제들이 치열한 시대 의식과 역사학적 작업을 통해 현재적 역사로 되살아나기에 이르렀습니다. 즉 우리 시대가 반드시 정면으로 부딪혀 올바르게 해명해야 할 과제임에도 불구하고 늘 뒷방으로 밀려나거나 일그러진 상으로 다가왔던 '노동자가 쓰는 역사', '제1공화국의 국가 폭력과 동원체제', '여성 노동자의 삶과 문화', '한국 공산주의 운동과 코민테른' 등등의 주제를 새롭게 조명하여 일반 대중의 이목을 끌었으며 역사학계에 신선한 자극으로 받아들여졌습니다.

따라서 우리는 연구소 창립 이래 작지만 결코 가벼이 할 수 없었던 공동 성과물과 연구원의 개별 성과물을 역사연구총서로 묶어 지속적으로 발간하고자 합니다. 물론 이 총서에 들어가는 단행본들은 그 형식으로 본다면 기왕의 단행본과 크게 다르지 않을 것입니다. 그러나 내용면에서는 우리 사회가 요구하는 역사적 책무에 더욱 분명하게 다가갈 수 있는 그러한 단행본이 될 것입니다. 또한 새로운 방법론에 귀를 기울이면서도 역사학 방법론에 중심을 두고 우리 역사를 체계적으로 정리하는 작업에 일조할 것입니다.

끝으로 역사연구총서의 발간에 여러 가지로 격려와 도움을 아끼지 않은 여러 동료 선배 연구자들, 그리고 이러한 총서를 발간할 수 있는 기회를 제공해 준 도서출판 선인 대표와 직원 여러분께 이 자리를 빌어 심심한 감사의 뜻을 전합니다. 아울러 역사연구총서가 우리 역사학계와 우리 사회의 발전에 조그만 밑거름이 되기를 기원하는 한편 독자 여러분과 학계의 따가운 질책이 있기를 삼가 바라마지 않습니다.

2007년 11월
역사학연구소 소장 김태웅

프롤로그

 우리는 한국전쟁전후 민간인학살 문제를 연구하는 모임에서 시작했다. 초기에는 근대성, 국가형성과 시민권, 폭력 등의 주제와 관련해 민간인학살에 대한 일반 이론들과 사례들을 검토해 왔다. 그 과정에서 우리 팀은 서구의 논의들이 제공해 주는 적절하고 유효한 문제틀과 풍부한 이론적 함의들을 정리할 수 있었고, 서구의 구체적인 사례 연구들을 함께 살펴보면서 주제와 연구 방법에 대한 감각을 얻을 수 있었다.
 그럼에도 우리는 서구이론과 사례연구 중심으로 진행되고 있던 공부에 대해 그 가능성 못지않게 약간의 회의감을 느끼고 있었는데, 이는 한국현대사를 전공으로 하고 있는 연구자들로서 어쩌면 당연했다. 우리들이 생각하기에 한국의 민간인학살 연구는 한반도를 둘러싼 여러 역사적 조건들과 구조들, 국가(사회)와 조직 차원의 이데올로기 및 정책, 이에 대한 사람들의 인식과 경험, 더 나아가 집합적인 심성 등을 따져보아야 가능한 것이었다. 우리는 이러한 문제의식을 반영하는 새로운 주제에 대해 논의했고, 임시적이지만 적절한 커리큘럼을 마련할 수 있었다.
 2003년부터 우리는 "1950년대 한국의 반공 감시·동원체제"에 대한 1차 자료 및 연구물들을 수집해 주제·유형별로 분류하고 검토하기 시작했다. 우선 역사구조적 분석을 위해 미군정기 / 이승만정권기 / 한국전쟁의 경험이 끼친 영향에 대해 2차 연구를 중심으로 검토·평가했고, 이후 반공 감시·동원체제를 해명하기 위해 반공주의의 법제도와 이데올로그들 / 감시·동원조직 / 반공과 문학 / 반공과 종교 / 반공과 교육 / 반공과 가족·여성에 해당하는 여러 소주제들과 관련한 1차 자료들을 수집했다.

2004년 초, 우리는 세미나가 감시·동원조직까지 진행된 상황에서 중간결과물을 발표하기로 계획했다. 이를 갑작스럽게 계획한 것은 두 가지의 이유였는데, 하나는 한 연구자가 꼬집은 바 있듯이 50년대 반공주의에 대한 연구 지형이 "주장의 과잉과 연구의 결핍"인 상황에서 하나의 돌파구를 마련하고자 했고, 다른 하나는 50년대를 살아가는 사람들의 삶을 규정했던 다양한 조직들을 드러낼 필요가 있다는 판단 때문이었다. 감시·동원조직에 대한 연구는 50년대 대한민국의 국민형성사를 규명하는 데 매우 핵심적인 주제이다. 역사학연구소는 2004년 11월 "1950년대 반공이데올로기와 감시·동원체제"라는 주제로 제1회 워크샵을 개최했다. 우리는 워크샵에서 여순사건, 국민보도연맹, 여성(성)의 동원과 조직, 국민반, 학도호국단, 제대군인조직을 중심으로 대한민국 수립 뒤에 이들 조직들이 한반도 이남에 살아가는 다종다양한 사람들을 어떻게 대한민국 '국민'으로 통합하고 배제했는지에 대해 발표했다. 그리고 이에 대해 임종명, 전갑생, 김귀옥, 마쓰모토 다케노리, 이상록, 황병주 선생님의 귀중한 토론이 있었다.

차 례

역사연구총서를 발간하며   37
프롤로그   39

서론   45
1. 역사논쟁과 1950년대 연구의 빈곤   47
2. 반공국가의 '국민 만들기'   51
3. 권력기술과 '국민 되기'   53
4. 1950년대의 일상과 권력기술   55
5. 혼돈 속의 질서와 혼돈이라는 질서   61

1장 여순사건에 대한 언론보도와 반공담론의 창출   65
1. 여순사건과 반공체제의 형성   67
2. 언론의 여순사건 재현   71
3. 문인·종교사회단체의 반공 담론   93
4. '공산주의자＝비인간' 담론의 창출   115

2장 국민보도연맹, 전향에서 감시·동원, 그리고 학살로   119
1. 문제제기   121
2. 보도연맹 결성의 정치사회적 배경   127

3. 보도연맹의 결성과 전개	133
4. 보도연맹의 권력 테크놀로지와 경험	155
5. '죽음으로 동원'되는 연맹원들의 경험	174

3장 한국전쟁과 여성성의 동원   177

1. 전쟁과 여성동원	179
2. 성(性)의 정치	182
3. 병사들 위안하기	190
4. 전쟁에 동원되는 여성들	219

4장 감시에서 동원으로, 동원에서 규율로
— 1950년대 학도호국단을 중심으로   223

1. 들어가는 글	225
2. 학도호국단의 등장과 감시체제의 구축	227
3. 감시에서 동원으로, 동원에서 규율로	242
4. 학도호국단 개편논의와 학생분규	265
5. 나오는 글	278

5장 국가권력의 모세혈관과 1950년대의 대중동원
－국민반을 통한 감시와 동원　　　　　　　　　283

1. 권력의 모세혈관과 대중동원　　　　　　　　　285
2. 애국반과 반상회의 기원　　　　　　　　　　　290
3. 정부수립 전후 감시·통제 수단으로서의 국민반　293
4. 통제에서 동원으로－국민반과 전쟁동원　　　　311
5. 몰락의 징후－권력의 중앙집중화와 불법 선거　321
6. 국민반이 남긴 것－강제된 정치노동과 거세된 정치공간　336

6장 돌아온 '국민' : 제대군인들의 전후　　　　343

1. '국민'이 된다는 것－분단국가와 폭력　　　　　346
2. 재향군인회 조직과 성격 변화　　　　　　　　　350
3. 제대장병보도회로의 개편과 애국참전동지연맹의 등장　362
4. 제대군인 조직을 둘러싼 갈등　　　　　　　　　376
5. 새로운 정치세력으로서의 등장－지방에서의 지형 변화　381
6. '5·16'으로의 길 또는 '국민'의 시대　　　　　　387

찾아보기　　　　　　　　　　　　　　　　　　389

서론

1. 역사논쟁과 1950년대 연구의 빈곤

21세기 초반 한국사회는 '동북공정'과 '독도', '신사참배' 등의 '역사논쟁'으로 그 서두를 장식하고 있다. 신자유주의 금융세계화가 추동하는 세계경제구조의 변동이 동아시아 지역의 복잡한 정치문제들과 맞물리면서, 역사문제는 국내외적으로 언제든지 폭발할 수 있는 잠재적인 문제가 되고 있다. 갈등을 내포한 채로 겹겹이 쌓여 있던 구조들이 다시 표면 위로 드러나고 있으며, 현재의 정치·경제적 이해관계들이 '과거'를 매개로 충돌하고 있는 양상이다.

이른바 '과거사 내전'이라고 까지 불린 '과거청산'을 둘러싼 역사논쟁 역시 은폐되어 있던 구조적 모순의 충돌이자, 현재의 정치적 이해관계의 표출이기도 하다. 한국사회의 민주화 이후 '이미 지나간 과거'로 은폐되어 있던 문제들이 정치영역에서 가시화되면서 한국사회를 지배했던 냉전과 독재의 신화들이 흔들리기 시작했다. 특히 이승만과 박정희에 대한 대중적 이미지와 그에 대한 재평가가 학계의 논쟁과 사회적 논란의 대상이 되었다. 이렇게 현실 정치문제로 '과거'가 호출되면서, 지난날 변혁의 의지와 진실탐구의 열정으로 여겨졌던 것들이 모조리 '시대적 오류'나 '이념적 편향'으로 치부되고 있다. 이에 비해 재평가의 움직임은 '역사적 사실'과 '엄밀한 실증주의'를 내세우며, 교묘하고도 적극적인 신화 만들기를 다시 반복하고 있다. 이들의 작업은 오래된 신화를 다시 반복하는 것에 지나지 않거나 오히려 학문적 작업을 빌미로 그 신화들을 정교하게 치장하는 역할을 맡고 있다. 특히 이승만과 1공화국을 재평가하려는 움직임들은 여전히 반공주의적이고 국가주의적인 인식을 근거로 하고 있으며, 노골적으로 현실의 보수적인 이해관계를 지원하는 역할을 하고 있다. 이러한 경향의 최근 작업들은 이 시기의 경제 정책과 변화들이 박정희 정권시기의 '발전국가'를 가능케 했다는 논리로 연결되고 있다. 이들은 마치 '대한민국이라는 환상'을 다시 한 번 만들어 내고야 말겠다는 각오라도 단단히 한 것으로 보인다.

그러나 이른바 '이승만정권기'라고 불리는 1950년대 남한의 경우, 우리가 추구해야할 것은 영광과 환상, 객관적 사실을 넘어선 '진실'의 영역이다. 이 시기의 갈등과 혼란, 오류와 실패들을 들추어내는 것이 아무리 괴로운 일이라 하더라도, 여전히 그 진실들을 대면하기를 두려워해서는 안 되는 것이다. 1950년대 연구의 빈곤함은 이러한 진실들을 회피하는 것에 머물지 않고 있다. 말하자면, 해방과 전쟁, 독재와 민주화라는 거대한 상징에 대한 관심으로 이루어진 기존 연구들은 여타의 문제들에 대한 무관심과 무지를 재생산하고 있는 셈이다. 역사서술은 현재라고 하는 위치에서 이루어질 수밖에 없지만, 특히 1950년대는 서술주체의 당위성을 담보해주는 거울로서 기능하는 경우가 많았다. 1950년대의 시대상은 4·19 직후에는 '독재와 부패의 시대'로, 5·16 후에는 '부패와 빈곤의 시대'로 재현되었다. 최근에 이루어지는 연구들은

'이승만' 개인에 대한 평가에 관심을 두거나 1950년대를 1960년대 이후의 경제발전과 근대화의 기원으로서, 자본주의 발전의 전사로서 언급하곤 한다. 물론 그러한 이미지들에는 나름의 근거가 있지만 대체로 1950년대 사회가 지닌 수많은 균열들을 메워버리는 경향이 있다. 그런 탓에 1950년대에 대한 연구는 아직까지 미진한 상태이다. 그런 연구 경향은 『해방 전후사의 인식』이 6권까지 나온 데 반해, 그 후속 기획이었던 『1950년대의 인식』이 1권으로 그쳤다는 사실을 통해서도 확인된다.

그러나 우리는 여전히 우리사회의 밑바닥을 형성한 1950년대가 과연 무엇이었는지 알지 못하고 있다. 특히 일상적으로 지배 권력에 동원되고, 감시를 받으면서 전쟁터로 내 몰리고, 서로 의심하면서 학살되고, 이용된 뒤에 버려졌던 대다수의 사람들의 삶에는 그동안 관심을 기울이지 않았다. '건국'이나 '독재', '전쟁 전후'라는 말로 막연하게 상상되는 이 시기 사회에 대해 나름대로 자료를 보고 논의를 하면서, 우리는 기존의 이미지만으로는 도저히 그 시대를 이해할 수 없다는 것을 깨달았다. 우리는 이미 규정된 단일한 이미지와 반대로 1950년대의 균열들을 들춰내면서 그 시대에 접근했다.

한편으로 이 시기는 구조적 수준과 일상의 질서가 맞물리며 복합적인 변화가 일어났던 시기였다. 말하자면, 1950년대는 제국주의-식민지 체제와 냉전체제가 교체되는 시점이었고, 미국이 세계체계의 중심 헤게모니로 부상하는 순간이었으며, 원조경제와 동아시아질서의 냉전적 재편의 조건 속에서 새로운 국가-사회 시스템과 근대적 일상이 한국사회에서 기본 틀을 잡아가는 시기였다.

다른 한편, 이 시기는 '반공주의'와 그것의 구체적 실체를 이해하지 않고서는 도저히 파악할 수 없는 시대였다. 우리가 이번 연구에서 선택한 1950년대의 키워드이자 '누빔점'은 '반공'이었다. '반공'이라는

'텅 빈 기표'는 다른 가치들을 흡수하고 새로운 사회질서를 만들어내었다. 국제적 구조 속에서 냉전의 쇼윈도우로 기능해야했던 한국사회에서 모든 정치질서는 '반공'과 관련하여 생성·변형·재편되었다. 1950년대를 통해 우리는 반공주의를 기반으로 '국가'가 만들어지고 '국민'이 형성되는 과정, 특히 분단과 한국전쟁이라는 특수한 계기를 통해 '예외상태'논리와 전시 군율이 사회 시스템의 저변으로 자리잡아가는 과정을 살펴볼 수 있었다.

한국사회의 '반공주의'를 이해하는데, 특히 주목할 것은 '대한민국 국민'의 정체성이 규정되는 방식이다. 반공주의는 그 자체로 어떤 긍정적인 내용과 이미지를 가진 것이 아니라 부정 그 자체를 목적으로 했다. 집단적인 '국민' 정체성을 구성하기 위하여 가장 먼저 적과 타자의 이미지를 만들어내는 것이 우선시되었다. 실제로 이 과정은 '여순사건'을 전후로 '맞서 전멸시켜야 하는 타자'로 '적'의 이미지가 구성되고, '적'이 단순히 '비인간'으로 규정되는 것을 넘어 '절대 악'으로, '죄악의 근원'으로 설정되는 것에서 확인할 수 있다. '절대악'이 구성되면, '국민'은 그에 맞서야 했고, 맞서는 행위는 '숭고한 것'으로 구성되었다. 반공주의에 근거한 국민정체성이 형성되는 초기 과정에서 '국민'들에게는 '빨갱이'를 박멸해야하는 의무가 주어졌고, 거의 무한에 가까운 정당성이 부여되었다.

반공주의를 기반으로 구성된 '국민' 정체성은 '민족' 정체성을 분리한 채로 포섭해냈다. 말하자면, 1950년대의 반공주의는 우선 '공산주의자'는 동족이 아니라는 분리전략이 필요했다. '민족'을 지향하는 정치적 열망이 압도적이었던 상황에서 '반공'이 이를 초월하는 지상과제가 되기 위해서는 '적'을 동족으로부터 분리해내야 했던 셈이다.

'국민' 정체성을 구성하기 위해 끊임없이 '적'을 만들어 내면서, 역설적이게도 그러한 '적'의 존재만이 '우리'의 존재를 더욱 강하게 보장해 주는 단계에 이르러서는 오히려 '적'의 이미지에 '종속'되어 있는 정체성이 형성되었다. 이렇게 부정과 원한, 적대와 증오의 논리로 구성된 상상적 이미지인 반공은 '내용'이 중요하지 않았다. '반공'이라는 그 '형식' 자체가 목적이며 우선이었기에, 그 내용은 다양한 실험과 미봉, 일련의 대응들 속에서 모호하게 구성되어 갈 뿐이었다. 우리는 이러한 '반공주의'의 특성에 주목하였고, 이것이 구성되고 적용되며 일상의 실천 속으로 들어오는 과정을 이해하고자 노력했다.

2. 반공국가의 '국민 만들기'

1950년대의 '국민 만들기'의 과정은 근대 권력의 구체적인 주체생산 방식, 그리고 일상에 영향을 미치는 권력의 양상과 그 성격, 결과들을 드러내준다. 특히 이시기의 '국민 만들기' 과정이 특정한 차별과 배제의 체계를 만들어 냈다는 것을 유념해야한다. 2차 세계대전 뒤 모든 신생 민족국가가 분단된 것이 아니며, 더구나 그것이 내전과 대규모의 학살이라는 파국으로 치달지는 않았기 때문이다.

'민족국가'를 지향하지 않고 '절반'의 자원과 정당성만으로 국가건설작업과 국민형성사업을 수행했던 반공국가는 여러 가지 방식으로 차이와 위계를 만들어냈다. 겉보기엔 매우 임기응변적이고 급조된 방식이었지만, 한편으로 그것은 세계적 구조의 충실한 반영이기도 했고, 다른 한편으로는 그럼에도 불구하고 가장 효과적인 결과를 가져왔다. 반공국가건설과 반공국민형성사업은 국제적 냉전구조에 편입되는 분단국가가 온전히 받아들인 필수적 통과의례였고, 따라서 목적과 결과만 분명하면 되는 상대적으로 단순한 사업이었던 셈이다. 이런 조건에서 역량과 시간의 제한은 명확했고, 때문에 정책과 전략들은 언제나 가장 쉽고 효과적인 방식이 선택되었다. 당장의 식별가능성을 높이는 것, 유사시엔 모두 적으로 간주하는 것, 적을 적과 싸우게 하는 것, 피아를 구분하는 문서와 공식 기록을 만들어 내는 것, 권력 망과 그것의 위계에 따라 엄밀히 분류하는 것 등이 그 전략의 일부였다.

1950년대의 '국민 만들기'과정은 크게 두 가지 방식으로 진행되었다. 먼저 외부의 경계가 설정되었다. 정치엘리트들은 여순사건을 기회로 반공국가건설, 반공국민 형성 작업을 전면화하면서, 먼저 '적'과 '적국민'을 가능한 가장 분명하고 강력한 형태로 만들어 내려했다. '국가'의 '위기상태'를 가정한 일련의 조치들은 거부할 수 없는 '국가적 과제'로 정당성을 부여받으면서, '내부의 적'이 존재함을 선언했고 사회의 일상 속에 내재한 '반란적인 것'들의 목록을 만들어 이를 사회통제시스템의 기초에 각인시켰다. 이 '예외적 위기상태' 규정을 전제로 모든 사법, 정치적 조치들과 국민형성의 원칙들이 실험되고 정초되었다. 이 과정에서 만들어진 '빨갱이'는 절멸해야 할 적, 특히 인종화된 적으로 구성되었다.

이렇게 '내부의 적'을 분리하며 '외부'를 상정하여 만들어진 경계는 내부로 연결되는 것으로 여겨졌으며 '우리 국민'의 집단적 동일성을 구축하면서도 국민내부의 차이와 위계를 만들어내는 두 번째 과정으로 나아갔다. 이 과정에서 영토내의 '비국민'들이 관리, 감시, 훈육되었고 필요하지 않은 경우엔 '회색지대'와 그 바깥으로 방치되었다. 국면에 따라 '잠재적 적'이나 '전향한 국민'으로 여겨졌던 보도연맹이 비국민의 상징적 존재이며, 국민반으로 포섭, 동원되었던 지역주민들은 '국민'의 위계에서 최말단으로 설정된 주체들이었다. 학생들은 잠재적 군인, 잠재적 국민으로 육성되었고 여성들은 '후방의 국민'으로 성별화된 역할과 의무를 부여받았다.

'국민 만들기' 작업은 이렇듯, 외부 / 내부의 적을 구성하는 것으로 동질적인 '국민'을 상상하게 하면서도, 집단적 '국민' 정체성 내부에는 그 '적'과의 관계에 따라 차별과 위계를 만들어냈다. 국민, 예비국민, 하등국민, 비국민, 잠재적인 적, 그리고 영원한 적이라는 다양한 주체들의 스펙트럼 속에서 '대한민국'의 '국민'이 역사적으로 탄생했던 것이다. 1950년대 한국의 국민형성과정이 갖는 특수성은, '국민 만들기' 과정이 '배제'를 우선시하며, 분명한 내외부의 경계를 만드는 것을 최종 목표로 삼았기에, 가능한 많은 차이들을 통합하고 동원해내려는 노력보다는 언제나 외부와의 관계에서 내부의 어디부터 배제할 것인가의 문제를 중요시했다는 점이다.

3. 권력기술과 '국민 되기'

이러한 '국민 만들기' 과정은 단순히 이데올로기적인 방식만으로, 폭력적 진압만으로 이루어진 것이 아니었다. 우리는 보다 구체적으로 '국민 되기' 과정을 살펴보기 위해 1950년대의 삶을 규정한 다양한 관변 대중조직들에 주목했다. 해방 직후에 폭발적으로 그 모습을 드러낸 다종다양한 사람들을 국민으로 통합하기 위해서는 수많은 조직들이 필요했으며 그러한 조직들의 통합체로 이승만정권은 이미지화되었기 때문이다. 바꿔 말해 법제도적으로 규정되는 국민과는 달리 헤게모니가 작동하는 시민사회에서 국민을 만들기 위해서는 '관'도 '민'도 아닌 애매한 영역을 조직화할 필요가 있었다. 적대성을 특정한 방향으로 조직화하려는 시도가 실천되는 영역이야말로 균열이 생성되면서 봉합되는, '국민 만들기'와 '국민되기'가 조우하는 최전선이었다.

동시에 우리는 이 혼란의 시대에, 완결된 사회 시스템이 구축되지 않은 사회에서 가장 큰 실질적 효과를 내고 효율적으로 작동했던 '권력기술'들에 주목했다. '권력기술'은 '사상'도 '제도'도 아닌, 물질화된 사상이자 제도화하는 일련의 실천들이며, 무엇보다도 식민지배와 2차 세계대전, 냉전을 관통하며 한국사회에 흘러들어온 '근대문명'의 역사적 산물들이었다. '권력기술'들은 1950년대를 작동시키는 한 가지 측면에 불과했을 수도 있지만, 체제형성과 그것의 구조적 변동이 개개의 일상과 어떻게 맞닿아 있는지를 잘 보여주는 몇 가지 지점을 보여준다고 생각했다.

이 시기의 권력기술들은 '반공국가건설'과 '반공국민형성'이라는 목표 아래 이루어졌기에 '포섭'과 '동원'같은 긍정적 방식이 많지 않았고, 배제와 격리, 감시와 방치 같은 부정적 방식과 목적으로 운용되었다. 휴전 이후 관변대중조직을 통한 동원은 선거나 시위를 통해 정당성을 추출해내거나 선전용으로 가치가 있는 경우에만 활용되었고, 국가행정과 국가건설을 위해 무임금의 '정치노동'을 착취하기 위해 활용되었다는 것이 이를 잘 보여준다.

어쩌면 이것은 단순히 시대적 차이에, 국면적 특수성에 머무르는 것이 아닐지도 모른다. 강제와 동의, 긍정과 부정은 애초에 말끔하게 구분되는 두 전략이 아니다. 권력의 이러한 전략이 배타적으로 구분된다고 사고하는 것이 오히려 단순한 시각인 것이다. '배제'와 '포섭'은 동시에 진행되었고, '배제된 상태로 포섭'되었으며, 의도적 배제보다는 의도 바깥의 방치와 무관심도 다양하고 복잡한 정치적 결과와 일상의 결들을 만들어냈다. 이것이 '국민 되기'와 권력기술에 주목할 때 파악할 수 있는 복합성들이었다.

무엇보다도 '배제'와 '포섭'의 상호작용은 끊임없이 유동하는 차이와 위계들을 만들어냈으며, '감시'와 '동원'은 그 자체의 성격이 결과로 직결되기보다는, 특정한 목적에 따라 그 효율성과 결과만을 추구하였기에 무수한 희생자와 방치된 문제들, 그리고 수많은 균열들과 저항을 새롭게 만들어냈다. 나아가 1950년대의 사회는 폭력이 생산, 유통되는 매개로서의 권력기술들이 작동했고, 당시의 한국은 서구와 식민지배의 권력기술들이 실험되는 실험장이었다는 것이 더욱 주목할 만할 것이다. 곧 기존의 관점에서는 명확히 분리되지 않은 것, 뒤섞인 것, 이후 시기보다 덜 완결된 것 등 특수한 성격으로 파악되어야 했던 것들이 오히려 근대권력의 본질을 드러내주는 속성일수도 있다는 것이다. 1950년대의 사회적 혼란과 변동의 양상들은 오히려 그 무의식적 본성을 노골적으로 표면에 드러냈던 근대권력과 근대성의 발현일수도 있다. 세계체계의 중심국가에선 이러한 부정적 양상들의 특성이 분리되어 철저히 은폐되거나 사회바깥으로 전이되지만, 서구의 사회변동이 고려해야 했던 이해관계와 완충장치들이 없는 주변부적 조건에서, 중심국가들에 배제된 채로 종속되어있던 공간에 들어온 이 권력기술들은 인간을 대상화하는 데에 어떤 거리낌도 없었다.

4. 1950년대의 일상과 권력기술

이처럼, 1950년대의 '국민 되기'는 권력기술들이 만들어내는 다양한 주체화 경로들과 위계적 실천의 장들 속에서 이루어졌다. 이 권력기술들은 효율적으로 '타자화'된 주체들, 비인간화된 주체들을 만들어냈고, 동시에 이 기술을 몸에 각인하고 받아들인 주체들, 특히 '폭력적 국민'들을 만들어내기도 했다. 대중조직들은 권력기술이 만들어낸 '국민 되기'의 경로들을 다채롭게 보여주고 있다.

김득중과 강성현의 논문은 모두 정부수립 초기를 다루었지만 그 논문을 통해서 그려지는 사회상은 크게 달라 보인다. 김득중은 '여순사건'이라는 재현물을 통해서 대한민국의 '적'의 이미지가 어떻게 창출되었는지 살피면서 국민형성에서의 '배제'의 기제에 주목한 반면에 강성현은 '보도연맹사건'이라는 학살극의 주된 장치로서 인식되던 보도연맹이 지니는 국민으로의 '포섭'이라는 기제를 부각시켰다. 그런데 이 차이는 누가 맞고 누가 틀리다는 문제가 아니다. 이 차이는 언뜻 보기에 상반되는 '배제'와 '포섭'이라는 두 가지 기제가 동시에 서로 얽히면서 작동했었음을 의미한다. 보통 국민국가에서는 민족=국민이라는 등식이 일반적으로 자리 잡고 있기 때문에 '배제'나 '포섭'의 경계선이 되는 국민은 역사적으로 자연스러운 것으로 받아들여지게 되는데, 민족과 일치하지 않는 국민을 만들어야 했던 대한민국에서는 이 경계선이 명확하지 않았다. 어떤 국면에서는 거의 모든 사람이 배제 대상이며 또 다른 국면에서는 거의 모든 사람이 포섭 대상이 될 수 있었다.

반공국가는 여순사건을 '비상사태'이자 '예외상태'로 규정했고 자신들의 정당성을 이러한 '위기' 속에서 생존시켜야하고 지켜내야 할 무엇으로 상정했다. 여순사건 뒤 강력한 반공노선은 노골적인 진압으로 표현되었고, 이와 병행하여 반공사회 구축을 위해 총력을 기울이는 모습으로 나타났다. '4·3'이 어느 정도 '제주도'의 국지적인 문제로 규정되었던 것에 반해 여순사건은 이승만정권이 적극적이고 주도적으로 나서면서 전국적, 국가적 문제로 되었다. 이러한 과정은 무엇보다도 특히 반공국가에서 민간인 학살의 이념적 기초가 구축되는 과정을 상징적으로 보여주는데, '대한민국 국민'의 거울상으로서 '적'이 창출되었던 것이다.

이에 비해 보도연맹원은 '색출'과 '섬멸'이라는 목적의 포로였지만 동시에 국민형성과정의 모호한 경계에 방치된 사람들이 처한 운명을 드러내준다. 반공국가는 영토 내의 '적'을 색출해야했고 동시에 그렇지 않은 이들을 포섭해야 했는데, 보도연맹의 초기 목표는 '식별'과

'선별'이었다. 보련원이 동원되는 방식에서도 잠재적인 적이자 비국민으로 규정된 이들의 운명이 드러난다. 이들은 경찰과 행정기관에 의해 '공노비'처럼 부려졌고, 죽음으로의 동원을 가능케 하는 양상을 보여주었다. 이처럼 학살의 이면에는 일상으로 침투한 배제와 감시, 동원의 권력기술들이 있고 이것이 죽음으로의 동원을 가능케 한 규율의 힘이었다.

또 한 가지 주목할 것은 보련은 불가능한 사업이었다는 점이다. '반공'이 그러했듯이 저렴하고 합리적으로 목적을 달성하기 위한 수단이었을 뿐이었다. 모두를 학살하는 것도 모두를 감금하는 것도 모두를 전향시키는 것도, 모두를 이념적으로 무장시키는 것도 애초에 불가능했다. 애초에 그 불가능성을 알고도 시작하는 것, 시작하는 것만으로도 효과를 가져오는 것, 이것이 근대적 국민 만들기의 근본적인 메커니즘을 상징적으로 보여주고 있다.

다음으로, '배제'와 '포섭'이 서로 충돌하면서 전개된 사회 조직화의 양상을 통해서 우리는 깨진 거울과 같은 대한민국 건국 초기의 모습을 발견할 수 있는데, 사회가 완전히 깨져나가지 않도록 '배제'와 '포섭' 사이, 바로 그 경계선상에서 작동했던 기법이 '감시'와 '동원'이었다. '배제'될지 '포섭'될지 알 수 없는, 말하자면 미결 상태에 놓인 사람들에게 '감시'는 결코 '격리'나 '감금'만을 의미하는 것이 아니라 특정한 주체 생산이라는 탈출구를 지시해주는 것이며 '동원'은 그 탈출을 실천하는 기회로 받아들여진다. 그래서 '감시'는 '동원'을 동반할 때만 그 효력을 발휘할 수 있는데 김학재의 논문은 '감시' 기능만 확대된 국민반이 1950년대 후반에 거의 기능하지 못하게 되는 상황을 그려냈다.

국민반에서 만들어 내려했던 '국민'은, 국민의 말단이자 비국민의 절벽으로 떨어지지 않아도 되는 '하등국민'이었다. 국민반을 통해 10년 동안의 '국민' 일상을 살펴보면, 1950년대 후반 무너져가는 국민반에서는 여전히 지배되고 통제되지 않은 영역이 있었음을 알 수 있으며, 한편으로는 저항의 가능성도 엿볼 수 있다. 그러나 한편으론 무너지지 않은 기본전제들에 더욱 주목해야 할 것으로 보인다. 곧 공간분할을 법제화하고 그것을 할 수 있는 정당성을 국가가 독점하며, 지역정치는 행정과 관료기술의 문제로 환원되고, 지역은 선거와 투표의 단위 이외의 경우에는 점차 탈정치화 되는 모습을 관찰할 수 있는 것이다. 나아가 '국민반'의 경우는 근대적 권력이 '국민'을 강제적으로 동원할 수 있는 최대치와 최소치, 그리고 여러 형태의 '정치노동'이 강제되는 양상을 보여주고 있다.

이러한 '동원'을 통해서 '감시'에서 완전히 벗어날 수 있는 것도 아니다. '감시'와 '동원'이 순환적으로 상호 보완하는 관계에 있다는 것을 잘 보여주는 것이 이임하의 논문이다. 이임하는 여성들이 전쟁으로의 '동원'을 통해서 여성에 대한 '감시'의 시선을 벗어나 새로운 주체를 형성해나갔는데 그 새로운 '위안형 주체'가 또 다른 '감시'의 시선을 낳게 되는 '감시'와 '동원'의 변증법적 관계를 다루었다. '감시'의 기법은 기본적으로 분류에 그 바탕을 두고 있기 때문에 항상 기표에 따라 작동을 하는데 '여성'이라는 기표는 개개인에게 평생 붙어 다닌다고 생각되기에 '동원'은 '여성'으로부터의, 즉 '감시'로부터의 해방을 가져다줄 수 없는 것이다.

반공국가가 건설되는 과정에서 만들어진 국민의 위계는 성별화된 젠더역할을 낳았고 이른바 '후방'과 '후방국민'이 탄생했다. 여성에게 '위문'은 전시 일상의 의무가 되었다. 나아가 반공국가는 보다 직접적으로 '성'을 동원하는 국가였다. 국가는 이 일에 직접 개입했고 한국전쟁이 가장 큰 계기가 되었다. 몸팔아 돈 버는 것을 애국으로 추앙했던 점, 이것이야말로 '국가화된 젠더 동원'의 지향과 결과를 잘 보여준다. 또 하나 주목할 것은 여성들이 '5종 보급품'으로 다뤄졌는데, 이는 권력기술의 작동과정에서 극단적으로 대상화되고 소외된 주체들을 상징한다. 보급품과 상품의 관계는 국가가 국민을 만들어내는 방식과 자본주의가 노동자를 만들어내는 방식의 상호관계를 예고하는 특수한 양상으로도 볼 수 있다. 이러한 지점들은 1950년대와 이후의 연결점들을 보여주며, 그만큼 사회의 저변에 뿌리 깊게 자리 잡은 권력의 회로들을 보여준다.

'적'과 '비국민', '말단국민'이나 '여성'과 대조적으로 '학생'이라는 기표는 어떤 개인을 평생 규정할 수 없는 일시적인 것이라는 특수성을 지닌다. '포섭' 기제로서의 보도연맹의 최종목표가 '탈맹'이었던 것처럼 학생의 최종목표는 졸업이기 때문이다. 더욱이 '잠재적 국민'인 학생을 사회에서 배제한다는 것은 최종적으로는 불가능한 일이었다. 그런 의미에서 학생들은 여성들과 달리 '감시'에서 벗어날 것이 미리 약속되어 있다. 연정은의 논문이 보여주는 것은 '감시'로 회귀하는 회로가 결여된 '동원'은 자체적인 동학으로 조직화된 일탈된 주체를 생산해낼 수 있다는 사실이다. 특히 휴전 이후 학도호국단은 자치조직으로서의 위상이 강화되어갔으며 이것은 4·19를 해명하는 하나의 연결고리가 될 수 있다.

학도호국단은 학교와 군사주의가 만난 결과이고 규율과 자유가 혼재하는 매개공간이었다. 학도호국단은 여순사건 뒤 전 사회가 반공주의로 재편될 당시 교육계 숙청의 일환으로 시작되어 숙청 이후의 감시와 포섭을 담당하기 위해 출범되었다. 학도호국단이 보도연맹이나 국민반, 여성단체와 다른 점은 이들에게 직접적인 군사훈련을 시켰다는 점이다. 여기서 학생을 전쟁터에 나갈 수 있는 '예비국민'/군인으로서 육성하려는 의도를 읽을 수 있다. 훈련과 규율을 통해 달성하려던 내용이 가장 구체적이었고, 훈련의 수준과 프로그램이 가장 치밀하게 준비되었다. 그러나 다른 대중동원조직들이 그러하듯이 학도호국단은 이후 '도의교육'과 같은 일상의 규율과 행사위주의 동원활동으로 변화된다. 학교에서는 학문의 자유와 조직화된 집단행동, 학교의 비리와 간부에 대한 불신이 맞물리며 자생적 저항이 가능해지는 계기들을 만들어 내는 모습을 볼 수 있다.

연정은의 논문이 4·19와 연결된다면 5·16과 연결될 수 있는 것이 후지이 다케시의 논문이다. 전쟁으로의 '동원'은 국민임을 증명할 수 있는 기회로 받아들여졌는데도 휴전에 따른 사회 재편 속에서 전장에서 돌아온 사람들은 국민으로서의 대우를 받지 못했다. 그러한 제대군인들이 놓인 조건을 바꾼 것이 5·16이었다. 1950년대 속에는 이미 4·19도 5·16도 그리고 또 다른 가능성들도 잉태되어 있었다. 제대군인을 통해서는 국민 되기와 폭력경험의 문제, 국가폭력의 순환과 재생산과정, 그리고 그것의 구체적 맥락을 살펴볼 수 있다. 여순사건 이후 전쟁기에 이르기까지 유사시에는 언제든지 모든 사람을 잠재적 비국민, 잠재적 적으로 간주했던 권력망 속에서 사람들은 전선으로 나가 '적'과 목숨을 걸고 싸우고 '내부의 적'인 '비국민'과 싸움으로써 국민 되기에 동참할 수 있었다.

제대군인들의 단체가 생성되고 해체되고 수렴되는 과정에서 우리는 국가폭력이 생산되고 관리되고 활용되는 목적과 결과들을 살펴볼 수 있다. 폭력이 국가로 독점(물리적으로도, 정당성에 있어서도)되기 전 단계에서는 다양한 대중조직들이 폭력단체로 키워지고 활용되지만, 일단 국내평정을 이루고 정치적 정당성을 독점하고 존속시키고 유지시키는 것이 더 중요해지는 시점에서는 이전까지 이용되던 폭력조직들이 해체된다. 청년단이 해산되고 민병대가 창설되는 과정이 그러하다. 이는 대중동원의 필요와 그것에 대한 두려움이 양가적으로 잠재되어 있는 포퓰리즘 정치의 한 양상이다. 독재자는 대중들이 자기 동력을 갖게 되는 것이 두렵기 때문이다. 보도회가 정치적이라는 이유로 해체되는 과정이 이를 잘 보여준다. 더구나 1950년대의 동원은 어떤 보답도 주어지지 않는 강제 동원이었기에 그러한 일들에는 극단적이고 숭고한 신화가 덧씌워졌으며, 이를 그대로 받아들이고 그러한 국민이 되고자 하는 사람들과 그에 대해 피곤해 하고 반감을 느끼는 사람들을 만들어 냈다. 이러한 대중동원은 그야말로 양날의 칼이었던 셈이다. 그런데 상무회가 창설되는 과정에서 폭력장치들이 사병화되고 이들이 다시 정치세력화 되는 과정은 정치엘리트와 군부엘리트가 형성되는 과정을 보여주며, 대체로 이러한 과정에서 제외되었던 70만의 제대군인이 자신들을 포섭하고 활용하지 않는 정부 하에서 잠재적인 군부지배 지지기반으로 방치되었다.

이처럼 1950년대의 대중조직들을 통해서 우리는 반공국가의 국민형성과정을 다양하게 살펴보았다. 이 과정에서 작동한 배제와 포섭의 메커니즘, 감시와 동원이라는 권력기술, 폭력과 대중동원이 내포하고 있는 여러 문제들을 가능한 구체적으로 짚어보고, 어느 정도 해명해보고자 했던 셈이다.

5. 혼돈 속의 질서와 혼돈이라는 질서

우리는 기존의 1950년대 연구들이 단순히 정치사의 입장에서, 인물과 정권에 대한 이분법적 평가에 근거해서 이루어진 것과 달리, 조금은 새로운 시각을 도입하여 다양한 측면들에 주목하고자 했다. 단순한 이분법에 머무는 것을 넘어서려면, 무언가에 대한 막연한 비난이 아닌 '비판'을 필요로 했다. 이러한 비판은 '대한민국'이 형성되던 시기에 도입되고 작동했던 근대 권력들의 속성과 그것이 가져온 결과들까지 탐구해 보려는 작업을 시도하는 것으로 나아갔다. 미약하지만, 이 시기에 대해, 그리고 역사적 현실에 주목하며 어떤 방식으로 질문해야하는 가에 대해 문제를 제기하고자 노력했던 셈이다.

1950년대는 이른바 이행의 시대였고 혼돈의 시기였다. 정치의 과잉이었고 위로부터 강제되는 세계적 역학구조가 사회를 뒤흔들고 아래로부터 끓어오르는 열망과 욕망들이 한치 앞을 알 수 없는 격동의 사회를 만들어 내고 있었다. 국가건설과 전쟁의 한복판에서 어느 것 하나 결코 단순하지 않았다.

해방과 분단, 전쟁이라는 강렬한 현실들은 기존의 상징질서로 포획되지 않는 거대한 실재, 텅 빈 심연의 구멍을 드러냈다. 모두가 직접 대면해야했던 그 실재를 메꾸기 위해 거대한 텅 빈 기표가 필요했다. '반공'이 그 역할을 했고, 그것이 만들어낸 여러 정체성들, 관계규정들이 만들어졌다. 반공은 세계적 구조로부터 강제된 목적이자 일부 지배 엘리트가 선택한 목적이었으며 목적달성 그 자체만이 중요시되었기에 구체적 내용들은 매우 유동적이고도 모호했다. 정치세력들이 의존했던 것은 효율적이고도 실제로 작동했던 권력기술들과 대중조직들이었다.

1950년대 사회를 통해 우리는 근대 권력기술의 실험장, 그 폐허에 남겨진 잔해와 풍경들을 살펴보았다. 지금 생각하면 도저히 이해할 수 없는 일들이 많았고 매우 혼란스럽게 보일 수도 있다. 그러나 '혼돈 속의 질서'를 찾는 와중에, 우리는 미약하나마 '혼돈이라는 질서'를 발견했다. 혼돈 속에서 권력기술과 대중조직이라는 경로를 통해 나름의 질서들을 찾아낼 수 있었고, 나아가 각각의 실제 양상과 우리사회에서 나타나는 '혼돈' 그 자체가 어떤 질서의 일부였다는 점을 발견한 것이다. 1950년대의 권력기술이 작동하는 방식은 뭔가 덜 떨어진 듯한, '미완'인 듯 보이지만 보다 직접적으로 본색을 드러냈고, 근대적 국가건설과정, '국민형성과정'이 진행되는 폭력적인 체제 기반구축 과정을 가감 없이 보여주었다. 한국사회의 이러한 갈등과 혼란은 당시 중심부

국가들의 국내정치, 국제적 헤게모니의 도덕적 자원으로 활용되었다. 또한 그 권력기술들은 식민지배와 세계대전의 경험이 물질화된 것으로 냉전을 계기로 한국사회에 도입, 부활하여 각축전을 벌인 것이었다.

이 권력기술들이 좌충우돌하며 만들어낸 사회에서, '정치적인 것'의 영역은 극도로 협소한 문제로 환원되는 양상을 보였다. 무엇이 더 정당한가의 문제는 누가 정당한가의 문제로, 누가 정당한가의 문제는 누가 이기는가의 문제로, 누가 이기는가의 문제는 어떤 기술이 더 효율적이고 더 우월한가의 문제로 쉽게 대치되었다. 이러한 상황에서는 이기는 것이 정당한 것이고 살아남는 것이 이기는 것이며, 우월하고 강한 것이 절대선 이었다. 따라서 정당성은 사후에 만들어내면 되는 것이었다. '반공주의'라는 내용 없는 신화, 동어반복적인 숭고함(공산주의자들은 절멸되어야 한다, 왜? 공산주의자들이니까. 반공은 옳다. 왜? 반공은 옳으니까)들은 초라하지만 너무나 거대하게 남게 되었다. 이 빈곤한 신화와 화려한 권력기술은 서로를 필요로 하며 서로를 강화시켰다.

만일 정치시스템의 역할에 대한 기대의 최소치가, 어떤 갈등이 극단으로 치닫는 것을 방어하는 것 정도라고 하더라도 1950년대의 한국사회에서는 그 최소한의 기대마저 실현되지 못했다. 한국전쟁의 발발은 결코 예방되거나 방어된 적이 없었고, 국가건설의 과정 역시 분단과 전쟁을 해서라도 진행되어야 했던, 갈등의 최소화가 전혀 고려되지 않았던 특정 정치세력의 승리를 향한 무한 경주였다. 냉정한 국제적 이해관계에서 도덕적 헤게모니는 사후적 정당화이거나 얄팍한 알리바이인 경우가 많듯이, 한국사회의 '반공주의'는 목적을 달성하기 위해 적용된 권력기술들이 경쟁적으로 활용한 수사에 불과했다.

그러나 다른 한편으로 1950년대는 지금과는 다른 사회질서가 실험되는 시기였고, 이행하는 시기였으며, 따라서 많은 가능성과 균열들이 남아있던 시기였다. '국민 만들기'와 '국민 되기'의 과정에서 '국민'이라는 단일한 동일성에 의해 배제된, 혹은 그 내부에 남아 있는 차이들에 그 균열들이 존재할 것이다. 만일 수십 년간 거대한 신화에 짓눌려 있던 그 균열의 목소리들을 다시 망각하고 매장해버린다면 우리는 영원히 역사 앞에 무지한 채로 남아있게 될 것이다. 역사의 어떤 목소리에 귀 기울일까하는 것은 자유로운 선택의 문제지만, 참혹한 결과를 예방하지 못하는 것은 책임의 문제로 고스란히 남게 될 것이다. 이것이 '국민'이 살해한 사람들의 그 미약한 목소리를 끈질기게 들어야 하는 이유이며, 미래에 도래할 또 다른 집단적 동일성들, 즉 '동아시아', '민족', '자유 세계인'의 이름으로 살해될 누군가가 있을 것이라는 있다는 경고에 귀 기울여야 하는 이유이다.

깨진 거울로 비추어보면 우리의 모습 또한 파편화된다. 현재 우리가 자명한 것으로 인식하는 '민주주의'나 '반공주의', '민족'이나 '국민'이라는 개념들이 독자들에게 약간이나마 낯설게 다가왔다면 우리의 기획은 성공이었다고 할 수 있겠다.

1장 여순사건에 대한 언론보도와 반공담론의 창출

김득중

1. 여순사건과 반공체제의 형성

 이승만정권이 수립된 지 불과 두 달 만에 여수로부터 시작된 군인봉기는 지방 좌익세력이 가담하면서 대중적 항쟁으로 변화하여, 이승만정권을 당황하게 했다. 사전에 철저히 계획되거나 중앙당의 지시가 없었음에도 여순사건은 며칠 만에 전남 동부 지역 수 개 군에 파급되었다.
 여수와 순천에서 재건된 인민위원회는 이승만정부를 친일파로 구성된 친미 매국정권으로 규정하는 한편 미군의 완전 철수를 주장했다. 인민위원회는 친일파와 단선단정을 추진하는 데 앞장섰던 경찰·서북청년회·한민당·독립촉성국민회·대동청년단·민족청년단 등을 반동단체로 규정하고 이들을 처벌하였으며, 친일파·모리 간상배들의 은행예금을 동결시켰다. 이와 같은 인민위원회 활동은 이승만정권을 완전히 부정하고 정면으로 도전하는 것이었다.
 여순사건은 이승만정권이 수립된 뒤 처음 맞는 정치적 위기였다. 하지만 여순봉기는 전남 동부지역에만 머무른 채 전국으로 파급되지는 못했다. 봉기군은 여수와 순천을 며칠간 점령할 수 있었지만, 나머지 지역은 한 차례의 휩쓸고 지나가는 바람에 불과하거나 봉기군과 진압군의 반복되는 점령과 재점령의 순환에 놓여 있었다.

여순사건은 미군의 적극적인 개입과 대대적인 진압군 동원으로 진정되었지만, 이승만정권이 여순사건에 대해 가졌던 위기감과 대응방식은 사라지지 않고 강력한 반공노선 아래에서 재생산되었다. 군인들의 무력봉기는 군사적 동원으로 진압할 수 있었다. 그러나 일반 시민들이 군인 봉기에 참여하게 된 원인을 근본적으로 해결할 수 없었기 때문에, 이승만정부는 여순사건으로 닥친 위기를 일단 진압작전으로 극복한 뒤 반공사회 구축을 위해 온 힘을 쏟았다.

여순사건을 계기로 정치적 반대세력인 공산주의자에 대한 적대적인

〈그림 1〉 여수 신월동에 주둔한 제14연대의 정문. 14연대 병사들은 제주도 진압 반대를 외치며 봉기하여 다음 날 여수와 순천을 점령했다. 이 사진은 반란군 진압이 완료된 직후에 촬영된 것으로 보인다. 전국문화단체총동맹, 『반란과 민족의 각오』, 문진문화사, 1949, 26쪽.

이미지가 만들어졌고, 이들에 맞서기 위한 정권의 대응 방안이 마련되었으며 국가보안법 등의 법제 장치도 구축되었다.1 이 같이 여순사건은 반공사회를 만들어 가는 과정에서 주요한 경험과 근거로 작용했고, 이후 지속되는 남한 반공체제의 기본적인 구조와 작동 원리를 제시했다.

여순사건을 전후로 이승만정권은 공산주의자를 '민족의 적'으로 간주하는 이데올로기 공세를 강화했다. 이를 위해 정부는 무엇보다 먼저 공산주의자(타자)에 대한 적대적 인식과 이미지를 구축할 필요가 있었다. 그리고 대한민국 '국민'의 정체성은 공산주의자를 부정적인 타자로 간주하는 것을 통해 형성될 수 있었다. 이 두 가지는 논리적으로 구별 가능하지만, 실제로는 동전의 양면을 구성한다.

이승만정권은 반공 이데올로기의 주요한 내용을 구성하는 공산주의자에 대한 이미지를 여순사건을 진압하는 과정에서 더욱 구체화하고 강화하였다. 공산주의자는 맞서서 전멸시켜야 하는 타자로서 위치 지워졌다. 공산주의자에 대한 적대의식은 공산집단의 구성원을 자신들과는 본질적으로 다른 존재로 끊임없이 구분함으로써 가능했다. 여순사건의 홍역을 치룬 이승만정권은 좌익세력의 폭력과 비인간성을 강조하면서 좌익세력을 비인간(짐승이나 악마)으로 간주하였다.2 이제 남한에서 공산주의자는 공간적으로나 심리적으로 외부의 집단으로 위치 지워

---

1 여순사건 뒤 제정된 국가보안법은 여순사건 당시에 불법적으로 발포된 계엄령의 연장선이었다. 군경은 봉기군에 협조했다는 일방적인 혐의만으로 시민들을 체포하고 즉결처분을 실시했다. 이런 경험은 '국헌에 위배하여 정부를 참칭(僭稱)하거나 그에 부수하여 국가를 변란할 목적'을 갖고 있으면 처벌할 수 있는 국가보안법의 정신으로 이어지게 된다. 이런 측면에서 국가보안법은 평시를 준전시상태로 이어지게 하는 '평상시의 계엄령'이라 할 수 있다.
2 이에 비해 진압작전에서 수많은 민간인을 학살한 군경, 우익 청년단체원들은 공산주의 위협에서 대한민국을 구한 애국자로 칭송되었고, 작전이 끝난 다음에는 훈장이 수여되었다. 반공이 곧 애국이며, 반공 이외의 것은 체제위협이자 매국으로 간주되는 분위기가 만들어졌다.

졌으며, 위협과 적의를 제공하는 주체로 부각되었다.

냉전시대에 미·소가 표면적으로는 타협 불가능한 세력으로 상대방을 규정했던 것처럼, 자신의 정치세력과 다른 정치세력을 구별하고 다른 정치세력에 대한 적대의식을 고양시킨 이승만정권의 대응은 세계적 냉전 논리의 연장선 속에 있었다.

'적의 창출(making enemy)' 과정이 실제 사실과는 큰 연관이 없었다는 점에도 주목할 필요가 있다. 내부 구성원의 지지가 미약했던 이승만정권이 존립하기 위해서는 외부의 적대적인 타자를 설정하는 것이 필수적이었으며, 적에 대한 규정은 실제 내용보다는 정치공학적인 이미지를 통해 형성되었다.

한편 '공산주의자'라는 적을 만들어 내고 그것을 인식하는 과정은 대한민국 국민이 어떤 국민이어야 하는가를 결정하였다. 한 집단의 정체성이 다른 집단에 대한 규정을 통해 만들어진다고 할 때, 이승만정권의 공산주의자에 대한 인식과 이미지를 형성하는 것은 남한 정권 존립 이유에서 가장 중요한 일이었다. 분단정권이라는 부담을 안고 출범한 이승만정권은 내·외부의 공산주의 세력과 맞서면서 반공 정권('반공 국민')의 정체성을 형성해 나갔다.

이 글에서는 여순사건을 거치면서 이승만정권이 어떻게 '공산주의자들=타자'를 규정하였는지, 그 내용은 어떤 것이었는지를 살펴보려고 한다. 이를 위해서 여론 형성을 주도하는 언론 그리고 반공 담론을 생산하는 데 기여했던 문인·종교인들의 활동을 살펴보고자 한다.

이 같은 연구를 통해 반공 이데올로기의 구체적인 내용과 작동 방식을 확인할 수 있을 것이다. 또한 남한 사회의 반공 이데올로기가 한국전쟁을 통해 인민에게 내면화되었다면, 전쟁 이전에 정부가 주도한 반공 공세를 살펴봄으로써 반공 이데올로기가 어떻게 만들어지고 변화하는지에 대해서도 시사점을 줄 수 있을 것이다.

2. 언론의 여순사건 재현

 여순사건 당시 언론의 보도 내용은 여순사건의 실상에 대한 인식뿐만 아니라 나아가 공산주의자를 어떻게 이해하는가에 큰 영향을 미쳤다. 따라서 언론이 어떤 문제들을 공공의 의제로 설정했으며, 설정된 의제를 어떤 시각에서 보도했는가는 매우 중요하다.
 당시 신문 보도를 비판적으로 검토하는 문제는 언론이 여순사건과 이승만 반공체제 형성에 기여한 역사적 역할을 파악하는 것이며 동시에 반공 담론이 어떻게 형성되었는지, 구체적인 내용은 무엇인지를 파악하는 일이 될 것이다.

1) '사실 보도'라는 허구

 여순사건이 발생하면서 여수, 순천지역은 다른 모든 정보와 다른 지역과의 교통이 차단된 '고립된 섬'이었다. 모든 정보가 차단되자 사람들의 입에서 입으로 전해지는 소문은 날개를 단 듯 순식간에 퍼져나갔다. 봉기군은 사기를 고양시키기 위해 시민들에게 38선이 열렸으며, 이승만 대통령은 일본으로 도망갔다고 선전했다. 여수와 순천이 봉기군의 손에 들어가자 시민들 사이에선 이북 인민군이 인천과 부산 등지에 상륙해 서울을 점령했다던가, 인민군이 광주를 향해 진격해 온다던가, 인민군이 국군 군함 세 척을 압수했다는 얘기들이 떠돌았다.[3] 좌익에 의한 학살 소식도 계속 퍼져 나갔다.[4] 외부로부터 오는 모든 정보가

---
3 전국문화단체총동맹, 『반란과 민족의 각오』, 문진문화사, 1949, 72·81쪽.
4 이경모, 「사선 넘으며 촬영한 동족상잔의 비극」, 조선일보사 월간조선 엮음, 『한국현대사 119대 사건』, 조선일보사, 1993, 47쪽.

차단당한 상태였기 때문에 이런 소문들은 진위여부를 명확히 따질 수 없었고, 그렇기 때문에 소문은 더욱 번져나가고 효력을 발휘했다.

입에서 입으로 유통되는 소문에 비해 문자 매체에 대한 공신력은 훨씬 더 높았다. 진압작전이 끝난 뒤 현지에 파견된 문인조사단이 신문을 배부하자 정보에 메말라 있었던 주민들 수백 명은 순식간에 몰려들어 신문을 움켜잡았다.[5]

여순 주민들이 신문을 갈구했던 이유는 언론이 특정한 사안에 대한 여론을 형성시키는 주요한 역할을 하기 때문이다. 더욱이 여순사건의 경우와 같이 정보가 차단되고 확인되지 않는 다양한 소문이 광범위하게 유통되는 경우, 언론에 대한 일반인의 기대가 더욱 클 수밖에 없고 이 때문에 취재를 담당한 기자에게는 강한 책임감이 요구되었다.

10월 19일 늦은 저녁에 일어난 여순사건 소식이 서울 중앙청 기자들에게 알려진 것은 20일 점심 때쯤이었다. 기자들은 이 소식을 소문으로 전해 들었지만, 사건이 일어났다는 사실만을 알았을 뿐 더 자세한 내용을 파악할 수는 없었다.[6] 이러는 사이 정부는 즉시 기재유보(記載留保) 조치를 통해 이 사건에 대한 신문 보도를 일체 금지했다. 그리고는 다음 날인 10월 21일, 이범석 국무총리는 기자회견 형식으로 여수에서 14연대가 반란을 일으켰다고 발표했다.

이에 따라 중앙과 지방의 신문들은 다음 날에 여순사건 사실을 1면 머리기사나 사회면 머리기사로 크게 보도했다. 각 신문이 보도한 10월 22일자 여순사건 기사의 표제는 〈표 1〉과 같다.

이날 신문 보도 내용의 거의 대부분은 정부 발표문에 의존하고 있었다. 각 신문은 전남 여수에서 14연대가 반란을 일으켜 순천을 점령하

---

5 전국문화단체총동맹, 『반란과 민족의 각오』, 문진문화사, 1949, 79쪽.
6 조덕송, 「머나먼 여로」 제3권, 도서출판 다다, 1990, 37쪽 ; 유건호, 「여순반란사건」, 『전환기의 내막』, 조선일보사, 1982, 146쪽.

〈표 1〉 중앙·지방 일간지의 10월 22일 여순사건 보도 표제

구분	신문명	표 제 (1948년 10월 22일자)
중앙지	경향신문	「응시하자! 민족 골육상잔의 참극을, 여수 국군 일부 반란 야기, 반정부진영의 모략선전에 기인」
〃	국제신문	「여수·순천에 국군반란, 21일 정오 현재 교전 중」
〃	민주일보	「전남지방에 국방군대의 반란, 여수 점령코 순천 기습, 飛機로 토벌대 급파코 진압 중」
〃	서울신문	「20일 여수에서 국군 반란, 순천에서도 학살 방화, 남원과 광주로 오다가 분산되는 중, 李국방장관 발표」
〃	세계일보	「유사 이래 초유 대반란, 국군 2천명이 여수·순천 완전 점령, 광주·남원을 향해 진격 중」
〃	자유신문	「국군 제14연대내서 반란, 여수·순천 점령코 북상, 국군 증원부대의 요격으로 점차 남하중, 폭도 지리산 입산을 방지」
〃	조선일보	「국군 일부 전남서 반란, 좌익과 합세 2천여 명, 치안은 불원간 회복을 확신, 장교급을 살해, 경찰과 철도를 접수」
〃	평화일보	「천인공노 반란, 군경양민 등 사살코 여수·순천서 격전, 미증유의 군인·폭도 공모의 봉기」
〃	한성일보	「국군 제14연대 반란, 여수 순천 점령코 북상, 군경 양 증원군 반군 요격을 계속」
지방지	동광신문	「국군 제14연대 반란! 여수서 발단, 순천을 점령, 국방부 발표」(10월 21일 호외)
〃	호남신문	「국군 제14연대 반란, 여수 점령 후 점차 북진」

* 출전 : 『경향신문』·『국제신문』·『민주일보』·『서울신문』·『세계일보』·『자유신문』·『조선일보』·『평화일보』·『한성일보』·『호남신문』은 1948. 10. 22. 『동광신문』 호외는 정운현, 1997, 『호외, 백년의 기억들』, 삼인, 100쪽을 참조.

고 점차 북진하고 있다는 점, 14연대 반란은 극우와 극좌세력의 합작품이라는 점, 반란세력이 살인과 방화를 일삼고 있다는 이범석 국무총리의 기자회견 내용을 그대로 받아 보도했다.

14연대가 반란을 일으켰다는 것이 움직일 수 없는 하나의 사실(fact)이라면, 이 반란이 공산주의자들의 모략선전으로 일어났다는 것은 사건의 원인에 대한 보도였다. 그리고 원인에 대한 판단은 어느 정도의 사태 파악을 전제로 한다. 하지만 이범석 국무총리가 여순사건 발발 원인을 발표할 당시, 정부는 사건의 진상과 진행방향을 정확하게 파악하지 못하고 있었다.

그럼에도 일부 언론은 '골육상잔'이나 '천인공노' 같은 감정적 언어들을 사용하여 이 사건에 이미 특정한 의미를 부여하고 있었다. 특히 『평화일보』는 이 사건을 보도한 첫날부터 이 사건이 '천인공노할 반란'이며 '군인 폭도 공모의 봉기'라고 보도하여 여러 신문 중에서도 정부의 의도에 가장 잘 부합되는 표제를 달았다. 나중에 자세히 보게 되겠지만, 이 같은 『평화일보』의 보도 방향은 사건이 진행되면서 더욱 강화된다.

신문들은 정부 발표를 그대로 실었기 때문에, 정부의 의도와 오류를 그대로 반복했다. 아직 순천도 점령하지 못한 10월 22일 윤치영 내무부장관은 이날 오전 1시에 여수를 탈환했다고 발표했다.[7] 하지만 이날은 여수에 진압군 한 명도 보이지 않았던 때였고, 순천도 아직 완전히 탈환하지 못한 때였다.

서울에 위치한 중앙 신문사들은 여수나 순천지역에 기자들을 주재시킨 것도 아니었고, 곧바로 현장에 내려가 취재할 수도 없었기 때문에 정부 발표를 그대로 전재할 수밖에 없었다고 당시의 보도상황을 이해할 수도 있다.

---

7 『서울신문』, 1948년 10월 23일 ; 『경향신문』, 1948년 10월 23일.

하지만 신문의 보도 태도는 현지에 특파원을 파견했다고 해서 달라지지 않았다. 특파원들은 전라도에 들어가면서부터 주위에서 수집한 정보들로 기사를 작성하여 서울 본사로 송고했다. 특파원들이 보낸 기사는 정부가 발표한 내용보다는 더 생생하고 많은 정보를 담고 있었지만, 촉박한 시간과 무책임으로 숱한 오보를 만들어 내기도 했다.

한 신문은 좌익세력의 의해 희생당한 정복 경찰관의 시체가 무려 5천여 명이나 된다고 보도했고,[8] 다른 신문은 10월 20일에 여수에서 열린 인민대회에 4만 명이 모였다고 보도했다. 당연하지만 경찰관 5천 명이 죽었다는 것은 과장이었다. 또 당시 여수읍 전 지역의 인구가 약 7만 8천여 명 정도였다는 점을 고려한다면, 4만 명이 인민대회에 참가했다는 보도는 과장이었다. 또 인민대회에서 다섯 명의 의장단을 뽑았다고 보도했고 실제로도 그랬지만, 신문에 나열된 의장단 이름은 이상하게도 모두 6명으로 기재되어 있었다.[9]

이 같이 당시의 신문 보도는 사실을 정확하게 추적하려는 노력을 소홀히 하고 있었고 보도 사실은 과장되어 있었다.

2) 언론의 '반공' 의제 설정

신문들이 정부 발표 외에 다른 기사를 게재할 수 없었던 또 다른 이유는 정부가 이범석 국무총리 발표 등 정부가 발표한 것 이외에는 일체의 다른 보도를 금지했기 때문이다. 정부는 20일 서울에 반란 소식이 알려지자 즉각 보도 금지 조치를 취했는데, 다음 날인 21일에도 정부 발표만 보도하게 했고 그 이외의 기사는 게재하지 못하도록 지시했다.[10]

---

8 『대동신문』, 1948년 10월 28일.
9 『조선일보』, 1948년 11월 2·3일.
10 『경향신문』, 1948년 10월 22일.

현지에 특파원이 파견될 즈음인 10월 25일, 정부는 보도금지를 '전면적'으로 해제한다고 발표했다.11 이날 국무회의에서는 계엄령이 통과되어, 군이 행정과 사법 업무를 장악했다. 계엄령은 여수·순천 지역에 내려졌지만, 그 이외의 다른 지역도 사실상 '준전시상태'에 놓여졌다.12 계엄령이 발포된 상황에서 특파원이 보내는 기사를 포함하여 여순사건의 모든 관련 기사는 군 검열을 통과해야 했기 때문에 실제로는 보도금지가 풀린 것이 아니었다. 당시 여순사건을 보도한 각 신문 기사의 끝에는 '군검열제(軍檢閱濟)'라는 꼬리가 달려있었고, 검열을 통과하지 못한 기사는 내용이 삭제되었다. 예를 들어 『세계일보』 11월 3일자를 보면 「돌연 남원에 계엄령」이라는 기사 옆이 흰 공백으로 남아 있는 것을 볼 수 있다. 어떤 내용의 기사인지는 알 수 없으나, 검열을 통과하지 못해 삭제된 것이 분명하다.

여순사건이 진행되는 내내 정부와 군은 보도 기사를 사전에 검열했기 때문에 언론이 자유롭게 보도한다는 것은 원천적으로 불가능했다. 이로 인해 각 신문사가 특파원을 파견하기 전까지, 여순사건에 대한 모든 정보는 오직 정부 발표에만 의존했다.

당시 각 신문들이 보도했던 양상을 살펴보면, 언론은 정부 발표에 어떤 의문도 제기하지 않았다는 것을 알 수 있다. 정부 발표에 따르면 단지 몇 십 명에 불과한 14연대 군인들이 극우세력과 짜고 2,000여 명이 넘는 다수의 군인들을 선동하여 반란을 일으킨 셈이고, 여수와 순천 지방민 또한 지방좌익의 선동에 빠져 살인과 방화를 일삼은 셈이 된다. 정부의 발표는 봉기에 합류한 수많은 병사와 지방민을 선동에

---

11 『세계일보』, 1948년 10월 22·26일.
12 『대한일보』, 1948년 11월 13일. 수도청장은 지금이 준전시상태라며, 11월 12일 이후에는 하오 6시 이후부터 불필요한 통행과 방문을 금한다고 발표했다. 만약 6시 이후에 다른 사람의 집에 들어가거나 주인을 보기 위해 강제로 불러내면 '용서 없이 단호 발포'한다고 경고했다.

휩쓸리는 우민(愚民)으로 취급하고, 이처럼 거대한 사건이 일부 주모자들의 선동으로 일어날 수 있다는 전제가 깔려있는 것이었다. 더욱이 이 사건이 극우와 극좌세력이 연합해서 일으킨 사건이라는 데는 처음부터 의문이 제기되었으나 어느 신문도 이 사실을 파고들거나 문제로 삼지 않았다.

정부가 지칭하는 '극우세력'이 자신을 가리키는 것이라고 인식한 김구가 사건 관여를 적극 부인하자 신문들은 단지 김구의 발언을 기사화했을 뿐, 이에 대한 짤막한 해설도 싣지 않았다. 신문지상에는 연일 정부의 발표만이 실릴 뿐이었고, 이 사건이 왜 일어나게 되었는지(원인), 사건이 어떻게 진행되었는지, 이 사건의 성격은 무엇인지에 대한 파악과 분석은 이루어지지 않았다.

특파원들이 속속 현지에 도착하면서 각 신문에는 특파원들이 송고한 기사가 실리게 되었지만, 신문들의 이러한 무책임한 방임적 태도는 신문사가 현지에 특파원을 파견한 뒤에도 바뀌지 않았다.

각 신문사가 특파원을 현지에 급파한 것은 이 사건이 그만큼 중요했다는 것을 의미하지만, 정부로부터 일방적으로 공급받는 정보를 뛰어넘는 내용이 요구되었기 때문이기도 하다. 어떤 기사를 작성할 것인가의 선택은 1차적으로 기자의 손에 따라 결정되기 때문에 기자들이 이 사건을 어떻게 보고 있었는가는 매우 중요한 요소였다.

기자들은 이 사건을 어떻게 파악할 것인가를 놓고 논란을 벌일 만큼 큰 의견 차이를 보였다. 서울에 있던 5~6명의 기자들은 현지에 내려가기 위해 광주로 갔는데, 기차 안에서 어떤 기자는 여순사건을 '의거'라고 주장했고, 어떤 기자는 "군인들이 반란을 일으켜 끔찍한 일을 저질렀는데 어떻게 그것이 의거냐?"라며 반발했다.13 기자 내부에서도 이 사건을 바라보는 시각 차이가 존재했지만, 이런 차이는 신문에 거

---

13 「이지웅」, 대한언론인회, 『녹취 한국언론사』, 2001, 325쪽.

의 반영되지 못하였다. 『국제신문』 김현제 기자는 좌익적 성향을 띠고 있었다고 나중에 알려졌지만, 신문에 실린 기사로 따져보면 특별한 좌익 성향을 발견할 수 없었다.14

『국제신문』과 함께 『평화일보』는 가장 많은 지면을 할애하여 여순사건을 활발히 보도한 신문에 속하지만, 허위와 과장 기사로 반공주의적 선전을 활발히 전개했다. 특히 순천 출신 국회의원 황두연이 인민재판에 관여했다는 기사는 본인이 국회에 나와 해명하여 분명한 오보임이 밝혀졌음에도 불구하고 『평화일보』는 계속 황두연이 봉기군에 협력했다는 기사를 악의적으로 보도했다. 이 기사를 쓴 이지웅은 1946년 겨울부터 통위부(국방부의 전신)를 출입하던 기자였다. 황두연이 인민재판에 관련되어 있다는 기사는 현지 특파원이었던 이지웅과 양우정 사장의 합작품이었다.15 이지웅 기자는 떠도는 소문만 듣고는 아무런 근거도 없이 황두연 국회의원이 인민재판에 판사로 참가했다는 기사를 송고 했고, 편집부는 이 사실이 잘못된 기사임을 알면서도 사장의 지시에 따라 보도를 강행했다.

기사가 정부의 발표 내용 일색으로 이루어진 이유는 단지 정부의 검열 때문만은 아니었다. 여순사건을 전후로 한 시기는 이승만정권이 신문들을 폐간시키고 언론인을 구속하여, 언론자유는 초미의 관심사가 되어 있을 때였다. 그런데 언론사들은 일정한 선을 긋고 스스로 자기검열을 하는 방식으로 정권과 유착되어 있었다. 예를 들어 『국제신문』은 현지 봉기 지역에 세 명의 기자를 파견하면서 '현지 보도를 자유가 허용되는 한도 내'에서 하겠다고 공표했는데, 이때 자유를 허용하는 주체가 군 당국임은 두말할 필요가 없다.16 이와 같이 몇몇 신문들이

---

14 조덕송, 앞의 책, 38쪽.
15 이지웅은 1949년 1월 22일에 창간된 『연합신문』으로 자리를 옮겼는데, 이 신문은 양우정(梁又正)이 창간했다(대한언론인회, 앞의 책, 326쪽).

스스로 보도의 한계선을 긋고 있었다면, 또 다른 신문의 경우는 정부의 반공주의 보도 방침보다 앞서나가기도 하였다.『평화일보』는 여순사건이 진압된 뒤에 서울 시민들을 대상으로 수도극장에서 현지 보고회를 열었다.『평화일보』는 "백성들을 현혹케 하여 동족상잔의 피바다로 유인하는 반민족적 공산분자들의 행동이 얼마나 반국가적이며 잔인했는지를 지상(紙上)으로써는 이루 다 말할 수 없는 형편"이기 때문에 보고회를 개최한다고 밝혔다.17

하지만 정부가 공급한 기사에 지나치게 의존한 채 맹목적인 보도에만 치중하는 신문들의 태도를 비판하는 시각도 있었다. 허위 과장 보도가 만연하자, 같은 동료 기자들도 이 같은 보도의 폐해를 지적하고 나섰다. 합동통신 기자였던 설국환(薛國煥)은 다음과 같이 신문들의 과장 보도를 지적했다.

> 사실 순천 여수에 들어가기 전에 우리는 반군과 반도가 방화와 강도질을 자행하였고 강간과 시체 파괴를 여지없이 하였을 뿐더러 살해에 있어서 경찰관의 전 가족을 몰살하였다는 이야기를 많이 들었으나 현지의 사체에서 부녀자 노인의 시체는 거진 볼 수 없었을 뿐더러 시체에 손을 댄 흔적도 별로 보지 못하였다. 다만 수인(數人)의 경찰 책임자와 국군장병의 가족을 살해하였다는 이야기를 당사자의 구전으로 들었을 뿐이며 이러한 것으로 미루어보아 지금 적발에 당하고 있는 사람들의 말에는 다소의 에누리도 있을 수 있는 것이다.18

『민주일보』기자였던 홍한표(洪漢杓)는 '수십 번이나 망설이다가'

---

16 『국제신문』, 1948년 10월 22일.
17 『평화일보』, 1948년 11월 10·11일. 이 보고회에서 이지웅은 「전남반란사건의 전모」라는 보고강연을 했고, 박상학은 「정치면으로 본 반란사건」, 주필 김석길은 「전남반란사건 측면적 비판」이라는 강연을 했다. 수도극장에는 수천 명의 청중이 모였다고 한다.
18 설국환, 「반란지구 답사기」, 『신천지』11월호, 1948, 153쪽.

자신이 목격한 내용을 이후에 참고자료로 제공할 의도로 글을 썼다고 고백했다. 홍한표는 특파원들이 '마치 자기들이 직접한 행동(취재)'으로 기사를 작성한 것처럼 행동하고 있으나 실제로는 좌우익 양편의 사정을 충분히 조사하지 않고 기자들을 반갑게 맞아준 국군과 경찰 그리고 우익진영 사람들로부터 얻은 정보에만 의존해 기사를 작성했다고 비판했다.19 이렇게 정보원이 한정되어 있었기 때문에 대부분의 일간지들은 진압작전에는 정당성을 부여하고 진압군을 격려했지만, 봉기세력에 대해서는 잔인한 학살 행위에 초점을 맞추어 반란군의 죄악을 폭로했다.

한편 시기적으로는 훨씬 뒤인 1980년대에 쓰이기는 했으나, 당시에 『조선일보』 기자로 순천 지역에 특파되었던 유건호는 순천 북국민학교 교정에서 벌어지고 있던 혐의자 색출과정을 매우 소상하게 전하고 있다.20

3) 적의 창출—사진 보도

당시 신문에는 보도 기사뿐만 아니라 여순 현지에서 찍은 사진도 신문에 실렸다. 사진은 현실을 있는 그대로 반영하는 가장 적합한 수단이며, 가장 사실적인 보도 방법이라고 얘기된다. 하지만 보도 기사가 그러하듯, 사진도 렌즈로 찍힌 것과 찍히지 않은 것의 차이가 존재한다. 사진 기자가 어떤 것을 찍는다고 결정하는 순간에 이미 또 다른 사물은 렌즈에서 배제되기 때문이다. 사진은 사진사가 어떤 대상을 찍는가에 따라서, 대상을 어떤 방식으로 표현하는가에 따라 동일한 대상이라 할지라도 너무나 다른 이미지를 보여준다. 사진은 시각에 직접

---

19 홍한표, 「전남반란사건의 전모」, 『신천지』 11월호, 1948, 163~164쪽.
20 유건호, 「여순반란사건」, 『전환기의 내막』, 조선일보사, 1982.

호소하기 때문에 더욱 감각적으로 정부나 언론이 의도한 여순사건에 대한 이미지를 만들어 낼 수 있었다.

여순사건에 대한 사진 보도는 어떠했을까? 신문에 실린 사진은 보도기사와 똑같이 군의 검열을 통과해야만 실릴 수 있었다. 『호남신문』 사진부장 이경모는 10월 21일 저녁에 다른 기자들보다 가장 먼저 순천에 도착하여 사진을 찍을 수 있는 행운을 가질 수 있었지만,[21] 그가 어렵게 얻은 사진은 군의 보도 검열을 통과하지 못한 채 폐기되었다. 그리고 군 검열은 계속되었다.

> 27일까지는 비교적 순조롭게 촬영을 할 수 있었으나 앞으로가 걱정이었다. 사진과 원고를 군에서 검열 당해 빼앗길지 모른다는 생각과 더욱 더 걱정되는 것은 여수에서 광주 본사까지 원고를 보내려면 결사대를 조직하여 송고 해야만 됐으니 이 일은 보통문제가 아니었다. '어차피 한번 죽지 두 번 죽나'하는 결의를 다지고 가까스로 순천까지는 29일에 도착했으나 광주까지 가는 일이 또 다시 문제였다. 교통이 완전 차단되었던 것이다. 몇 번의 검문을 거쳐 31일 밤에 가까스로 광주에 도착하였으나 찍은 사진 대부분을 검열에 걸려 빼앗기고 말았다. 나로서는 생명을 걸고 찍은 사진들이며 순천에서 광주까지 입산한 반군들의 기습을 받으며 사선을 돌파하여 가져온 사진들인데 아쉽기 한이 없었다.[22]

당시에 가장 많은 사진을 실었던 것은 『국제신문』이었다. 『국제신문』은 10월 27일부터 현지 특파원이 찍은 사진을 특집판까지 마련하여 거

---

21 이경모, 「사선 넘으며 촬영한 동족상잔의 비극」, 조선일보사 월간조선 엮음, 『한국현대사 119대사건』, 조선일보사, 1993, 47쪽. 이경모는 10월 22일 아침 순천에 도착한 다음, 광양에 계신 부모님 소식이 궁금하여 그곳으로 가다가 수많은 학살현장을 목격했다. 그중에는 서울에서 대학을 다니다 좌익학생으로 수배돼 고향에서 은신하던 친구의 시신도 목격했는데, 이 사진들은 이경모, 『이경모 사진집 : 8·15, 여수순천반란, 6·25』, 눈빛, 1989에 실려 있다.

22 이경모, 「사선 넘으며 촬영한 동족상잔의 비극」, 조선일보사 월간조선 엮음, 『한국현대사 119대사건』, 조선일보사, 1993, 51~52쪽.

의 매일 사진을 실었다. 이 밖에도 『민주일보』가 여순사건을 화보로 다루었고, 주로 화보로 지면을 채웠던 『국제보도』라는 잡지에도 여순사건 사진이 실렸다.

당시 사진들을 살펴보면 봉기군이 자행한 학살의 참상을 알리는 사진과 진압군의 위용한 활동을 잘 드러내는 사진들이 여순사건 관련 사진 중 제일 많은 분량을 차지하고 있는 것을 알 수 있다. 학살 사진이 다량으로 보도됨으로써 일반인들은 문자와 말이 아니라 사진으로 봉기군의 잔악한 살해 행위를 시각적으로 다시금 확인할 수 있었다. '살해' 같은 잔악 행위는 수많은 말을 통해서보다 단 한 장의 사진이 더 많은 것을 전달해준다. 신문에 실린 사진들은 긴 설명 없이도 봉기군이 어떤 행위를 했는가를 여순사건을 직접 경험하지 못한 외부 사람들에게 충분히 전달해 주고 있었다.

『서울신문』은 사설에서 '이유 여하를 막론하고 살인·방화·파괴는 혐기(嫌忌)와 증오의 대상'이며 '3천만 민족 모두가 반란분자와는 다른

〈그림 2〉『민주일보』, 1948. 10. 30.

1장 여순사건에 대한 언론보도와 반공담론의 창출 ∥ 83

〈그림 3〉 『민주일보』는 이 두 사진을 "순천에 돌입한 반란군 손에 무참히 죽은 경 관들"이라고 설명했다. 『민주일보』, 1948. 10. 30.

생각을 가지고 있다'고 주장했는데, 신문에 실린 사진들은 봉기군을 같은 민족이 아닌 다른 인간 또는 인간이 아닌 짐승들로 생각할 수 있는 분명한 근거를 제시해 주었다.23

사진이 어떻게 사용되었는가는 당시 신문에 실린 여순사건 관련 사진들을 주제별로 구분해 보면 더욱 확연히 드러난다.

다른 어느 신문보다 사진을 많이 게재한 『국제신문』은 10월 27일에 사진을 처음으로 싣기 시작하였는데, 이날 1면에 「기계화 부대 드디어 출동, 반도 진압은 시간문제」라는 큰 제목을 달았고 2면에는 「참상! 피의 거리 순천」이라는 제목을 달았다.24

사실 이 두 가지 제목은 여순사건 당시 여러 신문이 보도했던 두 가지 핵심 사항을 요약한 것이라 할 수 있다. 〈표 2〉에서 보듯이, 신문에 가장 많이 실린 사진은 봉기세력에 의한 건물 파괴와 인명 살상이었다. 총 65매 사진 가운데, 이에 해당하는 사진은 총 27매로 전체 사진 분량

---

23 「사설 : 반란에 대하여」, 『서울신문』, 1948년 10월 27일.
24 『국제신문』, 1948년 10월 27일.

〈표 2〉 여순사건 사진들에 대한 주제별 사진 분류

주제 게재지	사진 수량	주제별 분류							
		14연대 봉기군의 흔적	국군의 위용과 진압군 활동	봉기세력의 의한 || 혐의자 색출		주민들		기타
				건물 파괴	양민학살				
①	12매	③ 1매	①② 6매 ⑥⑦ ⑧⑪	④⑤ 3매 ⑫		⑨ 1매	⑩ 1매	
②	4매		④ 1매					
③	3매		①② ③ 3매	①② 3매				
④	6매				①② 6매 ③④ ⑤⑥			
⑤	6매		⑤⑥ 2매		①② 2매	③ 1매	④ 1매	
⑥	16매	①② 6매 ⑧⑨ ⑪⑬	⑫⑭ 4매 ⑮ ⑯		③④ 5매 ⑤⑥ ⑦	⑩ 1매	③④ 2매	
⑦	18매	⑤⑫ 4매 ⑬⑭		①② 2매	⑥⑦ 6매 ⑧⑨ ⑩⑪	⑮ 1매	⑯ 1매	⑰ 2매 ⑱
합계	65매	11매	16매	8매	19매	4매	5매	2매

출전 : ① 『국제신문』, 1948. 10. 27. 특집판 (총 12매의 사진)
② 『국제신문』, 1948. 10. 28. (총 4매의 사진)
③ 『국제신문』, 1948. 10. 29. (총 3매의 사진)
④ 『국제신문』, 1948. 10. 30. (총 6매의 사진)
⑤ 『민주일보』, 1948. 10. 31. (총 6매의 사진)
⑥ 『국제보도』, 1948. 12. 20. (총 16매의 사진)
⑦ 『반란과 민족의 각오』 (총 18매의 사진)

의 40%가 넘는다. 정부와 언론이 지면을 통해 홍보하려 했던 것이 무엇이었는가를 잘 보여주는 경우라 할 수 있다.

두 번째로 많은 양으로 실린 사진은 국군의 위용을 만천하에 과시하는 사진들과 봉기군을 진압하며 국가보위에 나선 국군 활동에 관한 사진들이었다. 이 사진들은 총 16매로 전체 분량의 24%이다. 이런 사진들과 함께 『평화일보』는 「꼬리 감추는 반군을 전투기로 급강하 사격」, 「도덕 없는 냉혈 반란군, 내뿜는 화염 방사기, 하늘 찌르는 정예부대의 사기」, 「장갑차 선두로 국군 여수에 당당 돌입, 반군 공세를 여지없이 분쇄」라는[25] 제목을 뽑았다. 당시 국군의 화력은 미군에 비하면 보잘 것 없는 것이어서 제대로 된 장갑차나 탱크는 전혀 없었고 전투기 또한 갖고 있지 못했다. 비행기라고 해봐야 목조로 된 연락용 비행기가 있었을 따름이었다. 그럼에도 신문들은 '기계화 부대의 위용'이라며 과장했고, 국군의 진압작전을 마치 눈앞에 보는 듯이 생생하게 중계함으로써 국군의 사기와 위신을 높여 주었다.

이러한 군사적 시각 뒤에 가려져 있는 것은 일반 민중들에 대한 관심이었다. 국군의 위용과 봉기군의 악행을 보여주는 사진들은 많았지만, 여순 시민들 거의 모두가 겪었을 혐의자 색출이나 참화를 겪은 주

〈그림 4〉 트럭을 타고 시내를 질주하는 진압군의 트럭. 『국제신문』, 1948년 10월 27일.

---

25 『평화일보』, 1948년 10월 28·29·31일.

〈그림 5〉 「처참! 시산혈해(屍山血海)의 전장—본사 기자 현지보고」, 「도덕 없는 냉혈 반란군, 내뿜는 화염 방사기, 하늘 찌르는 정예부대의 사기」, 『평화일보』, 1948. 10. 29.

민 생활에 관한 사진들은 상대적으로 적었다. 삶과 죽음을 결정지었던 혐의자 색출에 관한 사진은 불과 네 장에 불과했다. 신문들이 이런 사진들을 게재하지 않은 이유가 무엇인지는 다음의 오류에서 역설적으로 드러난다.

『동아일보』 특파원 김호진이 찍어 보도한 사진 중 하나에는 '피난민 수용소'라는 설명이 붙어 있다.26 하지만 이 사진은 여수진압 직후 여수서국민학교에서 진행된 혐의자 선별 장면이다.27 운동장에는 양편으

---

26 『동아일보』, 1948년 10월 31일.
27 이 사진은 이경모, 『이경모 사진집 : 8·15, 여수순천반란, 6·25』, 눈빛, 1989, 73~75쪽에 실려 있다.

1장 여순사건에 대한 언론보도와 반공담론의 창출 ‖ 87

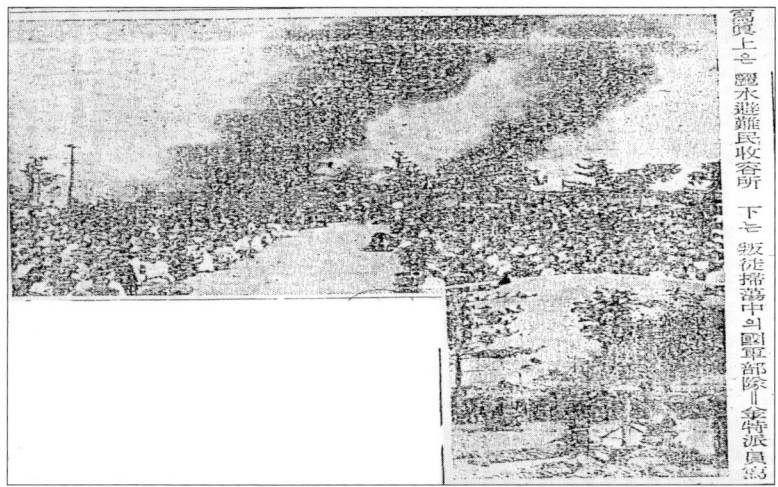

〈그림 6〉『동아일보』 기자는 이 사진을 '여수피난민수용소'라고 설명했다.

〈그림 7〉 이경모가 찍은 여수서국민학교 혐의자 색출 장면. 〈그림 6〉의『동아일보』 사진과 비교해 보면, 뒤쪽에 연기가 치솟고 왼쪽에 전봇대와 나무 한그루가 보이며 시민들이 양편으로 나뉘어져 있는 것으로 보아 동일한 장소를 촬영했음을 알 수 있다.

로 나뉘어 앉아 있는 수백 명의 남자들이 보이는데, 오른쪽에 앉아 있던 사람들이 부역혐의자들로서 이들 중 89명이 처형되었다. 삶과 죽음을 갈랐던 혐의자 선별 장면을 『동아일보』는 반란지역에서 빠져 나와 안전한 보금자리를 찾은 장면으로 보도했다. 천국과 지옥의 갈림길이었던 혐의자 색출 광경이 국군의 품에 안긴 평온한 삶의 장소로 변하는 순간이었다.

정부와 신문은 우익과 경찰관 희생이라는 주제를 되새기고 되새기었지만, 혐의자 색출과정에서 겪은 여수와 순천 주민들의 공포를 신문에 재현하는 것은 달가워하지 않았다. 기자들에게 주민들은 관심을 기울일 만한 피사체로서 존재하지 않았다.

당시 신문에 보도되었던 사진들을 『호남신문』기자로 순천에 제일 먼저 도착했고 여수에서도 많은 사진을 찍은 이경모의 사진들과 비교해 보면, 당시의 신문 보도가 어느 정도 편파적이었는지를 알 수 있다. 순천, 광양, 여수 등지에서 찍은 이경모의 사진들은 총 39매인데, 40여 년이 지난 뒤에야 단행본으로 출간되었다.[28] 당시에는 신문 지상에 보도되지 않은 이 사진들은 불타고 있는 여수 시가지와 반란군에 협조했다고 붙잡힌 여학생들, 여수서국민학교 교정에서의 혐의자 색출 광경 등 당시의 상황을 그대로 말해주는 귀중한 사진들이다. 이 사진이 귀중한 것은 그가 카메라 렌즈를 일반 주민들에게 초점을 맞추었기 때문이다.

이경모의 사진 중에는 군인들의 활동을 담은 사진도 다수 있으나, 기계화 부대 또는 진압 광경보다는 진압에 참가했던 군인들의 식사 장면, 트럭에 타고 군인들이 이동하는 장면, 작전계획을 세우는 장교들, 작전 교육을 받는 젊은 육사 7기생 등을 카메라에 담았던 것에서도 나타나듯, 그가 당시 상황을 과장 없이 비교적 객관적으로 다루고 있다는 것을 알 수 있다. 그의 사진들이 객관적이라는 것은 민간인 학살을

---

28 이경모, 위의 책, 56~90쪽.

담은 사진에서도 잘 드러난다. 그는 좌익에 의해 죽은 경찰들의 시신도 다수 찍었지만, 봉기군에 협조했다고 무고한 죽음을 당한 시신을 찍은 사진도 여러 장 남겼다. 경찰들의 시신은 차마 눈뜨고 보기 어려울 정도로 처참하다. 이경모는 경찰들의 처참한 시신들이 널브러진 현장들뿐만 아니라, 여수·순천 주민들이 겪은 고통과 공포의 순간들도 카메라에 담았다. 하지만 당시 신문의 보도에서는 이 같은 균형을 찾아 볼 수 없었다.

한편 여순사건 현장에 외국인 사진기자로 참가했던 칼 마이던스의 사진에는 기계화된 국군의 위용을 과시하는 사진은 적은 반면, 여수나 순천 시민들을 찍은 사진은 이 보다 많다. 마이던스의 눈에도 시내의 폐허가 된 건물과 국군의 용자(勇姿)는 분명히 눈에 띄었을 테지만, 그는 이러한 장면을 카메라에 담지 않았다.

〈그림 8〉 반란군에 협조했다는 혐의로 잡혀온 여수 여학생들. 진압군은 이 여학생들을 극렬한 반란군 협력자로 간주했다.

그렇다면 마이던스가 본 현지의 모습은 무엇이 달랐을까? 마이던스가 주의 깊게 살펴본 것은 폐허가 된 건물이나 기계화 부대가 아니라 사람이었다. 마이던스가 세 명의 동료 기자들과 함께 순천에 들어가 처음 목격한 것은 학교 운동장에서 벌어지고 있었던 혐의자 색출이었다. 혐의자 색출 광경은 그에게 강렬한 인상을 남겼다.

그는 좌익세력이 지방경찰을 학살했다는 점은 사실이지만, "폭동을 진압했던 정부의 군대는 반란군이 야만적이고 정의를 무시한 태도를 취했던 것과 똑같이, 아니 오히려 그들보다 더한 보복 행위를 자행"하고 있다면서, 운동장에서 진압군은 '총대와 곤봉으로 무릎 꿇은 사람들을 짓누르며 자백'을 끌어내었다고 적었다. 자백을 한 사람은 바로 후에 운동장 한 편에서 총살되었다.

> … 그러는 동안 그 광경을 여자들과 아이들이 가만히 보고 있었다. 그런데 괴로운 체험 가운데에서도 가장 두려웠던 것은, 방관자들의 침묵과 자신들을 잡아온 사람들 앞에 꿇어앉은 사람들의 너무나도 조심스러운 모습—그리고 총살되기 위해 끌려가면서 완전히 침묵하고 있었다는 사실이었다. 한 마디의 항변조차 없었고, 동정을 바라는 울부짖음도 없었고 신의 구원을 바라는 어떤 중얼거림도 없었다. 또다시 이런 세기가 그들에게 주어진다면, 어찌해야 좋을 것인가?[29]

마이던스는 진압군의 폭력에 질려 아무런 저항도 하지 못하고 복종하는 시민들을 보면서 엄청난 폭력의 힘을 절감했다. 마이던스가 보건데, 진압 직후 순천 시민은 '공포'와 끝없어 보이는 '무기력'으로 가득 차 있었다. 순천 시민들은 자기 가족의 시체를 조심스레 찾아내고는

---

29 Carl Mydans, *More than meets the Eye*, New York, Harper&Brothers, 1959, pp.292~293. 마이던스는 이 사건의 근원이 북한 공산주의자들이라고 생각했다. 그는 북조선에서는 공산당이 냄비 속을 휘젓는 마녀처럼 인민을 감시하고 있으며, 이 커다란 냄비가 끓어 넘쳐 증오의 파도로 38도선을 넘어 온 것이 1950년이었다고 하였다.

〈그림 9〉 진압군에 체포되어 손이 뒤로 묶인 반란군. 이들은 트럭에 실려 형무소로 이동되었다. Carl Mydans & Shelly Mydans, *The Violent Peace*, New York, Atheneum, 1968, p.353.

'통곡 속의 광란'에 빠지는가 하면, 군대와 경찰의 협력자 색출 과정에서 자신의 목숨이 손가락 하나에 정해져 있는 그 순간에서조차 '한마디의 항변도' 하지 못하고 '완전히 침묵'했다. 마이던스가 말했듯이 협력자 색출 과정의 무기력과 침묵, 복종은 가장 무서운 장면이었다. 마이던스는 그러한 세기가 다시 주어진다면 그 사람들은 너무나 깊은 절망과 무기력 때문에 더 좋은 다른 어떤 방안을 찾아낼 수 없을 것이라고 순천의 상황을 비장하게 마무리하고 있다.

마이던스의 글은 가혹한 폭력의 힘 앞에서 '혐의자들'이 얼마나 절망했는지를 그리고 있으며, 혐의자들에 대해 깊은 인간적 동정을 표시하고 있다. 국외자인 마이던스가 느꼈던 이 감정을 당시의 국내 신문 기사의 내용과 비교해 보면, 그 차이는 너무나 크다. 평상시에 인간적인 동정이란 그리 주목할 만한 특이한 감정은 아니며, 보통의 사람이라면 누구나 느낄 수 있는 감정이지만, 국내 대부분의 신문은 혐의자 색출과정을 자세히 보도하지 않았다. 국내 신문 기자들이 보기에, 여수와 순천지역은 평상시의 논리가 통용되지 않는 적과 적이 맞부딪치는 전쟁의 현장이었고, 무력 대 무력의 충돌만이 있는 현장이었다. 이 같은 국내 신문의 접근은 봉기군을 인간으로 보지 않은 진압군의 시각과 크게 다를 바 없었다.

홍한표가 경험한 아래의 에피소드는 진압군과 언론인이 손에 든 '칼'과 '펜'이라는 연장만 달랐을 뿐, 양자가 동일한 시각을 공유하고 봉기군에 대항해 싸웠다는 점을 잘 보여준다.

> 기자가 이번 사건에 부상한 사람들을 구호하기 위해 파견된 구호반의 책임자에게 "여기에 반란군측 환자는 없습니까?" 하고 물었더니, 책임자는 "처음에는 있었소. 그런데 당국에서 그들은 반역자니 치료해서는 안되고 받아서도 안된다는 주의를 받고" 적십자사의 입장이나 의사의 입장으로 그럴 수 없다고 하였으나 의사가 통하지 않아 그렇다면 돌아가겠다고 항의하였다고 한다. 그런데 동행했던 우익 P신문의 명성적 존재인 한 주필은 "아까 의사가 말한 것은 잘못이다. 그런 반역자들을 치료한다는 것은 도저히 용허할 수 없다"라고 말하였다. 이에 기자가 법은 법이니 의사는 의사의 본분을 지키고 당국은 당국대로 취조할 일이 있으면 취조하면 될 것 같은데 라고 말하자 그는 "아 그럴 것 없어요. 그저…" 이러면서 좀 여기서 발표하기 어려운 심각한 언사를 쓰는 것을 보고 나는 남모르게 눈물이 나왔다. 이것은 백주에 행하여진 일이다.[30]

신문 기사들은 펜으로 우익 경찰을 살해한 봉기군과 좌익세력의 만행을 선전하면서, 이들을 짐승이나 마귀와 똑같은 존재로 묘사했다. 카메라 렌즈를 통해 전달된 이미지는 일반인들이 좌익을 비인간적 존재나 살인마로 인식하게 만들었다. 이미지가 전달하는 직접적인 영향력을 의식한 정부는 여순사건이 진압된 뒤 특별전시회를 개최하였다. 서

---

30 홍한표, 앞의 글, 165쪽. 우익 P신문이란 『평화일보』로 추정된다.

울에서 개최된 '반란현지보도사진전'에서는 국방부를 비롯한 중앙 5개 부처와 문인조사반이 현지에서 찍고 수집한 사진들이 1주일간 전시되었다.31 그리고 정부가 발간한 『반란과 민족의 각오』라는 책에도 18장의 여순사건 관련 사진을 실었다.

적에 대한 '비인간화'는 논리적이나 현실적으로나 적의 전멸을 내포하고 있다. 적을 사람이 아닌 짐승이나 짐승보다도 못한 존재, 악마로 보는 시각은 진압군이 민간인을 양심의 가책 없이 학살할 수 있게 만든 중요한 근거로 사용되었다.

3. 문인·종교사회단체의 반공 담론

진압군이 여수와 순천을 탈환하자, 정부는 문화계와 종교계를 대표하는 유력 인사들을 모아 현지에 파견했다. 문교부는 문인, 화가, 사진가를 모았고, 사회부는 천주교·기독교·대종교·불교 등의 종교단체 대표자들을 조직했다. 두 조사반은 현지를 둘러 본 뒤에 사건 실태와 향후 대처방안을 건의하는 보고서를 각각 작성했다.

먼저 문교부가 조직한 '반란실정 문인조사반'(이하 문인조사반)의 활동을 살펴보기로 하자.

문인조사반 파견은 문인들의 단체였던 문화단체총연합회 간부들과 문교부장관·문교부 문화국장과의 연석회의에서 처음 결정되었다. 여기서 중견 문인들을 현지로 파견하기로 결정 했는데, 문교부는 문화인들에게 "다시는 이러한 불상사가 이 땅 이 나라에 일어나지 않도록 글과 그림으로 쓰고 그려 달라"고 부탁했다.32 문인조사반의 파견 목적

---

31 『서울신문』, 1948년 11월 24일.
32 『동아일보』, 1948년 11월 14일.

은 "현지의 참담한 모양을 실지로 답사하여 자세히 살핀 뒤에 그 발생된 원인과 근원을 올바르게 파악"하는 데 있었다.

정부는 여순사건을 소련제국주의의 음모 아래에서 공산주의자들이 일으킨 민족분열의 난동으로 파악하고 있었고, 신문 보도 또한 정부의 이런 시각을 뒷받침해 주고 있었다. 사건의 대체적인 윤곽은 각 신문사와 통신사가 파견한 특파원들에 의해 이미 전해지고 있었기 때문에, 문인조사반의 활동은 정부나 신문 기사를 통해 어느 정도 굳어진 사실들을 문인들의 상상력과 문필로 더욱 공고히 하는 데 맞추어졌다.

문인조사반은 10명의 조사반으로 구성됐다. 제1대는 박종화(林鍾和), 김영랑(金永郎), 김규택(金奎澤), 정비석(鄭飛石), 최희연(崔禧淵) 등 5명으로 구성되었고, 제2대는 이헌구(李軒求), 최영수(崔永秀), 김송(金松), 정홍거(鄭弘巨), 이소녕(李韶寧) 등 5명으로 구성되었다.33 박종화, 정비석, 김송은 소설가였고, 김영랑은 시인이었으며, 평론가로는 이헌구가 있었다. 이 밖에도 화가 정홍거, 만화가 김규택과 최영수가 포함되었다.34 사진가로는 최희연과 이소녕이 있었다. 이들 모두는 당

---

33 『서울신문』, 1948년 11월 3일. 김송은 한국전쟁 때 육군종군작가단 부단장을 지내면서 「불사신」, 「폭풍」, 「달과 전쟁」, 「탁류 속에서」 등과 같은 소설을 지었다. 그의 작품은 후방사회의 타락상, 국군의 영웅적 형상화, 공산주의자들의 잔악성 고발 등을 통해 반공사상과 애국심 그리고 적에 대한 적개심을 고취하려는 목적의식을 드러내고 있다고 평가받는다(신영덕, 『한국전쟁과 종군작가』, 국학자료원, 2002, 88~102쪽).

34 해방 직후 만화계는 웅초(熊超) 김규택과 일송(一松) 최영수, 김용환(金龍煥)의 3두 체제였다(박용구, 『20세기 예술의 세계』, 지식산업사, 2001, 294쪽). 김규택이 여순 지역에서 스케치한 「폐허가 된 여수 구시가」, 「군기대에 붙들려가는 사람들(여수종산초등학교)」 등의 삽화와 현소(玄素) 정홍거의 삽화는 전국문화단체총동맹, 『반란과 민족의 각오』, 문진문화사, 1949에 실려 있다.
김규택은 한국전쟁 때 도쿄에 있는 유엔군사령부 심리작전과에서 전속 화가로 활동했다. 심리작전과는 공산군에 삐라를 살포하거나 확성기 방송을 통해 적을 교란시키는 심리전을 수행했는데, 1950년 7월부터 12월까지 1억 6천만 장의 전단을 적군과 아군 지역에 뿌렸다.

시에 이름이 잘 알려져 있던 문필가, 화가, 만화가, 사진작가들이었다. 문인조사반의 구성은 이와 같이 문화방면에서 활동하고 있었던 주요 작가들로 이루어졌다. 문인조사반은 11월 3일부터 총 6일 동안 광주, 여수, 순천, 광양, 진주 등지를 둘러보았다.35

1) 문인조사반의 여순사건 인식

'반란실정 문인조사반'의 활동을 파악하기 위해서는 현지에서 만난 사람들은 누구이며, 그들로부터는 어떤 사건 정보를 얻었는가, 문인들은 현지 실정을 어떻게 파악했는가, 문인들은 여순사건을 어떻게 인식했으며 어떤 처방을 내렸는가를 살펴볼 필요가 있다.

문인조사반은 11월 3일 서울역에서 호남선을 타고 저녁에야 광주에 도착했다. 조사반은 사건 진압차 내려온 서울특경대가 제공한 트럭으로 숙소에 도착했다. 조사반은 여수에 들어갈 때도 군기병의 몇 차례 삼엄한 조사를 받고서야 군사령부로 들어갈 수 있었다.36 교통편뿐만 아니라 여정 또한 군부대와 정부의 도움을 얻어야만 했다. 조사반원들이 가장 많이 접촉했던 사람들은 군인, 지방 공무원, 학교 교장 등이었

---

35 문인들은 서울로 돌아와 중앙일간지에 여러 제목으로 된 답사기를 게재했다. 답사기 게재는 다음과 같다. 박종화, 「남행록」(1), 『동아일보』, 1948년 11월 14·17·18·20·21일에 걸쳐 5회 연재 ; 고영환, 「여순잡감」, 『동아일보』, 1948년 11월 30일부터 연재 ; 정비석, 「여·순 落穗」, 『조선일보』, 1948년 11월 20·21·23일에 걸쳐 3회 연재 ; 이헌구, 「반란현지견문기」, 『서울신문』, 1948년 11월 16·17·18·19·20·21·24·25·26일에 걸쳐 총 9회 연재. 이 글들과 현장을 스케치한 그림, 사진들은 정부요인들의 성명서 등이 첨가되어 전국문화단체총동맹, 『반란과 민족의 각오』, 문진문화사, 1949로 편집되어 출간되었다. 여기서는 인용의 편의상 주로 이 책을 사용하기로 한다.
한편 문인들의 답사 보고서는 「문교부 파견 현지조사반 보고」, 『경향신문』, 1948년 11월 13·14·16일을 참고할 수 있다.

36 이헌구, 「반란현지견문기」, 『서울신문』, 1948년 11월 26일.

는데, 그중에서도 상황을 장악하고 있었고 생생한 정보를 가장 많이 제공해 줄 수 있었던 군인들과의 접촉이 가장 많았다.

조사단이 봉기군의 소굴이었던 14연대 주둔지를 찾아가기 위해서는 여수지구전투사령부를 찾아가야 했고, 학교 동향을 듣기 위해선 여수 학교 교장들을 찾아가야만 했다. 피해 상황을 물으려면 여수군청을 찾아갔다. 문인조사반이 현지 정보를 듣고 수집하는 방식은 이런 방식이었다.

따라서 문인들이 작성한 거의 모든 답사기에 가장 빈번히 접촉했던 군인들이 빠짐없이 등장하는 것은 이상한 일이 아니다. 답사기에 등장하는 군인들은 순천지구 작전참모 이 대위와 몇몇 장교(박종화의 글), 작전본부의 작전참모 이 대위, 학병으로 갔다가 좌익 학병동맹에 대항하여 학병단을 조직한 열혈 청년 안 소위, 여수지구작전사령부 해군참모 신 중령(이헌구의 글) 등인데, 이들은 학식 높은 문인조사반원들에게 여순사건의 '진상'을 알려주는 한편 애국심을 표출하여 문인들에게 매우 강한 인상을 심어주었다. 문인들의 글을 보면 조사반원들이 군인들에게 얼마나 강한 인상을 받았는지를 알 수 있다.

박종화는 한 군인이 여순사건은 공산주의자들이 군경 갈등을 이용해 일으킨 사건이라는 의견을 밝히자, "여기에 모든 원인(遠因)과 근인(近因)이 명료하게 드러난다"라고 탄복했다.[37]

군인들은 대부분 국가지상, 민족지상의 논리를 설파했다. 특히 어느 대위가 자신의 소신을 피력한 아래의 이야기는 파견된 많은 문인들에게 강렬한 인상을 준 것 같다. 이 군인은 여순사건을 다음과 같이 정리했다.

> 도대체 민족체계가 스지 않았습니다. 우리 정부가 엄연히 선 이상

---

37 박종화, 「남행록」, 전국문화단체총연맹, 『반란과 민족의 각오』, 1949, 54쪽.

국시와 국헌이 뚜렷이 서서 전민족이 이 곳에 움직여야 합니다. 겉으로 아무리 '민족지상'과 '국가지상'을 천번만번 부른듯 사상적임에 끝일뿐 온 군인, 온 학생, 온 민족에게 그 이념이 철저하도록 침투가 되지 못했습니다. 어떠하니 우리 민족은 이렇게 나아가야 하고, 이렇게 싸와야 하고, 이렇게 살어야 하고, 이렇게 죽어야 하는 것을! 확호부동하게 조직적으로 체계 있게 머리 속에 깊이 넣어주어야 할 것입니다! 공연한 미국식 민주주의, 미국식 자유주의가 이러한 혼란을 이르켜 놓은 것입니다(당시 표기 그대로 옮김).38

이렇게 열변을 토하자, 이를 듣던 문인조사반원들은 "고개 숙여 묵묵히 그의 말을 경청했다"고 한다. 또한 한 청년장교는 반도들에게서는 우리를 동족이라고 생각하는 시늉조차도 찾아볼 길이 없었기 때문에 우리도 정신무장을 제대로 해야 할 것이라고 강조했고, 양(楊) 중위는 우리에게 절실히 필요한 것은 오직 순충보국(殉忠報國)이라는 일념뿐이라고 강조했다.39

적어도 정부가 문인조사반원들을 파견할 때에는 이들이 사태를 파악할 수 있는 일정한 학식과 견문이 있기 때문이었다. 하지만 문인조사반이 남긴 글을 보면, 실상은 정반대였다는 것을 알 수 있다. 현지 실정을 파악하고 대처방법을 강구하러 내려간 문인들은 현지의 진압군인들로부터 민족과 국가관에 대한 생생한 '민족정신'을 교육받는 기회를 가졌다. 그 결과 이헌구 같은 문인은 국군을 예전과 같이 경찰을 보조하는 경찰예비대나 경찰과 갈등만을 일으키는 조직으로서가 아니라, 국가를 떠받치는 간성으로 인정할 수 있었으며 국군에게 희망찬 조국의 미래를 기약할 수 있었다.40

---

38 박종화, 앞의 글, 54쪽.
39 이헌구, 「반란현지견문기」, 『반란과 민족의 각오』, 1949, 84쪽.
40 이헌구는 "우리 일행을 감격케 한 것은 현지 일선장병들이 씩씩하고 친절하고 용감하고 활발한 용자(勇姿)였습니다. 이 지역에서 저 지역으로 출동하는 위용을 바라볼 때 해방 이후 처음으로 마음 든든하고 우리도 자랐구나 하는 통쾌감을

조사반이 현지에 당도하여 보고 느낀 것은 무엇이었을까? 진압작전 과정에서 집들은 불탔고, 사람들은 반군에 죽음을 당했거나 행방을 모르거나 반란에 협력했다는 혐의로 끌려가 죽음을 당했다. 불에 타버린 집 앞에는 혼자 내버려진 여덟 살의 소년이 나무의자에 앉아 멍한 얼굴로 있었지만, 진압에 치중한 상황에서 이재민에 대한 구호는 엄두조차 낼 수 없었다.41 이런 상태를 목격한 한 문인은 "우리 민족은 도저히 미래에 대한 아무런 서광도 발견하기 어려울 것"이라고 한탄했다. 여수지역을 이전 상태로 회복시키기 위해서는 부흥예산만도 백억 원대에 이를 것이라는 예상이 나왔다.42

특히 진압작전 과정에서 대화재가 발생해 도심지 대부분이 불타버린 여수의 참상은 다른 지역보다 훨씬 심했다. 여수에 들어가자 눈에 보인 것은 총탄자국이 선명한 벽들, 화재로 타버린 시가지였다. 여수 "종두산(종고산을 말함, 필자) 밑 진남루 아래 시가지 번화한 일대는 그대로 폐허였다. 타고남은 철조 콩크리트에 네 기둥만 남은 초가에 타고남은 형해(形骸)의 집들, 탄흔은 벽과 창과 마루와 처마 끝에 어지럽고 비참하게 박혀있었다. 창고자리엔 소금가마가 새까맣게 쌓인 채로 타고, 산같이 쌓인 자동차들은 엿같이 녹아 구부러졌다."43

여수의 거리에는 "오로지 조각조각의 한 줌 흙과 재와 유리 파편과 타다가 남은 소금 무데기, 길다란 엿가락처럼 녹아버린 철근, 무기미 (無氣味)하게 남아 있는 금고, 반란도배의 총사령부였다는 큰 카페집의 처절한 아아취형 입구의 형해"만이 남아 있었고, 여수의 심장인 중앙

느꼈습니다. … 우리는 다같이 외쳤습니다. 씩씩하고 용감하고 훌륭한 군대를 가지자!"라고 쓰고 있다.
41 이헌구, 앞의 글, 82쪽 ; 이 사진은 『반란과 민족의 각오』, 21쪽에 실려 있다.
42 최영수, 「현지답사기」, 전국문화단체총연맹, 『반란과 민족의 각오』, 1949, 102쪽.
43 박종화, 앞의 글, 41쪽.

동, 교동은 폐허로 변해 버렸다.44 반란이 휩쓸고 간 여수와 순천의 거리는 암흑과 폐허로 더 이상 사람이 살수 없는 땅으로 변해 버렸다.45

이처럼 문인들은 내전의 흔적으로 총탄자국과 화재로 잿더미밖에 남아 있지 않은 순천과 여수의 물질적 피해를 소상히 전했다. 하지만 이 폐허 속을 살아가는 시민에 대한 관심은 상대적으로 적었다. 왜 폐허가 된 시가지를 비롯한 물적인 피해는 보았지만, 그 속에서 삶을 살아가는 사람들의 모습은 발견하지 못한 것일까?

한 문인은 "대다수의 민중이 아연히 방심한 채 끝없는 침묵 속에 잠겨져 있는 듯한" 인상을 받았다고 말했지만,46 수일간에 걸친 신문 연재에는 시민들이 겪었던 공포와 무력감 그리고 이런 감정들이 어디서 유래했는지에 대한 언급은 거의 찾아볼 수 없다.

소설가 정비석은 "솔직히 고백하여 이번 시찰의 결론을 일언으로 표현한다면 내가 느낀 것은 오직 암흑감 뿐이었다"라고 말하면서, 반란지역의 치안은 어느 정도 회복되었지만 시민들 사이에선 아직 불안한 공기가 농후하다고 파악했다. 반란지역의 암울한 공기와 무력감은 단지 집이 없어졌다거나, 시가지가 불탄 것에 원인이 있지 않았다. 시민들이 불안했던 이유는 사태수습에 나선 정부가 구체적인 조사 없이 시민들의 생사를 마구잡이로 처리하는 데 있었다. 시민들은 진압군으로부터 신변을 안전하게 보장받을 수 없었다. 봉기지역에 거주하는 젊은 이들은 거의 모두 동조자라고 의심받았고, 조그만 혐의라도 발견되면 군인들과 경찰이 곳곳에서 즉결처분을 실시했다.

진압군이 무차별적으로 혐의자를 처벌하자 소설가 정비석은 봉기군이 인공기 게양을 시민들에게 강요했고, 식량배급도 통제했기 때문에

---

44 이헌구, 앞의 글, 80~81쪽.
45 『동아일보』, 1948년 11월 14일 ; 정비석, 앞의 글, 95~96쪽.
46 이헌구, 앞의 글, 68쪽.

인공기 게양만으로 사상을 단정하는 것은 무리가 있다고 밝히면서 당국의 관대한 아량이 필요하다고 충고했다.47

문인조사반원 중에서 최영수의 경우는 당시 시민들이 처한 상황을 그나마 구체적으로 서술한 예에 속한다. 최영수는 "반란에 가담했던 사람들이 예민한 군경의 손에 묶기어 혹은 열 혹은 스물 혹은 마흔, 열을 지어 저벅저벅 사령부로 걸어 들어가고" 있으며, "오고가는 사람의 표정은 아직도 창백한 채 이미 스쳐간 매혹한 선풍에 노래임과 피로움과 무서움을 여실히 나타내고 있는 것"이라고 서술하여, 진압군의 협력자 색출과정이 여수·순천 시민들에게 얼마나 큰 정신적 압박감을 가져다주었는지를 표현했다.48

그렇다면 문인들은 여순사건을 어떻게 파악했을까? 그리고 여순사건에 어떤 대응 방안을 내놓았던 것일까?

『반란과 민족의 각오』의 서언을 쓴 김광섭(金珖燮)은 시중에는 이번 사건의 원인을 친일파가 득세한 현실, 사상적 대립, 군경의 알력 또는 정부에 대한 반감 등 여러 가지로 지적하고 있지만, 이런 이유들은 진정한 이유가 되지 못한다고 주장했다.49 그가 보기에 반란의 근본 원인은 "약소한 민족을 분열시키고 살육과 파괴로 유인하여 자기의 세력권을 확장할랴는 거대한 철의 장막" 때문이었다.

이 같은 주장은 여순사건의 배후세력을 소련으로 규정하고, 여순사건을 소련의 사주를 받는 공산주의자들의 소행으로 간주한 이승만정부의 입장과 완전히 동일한 것이었다. 국방부는 여순사건을 "소련 제국주의의 태평양 진출정책"에 따라 이루어진 것이라는 성명서를 발표하

---

47 정비석, 앞의 글, 98~99쪽.
48 최영수, 앞의 글, 100쪽.
49 문인인 김광섭은 해방 후 공보처장을 지냈고 그 뒤 대통령 공보비서관, 자유문인협회장을 역임했다. 『세계일보』 사장을 지내기도 했다.

기도 했고, 이승만 대통령은 남한의 공산주의자들을 자기 민족을 살해 하면서까지 소련을 추종하는 노예 세력으로 규정했다.50 이승만 대통령은 이 반란을 누가 책임져야 하는가 라는 기자들의 질문을 받고는 손가락으로 북쪽을 가리키며 "모든 분규는 하나의 근원으로부터 나온다"라고 말한 적이 있었다. 이 근원은 두말할 필요 없이 북쪽의 공산주의자이며, 북한 정권을 괴뢰정권으로 만든 소련이라는 배후세력이었다.51 김광섭의 주장은 이 같은 정부의 반공주의 논리를 가감 없이 그대로 반복한 것에 불과했다.

하지만 이것과 약간 시각을 달리하는 사건의 원인 분석도 있었다. 고영환 글의 대부분은 여순사건의 원인에 대한 분석에 할애되고 있다. 이 글은 봉기군의 잔인하고 괴악무쌍한 살상을 먼저 언급하면서도, 14연대 군인들의 봉기 이유를 직접 알 수 있는 『여수인민보』를 소개하고 있다. 그러면서 그는 반란사건의 원인으로는 (1) 국방경비대가 창설할 때부터 불량배나 사상문제로 피신한 사람을 받아들여 오합지졸로 구성되었다는 점을 지적했다. 이 점에서는 미군정 시기의 통위부 간부들이 책임져야 하겠지만, 불순한 요소를 척결하지 못하고, 14연대 내의 반동혐의를 알았으면서도 미리 숙청하지 못한 점, 혐의가 있는 병사들을 제주도로 파병시키려 했다는 점은 국방부의 실책이라고 지적했다. 한편 고영환은 학생들이 사건이 동참하게 된 이유에 대해서는 (2) 미군정 때부터 교사나 학생들이 서투른 민주주의에 젖었기 때문이라며 군정을 비난했다. 교사들의 서투른 자유주의적 사상이 학생들에게 침투하여 지금 학원의 풍기는 거론할 수조차 없는 문란한 상태이며, 사태가 여기까지 오게 된 것은 교직원들을 신중하게 채용하지 않은 문교부의 불

---

50 이승만, 「군경의 공로는 표창 한다」, 전국문화단체총동맹, 『반란과 민족의 각오』, 문진문화사, 9쪽.
51 From One Source, *Time*, 1948년 11월 1일.

찰도 적지 않다고 지적했다. 이와 같은 파악에 맞추어 고영환은 군대와 교육계 쪽의 대책을 소개하고 있는데, 양자 모두는 성충보국(誠忠報國)의 민족 의식을 심어주기 위한 정신교육을 매우 강조하고 있는 것이 공통점이다.

2) 적의 창출 – 문인들의 형상화 작업

문인조사반은 시민들의 공포와 무력감에 대해서는 둔감했던 반면에 봉기군이 벌인 비인간적 악행과 죄상에 대한 고발에 대해서는 다른 것보다 더 많은 양을 할애하여 표현했다.

박종화는 반란자들이 "동족의 피를 보고 이리떼처럼 날치고 누깔을 빼고 해골을 바시고 죽은 자의 시체 위에 총탄을 80여 방이나 놓은 잔인무도한 식인귀적 야만의 행동"을 서슴지 않았다고 고발했다.

고영환은 순천지구전투사령부 작전참모의 말을 인용하여, 반군의 잔혹상을 생생히 표현했다. 이 작전참모는 처음 순천읍에 들어 올 때는 반란도당에 대하여 그다지 큰 적개심을 품지 않았지만, 순천읍에 들어와서 무수히 쌓여 있는 시체들을 보고서는 생각이 크게 바뀌었다고 한다. 순천에서 그가 본 것은 "한 시체에 50, 60개 내지 80, 90개의 탄흔"이었고, "총살한 뒤에 눈알을 빼며 혹은 사지를 자르며 혹은 배를 가르고 오장을 헤쳐버린 것" 등이었다.52 이러한 생생한 표현들은 작전참모가 적개심을 일으켰던 것처럼 독자들이 봉기군의 행동에 분노를 느끼고 적개심을 불러일으키는 선동적인 문구였다.

문인들은 '잔인무도한 귀축(鬼畜)들', '천인공노할 귀축의 소행들'(이헌구), '잔인' '괴악무쌍(怪惡無雙)'(고영환), '악의 승리' '인간성 상

---

52 고영환, 「여순잡감」, 전국문화단체총연맹, 『반란과 민족의 각오』, 문진문화사, 1949.

실' '저주의 보상'(김광섭) 등의 용어를 사용하여 봉기군의 만행을 표현했다. 봉기군은 인간이라기보다는 잔인한 짐승으로 여겨졌고, '절대악'이었기 때문에 같은 민족이 될 수 없었다. 이승만의 표현처럼 반란자들은 "한 하늘 아래 두고는 같이 살 수 없는" 존재였다.53

봉기군의 잔혹한 행위를 묘사하는 데서 소설가와 시인들의 상상력과 표현력은 최고조에 이르렀다. 시인 김영랑은 「절망」이라는 시에서 봉기군들이 '악의 주독(酒毒)에 가득 취한'채 양민을 '산 채로 살을 깎이여 죽었나이다. 산채로 눈을 뽑혀 죽었나이다. 칼로가 아니라 탄환으로 쏘아서 사지를 갈갈히 끊어 불태웠나이다'라고 적었다.54

여기서 더 나아가 몇 몇 문인은 절대적인 선악의 기준으로 접근하면서 종교적인 언어로 봉기군의 만행을 표현했다. 김영랑은 인민재판에서 사형선고 받은 사람을 새벽에 여수경찰서에서 처형했다는 얘기를 듣고는 「새벽의 처형장」이라는 시를 지었는데, 그는 이 시에서 봉기군을 '마(魔)의 숨결'이라고 표현했으며, 박종화도 '마의 반군 800명'이라고 표현했다.

종교적 언어는 봉기군을 악마의 군대로 등치함으로써 일반인들에게 공산주의에 대한 강력한 각성의 효과를 가질 수 있었다. 또한 이 같은 종교적 언어의 사용은 수사 차원을 넘어, 반공국민 형성에 필수적인 극명한 이분법 논리를 강화해 주었다. 즉 정치세력에 대해서는 분명한 선악의 구분이 가능하며, 한쪽이 선하다면 한쪽은 악하다는 인식이다. 이러한 인식은 악은 무슨 일이 있어도 파괴되어야 한다는 발상으로 이어진다. 실제로 이승만 대통령과 국방부장관이 발표했던 성명서를 살펴보면, 정부의 반공산주의적 담화나 전략이 반드시 파멸시켜야 할 적

---

53 이승만, 「방위방책 취하자」, 전국문화단체총동맹, 앞의 책, 7쪽.
54 김영랑, 「절망」, 전국문화단체총동맹, 『반란과 민족의 각오』, 문진문화사, 1949, 31~32쪽.

을 상정하는 논리구조를 가지고 있으며 맹목적인 선악 이분법에 기초하고 있다는 점을 발견할 수 있다. 이 같은 정부의 인식은 문인들의 감정적이며 다분히 종교적인 언어에 의해서 더욱 강화되었다.

여러 편의 역사소설을 쓴 바 있는 박종화는 여순봉기를 유구한 민족사의 흐름을 거역한 죄악의 사건으로 규정했다. 여수지역은 '조선민족의 일대 시련기인 임진왜란 때에 충무공 이순신 장군이 불타는 민족정기로 왜적의 해병을 막아낸' 곳이다. 그런데 이곳에서 군인들이 반란을 일으켜 민족을 위기에 빠뜨려 버렸고, 따라서 봉기자들은 '역사의 배반자'이자 '죄인'이라는 것이 박종화의 주장이었다.

3) 종교와 반공주의

다음으로 사회부가 파견한 종교 단체의 활동을 살펴보자. 사회부와 종교단체 대표들은 10월 29일과 30일 양일에 걸쳐 연석회의를 열고 사건 지역을 위문하는 한편 진상 조사를 위해 합동조사단을 파견하기로 결정했다. 11개 종교로 이루어진 이 위문단에는 국내의 거의 모든 종교단체가 망라되었다.[55] 이승만은 무초 미 특사와 콜터 장군에게 연합조사단을 제의했으나, 미군 쪽은 경제협조처(ECA) 소속의 스노우

---

55 종교위문단의 구성원은 다음과 같다. 의장에는 박윤진(불교), 재정은 조민형(감리교), 비서는 윤을수(尹乙洙, 천주교)가 맡았는데, 윤을수는 통역도 담당했다. 위원으로는 김창숙(金昌淑, 유도회), 김법린(조선불교총무원), 윤달용(성공회), 이단(李團, 천도교), 정열모(鄭烈模, 대종교), 이경식(안식교), 김춘배(金春培, 조선기독교연합회)가 참가했다. 『세계일보』(1948. 11. 3)에 보도된 명단과 ECA 소속의 스노우가 작성한 보고서에 나와 있는 명단은 차이가 있다. 두 자료를 모두 참고했다. 스노우의 보고서의 정식 명칭은 Economic Cooperation Administration, Technological Division, *Inspection Trip to Yosu Rebellion Area with Korean Committee*, 12 November 1948, RG 338 Records of United States Army Commands, 1942−, Entry 11070, Box 68(이하 *Inspection Trip*으로 표기함)이다.

(Jack W. Snow)를 별도로 파견하기로 결정했다.56

전진한(錢鎭漢) 사회부장관과 박준섭(朴俊燮) 후생국장 그리고 불교·기독교·천주교·대종교 등 각 종교 대표자들은 기자들과 같이 10월 31일 아침 서울역을 떠나, 6일까지 약 1주일간 광주, 순천, 여수, 구례, 벌교, 보성 등지를 시찰하고 귀경했다.57

종교위문단은 위문, 구호, 사실규명 등을 주요 목적으로 내걸었으나, 후생국장은 반란을 촉진시킨 요인이 무엇이었는지, 더 이상의 반란을 방지하기 위해서 어떤 대책이 필요한지를 더 알고 싶어했다. 실제로 구호 사업이 유지되려면 계속적인 물질적 지원이 뒤따라야 했지만, 여력이 없었기 때문에 일회적인 지원에 그칠 수밖에 없었다. 따라서 이들의 활동은 각 지역의 '책임'있는 인물들로부터 의견을 청취하는 것에 비중이 놓여 있었다.58

종교단체 대표단은 광주의 방직공장을 방문하여 공원을 격려하고(11월 1일), 순천지구사상자 합동추도회(11. 4)에 참여하고, 구호물자를 순천과 여수에 보내는 등의 위문 사업을 벌이기도 했지만, 지방 관리와 유지 등을 만나 사건의 자초지종을 듣는 데 거의 대부분의 시간을 보냈다. 위문단이 만난 사람들은 이남규 전남지사(11. 1), 광주 경찰서장(11. 1), 순천 군수와 민족청년단, 대동청년단 등의 단체대표자(11. 2), 순천주둔 국군과 지방관리(11. 2), 구례 경찰서장(11. 4), 중학교 교장(11. 4), 벌교 면장(11. 5), 보성 군수(11. 5) 등이었다.

---

56 스노우는 미군정 당시 보건후생국에서 군속으로 구호 업무를 담당하기도 하였다 (Headquarters XXIV Corps, Officers Roster, 1948).

57 『동광신문』, 1948년 11월 2일 ; 『서울신문』, 1948년 11월 16일 ; *Inspection Trip*, p.1 전진한 사회부장관은 11월 1일 오후에 다른 일행보다 먼저 서울로 돌아왔다.

58 *Inspection Trip*, p.2. 사회부장관은 종교단체가 내려온 것은 위문뿐 아니라 '모든 것을 직접 조사하여 근본대책을 강구'하는 데 목적이 있다고 밝혔다(『경향신문』, 1948년 11월 3일).

종교단체 대표자들이 만난 각 지역의 지방 관리들과 사회단체 대표자들의 생각은 대동소이했다. 순천의 청년학생단체원들이 종교단체 대표자들에게 전달한 내용은 전형적이다. 그들은 여순사건이 군부 내 좌익분자의 소행에서 비롯되었기 때문에 공산분자를 전국적으로 총검거하는 것이 필요하며, 시민들이 휩쓸려 들어간 것은 반공노선이 투철하지 못했기 때문이므로 앞으로는 '민족진영 총단결의 국민운동'을 전개하거나 민병을 조직해야 한다고 주장했다. 이들은 자신들의 주장을 총 6개 항목으로 정리했는데, 좌익분자 숙청과 반공교육 강화에는 소리 높여 주장했지만 이 사건으로 피해를 입은 유가족을 구호해야 한다는 민생대책은 단 한 개 항목에 불과했다.

하지만 정부에 비판적인 지방 관리들의 발언도 있었다. 유수현 구례군수는 봉기군이 신사처럼 행동했다고 평가했다. 이에 비해 정부의 위신은 떨어졌는데, 왜냐하면 봉기군이 온다고 하자 구례에 있던 경찰과 국군이 모두 남원으로 도망가 버렸기 때문이라고 군수는 설명했다. 구례군수는 종교대표단에게 봉기군은 주민들의 식량을 갖고 가고, 국군은 식량, 의류, 이불을 가져가는 바람에 주민들의 불평이 많다고 지적했다.[59] 하지만 이 같은 사실은 종교대표단의 보고에서는 전혀 언급되지 않았다.

순천에 있던 브랜든 신부가 진압군에 의해 66명에서 67명의 민간인이 처형된 것 같다고 증언하고, 종교위문단도 60~70명의 시신이 그대로 쌓여 있는 처형장을 직접 둘러보기는 했지만, 정작 종교대표단의 보고서에는 이것도 전혀 언급되지 않았다.[60]

한편 스노우는 종교위문단과 여정을 같이 하면서도 여수와 순천의

---

[59] *Inspection Trip*, pp.6~7.
[60] 이들에 대한 처형은 10월 31일 실시되었다. 처음에는 국군이 했다고 알려졌으나 나중에는 경찰이 처형했다고 알려졌다.

미국인 선교사와 진압작전에 참가했던 미군을 만나는 등 별도의 일정을 진행하며, 독자적으로 정보를 수집했다.

스노우는 순천에서 남부 장로교의 보이어(T. E. Boyer) 선교사와 아일랜드인인 브랜든(Brandon) 신부를 만났다. 보이어는 여수를 진압할 때 진압군이 400여 발의 박격포탄을 사용한 결과 시가지 일부가 불탔으며,61 여수에서 봉기가 일어났을 때 5명 내지 6명의 CIC 요원들이 현지에 머물고 있어서 군 당국에 완전한 보고(complete reports)를 제공했다고 전했다.62

브랜든은 여수와 순천 시민들은 진압군이 들어올 때도 반기었지만, 봉기군이 들어왔을 때는 매우 반기었다고 말했다. 특히 청년들은 14연대 봉기 군인들이 들어왔을 때 소리를 지르며 좋아했다고 전했다. 스노우는 시민들이 반란을 어느 정도 지원했는가 라고 물었고, 브랜든은 상당한 지원(considerable support)이 있었다고 대답했다.63

흥미로운 것은 남한의 미래에 대한 당시 지식인들의 반응이다. 순천의 몇몇 지식인들은 남한이 곧 공산화될 것이라고 예상했는데, 그 이유는 중국이 공산화되었기 때문이라는 것이었다.64

---

61 *Inspection Trip*, p.3.
62 이는 중요한 사실이지만, 더 이상의 설명이 없기 때문에 보이어가 말한 CIC 요원들이 미국인인지, 한국인인지는 확인하기 어렵다. 봉기군은 여수를 점령한 뒤, CIC 요원인 이광선, 최인태, 김수곤 등을 처형하였다.
63 *Inspection Trip*, pp.5~6.
64 *Inspection Trip*, p.8. 한국의 미래를 중국의 공산화와 연관지어 생각했던 지식인들은 동아시아에서 공산주의 확산 가능성을 상당히 높게 보았다. 리영희가 세계정세에 관심을 갖고 의식의 개안이 이루어진 계기가 되었던 것도 지축을 흔들면서 새롭게 만들어져 가고 있던 중국의 공산화였다고 한다(리영희, 『역정―나의 청년시대』, 창작과비평사, 1988, 118~119·123쪽).
이와는 대조적으로 중국 공산화가 코앞에 다가왔을 때, 신성모 국방부장관은 "중국 공산군의 행동은 중국에서 그치지, 한국에 대해서는 하등 영향이 없다"고 잘라 말했다(『서울신문』, 1949년 4월 27일).

이 밖에도 스노우의 보고서에는 미국인과 종교인에 대한 봉기군의 입장이 자세히 언급되고 있다. 보이어와 브랜든의 증언에 따르면 봉기군은 기독교인들이라는 이유로 교인들을 따로 분류하거나 처벌하지 않았던 것으로 보인다. 브랜든 신부는 봉기 군인들이 인공기 게양을 강요했고 신자들의 집이 불타기는 했지만, 자신이 아는 한 종교적인 이유로 천주교도들이 살해되지는 않았다고 말했다.65 브랜든이 두려워했던 것은 봉기군이 아니라 청년과 학생들이었다. 봉기군이 건네준 총을 생전 처음 잡아본 학생과 청년들이 경찰들을 잡으러 나섰기 때문이다.

종교대표단 보고서에도 신자와 교회의 피해가 적었다고 기술했다.66 그럼에도 봉기세력에게 학살당했다는 순천사범생 손동인(孫東印)과 순천중학생 손동신(孫東信) 형제의 이야기는 봉기세력이 종교인을 살해한 대표적인 사례로 알려지고 있다. 특히 이들 형제의 아버지인 손양원 목사가 자신의 아들을 죽인 안재선을 사형장에서 구출하여 자신의 양아들로 맞았다는 이야기는 '원수를 사랑하라'는 예수의 말씀을 실천한 훌륭한 예로서 지금까지 널리 전해지고 있다.67

그러나 두 형제가 죽음을 당했던 이유는 이들이 단지 종교인이기 때문이 아니었다. 손동인이 재학했던 순천사범학교에서는 모스크바삼상안을 둘러싸고 찬반탁 논쟁이 심했는데, 두 형제는 우익의 반탁운동에

---

65 하지만 종교대표단이 작성한 보고서에는 봉기군이 일요일 예배를 이용한 대량학살 계획을 가지고 있었지만, 국군이 진압했기 때문에 계획이 수포로 돌아간 것이라고 지적하고 있다(『대동신문』, 1948년 11월 4일).
66 『대동신문』, 1948년 11월 14일.
67 여수·여천향토지 편찬위원회, 『여수·여천 향토지』, 1982, 317~320쪽. 손양원 목사의 이야기를 담은 『사랑의 원자탄』은 7개 국어로 번역, 출간되었다. 최근에도 '사랑의 원자탄'은 창작 뮤지컬로 만들어져 순천에서 공연되기도 했다(『국민일보』, 2003년 9월 24일).
이 책의 제목은 사랑의 깊고 넓음을 원자탄이라는 섬뜩한 무기 이외에는 다른 어떤 것으로 표현할 수 없었던 '시대 정신'의 일단을 보여준다.

몸담고 있었다. 또 그들은 이철승이 대표로 있는 전국학생총연맹(학련)에서 활동하기도 했다. 이 형제는 기독교 신자이기도 했지만 강한 반공주의 의식을 가진 우익 청년단원들이었다. 이들이 순천지역의 학련 학생들, 대동청년단원들과 함께 봉기군에 맞서 싸우자, 봉기세력은 그들을 체포하여 총살했다.68 결국 동인·동신 형제가 죽음을 당한 것은 종교적 이유라기보다는 좌우익의 정치적 투쟁이 주요한 원인이었다. 하지만 손양원 목사가 아들을 죽인 좌익을 양아들로 삼게 되면서, 두 형제의 죽음에서는 정치적 의미가 탈색되고 상대적으로 기독교적 '순교'의 측면은 두드러지게 강조되었다.69

한편 봉기군은 경찰과 친일파·우익세력 처벌에는 매우 단호했지만, 미국인에 대해서는 비교적 관대한 태도를 취했다.70 봉기군이 여수인민대회 등에서 밝힌 성명서에서 따르면, 그들은 미국을 제국주의로 규정하고, 이승만정권을 매국정권으로 규정하였다. 하지만 실제 미국 고문관이나 미국인 선교사에 대한 직접적인 공격은 이루어지지 않았다. 순천의 크레인 선교사 집은 봉기군에 잡혔다가 풀려난 두 명의 미 군사고문단원들이 숨어 지낸 곳이었다. 그리고 크레인의 집은 보이어의 집 바로 옆이었다. 봉기군은 성조기를 보고 꽤 화가 났지만, "보이어씨는 우리의 친구다. 그를 괴롭히지 말라"라는 말을 듣고는 흥분을 가라앉혔다고 한다.71

---

68 이철승, 『전국학련』, 중앙일보·동양방송, 1976, 345쪽.
69 손동희, 『나의 아버지 손양원 목사』, 아가페, 1994, 203~235쪽 ; 손동희, 『사랑의 원자탄 손양원 목사』, 애양원교회손양원목사순교기념사업회, 1991.
  손양원 목사가 일제 식민지시기부터 한센병 환자를 돌보던 여수 애양원은 '사랑의 성지'로 개발되었다(『국민일보』, 2004년 1월 21일).
70 *Inspection Trip*, p.4. 브랜든은 만약 반란기간이 조금 더 길었다면, 자신의 처지가 어찌될지 몰랐을 것이라고 말하고 있다.
71 사건 당시 크레인 선교사는 미국인이 거주한다는 사실을 분명히 알리기 위해 부대자루와 셔츠로 만든 성조기를 문에 걸어 놓았다고 한다. 『뉴욕타임즈』에는 성

스노우는 여순지역 시찰의 결론을 다음과 같이 정리했다. 첫째, 큰 사무실에 일하는 사람이 하나도 보이지 않을 만큼 지방 행정이 마비되어 있다. 둘째, 봉기군과 진압군으로부터 식량을 뺏겨 주민들이 고통받고 있으므로 식량문제가 시급히 해결되어야 한다. 셋째, 여수 시내 부흥은 정부에 의해서 이루어져야 하며 구호물자가 보내져야 한다. 넷째, 인공기가 게양되고, 인민위원회가 설립되고, 식량배급이 된 것에 비추어 볼 때 반란에는 조직적 지원이 있었다. 다섯째, 반란에는 깊은 원인이 있다. 봉기군에 대한 광범한 지지는 정치적 문제로서 대단히 중요하며 가볍게 생각하지 말아야 한다. 여섯째, 게릴라 활동의 근거지가 되는 것을 막으려면 강하고 건설적인 조치를 취하여야 한다.[72] 이상과 같은 결론은 대체로 현실을 반영한 시찰 결과였다고 할 수 있다.

종교대표단도 11월 6일 서울로 돌아온 뒤에 보고서를 발표했다. 보고서는 봉기군이 세 차례에 걸친 학살계획을 가지고 있었다고 언급하면서, 재발 방지를 위한 대책으로서 잔학무도한 공산당의 정책을 폭로하여 모략선전에 속지 말게 민심을 계몽해야 한다고 주문했다. 또한 '현지의 의견'이라 하여 발표한 내용을 보면, 공보처를 일신하여 선전계몽에 주력할 것, 정부가 강력한 정책을 실시할 것, 이번 사건을 군경 충돌이라고 모략선전하고 있으니 그렇지 않은 점을 일반 국민에게 잘 알릴 것 등이었다. 이것이 현지의 의견인지, 아니면 종교대표단의 의견인지조차 잘 분간이 가지 않는 내용이었다.[73]

스노우 보고서와 비교해 보면, 종교대표단의 보고서는 광범한 정보

조기를 중심으로 크레인(John C. Crane)과 보이어 그리고 크레인 선교사 집에 숨어 지내던 미 군사고문단원 그린봄(Stewart Greenbaum)과 모어(Gordon D. Mohr)의 사진이 실리기도 했다(After Communist Revolt was quelled in Korea, *New York Times*, Nov. 1, 1948).

72 *Inspection Trip*, p.9.
73 『서울신문』, 1948년 11월 16일.

수집에 소홀했고, 실제로 조사한 사실조차도 보고서에 반영하지 못했다는 것을 알 수 있다. 종교대표단이 역점을 두어 보고한 것은 각 지방에서 활동하고 있었던 청년단체나 지방 관리들의 말이었다. 그 결과 종교대표단의 활동은 현지에서 제기된 대응방향을 종교단체들의 이름으로 발표한 것에 그치게 되었다.

4) '반공민족'의 등장

여순사건으로 남긴 폐허의 참상을 고발하고, 사건이 벌어진 원인을 써내려간 문인들은 이 사건을 어떻게 극복할 것인가에 대한 해결책을 예외 없이 민족정신을 드높이는 것에서 찾았다.

이헌구는 이 난국에 "울연(鬱然)히 치밀어 오르는 동포애와 민족정기의 기염(氣焰)이 찬연히 타오르는 강력하고도 생생한 맥박과 격동을 가슴깊이 체험하지 못한다면 우리 스스로 멸망의 길을 밟지 않을 수 없다"고 밝혔다.74

그렇다면 문인조사반원이 만난 거의 모든 군인들이 철모를 내려치면서 강하게 외치고, 문인들이 동감했던 '민족'의 내용은 무엇이었을까? 여순사건이 벌어진 뒤, 이승만정부나 현지에 파견된 문인들은 반란을 일으키고 여기에 참가한 자, 즉 공산주의자들을 민족의 범주에서 배제했다. 반란자들은 동족이라고 생각할 수 없는 수많은 만행과 살육을 자행했기 때문이다.75 이제 이들은 동족이 아니라 민족의 원수이자 적으로 간주되었다. 이제 공산주의냐 반공이냐 라는 이데올로기적 기

---

74 이헌구, 앞의 글, 68쪽.
75 문인과 만난 한 군인은 "잔인무도한 악마 같은 악착스러운 행동을 보았을 때, 이놈들은 내 제자가 아니요, 내 민족이 아니라는 것을 직각(直覺)하고 의분이 일어나서 그대로 포격명령을 내리었소"라고 말하였다.(박종화, 「남행록」, 『반란과 민족의 각오』, 1949, 52쪽).

준이 민족의 구성원을 규정하는 1차적 의미를 띠게 되었다.

'반공민족의 발견'은 이승만정권이 직면한 위기를 타개하기 위한 가장 중요한 교두보였고, 여순사건은 '반공민족'을 탄생시키는 주요한 계기였다.

이승만정부로서는 이 사건을 '동족상잔'이라고 표현하는 것은 미온적이고 동정적인 태도이며 올바르지 않은 관점이었다.76 이 같은 미온적인 입장은 교정되어야 했으며, 이를 고치기 위해서는 굳건한 반공적대의식으로 무장한 민족의식의 확실한 정신교양이 필요했다.

민족청년단 시절부터 '민족지상' '국가지상'을 주창하며 청년운동에 종사했던 이범석 국무총리는 여순사건 진압 후 「공산당 선동에 속지말라」라는 글에서 미군정하에 유포된 방만한 '개인주의'를 비판하는 동시에 '민중'과 '계급'을 비판했다. 이범석은 일제 식민지 시기의 민중이 오직 자신들의 생명과 재산을 유지하는 데 급급한 나머지 민족이 무엇인지, 국가가 무엇인지를 완전히 망각했다고 평가했다. 그는 식민지 시기의 민중이 '오직 그날그날의 눈속임과 모면으로써 일신의 생명 재산을 유지하려는 습관'을 익혔으며, 이러한 습관은 해방 후에도 이어져 '무법적인 공산주의자들에게 식량을 제공하면서도 법대로만 움직이는 군경에게는 다른 핑계를 대면서 식사도 주지' 않는 예를 들면서, 결론적으로 '민중은 비겁하고 야속하고 가련한 행동을 일삼는 현실주의자'라고 혹평했다.77

이와 같이 이범석은 민중을 완전히 불신하고 있었다. 생계에 어두워 민족대의를 망각하고 개인주의와 이기주의가 몸에 밴 민중을 이범석은 신뢰할 수 없었다. 그는 개인이 잘 살려면 제일 먼저 민족을 구해야 하고, 민족과 국가를 살림으로써만이 개인이 다 같이 잘 살수가 있다

---

76 이헌구, 앞의 글, 76~77쪽.
77 이범석, 「공산당선동에 속지마라」, 『반란과 민족의 각오』, 1949, 15쪽.

고 주장했다.78

　이범석이 민중을 불신하고 민족에 의지한 것은, '민중'이나 '계급'은 구성원을 분열시키는 개념이었던 반면에, 민족은 구성원의 단합을 도모하고 통일체를 지향하기 때문이다. 민족이 운명을 같이하는 하나의 통일체라면, 그 안에서 분열을 획책하는 좌익세력을 민족의 구성원으로 인정하기 힘들었다. 분열을 봉합시키고 통일을 추구한다는 점에서 민족만큼 요구되는 개념과 사상도 없었다.79

　결론적으로 이범석은 민족의 품속으로 돌아와서 조국을 재건하는 것이 각개인의 지상 의무이며, "공산당을 박멸시키는 일은 군대나 경찰이나 관리만이 가진 의무가 아니라 국민 전체의 의무"라고 주장했다. 그리고 이 같은 민족적 대의를 수행할 수 있는 것은 민중이 아니라 민족의식을 자각한 엘리트층이었다.80

　초기 대한민국 정부가 수립된 상황에서 제기된 이와 같은 '반공민족'의 담론은 대한민국 국민을 형성하는 데 주요한 이데올로기적 기능을 수행했다.

　'반공'이라는 내용으로 국가와 민족이 구성되어야 한다는 주장은 국가 전략의 의제설정을 지배층이 장악하는 결과를 초래했고, 민중은 엘리트로부터 민족의식을 계몽, 교육받아야 할 피교육자로 위치 지워졌다. 문인들이 만난 대부분의 진압 군인들은 철저한 민족의식의 고양과 교육이 필요하기 때문에 19세 이하의 청소년에게는 군대적 훈련이 필요할 것이라고 주장한 바 있었다.81 이런 주장은 여순사건 뒤 각 학교에 정치적·군사적 훈련을 실시할 수 있는 학도호국단을 결성하는 것

---

78 이범석, 앞의 글, 16쪽.
79 김송, 「문화운동을 전개하라」, 전국문화단체총동맹, 앞의 책, 123쪽.
80 이범석, 앞의 글, 17쪽.
81 이헌구, 앞의 글, 84쪽.

으로 나타났다.

또한 민족정신은 단지 이념으로서가 아니라 급박한 실천의 문제로 제기되었다. 여순사건 같은 비상사태는 '국가지상', '민족지상', '애국애족' 같은 슬로건을 갖고 해결될 문제가 아니라는 것이었다. 한 군인이 주장했던 것처럼, "나라를 위하여 목숨을 바치겠다는 행동을 통한 신념으로서의 실천"이 필요했다.[82]

이러한 실천은 두말할 필요 없이, 여수·순천 등지에서 "자! 저들 반도를 쏘아라!"라는 실천 명제로, 봉기 혐의자들에 대한 무차별적 학살로 나타났다.[83]

문교부가 문인들을 현지에 파견한 표면적인 이유는 실정을 정확히 파악하고, 원인과 대응방안을 모색하는 데 있었다. 하지만 이미 각 신문사들이 현지에 기자들을 특파한 상태였기 때문에, 진상 파악이 별도로 필요한 것은 아니었다. 문인조사단은 나름대로 봉기의 원인을 파악하는 한편 대응방안을 내놓았지만, 기존의 정부 방침이나 다른 우익 사회단체들의 주장을 다시 한 번 정리하고 강화한 것에 불과했다.

문인들의 인식과 활동은 사실상 이승만정부의 그것과 맥을 같이하는 것이었다. 이 점에서 문인들이 이승만정부가 의도했던 정치에 이용되었다고도 말할 수 있겠다. 픽션을 만들어내는 소설가와 시인들로 이루어진 문인조사단은 현지 실정을 가장 감각적인 문체로 여과하여 독자들에게 전달했다. 만약 문인들의 역할이 없었더라면 독자들(국민)은 봉기군의 만행에 대해 진압에 참여했던 군인들과 똑같은 적개심을 느

---

82 이헌구, 위의 글, 89쪽. 이헌구는 한국전쟁이 일어나자 문학이 반공의 무기가 되어야 한다고 역설했다. 그는 '때는 바야흐로 우리 문화인 전체로 문화전선을 형성해야 할 시기'라고 하면서, 국토방위 최전선에 못지않은 '정신적 전선'을 공고히 구축하는 것이 필요하다고 주장했다(이헌구, 「문화전선은 형성되었는가」, 『전선문학』 2호, 1952).

83 이헌구, 위의 글, 71쪽.

낄 수 없었을 것이고, 아직도 봉기군들을 같은 민족으로 생각하는 우매함에서 벗어날 수 없었을 것이다. 문인들은 공산주의라는 이데올로기를 갖고 있는 사람들을 민족의 범주에서 완전히 배제시키고자 하였다. 반란을 일으킨 사람들이 같은 민족이 아니라는 점을 문인들만큼 확실하게 전달한 계층도 없었다. 이와 같이 문인들이 수행했던 가장 주요한 역할은 '픽션'으로서의 '반공민족 형성'에 있었다.

4. '공산주의자＝비인간' 담론의 창출

1945년 말 모스크바삼상안을 둘러싸고 좌우대립이 나타났을 때부터 좌익은 친소주의자, 반민족주의자, 매국노라는 극우세력의 공세가 상당한 영향력을 가지며 파급되었지만, 여순사건 뒤 좌익에 대한 정권의 공세는 한 단계 더 나아가 공산주의자를 '비인간'으로 보는 데까지 확대되었다.

좌익세력의 활동이 완전히 불법화되고, 이북에 공산정권이 세워진 상태에서 공산주의 세력은 완전히 적대적인 세력으로 간주되었을 뿐만 아니라, 이승만정권은 좌익을 비인간화시키는 방법을 통해 공동체의 울타리에서 추방하려고 하였다. 정부는 공보처, 내무부 등의 국가 기구를 이용하여 적극적인 반공 공세에 나섰지만 반공체제가 형성되기 위해서는 위로부터의 정책이나 선전만으로는 충분하지 않았다.

외부적 강제만이 아니라 내심으로부터 우러나오는 적대감을 형성하기 위해서는 구별과 배제가 필요했고, 신문 등의 언론기관은 구별과 배제의 담론이 만들어지는 공간을 제공했다. 여론 형성에 주도적 역할을 했던 언론은 지배 권력이 설정한 의제를 충실히 따라갔다. 정부의 성명서 발표는 신문을 통해서 국민에게 검증 없이 바로 전달될 수 있었다. 이런 언론의 태도는 한편으로는 정부의 강요에 이루어지기도 했지만, 한편으로는 반공주의를 전 사회에 파급시키기 위한 의식적인 행동이기도 했다. 언론은 객관적인 사실 보도를 제일의 신조로 삼고 있지만, 사례에서 나타나듯 당시 언론의 보도는 이러한 원칙과는 상당한 거리가 있었다. 언론이 여순사건에서 나타난 좌익의 학살 양상을 상세하고 신속하게 보도하는 동안 독자들은 언론이 반복적으로 제공하는 한정된 정보와 의제에만 갇히게 되었다.

여순사건 때, 일간 신문들은 봉기군의 잔악한 행위와 폭력성, 극렬한 저항 그리고 진압군의 영웅적 군사 작전을 기사, 사설, 사진 등 다양한 방법으로 보도했다. 이러한 반공주의 내용의 신문 보도는 남한에 살고 있는 주민들이 봉기군에 적개심을 갖고 반공주의에 결속할 수 있는 충분한 근거를 제시해 주었다.

이런 측면에서 반공국가 형성이라는 프로젝트에서 신문의 역할은 필수적이었다. 신문은 여순사건에 대한 국민적 공감대를 끌어내고 여론을 조직화할 수 있는 광범위한 반공산주의적 이념 공간을 제공하였다.

문인들과 종교인은 소설가적 상상력과 과장 그리고 감성적인 언어로 좌익의 만행을 고발했고, 이는 신문 지상에 보도되어 좌익에 대한 반감과 분노를 촉발시켰다. 이론적으로 공산주의의 폐해를 지적하는 그럴듯한 반공 이데올로그들도 존재하지 않은 상황에서 문인과 종교인들은 공산주의에 대한 적대적인 이미지를 그려내 국민에게 제공하였다.

만약 신문이나 문인들의 활동이 없었더라면, 전 주민을 대상으로 한 반공주의 교육은 실제로 실현되기 어려웠다. 지금처럼 다양한 통신수단이 발전하지 않은 당시에 신문은 정보를 얻을 수 있는 가장 중요한 수단이었고, 문인이나 종교인들은 신문 기고를 통해 자신들의 입장을 선전할 수 있는 기회를 가진 인텔리들이었다. 언론과 인텔리들의 반공적 입장은 여순사건에 대한 기본적인 시각을 세우고 공산주의자들을 반민족적인 세력으로 인식하게 하는 데 매우 중요한 역할을 했다.

　이승만정권의 반공공세를 적극적으로 펼쳤던 이유는 헤게모니를 추구하는데 반공주의가 절대적으로 필요한 요소였기 때문이다. 이승만정권이 감당해야 했던 분단정권이라는 약점은 공산주의자를 공동체 내부에서 추방해 버리고 그들에게 공격자, 적대자의 이미지를 부여함으로써 극복되는 것처럼 보였다.

　정권이 반공 공세를 강화하면 강화할수록 정부는 대한민국의 당면 과제에 대한 의제 설정과 그 내용을 독점하면서 주도권을 쥘 수 있었고, 인민은 반공주의 교육을 받아야 할 국민으로 위치 지워졌다.

　이런 맥락에서 이승만정권이 주도한 반공 공세의 수신자는 이북 정권이나 소련이 아니었다. 정부는 소련을 국제 적화노선에 따라 한반도를 집어삼키려는 야욕의 화신으로 묘사했고 북한을 소련의 괴뢰정권으로 비난했으나, 사실 반공 공세의 수신자는 남한 민중이었다. 이승만의 반공 공세에서 특징적인 것은 공산주의의 위협을 과장하는 것이었다. 여순사건 전후에 이승만정권의 반공 공세는 언뜻 보기에는 상당히 공세적인 모양을 띠고 있었고, 강경한 수사가 동원되었지만, 그것은 공산주의 확산과 봉기 재발 가능성에 대한 '공포'의 다른 표현이었다. 단독정권으로 수립된 신생 이승만정권의 가장 중요한 과제는 좌익으로부터의 공격을 이겨내고 내적 평정을 이룩하는 일이었다. 이승만정권은 반공 공세와 국가보안법 등의 다양한 제도적 장치들을 갖추면서 내적 평정을 추진해 갔다.

　내적 평정 과정을 통해 이승만정권은 국가 안보(national security)를 확보하려했지만 사회구성원의 생명권 같은 가장 중요한 안보는 제외되어 있었다. 사회구성원에 대한 안보를 국가안보에 종속시킨 결과, 사회구성원의 생명권을 빼앗는 학살 행위는 나라를 구하는 애국 행위로 둔갑하였다. 또한 공산주의자를 비인간화시켜 내적 공동체에서 추방해 버리는 이승만정권의 논리는 한국전쟁기에 발생한 민간인 학살의 이념적 기초를 제공했다.

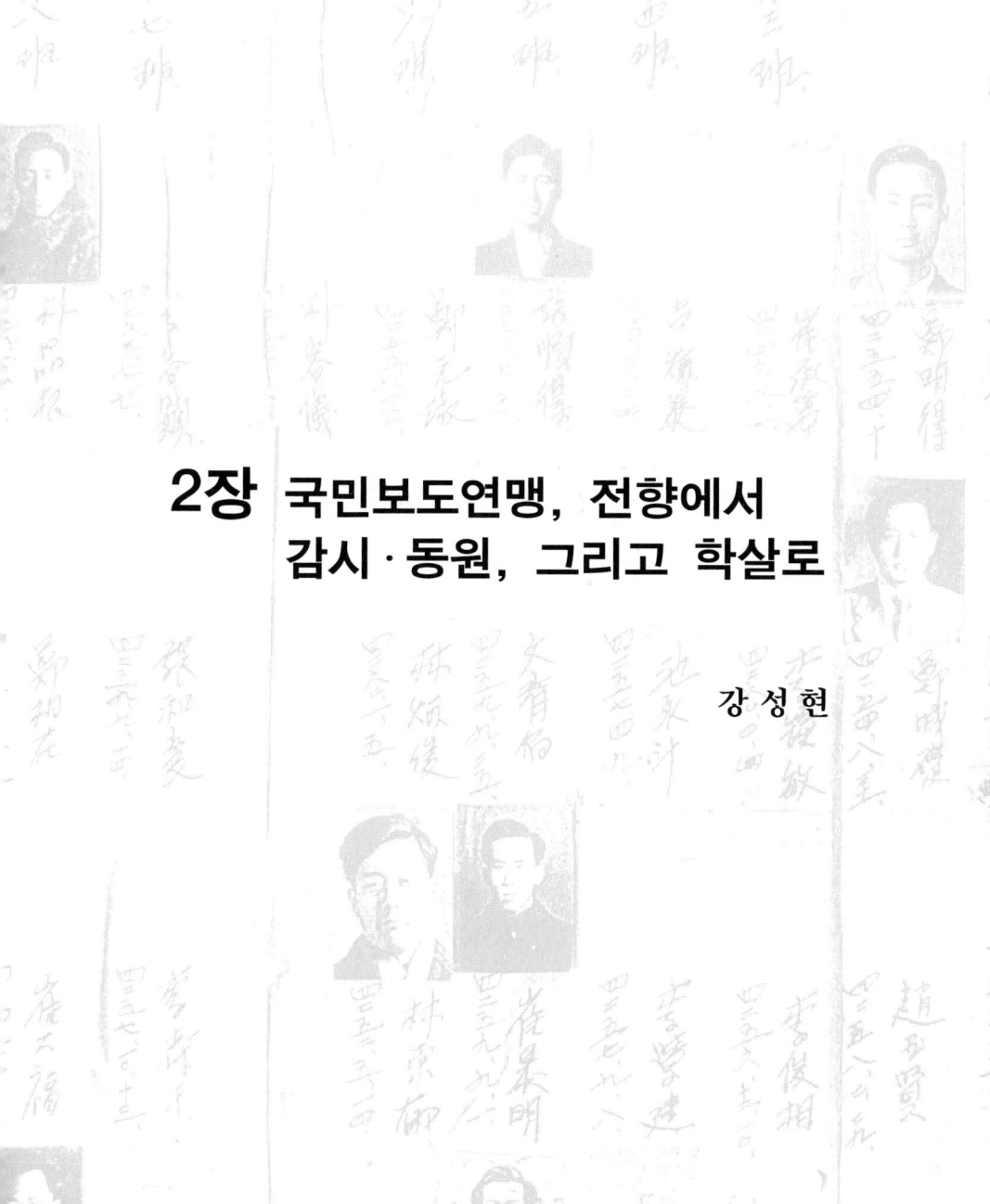

2장 국민보도연맹, 전향에서 감시·동원, 그리고 학살로

강성현

1. 문제제기[1]

　1980년대 말 월간 『말』에서 '양민참극'으로서 '보도연맹 사건'이 보도된 이래 실체가 간간히 드러나다가 최근 신문과 잡지의 기획기사 연재로, 방송의 다큐물로 전모가 세간에 알려졌다.
　'보도연맹(保導聯盟)'을 '보도연맹(報道聯盟)'으로 오인하는 에피소드가 있을 정도로 지난 40여 년 동안 거의 철저하게 은폐되고 침묵되어 왔다. 이는 백만 명에 가까운 민간인들이 두 국가의 전쟁수행 과정에서 학살당했고, 휴전이 된 이후에도 1950년대 내내 이승만과 김일성 정권은 극단적인 대립 속에서 자기 체제를 공고화했기 때문이다. 뿐만 아니라 4·19혁명의 분위기 속에서 결의되어 진행된 '양민학살사건진

---

[1] 논문을 위해 구술채록을 허락해 주신 거제도의 유족 어르신들, 그리고 자료 제공과 함께 인터뷰에 응한 부산일보 김기진 기자와 국편의 지방사료 조사위원인 전갑생 선생님에게 감사드린다. 특히 구술작업 전반과 함께 녹취작업을 도와준 김서화에게 고마움을 전한다.

상조사특별위원회'는 보도연맹원 학살을 조사대상에서 제외시켰는데, 이는 특위의 시각에서 볼 때 보도연맹이 좌익집단에 불과했고, 따라서 '보도연맹 사건'은 '양민학살'이 아니라 후방에 있는 잠재적인 적의 처리였다는 논리이다. 이러한 인식 속에서 보도연맹을 기억하고 언급하는 것은 도저히 불가능한 상황 같아 보였다.

보도연맹 사건에 대한 망각은 5·16군사쿠데타로 군사정권이 집권한 뒤로는 더욱 가속화되었다. 군사정권은 '특수범죄처벌에 관한 특별법(법률 633호)'을 제정·공포해 공포한 날로부터 3년 6개월 이전으로 소급 적용해 '특수반국가행위'를 했다는 명목으로 피학살자 유족을 철저하게 탄압했다. 그리고 각종 민간인학살 기록들을 폐기했고, 유족들이 세운 위령비들을 파괴했으며, 유족 및 관련자들을 가혹하게 처벌했다.

이후 '전쟁 상황의 지속'을 의미하는 휴전 상황 속에서 이념을 달리하는 양 국가·체제의 대립은 '전쟁 발발 가능성'이라는 긴장을 끊임없이 만들어냈고, 이 과정에서 양 국가는 준전시 '동원체제'를 구현한 통치성을 완성시켜 갔다.

그러나 1987년 이후 진행된 일련의 흐름들은 국내외 상황을 상당 부분 변화시켰고, 그 결과 '잃어버린 사실들'에 대한 관심과 주목이 증대했으며, 이 과정에서 민간인학살로서의 '보도연맹 사건'에 대한 관심이 환기되었다. 그 결과 1980년대 말 이후 국민보도연맹을 소재로 한 연구들이 아주 드물게 나오고 있다. 그러나 이러한 연구들은 보도연맹을 민간인학살이라는 상위 주제의 한 소재로서 분석하고 있거나 독립적인 주제로 다루더라도 저널적인 글들이 대부분이었다. 그리고 보도연맹의 결성과 전개에 대한 분석 속에서 성격을 규명하기보다는 주로 '양민참극'인 '보도연맹 사건'에 초점이 맞춰져 있었다.[2]

---

[2] 김태광,「해방후 최대의 양민참극 '보도연맹' 사건」,『말』12월호, 1988 ; 김태광, 「'보도연맹' 사건」,『말』2월호, 1989 ; 정희상,『이대로는 눈을 감을 수 없소』,

보도연맹 조직 자체를 역사적으로 규명하려는 시도는 손에 꼽을 정도로 거의 드문 실정이지만, 보도연맹 자체를 독립적으로 다뤄 그 성격을 규명하는 논문이 없는 것은 아니다. 이에 대한 선구적인 연구로는 한지희와 김선호의 연구를 대표적으로 들 수 있다.3

한지희4는 국민보도연맹을 1949년 이승만정권의 반공적 공세 국면 속에서 반공체제를 강화시키기 위해 만들어진 사상통제기구로 보고 있다. 이를 입증하기 위해 그는 연구에서 보도연맹 결성의 배경과 과정, 보도연맹 중앙본부와 서울시연맹의 조직 구성, 보도연맹의 운영 실태와 사업 및 활동의 내용을 분석하고 있다. 그리고 당시 사회문제로 거론된 보도연맹 운영의 폐해 및 보도연맹에 대한 사회적 인식을 분석하면서 학살사건으로서의 '보도연맹 사건'이 이미 예정되어 있었다고 분석하고 있다. 뿐만 아니라 일제시기의 사상통제정책과 비교 분석하면서 일제와 이승만정권의 인적 연속성과 함께 법 제도와 정책적 연속성을 언급하고 있다.

그러나 그의 연구는 보도연맹 중앙본부와 서울시연맹의 관계, 중앙본부의 조직 개편과 이후 전개에 따른 조직구성의 변화, 그 의미 등 역사적 사실에 대한 실증적 고증이 상당히 미흡하다. 뿐만 아니라 그의

돌베개, 1990 ; 문현아, 「한국전쟁직후 지배이데올로기의 형성과정에 관한 연구」, 이대 석사학위논문, 1993 ; 서중석, 『조봉암과 1950년대(하)』, 역사비평사, 1999 ; 서중석, 「보도연맹에 관하여」, 『내일을 여는 역사』 겨울호, 2001 ; 이령경, 「한국전쟁전후 좌익관련 여성유족의 경험 연구」, 성공회대 석사학위논문, 2003 ; 조성구, 「경남·전라지역의 보도연맹원·양민학살」, 『역사비평』 여름호, 1990 ; 팽상림, 「보도연맹 피해 유가족의 눈물로 쓴 수기」, 『말』 7월호, 1998 등.
3 이 밖에 김학재, 「정부수립후 국가감시체계의 형성과정 : 1948~1953, 정보기관과 국민반, 국민보도연맹의 운영사례」, 서울대학교 언론정보학과 석사학위논문, 2004 역시 주목할 만한 연구이다.
4 한지희, 「국민보도연맹의 결성과 성격」, 숙명여자대학교 사학과 석사학위논문, 1995 ; 한지희, 「국민보도연맹의 조직과 학살」, 『역사비평』 가을호, 1996.

연구에는 지방지부의 조직과 활동에 대한 연구가 중앙본부 및 서울시 연맹 조직의 비중만큼 다뤄지지 않고 있다. 그도 징후적으로 인식하고 있듯이 보도연맹의 분석은 지방지부에 대한 해명이 이루어져야만 많은 진전이 가능하다. 전향자단체에서 '대국민적 차원의 사상통제기구'로 전환되었다는 그의 분석이 근거를 가지려면, 반드시 지방지부의 조직과 활동에 대한 분석이 선결되어야 한다. 그러나 그는 보도연맹의 결성과 운영의 폐해에서 지방지부에 대한 일부의 내용을 다루고 있을 뿐이다.

김선호[5]는 보도연맹의 조직체계와 가입자를 통해 보도연맹의 역사적 실체를 밝혀내는 것을 연구의 최우선의 목적으로 삼고 있다. 그는 당시의 중앙과 지방 신문 자료들을 최대한 활용하고, 정부 자료와 회고록, 선행연구들의 성과들을 참고해 보도연맹 중앙본부와 서울시연맹, 지방지부의 조직 결성과 변화 과정을 밝히고, 현재까지 확인된 가입 대상 규정과 자수자 통계 및 명단을 통해 보도연맹의 가입자 성분을 분석하고 있다. 이는 보련원의 대다수가 소속되어 있었던 지방지부의 실체, 중앙본부의 조직 변화를 포착하지 못했던 선행연구보다 진전이 있었음을 의미한다. 이러한 분석을 통해 그는 보도연맹의 성격을 좌익전향자단체로 규정하는 것에 문제를 제기한다. 분명 초기 연맹원의 성분으로 볼 때에는 좌익전향자단체로 볼 여지는 있지만, '교정과 교화'라는 보도(保導)를 위한 운영보다는 전향자를 반정부혐의자로 인식해 통제하고, 더 나아가 이들을 이용하고 동원해 신생 대한민국의 잔존 좌익세력을 색출·토벌하는 것으로 보아 전향자통제단체이자 좌익섬멸단체의 성격이 짙다는 것이다. 그리고 지방지부의 결성 이후 보도연맹은 조직과 구성원이 양적으로 확대되면서 민중들의 반정부화 방지와 일상적 사상통제를 목적으로 한 민중통제단체로 변화했다는

---

5 김선호, 「국민보도연맹 사건의 과정과 성격」, 경희대학교 사학과 석사학위논문, 2002a ; 김선호, 「국민보도연맹의 조직과 가입자」, 『역사와 현실』 45호, 2002b.

것이다.

그는 선행연구보다 중앙본부의 조직 개편과 이후 전개에 따른 조직 구성의 변화를 포착, 체계적으로 정리하고 있지만, 세밀한 사실관계 구성에서 다소 미흡한 점이 있다. 또한 지방지부에 대한 연구 역시 자료의 한계로 인해 불완전하게 대략적인 그림을 보여주는 것에 그치고 있다. 그리고 무엇보다도 보도연맹에 대한 사회적 인식 분석이 다소 평이하고 단선적이다. 국회에서 보도연맹 운영을 문제삼은 국회위원, 보도연맹 운영과 관리에 실질적 권한을 가지고 있었던 검찰·경찰·군, 일상을 살아가는 주민들의 보도연맹에 대한 이해와 인식은 동일한 것이 아니라 저마다 달랐다. 이러한 이해와 인식의 미묘한 차이를 입체적으로 다루지 못한 것이 아쉽다.

이렇게 볼 때 위에서 언급한 선행연구의 한계를 극복하기 위해서는 적어도 다음의 두 가지 과제를 세우고 연구해야 한다고 생각한다.

하나는 보도연맹 중앙본부와 서울시연맹의 관계, 중앙본부의 조직 개편과 이후 전개에 따른 조직구성의 변화, 그 의미 등 다소 역사적 사실관계를 보다 치밀하게 재구성해야 한다. 그리고 지방지부의 상황에 대한 전체적인 밑그림 그리기를 위해 몇 개의 지방지부를 사례로 결성과 전개, 활동에 대한 분석을 수행할 필요가 있다.

다른 하나는 보도연맹의 사회적 인식에 대해 입체적으로 분석할 필요가 있다. 이를 위해 일차적으로 시간축을 설정해 '결성 시점-자수자 주간 종결과 보도연맹 중앙의 조직 개편 완료 시점-지방지부로의 확대 시점-전쟁 발발 시점-전황고착기 시점과 종료 시점'으로 나누어 보도연맹에 대한 내외의 상이한 인식을 분석해야 한다. 그리고 이차적으로 인식 주체별 범주를 설정해 보도연맹을 실질적으로 관리, 운영했던 검찰, 경찰, 군 사이에 존재했던 미묘한 이해 수준의 차이를 분석해야 한다. 보도연맹을 경험한 사람들의 인식과 기억을 입체적으로 다룰 필요가 있음은 물론이다.

  이 글은 제도사와 구술 증언을 종합하는 방법을 취한다. 당시의 신문기사들과 국회속기록, 정부기록보존서 문서, 미국보고서, 보도연맹 기관지인 「애국자」와 사상검사들의 회고록 등은 보도연맹의 제도사적인 연구를 가능하게 하는 공식적인 자료들이다. 그러나 당시는 언론이 통제되고 있던 (준)전시였고, 현재 많은 자료들이 소실되거나 왜곡, 은폐되어 있는 상황에서, 한정된 공식적인 자료들로 당시의 보도연맹의 성격과 활동상, 그리고 학살을 규명하기에는 제한적일 수밖에 없다. 이에 대한 보완으로 이 글은 구술 증언을 활용한다. 보도연맹 연구에서 구술 증언이 갖는 강점은 공식적인 기록으로 상세하지 않거나 드러나지 않는 내용들을 확인할 수 있다는 점이다. 예를 들면 보도연맹 지방지부의 연구에 큰 도움이 될 수 있다. 시·도 연맹처럼 큰 단위의 지방지부가 아닌 군·읍·면 단위의 지방지부는 확인할 수 있는 공식 자료들이 그리 많지 않은데, 구술 증언을 지방에서 보도되었던 기사들과 향토사 자료들을 비교하면서 활용하면, 지방지부의 성격을 상당부분 규명할 수 있을 것이다. 그리고 다른 강점은 구술 증언이 보도연맹에 대한 상이하고 다양한 이해를 보여준다는 점이다. 보도연맹에 대한 사회적 인식은 어느 사상검사의 회고처럼 단일한 이해만 존재한 것이 아니었다. 보도연맹을 운용하는 권력주체 안에서의 상이한 이해와 인식만큼이나 보도연맹을 경험하거나 목격했던 다양한 사람들 안에서도 상이한 이해와 인식들이 존재한다. 구술 증언은 이러한 상이함과 다양함의 특수성들을 확인시켜 준다.6

  이러한 연구방법론을 바탕으로 이 글은 보도연맹의 결성 배경과 전

---

6 향후 보도연맹이라는 해당 주제에 한정해 유족과 관련자들의 증언을 청취, 채록하는 심층면접의 방법을 넘어서 본격적인 구술사적 방법을 취해 개인사, 가족사의 차원에서 보도연맹의 경험이 어떠한 영향을 끼쳤는지 역으로 접근할 필요가 있다.

개 과정, 보도연맹의 운영 기술과 이에 대한 경험을 다룬다. '죽음으로 동원'되는 연맹원들의 경험을 통해 보도연맹 학살이 어떻게 예비되었는지는 이 글의 말미에 간략히 밝히고, 본격적인 연구는 다음의 과제로 넘기고자 한다. 이 글은 구체적으로 다음의 질문에 답하는 글이 될 것이다.

첫째, 보도연맹의 결성 배경은 무엇인가? 그리고 보도연맹은 결성 이후 어떻게 전개되었는가? 전개되는 국면과 시기에 따라 보도연맹 중앙의 조직 구성은 어떻게 개편되었는가? 그리고 어떻게 지방지부의 조직(도-시·군-읍·면별)으로 확대 구성되었는가? 이에 따라 보도연맹의 성격은 어떻게 변화하는가?

둘째, 보도연맹이 표방하는 결성 목적과 지도 방침에 반영된 이승만 정치권력의 의도는 무엇인가? 그 이면의 구체적인 동기는 무엇인가? 그 의도를 관철시키기 위해 운용한 감시 테크놀로지는 무엇인가? 즉 소위 '좌익'을 포섭·전향·보도와 함께 색출·섬멸한다는 결성 목표를 달성하기 위해 어떠한 권력 테크닉들이 사용되었는가? 그리고 이러한 감시 권력의 테크놀로지는 중앙본부의 조직 개편과 지방지부 확대 이후 어떠한 변화를 겪게 되는가? 이후 감시의 일상화와 함께 동원의 일상화가 시도되어졌다고 한다면, 그 내용은 무엇인가? 이에 대한 사람들의 경험은 무엇인가?

2. 보도연맹 결성의 정치사회적 배경

국민보도연맹은 1949년 4월 21일 창설되어 동년 6월 5일에 명동의 구 국립극장(시공관)에서 결성식을 개최하며 공식화되었다.[7] 이후 보도연맹은 1950년 6월까지 중앙본부와 서울시연맹의 결성을 시작으로 지방에까지 조직 구성의 개편 및 확대가 이루어졌고, 그 과정에서 연맹원의 수는 비약적으로 증대했다. 논자에 따라 조금씩 다르지만, 전쟁 발발 직전까지의 연맹원 수를 대략 30여만 명으로 추산하고 있다.[8] 수치로만 따지면, 약 1년 동안에 전무후무한 대량전향이 발생한 것으로 해석될 수 있다.

그렇다면 이와 같은 대량전향 사건의 중심에 있었던 보도연맹의 정치사회적 배경은 무엇일까?

국내적으로 보도연맹이 결성된 1949년은, 이승만정권이 '여순사건'을 통해 '친일파정국'과 '통일정국'을 '반공정국'으로 반전시키고 정치권력을 보다 확실하게 장악해 나간 시기였다. 기존 연구는 보도연맹의 결성 배경으로 두 가지를 공통적으로 지적하고 있는데, 그중의 하나가 '여순사건'을 통해 형성되어 1949년 '극우반공세력의 6월 공세', 계엄법의 제정(11월 24일)을 거쳐 강화되는 '국가보안법체제'이다.[9] 즉 국

---

7 『동아일보』, 1949년 4월 23일, 6월 6일 ; 선우종원, 『사상검사』, 계명사, 1992, 171쪽.

8 오제도는 30여만 명으로, 선우종원은 33만 명, 한지희와 김선호 역시 30만 명을 상회했을 것으로 추산하고 있다. 오제도, 『추적자의 증언』, 희망출판사, 1969, 78쪽 ; 선우종원, 위의 책, 1992, 172쪽 ; 한지희, 앞의 논문, 1996, 295쪽 ; 김선호, 앞의 논문, 2002b, 325쪽.
이에 대해 본인은 20만 명 전후라고 판단한다. 강성현, 「국민보도연맹 연구의 현황과 앞으로의 과제」, 〈한국제노사이드연구회 창립기념 심포지엄 자료집〉, 2004, 48~49쪽.

9 서중석에 따르면 국가보안법의 성격과 운용 방식, 그리고 이 법이 제정·공포된 이후 전개된 6·6반민특위 습격테러, 국회프락치사건, 국민보도연맹 결성, 6·26 김구 암살 등으로 대표되는 '6월 공세'가 전개되면서 1949년 후반기에 국가보안법체제의 초기적 확립이 이루어졌다. 본인 역시 이에 대체적으로 동의하는데, 법 제도적으로 국가보안법의 성립과 임시우편단속법, 계엄법 등의 제정과 시행, '여순사건'과 '대구6연대사건' 이후 행정적 수준에서 잇따랐던 시국수습대책과 조치들, 그리고 조직적 수준에서 '애국 3단체'였던 대한청년단, 대한부인회, 국민회의 강화, 일민주의보급회와 학도호국단의 창설 등은 1949년 국면(1948년 말~1950년 초)의 체제 성격을 드러낸다. 서중석, 『한국현대민족운동연구』 2, 역

가보안법체제의 형성과 강화라는 국내적 상황이 보도연맹의 결성에 하나의 중요한 필수조건으로 기능했음을 의미한다. 다음으로 기존 연구는 일제 식민통치시기의 유산으로, '시국대응전선사상보국연맹(時局對應全鮮思想報國聯盟)'과 '대화숙(大和塾)'의 제도적·조직적 경험과 함께 일종의 정신적 폭력기술인 전향 기술의 재생산을 들고 있다. 그러나 이는 보도연맹의 정치사회적 배경이라기보다는 보도연맹의 기획안이 현실화될 수 있었던 조건에 해당할 것이다. 따라서 이 글에서는 일단 법 제도적 수준에서 국가보안법체제를 근본적으로 가능하게 했던 국가보안법이 보도연맹의 결성과 전개에 어떤 영향을 미쳤는지를 주로 살펴보겠다.

국가보안법은 1948년 9월 20일에 처음으로 발의되었던 '내란행위특별조치법안'이 법 제정과정에서 상당한 진통을 겪으면서 수정되어 12월 1일 법률 제10호로 공포되어 시행되었다. 이 법은 전문 6조로 이루어져 있는데, 그중 1조와 4조는 보도연맹과 직접적으로 관련하고 있다. 우선 1조를 보면 "국헌을 위배하여 정부를 僭稱하거나 그에 부수하여 국가를 변란할 목적으로 결사 또는 집단을 구성한자는 左[10]에 의하여

사비평사, 1996 ; 일민주의보급회, 『일민주의 개술』, 일민주의보급회, 1949 ; 중앙학도호국단, 『학도호국단 10년지』, 1959 ; 하유식, 「이승만정권초기 대한청년단의 조직과 활동」, 부산대학교 사학과 석사학위논문, 1996.

그런데 그 체제의 성격은 국가안보와 직결된 것이 아니었다. 이북의 김일성 정권뿐만 아니라 이승만정권에 도전하는 대한민국 내 여타의 정치세력, 특히 단정반대 세력을 배제하는 이승만정권 보위체제였다. '여순사건' 초기 김구와 한독당세력을 좌익시하는 발언과 이후 김구 암살은 이를 단적으로 보여준다. 김득중, 「이승만정부의 여순사건 왜곡과 국회논의의 한계」, 『역사연구』 제7호, 2000.

이렇게 볼 때 국가보안법체제는 이승만정권을 중심으로 한 단정세력이 정치권력의 유지를 위해 법적·행정적 제도와 이를 수행할 공식적·비공식적 조직체계를 갖추어 활용한 체제였다고 볼 수 있다. 그러나 본인은 이 체제가 동시에 매우 허술하고 유기적이지 못했다고 생각한다.

10 1. 수괴와 간부는… 2. 지도적 임무에 종사한 자는… 3. 그 정을 알고 결사 또는 집단에 가입한 자는…. 오제도, 『국가보안법실무제요』, 서울지방검찰청, 1949, 17쪽.

처벌한다"고 되어 있다. 여기에서 명시된 '결사 또는 집단'은 "8·15 해방직후 소위 좌익단체인 남조선노동당, 조선노동조합전국평의회, 민주주의민족전선, 조선민주애국청년동맹, 조선교육자협회, 조선민주학생연맹, 전국농민연맹, 남조선민주여성동맹, 조선문화단체총연맹, 조선협동조합중앙연맹, 반일운동자구원회 등의 결사 기타 상기 결사에 가입한 각 부문의 산하단체 또는 동결사 급 단체의 재건준비와 지도하기 위한 집단"이었다. 그리고 "본법 공포 실시일인 단기 4281년(서기 1948년) 12월 1일 이전까지 반대 탈퇴하지 않은" 사람은 수행 행위가 없어도 국가보안법에 저촉되었다.[11] 문제는 이와 같이 광범위하고 자의적으로 규정하고 있는 단체의 범위는 이후 보도연맹의 일반적인 가입대상자 규정으로 이어진다는 점이다. 당시 전평만 해도 1946년 1월 시점에서 전국에 223개 지부, 1,757개 지방조합에 553,408명의 조합원이 소속되어 있었다.[12] 그리고 민전의 산하단체 중 하나였던 전농의 경우만 보더라도 1945년 11월 말 시점에서 군단위 118개 조직, 면단위 1,745개, 마을단위 2,588개의 하부조직이 결성되어 있었고, 조합원은 3,322,937명에 달했다. 물론 이렇게 많은 사람들이 전농의 목적과 지향에 동의하고 적극적으로 활동했던 것은 아닌 것으로 보인다. 예를 들어 한 마을의 지도급 인사의 성향에 따라 마을 전체가 일률적으로 가입한 경우, 인적관계에 얽매여 가입한 경우, 이름만 올려놓은 경우 등이 있을 수 있다. 그러나 일단 국가보안법 1조가 규정한 것은 단체의 가입 여부였기 때문에 한번이라도 이들 단체에 이름이 올려진 사람은 보도연맹에 의무적으로 가입해야 했다고 볼 수 있다.[13]

---

11 오제도, 위의 책, 1949, 46쪽.
12 김선호, 앞의 논문 재인용, 2002b, 316쪽 ; 김태승, 「미군정기 노동운동과 전평의 운동노선」, 『해방전후사의 인식 3』, 한길사, 1987, 318쪽.
13 김선호, 앞의 논문 재인용, 2002b, 316~317쪽 ; 박혜숙, 「미군정기 농민운동과 전농의 운동노선」, 『해방전후사의 인식 3』, 한길사, 1987, 382쪽.

여기에다 4조는 1조를 보다 제한하고 구체화시킨 것이 아니라 1조의 광범위한 자의성을 보다 확대했다. "본법의 죄를 범하거나 그 정을 알고서 병기, 금품을 공급, 약속, 기타의 방법으로 방조한 자는 7년 이하의 징역에 처한다" 이는 위반자의 대상을 '그 정을 알고서' '기타의 방법으로 방조한 자'로 무제한 확대했음을 의미한다. 즉 이 조항을 통해 방조행위는 "인간의 수요 또는 욕망을 만족시킬 수 있는 유형무형의 사물 내지 이익을 제공하거나 제공을 약속하여 본법 범죄행위의 실현에 편익을 공급하는 일절의 위험행위를 포함"14하게 되었다. 법이 미처 세세하게 규정하지 못한 영역까지도 일종의 부역행위로 처벌하겠다는 것이다. 법의 내용을 알고 있지 못하고 따라서 동의한 적도 없는 일반 사람들은 이 광범위한 억압의 장을 도저히 피해나갈 수 없었다.15

이와 같은 규정의 광범위한 자의성으로 국가보안법은 최단 기간에 최대의 인원을 범법자로 처벌하는 법이 되었다. 1949년 1년 동안에 118,621명이 검거·투옥되었고, 9월과 10월 사이에 132개 정당과 사회단체가 해산되었다.16 그리고 1950년에는 초반 4개월 동안 32,018명이 체포되었다.17 정부수립 당시 남한에 18개 형무소와 1개의 형무소 지소에 3,372명의 형무직원이 있었지만, 국가보안법 위반으로 검거·투옥된 수에 비하면 태반이 부족했다. 1949년 10월 부천형무소와 영등포형무소가 신설되었지만, 상황은 변하지 않았고, 수용능력을 벗어난 과다한 수용상태가 문제가 되어 제헌국회에서 지적되기도 했다.18 이

---

14 오제도, 앞의 책, 1949, 70쪽.
15 김학재, 앞의 논문, 2004, 43쪽.
16 조국, 「한국 근현대사에서의 사상통제법」, 『역사비평』 여름호, 1988.
17 박명림, 『한국 1950년 전쟁과 평화』, 나남, 2002, 319쪽.
18 박원순, 『국가보안법연구1』, 역사비평사, 1989. 73회 국무회의록(1949. 8. 9)에 따르면 1949년 5월 형무소 수용상황에 대한 법무부의 보고에는 35,000여 명으로 기록되어 있고, 한 신문은 1950년 1월 48,000여 명이라고 전하고 있다. 제주

렇게 되자 이승만정권은 1949년 12월 2일 1차 개정안을 국회본회의에 상정해 12월 19일 법률 제85호 공포했다. 1차 개정안의 주요 내용은 "정부참칭, 국가변란 목적의 결사 또는 집단을 구성한 자는 사형이 가능하도록 한 점, 미수죄의 신설 … 단심제로의 전환, 교화가 가능한 자에 대한 보도구금소 수용규정19 등"이었다.20 이 조항들은 모두 국가보안법의 자의적인 확대 적용으로 형무소 수용능력을 초과한 정치적 범법자가 발생하자 이를 해결하기 위해 고안한 것이었다. 특히 보도구금 규정(18조)은 이미 1949년 4월에 창설되어 6월에 결성된 보도연맹을 의식해 만들어진 것으로 보인다. 실제 오제도21는 『국가보안법실무제요』에서 국가보안법의 구체적인 운영 대책을 세우면서 "교화 전향운동을 嚴關할 것"22을 강조한 바 있으며, 부기(附記)에 국민보도연맹 취

4・3사건진상규명및희생자명예회복위원회, 『제주4・3사건 자료집4(정부문서편)』, 2002, 34쪽 ;『서울신문』, 1950년 1월 13일자. 당시 수용자의 8할이 국가보안법 위반자로 좌익수였다는 김갑수 법무부차관의 발언이 있었지만, 그중의 다수는 '관제 빨갱이'에 가까운, 좌익과는 무관한 사람들이었다.

19 보도구금 규정은 법원이 적당하다고 판단할 경우 형(刑)의 선고유예와 함께 보도소(保導所)에 2년 동안 수용하여 그 기간 중 재범의 우려가 없다고 인정할 때 석방할 수 있도록 규정한 것이다. 김선호, 앞의 논문, 2002a.

20 박원순, 앞의 책, 1989, 104~105쪽.

21 오제도는 1917년 평북 안주에서 출생했고, 1939년에 일본 와세다 대학에 유학해 법학을 전공했다. 해방 직후 월남한 그는 영략교회에서 반공 청년회를 조직해 반탁 운동에 나섰고, 1946년 10월에 처음 실시된 제1회 판검사 특별임용고시에 합격해 검사로 임용되었다. 이후 검사로서의 활동 이력 사항은 상당히 많지만, 그중 본인이 주목하는 것은 그가 보도연맹을 기획・입안했다는 사실이다. 이 밖에 1950년 군・검・경 합동수사본부 검찰 측 지휘관, 1957년 대검찰청 검사 역임, 1960년 변호사 개업 이후 1971년 월간지 『북한』 창간 발행인 및 북한연구소 이사장, 9대와 11대 국회위원 등의 이력이 있다. 조덕송, 「설득・전향의 명수」, 『한국논단』, 1997, 119~131쪽.

22 "사상범은 확실범죄이기 때문에 이를 방지 근절하기 위해서는 일벌백계의 엄벌주의로서 임하는 동시에 사상을 전향시켜야 한다. 좌익분자 가운데 초보적인 이념 혹은 감언이설과 협박 등에 부화뇌동하는 사상범이 많기 때문에 거족적으로

의서를 첨부한 바 있다.

　이러한 내용들을 감안할 때 보도연맹이 결성된 이후 약 1년 동안에 대량전향이 발생했던 현상 배후의 이유는 분명해진다. 국가보안법의 과도한 확대 적용은 좌익사상과 무관한 사람들까지도 '빨갱이' 혐의를 씌어 체포한 후 조사해 사안이 경미하거나 전향가능성이 존재하면 형 선고를 유예하거나 비교적 가벼운 형량을 언도했고, 이들이 석방되어 나오면 모두 보도연맹에 가입시켜 조직을 확대했던 것이다. 뿐만 아니라 국가보안법 위반자로 형을 치루지 않은 사람들까지 보도연맹에 가입시키게 하는 효과까지 있었다. 이렇게 볼 때 보도연맹은 명목상 전향자 단체였지만, 실질적으로는 좌익사상과 무관한 사람들이 광범위하게 가입이 강제되었던 정체불명의 단체였다고 볼 수 있다.

3. 보도연맹의 결성과 전개

1) 중앙본부와 서울시연맹의 결성

　보도연맹의 조직체계를 이해하는 데 있어 주의해야 할 두 가지 사실이 있다. 하나는 보도연맹이 결성 초기부터 전국 조직으로 출발하지 않았다는 점이다. 보도연맹은 가장 먼저 중앙본부가 결성되고, 이를 바

신문, 잡지, 영화 등의 언론, 문화기관을 총동원하여 대한민국의 구체 이념과 입법정신을 주지 속득할 수 있도록 선전 계몽한다. 특히 불기소 처분을 받는 자 또는 刑餘者에 대해서 그에 소속반장, 동회장, 기타 유지와 경찰서와 긴밀한 연락을 취하여 일정한 기간의 전향을 내밀히 조정해 가면서 보도, 선도, 교화하여 내심을 완전 전향함과 동시에 우리 국민을 절대지지 육성할 수 있게 보호지도기관을 급속히 국가예산으로 전국적으로 설치할 것." 오제도, 앞의 책, 1949, 39~40쪽.

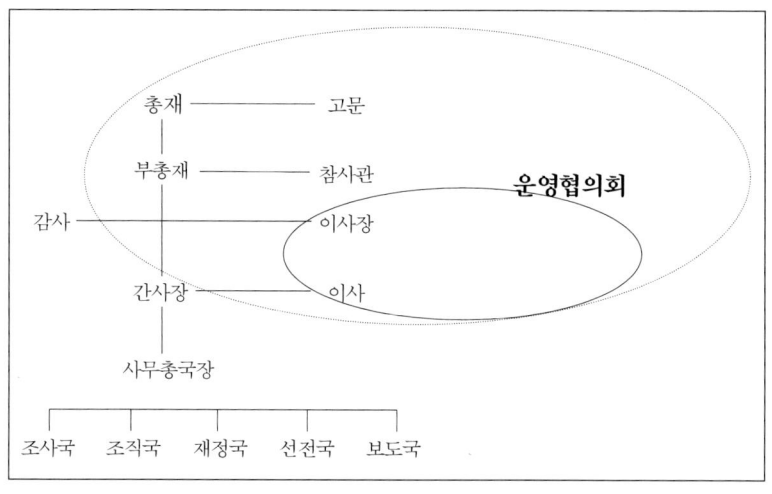

〈그림 1〉 보도연맹 중앙본부의 초기 조직구성(6월 5일)

탕으로 서울시연맹이 결성되었으며, 이후 각 도 단위의 지방지부가 결성되었다.23 특히 중앙본부와 서울시연맹의 조직은 공식적·형식적으로는 구분되어 있었지만, 보도연맹을 관리·운영했던 상층의 인선의 면면으로 볼 때 실질적으로는 상당히 중첩되어 있었다고 생각한다. 제도적으로도 초기의 '국민보도연맹 운영협의회'나 후기의 '최고지도위원회'는 중앙본부와 서울시연맹의 실질적 권한을 가진 최고 상층을 구성했다. 다른 하나는 연장 실시된 3차 남로당 자수주간 중이었던 11월 말에 보도연맹 조직체계가 크게 재편된다는 점이다. 이는 앞의 사실과 큰 관련이 있는데, 11월에 지방지부의 결성과 이에 따른 조직의 확대에 따라 조직 개편이 요구되었던 것이다.

(1) 중앙본부

보도연맹은 서울시 경찰국 회의실에서 준비회의를 거쳐 1949년 4월

---

23 김선호, 앞의 논문, 2002b, 296쪽.

21일 창설되었다. 보도연맹은 표면적으로는 좌익전향자단체의 성격을 띠고 있었다. 전(前) 민전 중앙위원이자 조사부장이었던 박우천[24]이 이사장을 맡고, 함께 전향한 500명과 발기인이 되어 보도연맹을 창설했다. 준비모임에서 발표된 취의서에서는 보도연맹 결성의 목적이 명시되어 있는데, 그 내용은 좌익전향자를 포섭하여 명실상부한 대한민국 국민으로 만들겠다는 것이다. 그러나 취의서 말미에 '사상전'을 통한 '남북로당 계열의 타파'를 강조하고 있는 것에 비추어 볼 때 보도연맹의 보다 구체적인 정치적 목적은 좌익세력을 색출해 섬멸하는 것으로 보인다. 보도연맹의 강령[25]은 이러한 보도연맹의 목적을 잘 보여주고 있다. 5월 12일에는 전(前) 민전 조사부 간부였던 어구선이 취조를 받고 전향을 선언해 보도연맹의 조사부장으로 취임했고, 뒤이어 300여 명의 전향자가 추가적으로 포섭되었다.[26]

그리고 6월 5일에는 보도연맹의 공식적인 결성식이 명동의 시공관(구 국립극장, 현 대한투자금융)에서 개최되었다. 그리고 서울시경찰국 건물에 설치했던 임시사무실을 미군 CIC본부 요원들이 클럽하우스로

---

[24] 박우천은 1907년 충청도에서 출생해 어린 시절을 일본에서 보냈다. 와세다 대학에서 2년제 단과대학 과정을 마친 그는 1923년 관동대지진과 조선인학살을 경험하면서 공산주의자가 되었고, 이후 신간회 동경조직부 책임자로 활동했다. 해방 이후에는 민전의 중앙위원으로 활동했다가 전향했다. 그러다가 1949년 12월 30일 보도연맹 예산을 횡령해 유흥에 탕진한 혐의로 간사장에서 파면되어 불구속되었다. 『동아일보』, 1949년 4월 23일 ; 『조선일보』, 1950년 1월 1일자 ; 1949년 12월 2일 무초(MUCCIO) 주한미대사가 국무부에 보낸 Airgram(NARA RG 59 LM 080 reel 3).

[25] 1. 吾等은 대한민국정부를 절대지지 육성을 期함. 1. 吾等은 북한괴뢰정부를 절대반도 타도를 期함. 1. 吾等은 인류의 자유와 민족성을 무시하는 공산주의 사상을 배격·분쇄를 期함. 1. 吾等은 이론무장을 강화하여 남북로당의 멸족파괴정책을 폭로분쇄를 期함. 1. 吾等은 민족진영 각 정당·사회단체와는 보조를 일치하여 총력결집을 期함. 『동아일보』, 1949년 4월 23일.

[26] 『연합신문』, 1949년 5월 13일.

사용하던 건물로 옮겼다.27 이때부터 '국민보도연맹 중앙본부'의 조직 체계가 전면에 드러났다. 김효석 내무부장관은 총재에, 고문에는 신익희 국회의장을 포함해 대법원장, 국무총리, 법무부장관, 국방부장관, 검찰총장 외 24명, 부총재는 백성욱 법무부차관, 장경근 내무부차관, 옥선진 대검찰청차장이 맡았으며, 참사관은 국방부차관 외 21명이 맡았다. 간사장은 준비모임 때 이사장이었던 박우천이 맡았고, 새로운 이사장은 김태선 서울시 경찰국장이 맡았다.28

이렇게 볼 때 보도연맹 중앙본부는 내무부가 주관하고 법무부, 검찰청, 국방부가 합동으로 참여하는 조직 구성 형태로, 보도연맹이 표면적으로는 좌익전향자단체를 내세웠지만, 실제로는 철저히 정부가 주도한 관변단체였다. '국민보도연맹 운영협의회'의 존재는 이를 뒷받침해 준다. 운영협의회는 이태희 서울지검 검사장을 중심으로 오제도, 선우종원, 정희택 등 공안담당 검사와 서울시경의 김태선 국장, 최운하 사찰과장, 김준연 국회위원, 양우정 『연합신문』사 사장 등으로 구성되어 있었고, 이들이 보도연맹을 실질적으로 관리·운영했다.29 이에 반해 실제 특별회원, 정식회원, 보통회원으로서 조직의 하부를 구성하는 전향자들은 조직 운영에 대해 어떠한 협의권과 결정권도 없었다.

보도연맹이 하나의 조직체로서 어느 정도 틀이 갖추어지자, 중앙본

---

27 『부산일보』, 2004년 7월 9일.

28 『동아일보』, 1949년 6월 6일. 당시 보도연맹 중앙본부의 조직도에 대해서는 논자들마다 조금씩 다르게 구성하고 있다. 김기진, 앞의 책, 역사비평사, 2002, 23쪽 ; 김선호, 앞의 논문, 2002b, 298쪽 ; 한지희, 앞의 논문, 1995, 24쪽. 그리고 최근 김기진 기자는 당시 보도연맹에 대한 미국보고서에 근거해 조직도를 새롭게 구성했는데, 이 또한 앞의 연구들과 조금씩 차이가 있다. 『부산일보』, 2004년 7월 9일. 그 보고서는 1949년 6월 2일 주한미대사관의 드럼라이트(Everett F. Drumright)가 작성한 것으로, 보고서의 제목은 "National Guidance Alliance"이고, 총 9쪽으로 구성되어 있다(NARA RG 59 LM 176 reel 12).

29 선우종원, 앞의 책, 1992, 171~172쪽 ; 한지희, 앞의 논문, 1995, 25쪽.

부는 반공사상의 선전·선무작업과 이를 통한 포섭작업, 좌익세력 색출 및 섬멸작업, 그리고 전향자 보도사업을 전개하면서 본격적인 조직 확대 작업에 들어갔다.

그 무렵 정부는 남로당의 '9월 공세'에 맞서 남로당 박멸작전을 전개하던 기간이었다.30 검경 당국은 9월 16~21일에 남로당 서울시당 부책이었던 홍민표 등 주요 간부 다수를 검거하여 서울시당부를 거의 붕괴시켰다. 10월 19일에는 미군정법령 제55호에 근거해 이 법령의 제2조 가항에 해당하는 정당 및 사회단체를 해산시켰다. 남로당과 근민당을 비롯하여 133개의 정당과 단체가 취소된 것은 이때였다.31 보도연맹 중앙본부는 이에 보조를 맞추어 10월 25~31일 1주일 동안 '남로당원 자수 선전 주간'을 설정하여 불법화된 남로당원을 대상으로 자수 전향할 것을 강제했다. '자수하면 포섭' '주저말고 돌아오라' '회개하고 빨리 돌아오라' '자수하면 죄과는 백지' 등과 같이 엄벌을 피하고 관대한 처분에 안기라는 신분보장 선전·선무가 주요 일간지를 장식하기 시작한 것도 이 무렵이었다.32 이 기간에 자수한 사람은 약 2,000여 명 정도였는데, 특기할 만한 사실은 이때 원장길, 김영기 국회위원이 보도연맹에 자진 가입을 신청했다. 중앙본부는 이 사실에 매우 고무되어 자수 주간을 1주일 더 연장(11월 1~7일) 결정했는데, 그 이유를 "지역적으로 너무 떨어져 있어 미처 가입 수속을 못한 사람, 改悛의 성의가 있으면서도 알지 못하는 탓으로 그대로 있는 사람, 아직도 주위의 유형무형의 위협에 쓸데없는 공포심을 가지고 가입을 주저하고

---

30 검경 당국은 이에 대한 사전조치로 전국판검사연석회의를 열어 남로당 가입자에 대한 이전의 조치보다 중형 방침을 확정하는 강력한 지침을 일선 경찰국관하 각지에 시달했다. 『조선일보』, 1949년 7월 23일.
31 서중석, 앞의 책, 1996, 270~271쪽.
32 『조선일보』, 1949년 10월 26일 ; 『동아일보』, 10월 28일, 11월 3일 ; 『민주중보』, 11월 3일.

있는 사람들에게 다 같이 국가의 넓은 온정을 입게 하기 위해" 연기한 다고 밝혔다.33 그 결과 자수 주간 2주 동안에 서울시내에서만 약 3,800여 명이 자수하는 큰 성과를 거두게 되었다. 이를 자축하기 위해 중앙본부는 그때까지 전향했던 6,000여 명을 동원해 세종로에서 전향자 사열식을 거행했는데, 이때 국방부장관과 내무부장관, 수도경비사령관 등 내외빈 다수가 참석한 것으로 보아 색출-포섭-전향작업이 순조롭게 이루어지는 것이 매우 고무적이었던 것으로 보인다. 그리고 이 시기에 문화인으로서는 처음으로 정지용 시인이 11월 4일에 자진 가맹을 신청해 왔다.34

이에 그치지 않고 중앙본부는 자수주간을 11월 8~11월 말로 다시 한번 연장했다.35 그리고 이 시기에 애초에 계획했던 지방지부 결성에 박차를 가했다. 사실 중앙본부와 서울시연맹에서 전국에 있는 자수자들을 총체적으로 보도하기에 시공간적인 제약으로 불가능하기 때문에 지방지부를 설치하는 것은 필수불가결한 일이었다. 이 시기에 지방조직책임자였던 이용록의 지방순회가 활발해진 것도 이 때문이었다. 동시에 중앙본부는 자수주간 마감 이후 새롭게 전개될 전체적인 지도방침을 강구하고자 11월 22일에 운영협의회를 개최했는데, 이 자리에는

---

33 『동아일보』, 1949년 10월 30일. 정확히 말하면 하루를 남겨둔 30일까지 1,815명이 자수했다. 30일 하루에만 400여 명이 자수한 것으로 보아 31일은 더 많았으리라 생각한다. 『한성일보』, 1949년 11월 1일.
34 『서울신문』, 1949년 11월 7일. 그리고 11월 4일 아침까지 자수한 사람 중 40%는 남로당원이 아니었다. 『동아일보』, 1949년 11월 5일.
35 『동아일보』, 1949년 11월 16일. 그리고 이 기간에 문교부에서도 보도연맹 중앙본부의 남로당원자수주간에 호응해 학원 내 좌익학생과 이에 부화뇌동하는 자를 대상으로 '학원반성강조주간'을 설정, 전향하도록 하고 있다. 또한 육군에서도 과거 불온사상을 가진 군인을 대상으로 '전향주간'에 자수하도록 했다. 『동아일보』, 『조선일보』, 1949년 11월 18일. 해군에서도 별도로 12월 1~31일에 자수주간을 설치했는데, 특히 7~14일에 자수강조주간을 두어 자수하도록 했다. 『동아일보』, 1949년 12월 8일.

김효석 내무부장관과 권승렬 법무부장관, 김익진 검찰총장과 이태희 검사장, 오제도 검사 등이 참석했다. 이 회의에서는 크게 자수전향자에 대한 처리 및 지도방침과 향후 보도연맹 운영에 대한 대책이 논의되었는데,36 이를 구체적으로 정리하면 '가면자수자'가 아닌 '거짓 없는 양심적 사실을 기록하고 진정으로 자수전향한 자'에 한해서 전과(前過)를 일체 추궁하지 않기로 했으며, 보도연맹 운영 역시 내무부, 법무부, 국방부 3부 장관이 최고 책임을 지고 운영방침을 수립하여 검찰청에 지시하면 검찰청이 이를 실시하기로 했다. 또한 국민보도연맹을 중앙본부를 중심으로 각 지방에 지부를 가지고 있는 독자적인 전국적 조직으로 만들지 않고, 검찰청 단위로 분립시켜 각 도 단위로 어느 정도의 자치제를 인정하기로 결정했다.37

11월 29일에는 자수주간 종결에 뒤이은 '남로당 근멸투쟁'을 위해 중앙본부의 조직기구를 새롭게 재구성했다. 즉 "내무부, 법무부, 국방부의 3부를 최고방침운영자로 하고, 최고지도위원회는 이태희, 장재갑, 김태선, 오제도, 선우종원, 최운하 6인으로 구성하고, 그 아래에 상임지도위원회를 두어 간사장에 박우천, 사무국장에 정민"을 임명했다. 또한 "이기붕 특별시장과 김태선 시경국장으로 이사회를 구성, 그 아래에 상임이사를 두고 재무부는 이사장 통솔하에 있게 되었다. 그리고 심사실이 독립해 있어서 실장 주재하에 심사조사 사무를 보게 했고, 문화실을 두어 문화인과 편집연구 조직의 사무를 담당하게" 했다.38

---
36 『동아일보』, 1949년 11월 24일. 『조선일보』, 1949년 11월 24일.
37 『동아일보』, 1949년 11월 27일. 보도연맹을 단일한 전국 조직으로 만들지 않고 검찰 조직의 하부에 두고 관할하기로 결정한 것은 기본적으로 전향자를 여전히 반정부혐의자로 파악하고 있음을 반증한다. 즉 보도연맹의 독자적인 전국 조직을 가질 경우 위장전향자나 검증되지 않은 반정부혐의자들이 보도연맹 조직을 통해 내부구성원을 반정부세력화할 가능성이 있다고 판단했기 때문이다. 김선호, 앞의 논문, 2002b, 299쪽.
38 『수산경제신문』, 1949년 12월 2일.

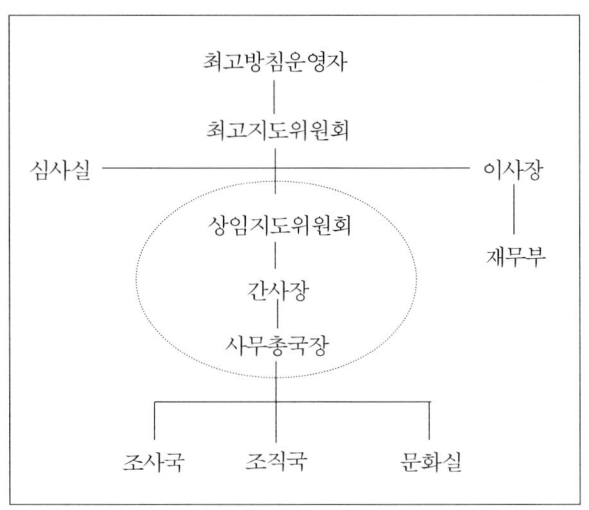

〈그림 2〉 보도연맹 중앙본부 후기 조직구성(11월 29일)

　검찰 역시 중앙본부의 이러한 운영방침에 즉각 호응해 11월 30일로 예정되어 있던 자수주간이 끝나자마자 구체적인 방안을 내놓았다. 자수하지 않은 남로계열 색출과 자수한 좌익계열 교화·전향·보도사업을 한층 공고히 하기 위해 각 검찰청에 정보부를 설치했던 것이다. 이 정보부는 대검찰청을 비롯하여 서울, 대구의 양 고등검찰청과 각 지방검찰청에 설치되었으며, 정보부장에는 차장검사가, 정보부 검사에는 각 청 검사 중 1명을 배치했다. 단 서울지방검찰청에 한해서는 부장검사가 정보부장으로 전임되었고, 정보부 검사도 법무부장관이 지명하여 4, 5명을 배치했다. 그리고 앞으로 좌익계열의 교화·전향·보도사업은 검경과 보도연맹이 일체가 되어 중앙은 보도연맹 최고지도위원회에서, 지방은 각 지도위원회의 지휘에 따라 이루어지게 되었다.39
　37일 동안의 세 차례에 걸친 남로당원 자수주간이 끝나고 보도연맹

---

39 『국도신문』, 12월 2일.

중앙본부는 '성과다대한 전향결산'을 발표했다. 중앙과 서울시연맹은 12,196명에 달했고, 전 남한 일대의 전향자 수를 합하면 52,182명이 되었다.40 서울시연맹에 자수한 12,196명의 소속단체별 인원을 살펴보면 남로당원이 4,324명(전체 약 35%)으로 가장 많고, 그다음이 전평 2,272명(약 19%), 민학동맹 1,959명(약 16%), 민애청 1,768명(약 15%), 전농 578명(약 5%) 등의 순이었다. 그리고 직업별로는 학생이 2,418명, 무직 2,160명, 노동자 1,654명, 상업 1,256명 등의 순이었다. 여기서 특기할 만한 사실은 서울지역이기 때문에 학생과 노동자가 단연 압도적일 수밖에 없고, 때문에 전평과 민학동맹의 수가 다수를 차지했다. 이렇게 볼 때 농민이 대다수인 지방의 단체별 인원수에서는 전농이 압도적인 다수를 차지했을 것이라 예측할 수 있다.

대대적인 중앙본부의 조직 개편이 완료되자 보도연맹은 검경과 합동으로 자수하지 않은 남로당원 및 산하 조직의 구성원 검거에 나섰다. 기존의 자수했던 전향자들의 자백서와 기타의 방식으로 수집된 정보를 바탕으로 무차별적으로 검거했다. 12월 1~3일에 검거된 수가 1,000여 명이었는데, 그중 800여 명은 이미 자수해 전향을 약속한 사람들이었다. 허술한 정보에 근거해 폭력적인 수사와 검거 방식으로 이루어진 것이었지만, 오히려 검경의 수사 당국은 이것이 서울시내의 좌익조직이 파탄상태에 있음을 증명하는 것이라고 해석하고 있다.41

이와 같이 보도연맹과 검경은 자수주간 설정과 이를 통한 포섭작업,

---

40 『조선일보』, 1949년 12월 2일. 『동아일보』에 따르면 1949년 11월 27일까지 각 경찰국으로부터 내무부에 보고된 전향자 숫자의 총수는 39,986명이었다. 그중 서울이 12,196명으로, 『조선일보』에서 보도된 자수주간이 종결된 시점에서의 서울시내 전향자 수와 같게 나와 있다. 본인의 판단으로는 『조선일보』의 보도가 오류인 듯하지만, 본문에 『조선일보』 기사를 인용한 이유는 11월 30일 종결 시점의 전국의 전향자 총수가 나와 있기 때문이다. 『동아일보』, 1949년 12월 2일.

41 『국도신문』, 1949년 12월 6일.

좌익세력 색출 및 섬멸작업이 어느 정도 이루어졌다고 판단하면서[42] 본격적으로 반공사상을 선전하는 작업을 벌여나갔고, 전향자 보도사업에 박차를 가했다. 국민사상선양대회와 국민예술제전은 반공사상의 선전·선무작업에 해당하는 대표적인 사업이라 할 수 있다.[43]

---

42 자수주간이 종결된 이후 가장 두드러진 좌익세력 색출 작업의 성과는 정백의 체포와 전향이라고 할 수 있다. 정백은 1900년 전후에 강원도 철원에서 태어나 20세 되던 나이에 공산당에 가입했다. 식민치하에서 청년회에 기반해 공산주의 운동을 하던 그는 해방을 맞이해 건국준비위원회에 참가했고, 일시적으로 박헌영과 손을 잡아 인민공화국에 참가했으며, 민전의 중앙위원을 역임했다. 그러나 박헌영의 조공세력에 비판적이었던 그는 여운형과 함께 근로인민당을 창당했는데, 그나마 근민당 내 친조공세력에 의해 당이 분열되었고, 결국 여운형의 암살로 근민당은 쇠퇴일로에 있게 되었다. 1948년 4월 정백은 남북연석회의에 근민당을 대표해 참석했는데, 회의가 끝난 뒤 그대로 북한에 남았다. 그런 그가 모종의 임무를 띠고 1949년 10월 중순 월남해 활동하다가 11월 4일에 서울시경에 체포되었다. 남로당 재건을 위해 남파되었다는 서울시경의 공식적인 입장 표명에도 불구하고 여러 가지 해석이 가능할 수 있을 것이다. 결국 그는 11월 24일 전향을 표명했고, 보도연맹에 가입해 명예간사장에 취임했다. 『조선일보』, 1949년 12월 27일 ; 정백의 전향은 주한미대사관도 예의주시하고 있는 중대 사안이었고, 1949년 12월 20일 무초대사는 이를 미국무부에 보고하기도 했다(NARA RG 59 LM 081 reel 4).

43 반공사상의 선전·선무작업은 중앙본부 소속의 문화실이 담당하고 있었다. 한지희는 문화실이 중앙본부 결성 초기부터 구성되어 문학부, 음악부, 미술부, 영화부, 연극부, 무용부 등의 전문부서와 기관지 발행과 이론 연구를 위한 이론연구부가 활동하고 있었다고 보고 있다. 한지희, 앞의 논문, 1995, 23~24쪽. 그리고 이러한 주장은 선우종원의 회고에 기반하고 있다. 선우종원, 앞의 책, 1992, 172쪽. 그러나 정지용을 시작으로 대다수의 문화예술계인사들이 자수전향한 기간은 11월이었고, 조직구성에서 문화실이 구체적으로 언급된 시기도 11월 29일이었다. 『동아일보』, 1949년 11월 5일 ; 12월 1일 ; 『수산경제신문』, 1949년 12월 2일. 단 기관지인 『애국자』의 초판의 발간은 9월 25일(예정, 실제 이때 발간되었는지는 확실치 않음), 2호는 10월 15일이었다. 한성일보 1949년 9월 13일. 2호는 12면으로 구성되어 있었는데, 11면과 12면에는 풍자시(김용제)와 소설(방인근)이 각각 한 편, 그리고 문단의 정리와 보강이라는 글이 있는 것으로 보아 기관지 발간을 위한 편집실 정도는 있었던 것으로 생각된다. 그리고 이 편집실이 11월 자수주간 때 문화인이 대거 보강되자 명실상부한 문화실의 활동을 할 수 있었던 것이 아닌가 생각한다. 『애국자』, 1949년 10월 15일.

12월 18일 보도연맹은 서울시연맹의 주최로 종로국민학교 교정에서 국민사상선양대회를 개최했다. 권승렬 법무부장관과 검찰수뇌부 및 김태선 시경국장, 김준연 국회위원 등이 참석해 축사 및 격려사를 한 이 자리에서 보도연맹 간사장 박우천과 사무국장 정민은 대한민국에 충성을 결의하고 반공투쟁에 매진하겠다는 결의 표명과 유엔한위에 보내는 메시지를 낭독했다. 뒤이어 '북한괴뢰집단에 보내는 메시지'를 낭독하고 연맹 사업에 공적이 큰 이운극 등 맹원 130명에 표창을 수여했으며, 대회가 끝난 직후 1만여 명 맹원의 시위행진을 벌였다.44

국민예술제전은 1950년 1월 8~10일 3일에 걸쳐 시공관에서 열렸다. 정지용의 사회로 다양한 프로그램이 시작되었는데, 각종 반공강연회와 시 낭독, 대한교향악단의 연주회, 서울발레단의 발레와 무용시 '영원한 조국', 신향극단의 '돌아온 사람들' 등의 공연이 있었다. 그리고 영화 '보련특보' 제1집이 보련 문화실 영화부에서 제작되어 상영되었다.45

전향자 보도사업은 전 연맹원을 대상으로 크게 반공사상 강화 교육과 훈련, 그리고 사상성 심사를 중심으로 이루어졌다. 그리고 마지막 단계는 보도사업의 성공적 완성을 의미하는 '탈맹(脫盟)'이었다. 중앙본부는 "과거를 깨끗이 청산하고 민족적인 의식과 이에 부합하는 행동을 하고 있는 자들"에 한해 탈맹 심사를 했다.46 그리고 1950년 6월

---

44 『조선일보』, 1949년 12월 19일 ; 『동아일보』, 1949년 12월 20일. 각 일간지 2면의 중앙에 장식되었던 이 사업은 연맹원들을 반공국민으로 보도·육성하겠다는 검경 당국과 보도연맹의 의지를 보여주는 쇼케이스였다.
45 『조선일보』, 1950년 1월 9일.
46 구체적인 심사 규준은 1. 5·10선거 이전에 좌익계열에 가입하였으나 노골적인 행동을 취하지 않은 자, 2. 정부 수립 후까지 당에 가입하여 활동한 자라도 자진 탈당하고 打共 공적이 현저한 자, 3. 자수주간에 자수하여 국가기관에서 소속 長이 증명한 자, 4. 만 17세 이하 50세 이상으로 활발한 활동을 하지 않고 보증인이 있는 자, 5. 부녀자로서 배우자가 전향시킬 수 있는 능력이 충분한 자, 처녀로

5일 중앙본부는 보도연맹 창립 1주년을 맞아 서울운동장에서 기념식을 성대히 개최하고 동시에 서울시연맹원 중 일부 우수한 맹원들에 대한 탈맹식을 거행했다. 백성욱 내무부장관과 이태희 서울지검장, 오제도 상임지도위원장, 정희택·장재갑 지도위원, 김태선 치안국장, 최운하 서울시경 부국장, 정백 명예간사장 등이 참석했는데, 이때 탈맹한 수는 6,928명으로 서울시연맹원 2만여 명의 약 30%에 가까운 인원이었다.[47]

한편 중앙본부는 직할로 각종 특별연맹을 조직한 바 있다. 1949년 11월 말에 철도연맹이 조직되었으며,[48] 1950년 1월 29일에는 중앙본부의 특수구로 보건구련(保健區聯)을 조직했다.[49] 그리고 '국민보도연맹 창립 1주년 기념식 및 탈맹식'을 보도한 한 신문에는 학생과외반(課外班)과 경전(京電)특별연맹이 언급되어 있는 것으로 보아 1950년 2월 이후에 조직된 것으로 보인다.[50] 이렇게 볼 때 국민보도연맹 중앙본부는 1949년 11월 말~12월 초 상부조직 개편이 완료된 이래 계속해서 하부조직을 건설해 조직 확대를 도모했고, 이는 한국전쟁 직전까지 계속된 것으로 보인다.

(2) 서울시연맹

앞서 언급한 바 있지만 서울시연맹은 관리와 운영의 제도적·인적 차원에서 사실상 중앙본부와 상당히 중첩되었다. 따라서 연맹 사업과 활동은 중앙본부와 서울시연맹이 합동으로 이루어지는 경우가 많았다.

서 약혼하여 남자가 타공정신이 농후한 자, 6. 상기 이에 본 심사에서 특별히 탈맹시켜도 좋다는 자.『한성일보』, 1950년 5월 4일.

47 『국도신문』, 1950년 6월 6일.
48 『동아일보』, 1949년 12월 2일.
49 『조선일보』, 1950년 1월 29일.
50 『국도신문』, 1950년 6월 6일.

그러나 조직구성의 차원에서 볼 때 중앙본부가 서울시연맹의 하부조직마저 관할에 두고 직접적인 개입을 한 것은 아니었기 때문에 여기에서는 서울시연맹의 하부조직 체계만 간단하게 언급하겠다. 서울시연맹 산하 하부조직체계는 서울지검의 관할지구인 14구와 특별구 5구로 구성되었고, 구 연맹은 분회(分會)와 반(班)으로 세분화되어 조직되었는데, 구 연맹은 1949년 9월에, 분회는 1950년 1월까지 대부분 결성되었다.[51] 서울시연맹의 운영은 서울지검 공안담당 검사들과 서울시경을 비롯하여 서울지검 관할의 각 경찰서 사찰과 대공요원들이 주도적인 역할을 했다. 각 구연맹의 이사장은 관할 경찰서장이 맡았으며,[52] 간사장은 전향자가 맡았는데, 종로구의 경우 김종원[53]이 맡았다. 각 구의 간사장과 조직부서 체계, 그리고 세부적인 활동은 아직 알려진 바 없지만, 국민반(애국반) 조직 및 활동과 긴밀하게 관련되어 있을 것이라고 추정한다.

2) 경남도연맹과 산하 지방지부의 결성

도 단위의 보도연맹 지방지부는 결성 선포대회를 기준으로 했을 때 경기도연맹(1949년 11월 4일)을 시작으로 경북도연맹(11월 6일), 강원도연맹(11월 14일), 경남도연맹(11월 20일), 전남도연맹(12월 13일), 충북도연맹(12월 13일), 전북도연맹(12월 15일), 충남도연맹(12월 27일)

---

51 한지희, 앞의 논문, 1995, 29쪽. 서울의 14구는 성북구, 동대문구, 성동구, 종로구, 중구, 서대문구, 마포구, 용산구, 영등포구, 안양, 포천, 가평, 양주, 광주로 서울지역과 경기도 일부 지역을 포함하고 있었다. 선우종원, 앞의 책, 1992, 171쪽.
52 선우종원, 앞의 책, 1992, 171~172쪽.
53 1949년 12월 30일 중앙본부 간사장이었던 박우천이 횡령 혐의로 파면되자 종로구연맹 간사장이었던 김종원이 중앙본부 간사장 대리를 겸무하게 되었다. 『조선일보』, 1950년 1월 1일.

순으로 결성되었다.54

원칙적으로 보도연맹 지방지부는 각 도의 검찰청이 관할하기로 되어 있지만, 실제로는 검찰뿐만 아니라 경찰을 비롯해 도지사, 지방법원장, 지역 주둔부대 사령관 등의 공조체제하에 관리, 운영되었다. 이는 지방지부의 조직과 운영에 있어 군과 행정, 사법, 경찰 등 모든 지방권력기관이 참여했음을 의미한다.55 특히 실질적인 권한을 가진 지방조직의 상부조직은 검찰과 경찰이 주도적으로 맡았다. 도연맹의 결성 이후 시·군지부가 조직되었는데, 원칙적으로는 도내 각 경찰서 단위로 하부조직을 건설하는 것이었지만,56 지역상황에 따라 검찰이 직접 챙긴 곳도 있었다. 그러나 중앙본부와 마찬가지로 지방지부의 결성도 한국전쟁 직전까지 완결된 것이 아니라 현재진행형이었던 것으로 보인다.57

이 글에서는 경남도연맹과 그 산하지부였던 통영·거제군지부와 마산시지부를 중심으로 살펴보겠다.

(1) 경남도연맹

경남도연맹은 보도연맹 중앙본부 지방조직책임자였던 이용록의 주도로 진행되었다. 이용록은 1949년 11월 8일 기자회견을 열어 조직 취지와 도연맹 조직을 위한 일련의 일정표를 발표하고, 임시사무실을 경남도 경찰국에 설치했다. 그리고 곧 이어 11월 11일 경남도연맹 임시발기인회를 개최해 발기인 명부를 작성하고 이후 진행될 발기인대회와 선포대회의 행사일정을 확정했다. 임시발기인 명부에는 서정국 부산지

---

54 『대중일보』, 1949년 11월 6일 ; 『영남일보』, 11월 6일 ; 『동아일보』, 11월 21일 ; 『부산일보』, 1949년 11월 22일 ; 『호남신문』, 12월 15일 ; 『조선일보』, 12월 19일 ; 『조선일보』, 12월 24일 ; 『동방신문』, 12월 28일.
55 김선호, 앞의 논문, 2002b, 307쪽.
56 『민주중보』, 1949년 12월 3일.
57 김선호, 앞의 논문, 2002b, 306쪽.

2장 국민보도연맹, 전향에서 감시·동원, 그리고 학살로 ‖ 147

검 검사장, 김동현 동 법원장, 최철용 경남도경 경찰국장, 신영주 사찰 과장, 장석윤 23연대장을 위시로 경남국민회 위원장, 대한청년 도단장, 대한부인회 위원장, 민주국민당 위원장, 상공회의소 회두, 민주중보 사장, 조선고무공업 사장 등이 올랐다.58 부산 내 주요 기관장과 군 지역 사령관, 지역 내 기업가, 우익단체 관계자 등이 모두 나선 셈이었다. 11월 13일에는 부산지방법원 회의실에서 정식 발기대회를 열었는데, 임시발기인 명부에 있는 내외빈 다수와 함께 자수전향한 가맹원 100여 명이 참석했다.59 이때 자수해 가맹한 사람들 중에는 박용선, 윤일,60 노백용,61 박일형62과 같은 경남지역의 거물 좌익지도자들이 대거 포함되어 있었고, 이들은 선포대회 준비위원으로 임명되었다.63

---

58 『민주중보』, 1949년 11월 9일 ; 11월 12일.
59 『민주중보』, 1949년 11월 15일.
60 윤일은 1889년 경남 거제에서 출생했고, 한학 수학 이외에 별다른 학력 사항은 없다. 그는 1919년 '3·1'운동으로 투옥되었다가 출옥한 후 거제에서 청년운동을 전개했다. 1926년 8월 火花會를 결성한 그는 다음해 봄에 조선공산당에 가입, 경남도 위원회 책임비서를 맡았다. 1928년에는 조선공산당 중앙조직 부원 및 경남도책으로 선정되었고, 다음해 2월에 체포되어 서대문형무소에서 수형생활을 했다. 해방 직후 경남도인민위원회 위원장을 역임한 그는 1946년 2월 민전 중앙위원과 경남도 민전위원장에 선출되었는데, 이때부터 反박헌영파의 거두로 조공 대회파의 핵심 간부로 부상했다. 이후 좌우합작위원회와 근로인민당 창당에 참여했지만, 1949년 11월 전향해 경남도 보도연맹 준비위원으로 지명된 그는 경남도연맹 간사장에 내정되어 있었지만, 병을 핑계로 거절했고, 전쟁 직전 부산형무소에 수감되었다. 부산형무소에서 그는 전향공작대원 팀장으로 활동했고, 휴전 이후 석방되었다가 1967년 사망했다. 전갑생, 「항일운동가 윤일」, 『거제이야기 100선』, 2000, 71~74쪽 ; 전갑생 인터뷰.
61 노백용은 부산시인민위원회 위원장을 역임했고, 이후 윤일을 대신해 경남도연맹 간사장을 지냈다가 전쟁이 터지자 부산형무소에 수감되었다. 김기진, 앞의 책, 2002, 103~105쪽. 이후 행적은 알려지지 않는데, 학살되었을 것으로 추정한다.
62 박일형은 경남도 인민위원회 선전책을 역임했고, 경남도연맹 산하지부인 동래지부의 간사장으로 임명되었다. 『민주중보』, 1949년 11월 29일 ; 12월 21일.
63 『부산일보』, 1949년 11월 12일 ; 11월 13일(이하 『부산일보』는 김기진 재인용).

그리고 일주일 후인 11월 20일 부산 중구 대청동에 있는 남일국민학교에서 경남도연맹 선포대회가 열렸다.64 선포대회에는 이용록과 중앙본부 조직공작부원 윤상호, 부산지검 검사장, 동 법원장, 도지사대리, 부산시장, 내무국장, 경남도경 사찰과장, 23연대장 등의 내외빈과 맹원 800명을 포함해 약 2,000여 명이 참석해 대성황을 이루었다. 이때 경남도경 경찰국장 대리로 참석했던 신영주 사찰과장은 "잘나도 내 낭군 못나도 내 남편"이란 말과 같이 일시 그릇된 길을 걸었던 것을 청산하고 대한민국에 몸 바칠 것을 맹세하자는 요지의 인사말을 하는 등 여러 내외빈 다수의 축사와 인사말이 있었다. 어이진 토론에서는 이구동성으로 공산당의 기만성을 지적하면서 "대한민국에 충성해 남북통일의 과업에 일로 전진하자"며 화답했다. 그리고 경남도연맹의 임원이 발표되었는데, 노백용을 간사장에, 강대홍을 사무국장에 임명했다. 그리고 각 부서 임원에는 총무부장 성낙명, 보도부장 임순야, 선전부장 권일초, 조직부장 김효일, 재정부장 전창호, 사업부장 이성출, 훈련부장 조대순, 부녀부장 최소남, 그리고 간사는 문병조, 정수봉, 이만용, 김필란이 임명되었다. 또한 지도위원회의 역할을 수행하는 이사회의 명예이사장에는 최철용 경남도경 경찰국장, 이사장은 신영주 사찰과장,65 이사는 경찰국과장, 서장, 변호사, 교육계, 신문사 편집국장 등이 각각 맡았다.66 그리고 경남도연맹 사무실은 부산지검 검찰청에 설치되었다.

이렇게 볼 때 실질적으로 경남도연맹을 지도하고 운영방침을 결정했던 것은 서울시연맹과 마찬가지로 검찰과 경찰조직이었음을 알 수

---

64 원래는 같은 지역에 있는 미 공보원에서 열릴 예정이었다. 『민주중보』, 1949년 11월 12일.
65 신영주는 창씨개명한 이름이 重光永柱였다. 1942년 거제경찰서 사찰계장, 3대 통영경찰서장(1946. 9. 27~10. 6), 이후 총경으로 승진해 경남도경 사찰과장 (1948. 6. 24~1950. 5. 10, 1950. 7. 19~9. 24)을 역임했다.
66 『민주중보』;『부산일보』, 1949년 11월 22일.

있다. 그리고 지방도 중앙과 마찬가지로 해당 지역의 거물 좌익인사가 간사장을 맡았음을 확인할 수 있다. 특기할 만한 사실은 구체적인 업무부서의 내용들과 일부 인선의 성향이다. 중앙과 달리 지방은 지역별 자수자들의 특성이나 지도방향의 차이에 따라 전문화된 부서가 추가되었던 것으로 보인다. 경남도연맹의 경우 연맹원을 교육·훈련시키는 역할을 담당했던 보도부가 있음에도 불구하고 훈련부가 별도로 있었던 것은 야산대가 출몰하는 제2전선이 많았기 때문인 것으로 생각된다. 부녀부 역시 제2전선의 후방에서의 요청되는 여성의 역할 동원과 관련되어 설치되었을 것으로 판단된다. 그리고 일부 중요한 부서에는 국민회, 대한청년단, 대한부인회, 민보단 등과 같은 우익단체의 인사들이 배치되어 있음을 알 수 있다. 예를 들어 경남도연맹의 보도부장이었던 임순야는 당시 부산 중구 신창동장으로 국민회, 민족청년단 등에서 활동하던 자였다. 이러한 경향은 시·군지부로 갈수록 더욱 두드러졌다.[67]

경남도연맹이 결성된 시기는 중앙본부의 시점에서 볼 때 3차 남로당원 자수주간이 활발하게 전개되었던 시기였다. 실제 경남도연맹이 결성되기 전부터 경남지역에서는 경남도경 경찰국장, 경남위무지구 사령관 등의 명의로 자수와 '귀순'을 종용하는 보도들이 수차례 게재되었다. 따라서 경남도연맹 결성 이후의 활동은 자수를 선전·선무하는 작업과 이를 통한 포섭작업에 초점이 맞추어져 있었다. 노백용 간사장 명의의 '보국의 길에 오라'는 담화[68]는 이를 잘 드러내준다. 이와 같이

---

67 김기진, 앞의 책, 2002, 22쪽.
68 ⋯ 공산분자 자수기일의 최종일인 11월 말일도 박두하였습니다. 이 천재일우의 절호의 기회를 잃지 말고 한 사람도 빠짐없이 자수하고 본 연맹에 가맹하여 대한민국 국민으로서 진충보국의 길을 열도록 넓이 선전 계몽코자 하오니 공산주의자의 기만모략에 넘어가 산야에 흩어져 있는 반도 중에 잠재한 자나 각처에 지하조직에 망동하는 자는 그 누구를 물론하고 이 자수기간일까지 추호의 의심

반공사상을 선전·선무하면서 자수자를 포섭하는 작업은 언론을 통한 담화 발표에 그치지 않았다. 11월 27일 경남도연맹은 강대홍 사무국장과 임순야 보도부장, 그리고 국민회 간부인 변동조를 부산형무소로 보내 국가보안법 위반 재소자를 대상으로 '전향하라'는 요지의 강연을 하게 했다.69 그리고 경남도연맹 보련 공작원을 각 지역에 파견해 각 지역의 경찰서를 단위로 하부조직 결성에 착수했다. 그 결과 1949년 10월 26일~11월 30일에 자수한 전향자는 부산을 포함한 경남지역에만 5,548명이었다.70

자수자주간이 끝난 시점부터 경남도연맹은 산하 하부조직 결성에 박차를 가하고, 이를 보조하는 활동을 했다. 그리고 경남도연맹은 중앙과 마찬가지로, 한편으로는 부산지검의 정보부와 함께 교화·전향·보도사업에 힘을 쏟고, 다른 한편으로는 경남도경과 각 지역의 경찰서의 사찰과 요원들을 동원해 자수하지 않은 남로당원 및 산하 조직의 구성원 검거에 나섰다. 뿐만 아니라 반공사상 선전·선무작업에도 힘을 쏟아 각 시·군지역의 국민사상선양대회를 지원했다.71

　　도 없이 하루라도 속히 대한민국의 품안으로 돌아오기를 충심으로 바라는 바입니다.…『민주중보』, 1949년 11월 25일.
69 『민주중보』, 1949년 11월 27일 ; 11월 29일.
70 『민주중보』, 1949년 12월 3일. 이는 『동아일보』, 12월 2일에 보도되었던 내무부 집계(11월 27일까지) 경남지역 2,143명(전국 총수는 39,986명)과 큰 차이가 있다. 이러한 차이는 11월 30일이 아닌 27일 중간집계 때문인 것으로 보인다. 그러나 같은 날짜 『조선일보』에는 11월 30일 종결 시점의 집계가 보도되었지만, 전향자 총수 52,182명만 집계되어 나와 있다.
71 1950년 초반에 경남도연맹의 도 단위의 활동을 실증할 수 있는 자료는 거의 없다. 뿐만 아니라 이를 증언해 줄 수 있는 증언과 회고도 현재로서는 거의 없다. 이 시기는 시·군지역의 자수현황 및 시·군부의 단편적인 활동상을 보도하는 기사들과 증언들이 간혹 있을 뿐이다.

(2) 통영군·거제군지부와 마산시지부

앞서 언급했듯이 경남도연맹은 1949년 11월 20일 결성되어 11월 말과 12월 초에 도내 시·군지역의 경찰서를 단위로 하부조직 결성에 착수·지원했다. 그러나 통영군은 도연맹 결성 이전 시점인 11월 10일에 통영경찰서 회의실에서 이방우 검사 등 관민 다수가 참석한 가운데 통영지부촉진위원회를 결성했다.72 이때 피선된 임원은 통영군 인민위원회 위원장과 민전 위원장 출신인 신상헌이 간사장에 임명되었고, 부산지검 통영지청장인 김기택은 지도위원회 위원장을 맡았다. 이 밖의 주요부서의 임원에는 부위원장 박세홍 외 1명, 총무부장 추채원, 보도부장 하수인, 선전부장 전석규, 조직부장 정태휴가 임명되었다.73 특기할 만한 사실은 위원회가 자수대상자를 직접 규정하면서 30일까지의 자수를 촉구한 점이다.74 마산시지부의 경우 유사한 조치를 취하지만, 이는 결성 시점으로부터 한 달 가까이 지난 후 추가로 별도의 자수주간을 설정하면서 자수대상자를 규정한 것이었다. 구체적인 활동은 정확히 알려진 바 없지만, 자수주간이 종결된 이후에도 경찰서 사찰과 요원들과 읍·면지서장, 그리고 우익단체원들이 각 읍·면을 순회하며 자수자를 포섭하고, 자수하지 않았던 좌익계열을 색출, 검거하는 활동

---

72 『민주중보』, 1949년 11월 15일.
73 『부산일보』, 1949년 11월 13일. 이 명부는 전갑생, 「경남지역 민간인 학살사건의 진상」, 〈전쟁과 인권 : 2001 민간인학살 심포지움〉, 2001, 27쪽의 명부와는 다소 차이가 있다.
74 현재 민전 산하의 좌익정당(남로당, 인공당, 민주애국청년동맹, 조선노동조합전국평의회)에 가입한 반국가적 만행에 가담한 자 또는 좌익정당 등에 금품을 제공한 자, 좌익진영의 인물을 은닉한 자 등은 11월 30일까지 주저치말고 통영경찰서 및 검찰지청에 자수하면 절대 포섭 선도할 것이나 만약 동 지정기일 내에 자수치 않는 자에는 가일층 준엄한 처벌을 할 것이라 한다. 『부산일보』, 1949년 11월 13일.

을 했던 것으로 보인다.75 그리고 1950년 초반부터는 보도연맹 상부조직에서 하달된 할당인원을 채우기 위해 지역의 구장과 지서의 경찰, 대한청년단원, 민보단원 등이 가맹을 독려하고 다녔고, 갖가지 이유를 들어 가입시켜 읍·면 단위의 지부의 규모를 형식적으로 확대시켰다.

거제군지부는 결성 시점이 분명하지는 않다. 당시 거제도가 행정구역상 통영군에 속해 있었던 것으로 미루어 짐작하건대 통영군지부가 결성되었던 11월 10일 전후였을 것으로 판단한다.76 결성 선포대회는 거제경찰서 광장에서 열렸는데, 간사장은 경남도인민위원회 중앙위원 출신인 박철암이 임명되었다. 거제군지부의 조직체계와 그 구성원들은 알려지지 않았지만, 다른 지방지부의 사례에 비추어 볼 때 지도위원회 위원장은 김종위 거제경찰서장이 맡고, 유기봉 사찰주임과 군 내의 국민회, 대한청년단, 민보단 인사들이 다수 참여한 것으로 판단된다. 여기에다가 남로당과 산하단체에 가입했던 사람들, 과거 어민조합이나 그 세포조직에 가입했던 사람들, 야산대에서 활동한 사람들 일부가 자수 전향해 참여했다. 자수주간이 종결된 이후 거제군지부의 활동은 통영군지부와 거의 유사했다. 1949년 12월과 1950년 1월에는 거제군 내 읍·면지부가 결성되었고, 이후에는 부락 단위에까지 세포조직이 만들어지는 등 조직 확대가 어느 정도 일단락되었다. 읍·면 단위의 간사장은 장승포 읍 김웅수, 일운면 노상선, 연초면 임금동, 둔덕면 김철기, 하청면 김종선, 장목면 김태곤, 사등면 양태동, 동부면 김영배, 거제면 윤철주가 피선되었고, 이사장은 각 읍·면의 지서장이 맡았다.77 다만

---

75 『부산일보』, 1949년 11월 15일 ; 11월 26일 ; 12월 23일.
76 거제군지부가 실제로는 통영군 거제도 보련 특별지구로 불렸다는 견해가 있다. 이 입장을 중시하면 거제군지부는 11월 10일 이후에 결성되었을 것으로 추측된다. 그러나 거제도가 윤일을 비롯해 신용기, 양명과 같은 거물 좌익지도자들을 많이 배출했고, 같은 이유로 인민위원회 역시 상당히 빨리 결성되었음을 생각할 때 통영군지부보다 이전에 결성되었을 가능성도 배제할 수 없다.

통영과 달리 거제지역은 산세가 험한 산을 중심으로 야산대 150여 명이 활동했었기 때문에 민보단, 자경단과 함께 맹원들이 토벌작전에도 동원되었을 것으로 생각된다.

마산시지부는 경남도연맹 결성에 호응해 12월 1일 마산경찰서에서 결성준비위원회를 열었다. 그리고 12월 7일 마산시내 부림극장에서 서정균 부산지검 마산지청장과 조영운 마산경찰서장 등 관계기관 책임자들과 각계각층의 내빈들이 참석한 가운데 개최되었다. 이때 발표된 임원들을 보면, 지도위원회 위원장은 서정균 지청장과 조영운 경찰서장이 맡았고, 지도위원은 마산시장, 군수, 형무소장, 경찰서 사찰계장이 맡았으며, 간사장은 공석으로 두었다. 각 부서의 임원으로는 사무국장 김종규, 총무부장 정인수, 보도부장 김순정, 사업부장 김종신, 선전부장 최광림, 조직부장 배린, 재정부장 박양수이 임명되었으며, 부인부장은 공석이었다.[78] 그런데 통영·거제지부와 달리 마산시지부는 자수주간 종결 이후에 지부가 결성된 관계로 자수를 통한 맹원 확보에 큰 어려움을 겪었다. 이런 이유로 마산시지부는 이미 가맹한 맹원들을 중심으로 내부 결속을 강화하고 다수 맹원 확보를 위한 방법을 강구했다.[79] 그 방법이 일차적으로 자수주간을 별도로 설치하고 미전향자의 가맹을 촉구하는 것이었다. 1950년 1월 5일~20일까지 자수주간을 실시했는데, 특기할 점은 통영과 마찬가지로 가맹 해당자를 규정하고 있다는 것이다.[80] 그 결과 2월 5일 가맹원이 400여 명이 넘어서게 되었다. 이

---

77 전갑생 인터뷰.
78 『남조선민보』, 1949년 12월 8일(이하 『남조선민보』는 김기진 재인용).
79 『부산일보』, 1949년 12월 21일.
80 1. 대한국민회를 위시한 민족진영 사회단체에 속한 자로서 본 연맹 취지 및 강령을 찬성함으로써 가맹할 수 있음, 1. 미소공위 마산시민 축하대회에 시민으로서 대열에 참가한 자, 1. 막부 3상회의를 지지한 자, 1. 10월폭동에 의식·무의식적으로 가담한 자, 1. 민전 산하 사회단체에 물자 및 금품제공 조달 협조자, 1. 민전

차적으로는 민족진영의 인사들을 마산시지부에 통합시켜 조직 개편을 통한 확대를 시도했다. 3월 25일 시회의실에서 시내 각 민족진영 사회단체 대표와 지구연맹 분구, 각 면지부 간부들이 다수 참석해 부서 간부를 개편했는데, 이때 공석이었던 간사장에 정인수를 임명했고, 총무부장 배린, 보도부장 김순정, 사업부장 문삼찬, 조직부장 조철제, 선전부장 최광림, 재정부장 김순명, 문화실장 이석건을 임명했다.[81]

이 밖에 보도연맹 진주시지부[82]를 비롯한 많은 경남지역의 산하지부들이 속속 결성되었고, 1950년 2월까지 모든 읍-면-리-부락 단위까지 지부와 세포조직이 결성 완료되었다.

시·군지부의 조직구성을 살펴보면 각 지역별로 약간의 차이가 있지만 대체로 도연맹의 조직 구성과 매우 유사하다. 단 조직 구성을 완료하지 못했던 시·군지부의 경우 시일이 지남에 따라 부족한 업무부서와 간부를 보충하면서 도연맹과 같은 조직 체계를 완료했을 것으로 판단된다.[83]

마산시위원회 산하 단체에 적을 둔 자는 원칙적으로 가맹하여야 함(단 반성 이탈하여 국민회에 입회한 자라도 가맹을 요함), 단체명 : 남로당(인민·신민·공산당 관계자), 인공당, 민청, 농조, 민애청, 여맹, 민주학생연맹 외 15(이하 생략). 『남조선민보』, 1950년 1월 8일.

81 『남조선민보』, 1950년 3월 28일.
82 마산시지부 결성 다음 날인 1949년 12월 8일 진주극장에서 선포대회가 개최되었다. 『남조선민보』, 1949년 12월 10일.
83 김선호, 앞의 논문, 2002b, 310쪽.

4. 보도연맹의 권력 테크놀로지와 경험

1) 보도연맹 결성 목적과 감시 기술의 형성

앞서 보도연맹의 결성 목적은 준비회의에서 발표된 취의서에 잘 나타나 있다고 언급한 바 있다. 그 취의서에는 두 가지 결성 목적이 드러난다. 하나는 남로당의 탈당자를 포섭, 전향, 보도하여 대한민국 국민으로 만들겠다는 것과 다른 하나는 동시에 이론적으로 무장해 남북로당 계열을 타파하겠다는 것이다. 전자의 목적은 초기에 보도연맹을 실질적으로 주관했던 장경근 내무부 차관의 국회 답변에서도 드러난다. 엄벌주의가 능사가 아니라 공산주의와 남북로당의 멸족적 만행을 스스로 깨닫게 해 개전의 여지가 있는 전향자들을 보도하고 반공국민으로 육성한다는 것이다.[84] 이럴 경우에 전자의 목적 달성을 위한 마지막 단계는 탈맹이 될 것이다.

그러나 기존 연구는 전자보다는 후자에 결성 목적의 의도가 더 실려 있었다고 주장한다. 무초 미대사가 국무성에 보고(1949년 12월 2일)한 바에 따르면, 전향자가 전향의 진실성을 입증하기 위해 세포에서 함께 활동했던 사람들의 명단을 적은 '양심서'(written confession)를 일정 주기마다 제출하도록 요구받았는데, 검경 당국과 보도연맹은 축적된 명단의 대조를 통해 검열했고, 만약 자백이 거짓이었거나 불충분한 것으로 드러나면 처벌했다.[85] 여기서 흥미로운 점은 가맹 이후에도 일정 주

---

84 제헌국회, "(제6회 제28호 1950년 2월 11일) 보도연맹 조직 및 운영에 관한 긴급질문", 제주4·3사건진상규명및희생자명예회복위원회, 『제주4·3사건 자료집(정부문서·국회속기록·잡지편)』, 선인, 2002, 146~147쪽.

85 NARA RG 59 LM 080 reel 3. 몇 개의 국내 자료가 이 사실을 뒷받침하고 있다.

기마다 양심서를 통해 검열되고, 최악의 경우 처벌까지 받았다는 것이다. 후자를 강조하는 기존 연구는 이 점에 주목했다. 특히 한 연구는 오제도의 말을 빌어 보도연맹이 "좌익전향자의 보도보다는 전향자가 제출한 자백서를 통해 남아 있는 좌익세력을 섬멸하는 데 일차적인 관심이 있었으며, (따라서) 보도연맹은 단순한 좌익전향자단체가 아니라 좌익전향자가 제공하는 좌익의 조직·계보·명단·전술 등을 통해 남한에 일정한 세력을 형성하고 있던 좌익세력을 뿌리 뽑기 위한 좌익섬멸단체였다"고 결론내리고 있다.86 더 나아가 다른 연구는 민족주의 진영을 포함한 반정부세력을 단속, 통제하는 것이 목적이었음을 주장한다. 그런데 이러한 주장은 취의서와 강령에서 밝히고 있는 목적, 즉 민족진영의 각 정당과 사회단체와 보조를 일치하여 공산도배를 배격·분쇄한다는 입장에 대립된다. 그럼에도 이승만 정치권력이 남북로당뿐만 아니라 통일지향적인 단정반대 민족주의 세력을 좌익으로 인식하고 초기에 국가보안법체제를 확립하려 했던 행적을 보면 충분히 근거 있는 타당한 얘기이다. 보도연맹 중앙본부 조직 개편 이후 민족주의 진영의 인사 일부를 가맹하게 하고, 지방지부의 결성과 확대 과정에서 발기인의 일부 몫을 민족진영에 할당했던 것은 이를 뒷받침한다. 물론 지방지부의 경우 '좌익시(左翼視)'되는 전향자들뿐만 아니라 검찰·경찰·군을 비롯하여 우익단체의 인사들도 발기인으로 참여했지만, 그것은 어디까지나 지부를 실질적으로 관리·운영하기 위해 능동적으로 참여한 것이었지 임명되거나 피선된 것이 아니었다. 이렇게 볼 때 보도연맹 결성의 목적은 이승만 정치권력을 지지하지 않는 모든 세력을 좌

『동아일보』, 1949년 11월 27일자 ; 양우정, 1950, "전향자의 처우문제", 『민성』 1950년 3월호 ; 오제도, 1957, "사상전향자의 지도방침", 『사상검사의 수기』, 창신문화사. 오제도의 글은 『애국자』 5호(1949년 12월 13일)에 게재되었던 글이다.
86 김선호, 앞의 논문, 2002b ; 오제도, 앞의 책, 1969.

익으로 인식하거나 그에 준하는 의심의 눈초리를 보내며, 일차적으로 이들을 색출·섬멸하고 전향가능한 여지가 있는 자들은 이승만 정치권력에 충성하는 반공국민으로 보호하고 지도하는 데 있었다고 생각된다.

이러한 잠정적인 결론, 즉 보도연맹 결성 취의서와 지도 방침에서 결성 목적을 추출하고 나아가 그 과정에서 징후적으로 이승만 정치권력의 의도를 읽어내는 방식은 다소 반론의 여지가 있어 보인다. 다시 말하면 보도연맹 결성 목적에서 이승만 정치권력의 의도를 추론할 수 있지만, 이것이 완전하기 위해서는 그 추론을 뒷받침하는 구체적인 증거들이 필요하다. 이는 결성 목적과 의도 둘 사이에 존재하는 개연성을 보다 높이는 작업이 될 것이다. 이와 관련해 두 개의 자료를 살펴보자. 하나는 "포섭은 나의 본의"라는 조선일보의 기사이다. 이 인터뷰에서 이승만은 전향자를 포섭하는 것이 원래 자신의 생각이라고 말하고 있다.[87] 이 기사를 액면 그대로 신뢰하면 이승만의 의도가 곧 이승만 정치권력의 의도였고, 따라서 보도연맹 결성으로 이어졌다고 생각해 볼 수 있다. 그러나 이러한 생각은 다음의 자료, 제헌국회 속기록에 기록된 김갑수 법무부차관의 발언을 참고해 볼 때 성급한 일반화임을 알 수 있다. 그는 국회본회의에서 보도연맹의 목적과 방침, 조직 등에 관해 답변하면서 보도연맹의 목적이 대한민국을 절대지지 수호하고 공산주의 운동을 박멸하는 데 있다고 말하고 있지만, 그 이면의 동기는 시대의 요청이나 국가의 현실에 비추어서 보도연맹이 절실히 필요해서 만든 것이 아니라 사상관계 사건을 담당하는 직원이 그 실무를 취급하

---

87 … 내가 처음에 국내에 들어왔을 적에는 전국이 다 공산당화되는 것만 같이 보였다. 그러나 모두 옳지 못한 것을 알기 때문에 오늘에 이르렀는데 아직도 깨닫지 못한 사람들도 조만간으로 다 돌아서게 될 것이다. 그것을 모두 포섭하자는 것은 원래부터 내가 생각하던 바이니 공연히 어리석게 속지 않고 돌아오면 다 같이 잘 살게 될 것이다. 그러나 자수하는 척하고 가면을 쓴 자가 있으면 그것은 다 알아질 것이다.…『조선일보』, 1949년 11월 5일.

면서 이러한 제도를 시험적으로 시작한 것이라고 밝히고 있다.88 즉 당시 국가보안법 위반자의 대다수를 차지했던 사상범을 처리해야 했던 제일선의 사상관련 실무자들이 이를 효율적으로 처리하기 위해 만들었다는 것이다. 이는 당시 형무소 수용능력을 초과한 과다한 수용상태의 실정에 비추어 볼 때도 타당한 생각으로 보인다.

이렇게 볼 때 보도연맹의 결성은 사상관련 실무자들, 특히 오제도와 동료 사상검사들이 기획안을 수립하고 관계부처와 기타 사회지도자들의 검토와 동의를 거쳐 시작했던 것이 궤도에 올라서 성과를 거두면서, 그것이 곧 이승만 정치권력의 의도로 흡수되었다고 볼 수 있다.89

그런데 보도연맹을 기획했던 사상관련 실무자들, 특히 사상계 검사들은 어떤 존재들인가? 그들은 어떠한 업무를 수행했고, 어떠한 경험을 가지고 있으며, 어떠한 인식체계의 기반 위에 보도연맹 결성을 기획했는가?

당시 대표적인 사상검사들로는 오제도, 선우종원, 장재갑, 정희택 등을 꼽을 수 있다. 그들은 일제 식민통치시기에 검사였거나 1946년 10월부터 실시된 판검사 특별임용고시에 합격해 검사로 임명된 사람들이었다. 이들이 처음부터 사상검사였던 것은 아닌 것으로 보인다. 미군정 시기부터, 특히 대한민국 정부수립 이후 국가보안법이 시행되면서 대부분의 검찰 업무는 형사업무 중 사상범죄와 관련한 것이었는데, 그나

---

88 제헌국회, "(제6회 제28호 1950년 2월 11일) 보도연맹 조직 및 운영에 관한 긴급질문", 150쪽.
89 그리고 '선량한' 반공 국민으로 보호하고 지도하며 사상전을 통해 국민사상의 순결성을 지킨다는 식의 취지는 보도연맹뿐만 아니라 당시 국민사상통일협회의 취지이기도 했고, 일민주의보급회의취지이기도 했다. 당시 반공선전 · 교육을 위한 국가사업은 여러 단체를 통해 경쟁적으로 이루어지고 있었다. 반공선전을 위해 반공의 입장에서 공산주의를 교육시키고 그 사전 조치로 문자 계몽을 시도한 것은, 당시 교육이 국가의 선전 도구이자 사전-선전(pre-propaganda)에 가까운 것이었음을 의미한다. 김학재, 앞의 논문, 2004a, 103쪽.

마 '법조계'에서 몇 안 되는 판·검사들이 이를 회피하는 상황에서 오제도 등이 이를 전담하게 된 것으로 생각된다.90 그리고 이 과정에서 이들은 수많은 사람들의 사상관련 피의자를 심문·취조하면서 공산주의가 무엇인지를 배워나갔고, 누구를 어떻게 처벌해야 하는지를 체험을 통해 숙지해 갔다. 당시 최고의 사상검사였던 오제도가 『국가보안법실무제요』를 저술해 누구를 어떻게 처벌해야 하는지를 구체화한 것은 1949년이었고, '남로당 자주주간'에 자수한 전향자들과 수차례의 토론회를 가졌던 것 또한 1949년 말이었으며, 일본 서적을 번역해 편집한 것으로 보이는 『공산주의 ABC』를 저술한 것은 1952년 5월이었다. 사상계 최고의 권위자가 수많은 정치사상범을 처리한 이후에서야 마르크스주의와 공산주의 사상이 무엇인지, 남북로당의 전술과 전략이 무엇인지 등을 자신의 경험을 되새기고 (청취서와 같은) 여러 취조서와 일본 서적을 공부해 후배 사법관료와 일반 사람들에게 알리려 했던 셈이다.91 선우종원이나 장재갑, 정희택 역시 이와 사정이 별반 다르지 않았다.92

이들은 이러한 빈약한 지식과 인식 바탕 위에 수많은 사상범을 양산했고, 사상범 처벌의 절차와 기술의 효율성과 경제성이라는 한 길만을

---

90 한국사법행정학회, 「8·15 특별 좌담, 법조계 21년 변천사를 회고한다」, 『사법행정』, 1969, 14쪽.

91 김학재, 앞의 논문, 2004a, 106~107쪽. "본인은 일찍이 사상검사의 직에 있으면서 공리적으로 공산주의 진영에 속했던 간부급과 기탄 없이 이론과 실제에 관하여 의견을 교환하는 기회가 많았습니다. 그럴 때마다 그들의 일관된 일방적이며 공식적인 세계관 해석에는 본인의 천박한 수양과 지식에서도 놀라지 않을 수 없었습니다." 오제도, 『공산주의 ABC』, 남광문화사, 1952.

92 예외적으로 1948~1949년에 일민주의 체계화를 시도하면서 공산주의 사상을 비판했던 안호상, 양우정의 경우는 사회주의와 공산주의를 사상사적으로나 이론적으로 어느 정도 이해하고 있었다고 생각한다. 그러나 그들에 국한된 상황이지 이승만 정치권력을 구성하는 엘리트들의 일반적 상황은 아니었다.

추구했다. 아는 것이 없는 상황에서 주어진 목적이 '타파', '분쇄', '근멸'인 이상, 어떤 사상과 단체가 왜 나쁘고 배격해야 하는지에 대해 수단을 가리지 않고 근거와 증거를 모아갈 것은 분명한 일이었다. 그리고 '애국'과 '민족'의 이름으로 이러한 작업을 용이하게 함과 동시에 '적색마굴'에 빠진 사람들을 충성스런 대한민국 국민으로 탈바꿈시켜 줄 단체가 있으면 더욱 좋은 일이었다. 감시를 통한 색출과 섬멸, 보호하고 지도하여 반공국민으로 육성하겠다는 보도연맹의 결성은 이렇게 일선의 사상검사들의 실무적 필요에 의해서 이루어진 것이었다.[93]

그렇다면 일선 사상검사들의 의도를 관철시키기 위해 보도연맹에서 운용한 감시 테크놀로지는 무엇인가? 즉 소위 '좌익'을 포섭 · 전향 ·

---

[93] 보도연맹을 실질적으로 관리 · 운영했던 검찰과 경찰 · 군 사이에는 미묘한 인식 차이가 있었다. 이는 해방 직후 검찰과 경찰의 관계 사이의 미묘한 대립에서 기인하는 측면이 있다. 보도연맹 결성과 전개의 과정에서 검찰과 경찰 사이의 관계는 매우 협력적인 것처럼 보이지만, 이는 비교적 동일한 목적을 위해 이전의 갈등 관계가 봉합된 것에 불과했다. 검찰과 경찰이 서로 공유했던 목적은 보도연맹을 통해 남북로당 계열을 타파 · 분쇄하는 것이었다. 그러나 검찰은 더 나아가 포섭, 지도하여 충성스러운 대한민국의 반공국민으로 만들겠다는 포섭과 전향에 대한 목적을 가지고 있었다. 이에 반해 경찰은 검찰에 협력적이었지만, 다소 반신반의하는 입장이었을 것이다. 이와 같은 양자 사이의 미묘한 균열은 전쟁이 터지자 보도연맹원에 대한 상이한 인식 차이로 표면에 드러났다. 이렇게 볼 때 정부부처 안에서도 각기 다른 이해관계와 입장, 이에 따른 상이한 인식과 이해를 가질 수 있음을 알 수 있다. 최소한 보도연맹과 관련해서는 '법무부—검찰', '내무부—경찰', '국방부—군'의 입장이 보도연맹의 국면 변화에 따라 서로 상이했다고 생각한다. 한국사법행정학회, 앞의 논문, 1969, 13쪽 ; 중앙일보, 『민족의 증언 3』, 1983, 132쪽 ; 조갑제, 『내 무덤에 침을 뱉어라』, 1998, 152쪽.
또한 세부적으로 들어가 검찰 내부에서도 서울지검의 사상검사들과 그 밖의 지역과 비사상계검사들 사이에서도 입장이 다르고, 경찰과 군 역시 이승만계와 '이범석—족청계'가 입장이 달랐다고 판단한다. 특히 이범석은 "그들이 1년 동안에 적색에 동화되었다면 나는 2년을 걸려서라도 다시 전향시키겠다"는 신념으로 유능한 좌익경력자들을 적극 포섭했다고 한다. 따라서 전향한 사회주의자가 족청에서 활약한 것은 그리 예외적인 것이 아닌 편이라고 할 수 있다. 이범석, 『사실의 전부를 기술한다』, 희망출판사, 1966 ; 『북한』 1972년 7월호, 153쪽.

보도와 함께 색출·섬멸한다는 결성 목표를 달성하기 위해 어떠한 권력 테크닉들이 사용되었는가?

우선 취조와 심문을 통한 세뇌의 기술을 들 수 있다. 초기에는 고문과 같은 강압적 방식을 통해 취조와 심문이 이루어졌다. 특히 경찰은 일제 때 특고경찰의 경험을 살려 숙면 방해는 물론 태형, 물고문, 전기고문 등 갖가지의 고문을 행했다. 그러나 그 성과는 미미했다. 고문치사자로 인해 사회적 이슈가 되어 검경 당국을 곤혹스럽게 만들 뿐이었다. 그러다가 박일원의 전향을 통해 거둔 성과를 목도한 검찰은 생각을 바꾸었다.94 사상범을 다루는 일제의 방식과 그 성과 또한 떠올렸을지도 모른다. 즉 적당한 방법이 있으면 극단적으로 반항적이고 비협조적인 사람을 협력자로 변화시킬 수 있음을 발견했던 것이다. 이를 위해 종래의 강압적인 고문과 함께 회유를 통한 전향을 위한 새로운 취조 및 심문 방식을 도입했다. 검사는 피의자에게 좋은 인상을 주고, 피의자를 비웃거나 조롱해서는 결코 안 되며, 협박이나 거짓말을 하지 않고, 훌륭한 말상대로서 참을성 있고 친절하게 피의자를 대했을 것이다.95 사상검사의 회고록이나 전기에서 자신이 인도주의와 박애주의에

---

94 1947년 10월 16일 서울지검 조재천 검사는 민전중앙위원이며 남로당 경기도위원인 동시에 민전 경기도 부위원장인 박일원의 탈당성명서를 공개했다. 민전 및 남로당계열에서 실천해온 죄과를 반성하고 민전 및 남로당의 음모를 총비판하여 당내 다른 젊은 동지들의 전향에 도움이 되게 한다는 것이었다. 그러나 박일원은 1946년 정판사위폐사건으로 검거되어 수도청 사찰과에서 거듭된 고문과 회유에 굴복해 전향사실을 숨긴 채 첩자로 활동하다가 이후에서야 비로소 전향 사실을 발표한 것이었다. 박일원은 용산역 철도 구내에서 시작된 9·23총파업, 1946년 9월 이승만저격미수사건, 10·1사건의 주모자 검거 등 좌익사건 수사에 지대한 공헌을 했다. 이후 그 공적으로 수도청 사찰과 정보주임에 취임한 그는 1947년 3·1기념 좌우충돌사건, 장덕수피살사건 등 타공에 눈부신 활약을 보였고, 미국공보원의 지원을 얻어 1947년 10월에 『남로당총비판』을 출판해 공산당 내부 붕괴를 시도했다. 안소영, 「해방후 좌익진영의 전향과 그 논리」, 『역사비평』 봄호, 1994, 294~295쪽.

95 리차드 H. 미첼, 김윤식 역, 「사상범 다루기」, 『일제의 사상통제』, 일지사, 1982,

입각해 피의자를 대했다는 말은, 목적을 고려하지 않으면 그 자체로 절반은 진실이었을 것이다.

다음으로 '양심서' 작성과 같은 자백의 기술을 들 수 있다. 피의자의 사상, 교우관계, 통신상황, 건강, 죄악감, 개전의 정, 기타의 항목을 주기적으로 작성해 검열을 받는다. 자백은 통상 취조실에서 최초로 이루어지지만, 검사가 '공소보류'[96]를 취해 풀려나온 이후에도 피의자는 정기적으로 양심서를 통한 자백을 해야 한다. 검사들의 입장에서는 법적인 수속이 유보되어 있는 동안에 피의자를 회유해 소위 '위험사상'을 버리게 하는 것이었다. 그러나 양심서가 거짓이었거나 의도적인 불충분함이 적발되면 엄벌주의에 입각해 처벌을 받았다.

검찰과 경찰 당국은 이렇게 취조와 심문을 받고 양심적으로 자백한 사람들을 통해 청취서를 작성한다. 청취서에는 피의자의 가족사항과 직업, 피의자에게 영향을 미친 책, 이적단체와의 관련 여부와 활동 내용, 피의자의 사상 변화 추이 등에 관해 기록된다. 보다 세부적으로 남북로당과 그 산하단체를 알게 된 장소와 가입 동기 등을 기록하는데, 이는 피의자가 단체의 조직, 활동, 목적 및 공산주의의 사상과 이론에 대해 얼마나 알고 있는지를 참조하기 위한 것이다. 또한 피의자가 당원이었는지, 당원이었다면 공식적으로 어떤 지위에 있었는지, 당비 납부 여부 등을 기록하는데, 특히 당비의 납부는 일종의 '움직일 수 없는 증거'로 간주되기 때문에 매우 중요한 기록 사항이었다.[97] 이러한 청취

142쪽.

[96] 일종의 '유보처분'에 해당한다. 일제 때 사상계 검사가 고안한 기술로, 일정한 척도에 근거해 피의자의 처분을 유보시키는 제도였다. 이 제도는 석방과 기소처분의 양 극단의 중간을 취한 조처로서, 법을 행정상의 조처로 치환함으로써 형사소송 수속을 간소화 한 제도이다. 리차드 H. 미첼, 김윤식 역, 앞의 책, 1982, 141쪽.

[97] 리차드 H. 미첼, 김윤식 역, 앞의 책, 1982, 143쪽.

서의 항목들은 검경 당국과 보도연맹이 공동으로 주관하고 후원했던 각종 좌담회의 문답 내용에서 일부를 추측해 볼 수 있다.98

이러한 일련의 과정을 거치고 나서 피의자는 정식 재판에 회부되어 사안이 경미하거나 전향가능성이 존재하면 형 선고를 유예하거나 가벼운 형량을 언도받고, 이후 석방되면 전향자 신분으로 보도연맹에 의무적으로 가입되었다. 그리고 가입 이후에 앞서 밝힌 감시 권력 테크닉들이 반복적으로 운용된다.

마지막으로 감시 테크닉들의 반복적 운용에 따른 상호감시의 체득 효과를 극대화시키는 선전 기술을 들 수 있다. 취조와 심문에 대한 새로운 기술, 양심서를 통한 자백, 이를 근거로 한 청취서 작성 등은 보도연맹의 관계망, 더 나아가 사회적 관계망 속에서 서로 의심, 감시하게 만드는 기술이었다. 이 기술은 '좌익세력' 안에서는 상호불신과 고발로 내부 분열을 획책하는 효과가 있었고, 전사회적으로는 사람들이 남의 시선을 의식해 자기-감시를 내면화하는 효과가 있었다. 다시 말하면 예전의 '적'을 이용해 대한민국과 이승만 정치권력 체제의 우월성을 선전하고, 전향자들의 자백한 정보와 '변절행위'를 선전해 '적'에게 심리적 동요와 분열을 유도하며, 동시에 일상을 살아가는 주민들에게는 많은 적들이 곳곳에 숨어있음을 환기시켜 '내부의 적'을 구성하고 상호감시와 고발을 유도하는 효과가 있었다.99 대대적인 남로당 자수주간 및 각종 자수주간의 설정과 이 기간에 이루어진 대규모 탈당과 충성고백은 대표적인 사례이다. 그 기간에 전국에 산재한 거물급 좌익

---

98 『조선일보』, 1949년 11월 3일, 11월 4일.
99 "… 그 사람들이 보도연맹에 가입한다는 것은 무엇이냐 … 그 사람을 응당 그네들은 반동분자로 취급할 것입니다. 그러면 이 사람들은 결국 싫건 좋건 대한민국 쪽으로 돌아오지 않을 수 없을 것입니다. 보도연맹은 그 점도 그리고 있는 것이란 것을 기억해주시기 바랍니다.…" 김갑수 법무부차관의 발언. 제헌국회, "(제6회 제28호 1950년 2월 11일) 보도연맹 조직 및 운영에 관한 긴급질문", 156쪽.

들이 전향해 체제 선전에 이용되었고, 좌익 색출 및 남로당과 그 산하 단체의 와해에 이용되었던 것이다.

2) 감시 기술에서 동원 기술로?

앞서 언급한 감시 권력의 테크놀로지는 일반적인 차원에서 계속되었지만, 중앙본부의 조직 개편과 지방지부 확대에 따라 감시뿐만 아니라 동원을 위한 권력 테크닉들이 변칙적으로 운용되었다. 보도연맹 지방지부는 각 도가 검찰청을 단위로, 시·군은 검찰청과 경찰서를 단위로, 읍·면은 경찰지서를 단위로 조직·확대되었다. 그러나 조직되는 시점은 각 도가 11월 말~12월 초, 시·군이 11월 말~12월, 읍·면이 1월 초~2월 말이었다. 따라서 지방은 자수주간에 자수한 맹원은 일부였고,[100] 마산시의 경우처럼 몇 개의 시·군지부가 별도로 이후에 자수주간을 설치했음을 감안해도 대다수의 맹원은 다른 방식으로 충원될 수밖에 없었다. 그리고 그 다른 방식이란 할당되어 동원되는 방식과 단체별로 동원되는 방식이었다.

우선 할당되어 동원된 방식을 살펴보자. 보도연맹 가입 실무를 주관해 담당했던 경찰은 상부로부터 각 경찰서마다 보도연맹의 가입 인원을 일정하게 할당받았다. 그리고 당시 보도연맹 가입자의 할당량은 각 지역에서 상부로 보고된 '공비' 및 좌익 가담자의 수에 비례해서 할당된 것으로 보인다. 따라서 할당식 가입은 서울보다는 야산대가 일정한 세력을 형성하고 있었던 지방에서 보편적으로 적용되었던 가입형태라고 할 수 있다. 그러나 각 지역에서 상부에 보고할 때 공비나 좌익 가담자의 수를 과장하여 보고하는 경우가 많기 때문에 각 지역에 할당되

---

[100] 약 4만여 명으로 집계된다. 이 수를 일부라고 말한 것은 총수에 비해 그렇다는 것이다.

는 보도연맹원의 수도 그만큼 늘어났다.101 이처럼 과다하게 할당된 인원을 채우기 위해 경찰은 경찰서의 사찰과 요원들과 지서의 말단 요원, 그리고 국민회, 대한청년단, 대한부인회, 민보단과 같은 지역의 우익단체들을 동원해 '좌익'과 관련 없는 사람들을 가맹시켰다.

다음으로 단체별로 동원되는 방식이 있었다. 주로 지역의 농민·어민·청년·부녀 등의 자생단체나 학생들을 개인이 아닌 단체별로 가입시키는 방식이었다. 마산시의 경우 1949년 12월 말 마산상고, 마산중, 마산여중의 교감이 보도연맹 마산시지부와 연석회의를 갖고, 국가보안법 위반으로 중퇴한 300여 명의 학생을 보도연맹에 가입시켰다.102 소위 '학원반성 강조주간'에 학도호국단을 중심으로 좌익학생과 부화뇌동자를 개별적으로 가맹하도록 강제하는 방식과는 수준이 다른 것이었다. 또한 거제지역의 경우 사람들이 가맹을 회피하고 이로 인해 할당량을 채울 수 없게 되자 경찰은 거제도에 존재하는 각종 자생단체에 압력을 가했다. 각 단체를 지원했던 여러 혜택들을 차단하고 단체장을 압박·종용하자 어쩔 수 없이 단체장 이하 여러 사람들이 가맹하는 상황이 벌어졌다. 여기에 그치지 않고 단체의 명단을 입수해 단체로 보도연맹에 가입시키기도 했다. 거제 연초면의 경우 1946년 10월 정부의 보리수매공출에 반발해 집단 항의한 농민들을 단체로 가맹시키기도 했다. 그 농민들 모두가 '좌익'이었다기보다는 살기 위해 몸부림치는 과정에서 좌경으로 몰렸고, 빨갱이가 되었던 것이다. 검거되었던 농민들에게 사찰기관과 CIC는 보도연맹 가입을 종용했고, 도장을 찍으면 풀어준다는 회유책을 써 연초면 농민들이 집단으로 가맹하는 상황이 벌어졌던 것이다.103

---

101 김선호, 앞의 논문, 2002b, 322쪽.
102 『경남도민일보』, 2001년 6월 14일.
103 전갑생 인터뷰.

이와 같은 두 방식으로 보도연맹에 가입한 경우 연맹원들은 통상 자수자 및 검거된 피의자에게 행해졌던 취조와 심문은 물론 양심서 제출을 요구받지 않았다.104 사실상 그것이 불가능했다고 보아야 더 정확할 것이다. 왜냐하면 단체로 가입했던 사람들은 '좌익'과는 무관했기 때문이다. 이는 2002년 발견된 보련원 양심서에서도 확인된다. 경기도 시흥군 서면 가학리(현 경기도 광명시 학온동) 주민 8명 중 2명의 양심서에는 각각 "보련에 가입할 사유가 전혀 없으나 앞으로 보련의 발전을 위해 충성을 다하고 헌신하겠다"거나 "좌익단체에 가입한 사실은 없지만 보련의 발전과 조국을 위해 충성을 다하겠다"고 기록되어 있다. 좌익활동을 하지 않은 사람들이 좌익전향자단체를 표방한 보도연맹에 가입했다는 사실은 역설적으로 지방에서 행해졌던 다양한 가입방식의 존재를 반증해 주는 것이다.105

이렇게 동원되어 가맹한 사람들을 지방지부는 다양한 활동에 동원했다. 도와 시·군 단위의 일부 지방지부는 우수한 연맹원들을 선발해 간부로 양성하기 위해 경찰과 협조해 간부 훈련 프로그램을 운영했다. 대개 타공에 앞장서고 보도연맹에 공적이 있는 '특별 맹원'을 대상으로 훈련 프로그램에서 배출된 맹원은 '보통회원'과 '정식회원'과 같은 일반 맹원들을 훈련 지도할 자격과 임무를 부여받고 있었다. 그러나 독자적인 설비와 교관, 교재, 훈련소가 없었기 때문에 지역 경찰서의 협조를 받아야 했다.106 이렇게 양성된 간부는 지방지부의 중요한 부서

---

104 일운면 지서의 급사였던 서ㅇㅇ은 자백서는 없었다고 기억한다. 서ㅇㅇ 증언.
105 『부산일보』, 2002년 7월 18일. 김선호, 앞의 논문 재인용, 2002b, 323쪽.
106 밀양군 지부의 예를 들면 밀양경찰서의 사찰과로부터 훈련소와 교관(한청 배속 장교와 교회책임자)을 제공받아 합숙훈련을 실시했다. 물론 간부훈련의 사례가 아닌 가맹자와 가맹 예정자 전부를 대상으로 연맹원들의 선도를 위해 훈련한 경우이지만, 보도연맹 지방지부의 독자적인 훈련의 어려움을 추론하는 데 도움이 되는 사례라 할 수 있다. 『연합신문』, 1950년 3월 16일.

에서 활동하거나 조직공작과 같은 특별 임무를 맡아 활동했을 것으로 생각한다.107 또한 지방지부는 국민사상선양대회와 같은 전향·보도를 선전하고 과시하는 사업에 연맹원들과 주변 사람들을 동원하는 일은 물론 경찰서와 병원과 같은 공공기관의 부속 건물을 건설·수리하거나 도로를 개보수하는 일 등의 노역에 동원했다. 이러한 노역·노무 동원은 지역에 따라 천차만별이었는데, 벌목 작업, 의용 소방훈련 등에 동원하기도 했다.

읍·면 단위의 지방지부는 앞에서 기술한 동원 활동 이외에 미리 만들어 놓은 소집 체계에 따라 주기적으로 모이는 것 자체가 중요한 활동이었다. 그리고 지역 사정에 따라 몇 가지 특수한 활동이 추가되었는데, 예를 들면 '6·25' 발발 전 야산대 활동이 활발한 지역은 민보단과 함께 토벌작전에도 동원한 것으로 판단된다. 그러나 중앙이나 지방 조직의 상부조직과 같이 많은 활동에 동원하지는 않은 것으로 보인다. 사실 읍·면·리·부락 단위로 갈수록 보도연맹은 좌익 감시·색출·섬멸과 보도의 단위이기보다는 일상적 활동이 이루어지는 단위였다고 생각한다. 정확하게 말하면 부락 단위의 세포 조직에까지 광범위하게 '진행형'으로 조직되어가는 보도연맹은 기본적인 생활·활동 단위에 덧씌워진 명목상 존재하는 것이 아니었나 싶다. 이러한 상황에서 본연의 '보도연맹 조직과 활동'을 의식하지 못하는 부락 단위의 사람들의 증언은 어찌 보면 당연한지도 모른다. 그들의 기억에는 학살사건으로서의 '보도연맹 사건'이 존재할 뿐이다. 그나마 증언이 있더라도 대개는 보도연맹 학살을 경험하고 목격한 사람들이 이후에 보도연맹 조직

---

107 역사적 상상력을 발휘하면 명목상으로 내세운 거물 좌익 출신의 간사장과 달리 간부가 된 특별맹원들은 보도연맹 지방지부 조직에 참여했던 우익단체 출신의 인사들과 경쟁적 관계에서 보도연맹 조직과 사업에 헌신적이었을 것으로 판단된다. 혹은 그 과정이 자발적이지 않더라도 간부로 양성되거나 그에 준하는 임무를 맡아 지속적으로 이용당했을 것이다.

과 활동을 기억으로 재구성했을 것이라 생각한다.

3) 전향, 감시, 동원의 경험

그렇다면 전향, 감시, 동원 기술에 대한 보도연맹원과 주변 사람들의 경험은 어떠했을까?

중앙과 지방을 망라해 자수자 주간에 자수한 사람들은 저마다 다양한 동기를 가지고 보도연맹에 가맹했지만, 이들은 대체로 두 부류로 구분할 수 있다. 하나는 '철저한 당성을 가졌던' 사람들인데, 강제와 회유의 방법을 동원한 세뇌와 자백의 기술에 굴복해 전향을 선언한 사람들이 있다. 박우천, 어구선 등 남북로당 및 민전과 그 산하단체의 핵심인물들이 이에 해당하는데, 정치적 상황주의 혹은 기회주의적 동기가 결합하면서 강제적으로 주어진 전향 동기를 내면화했다고 볼 수 있다. 다른 하나는 해방 직후 자생적으로 존재했던 지역의 단체들, 예컨대 청년·부녀·학생단체나 농민·어민단체 등에 가입했던 사람들인데, 이 단체들이 대개 남로당 및 민전 산하 단체였던 이유로 보도연맹에 가맹한 사람들이 있다. 그나마 이는 자신이 위 단체들에 소속되어 활동했음을 스스로 인지하고 있는 경우이다. 이들은 중앙에서는 1949년 11월 말까지, 지방에서는 이 기간 외에 별도로 설치된 자수주간에 자수한 사람들인데, 전자는 스스로 좌익임을 인지하고 전향한 경우이지만, 후자는 대개 자신이 좌익이 아니지만 "보련의 발전과 조국을 위해 충성을 다하겠다"는 사람들이다.

그러나 신문에 보도된 탈당 성명서, 전향서, 가맹서 등에 표현된 전향 논리는 전자와 후자 모두 한결같이 똑같다. 즉 "惡友의 유혹, 감언이설, 모략에 빠져 무의식적으로 남로당과 민전 및 그 산하단체에 가입했지만, 그 노선이 반민족적·멸족적이며 파괴와 살상을 일삼는 반국가적인 극악무도임 자각하고, 이내 본의 아님을 깨닫고 대한민국에 충성을 다할 것을 맹세한다"는 식이다. 보통 전향 논리는 전향 동기와 밀접히 관련해 피력되기 마련인데, 이 경우는 전향자의 주체적인 사상의 표현이라기보다는 정치권력이 제공하는 관제적 표현에 가깝다. 전향 논리가 한결같이 당 (지도부) 노선 오류 및 부적절한 정책에 대한 비판과 함께 자기비판을 수행하고, 이후 사상의 전환을 언급하는 형태인 이유도 그러한 까닭에서이다. 이는 앞서 권력테크닉에서 언급한 바 있는 세뇌, 자백, 청취서 작성의 기술에 뒤이은 선전 기술의 효과와 깊은 관련을 맺는다. 즉 당의 실상을 부정적으로 폭로하기 때문에 대외적으로 당의 권위와 위신을 실추시키는 한편, 상호불신과 고발로 내부 분열을 유도해 상호감시의 효과를 체득하게 하는 효과가 있다.

여기서 전향자, 특히 전자의 부류들이 전향할 때 겪는 심리적 경험을 추론해 볼 수 있다. 전향자는 당 노선의 오류이지 자신의 행위가 변절이나 배신이 아니라고 스스로를 정당화하면서 정치적 굴복에 대한 심리적 부담을 상쇄시키고, 더 나아가 '민족주의'나 '인류적 양심' 등을 강조하면서 이전의 동료들을 색출·섬멸하는 데 앞장선다. 그러나 후자에 속하는 사람들은 가입동기가 상당히 다양하기 때문에 전향할 때의 경험을 추론하기가 쉽지 않다. 그럼에도 대체로 공통적이면서 구체적인 동기를 두 가지 생각할 수 있는데, 이는 자수하고 보도연맹에 가맹해 '빨갱이'의 낙인으로부터 자유롭겠다는 것과 함께 "활동을 열성으로 해 취업기회를 얻겠다"는 현실적인 이유이다. 그 경험은 '적색사상을 보지'하지도 않은 그들이 무조건 전향해 '빨갱이'가 아님을 증명했다는 안도감과 함께 이후의 희망찬 미래를 상상하는 잠깐의 휴식 같은 경험이었을 것이다.[108]

---

[108] "… 국민보도연맹에 가입만 하면 일절 전과를 묻지 않고 애국적인 국민으로 포용한다는 정부의 약속이 있었다는 것이다. 사면은 물론이고 취직까지도 가능하

그러나 보도연맹에 가맹한 사람들의 미래는 심리적으로 편안한 상황에서 나름대로 자위하며 살아갈 수 있는 것이 아니었고, 그들이 기대한 것처럼 희망찬 것은 더더욱 아니었다. 좌익전향자 출신의 연맹원들은 주기적으로 불려 다니며 양심서 쓰기를 반복적으로 해야 했고, 불충분하지 않을까, 위장전향으로 오인 받지 않을까 노심초사해야만 했다. 그리고 상호불신의 눈초리로 서로를 감시하며 불안하게 살아가야 했다. 물론 그중에서도 좌익 색출 활동이 뛰어나고 교화 성적이 뛰어난 일부는 이를 인정받아 보통회원에서 정식회원으로, 그리고 특별회원으로 승격해 취업기회를 알선 받고, 심지어 생활안정을 지원받기도 했으며, 더 나아가 보도연맹 간부로서 활동하며 '타공전선(打共戰線)'에서 우익단체 출신의 인사들과 경쟁하기도 했다. 그러나 겉으로 호전되어가는 이 상황의 이면은 여전히 불확실하고 강박적인 것이었다. 취업기회를 알선받기는커녕 직장이 있어도 연맹원이라는 사실이 알려지면, 아무리 숙련공이라 할지라도 그 순간 해고되었다. 직장과 고용주에게 연맹원은 역설적으로 '관제빨갱이'임을 의미했기 때문이다.[109]

다는 그의 말은 가족의 생계를 걱정하던 아버지의 마음을 사로잡기에 충분했다. 게다가 큰 오빠도 자신으로 인해 엉망이 된 집안을 걱정하고 있었기에 더 이상의 주저도 없이 보도연맹에 가입하게 되었다. 우리 가족은 비로소 햇빛을 보았다고 생각했다. 이제 더 이상 큰 오빠가 숨어다닐 필요도 없었고 빨갱이 집안으로 손가락질 받을 필요도 없다고 생각했다. 가족들은 마음의 평온을 찾았고 큰 오빠와 아버지가 취직이 되기만을 바라는 희망에 차 있었다.···" 팽상림, 「지금도 구천을 떠도는 큰 오빠의 원혼을 달래며」, 『말』(145호), 1999, 195쪽. 팽상림 씨의 큰 오빠는 마산상업학교에 다닐 때 학생동맹 조직원으로 선전포스터를 그렸다는 혐의를 받고 있었다.

[109] "··· 국민보도연맹은 현 대한민국의 정책상으로 봐서 각 직장을 알선하고 또 그네들에게 취직알선을 하고 있는가 없는가 이것을 묻고 싶습니다. 될 수 있는대로 국민보도연맹은 맹원만을 늘리려고 애를 쓰고 있지 아직까지 각 직장에 어떠한 방법으로든지 당국이나 국민보도연맹 자체로서 직장을 알선해주는 경향은 적은 것입니다. 직장에서는 국민보도연맹에 가입했다고 하면 도리어 들어오는 것을 겁내고 있다고 하는 이것을 똑똑히 알아야 됩니다.···" 제헌국회, 앞의

그리고 생활안정 지원은커녕 갖가지 회비 명목으로 돈을 뜯기기까지 했다.110 가치 있는 정보를 제공하고 여차하면 간부로 발탁될 수 있는 좌익전향자 출신의 연맹원들이 이러한 상황일진대, 좌익이 아니었지만 좌익활동을 했다고 의심받는 자수자 출신이 처해 있는 상황과 그 경험은 이 보다 더욱 열악한 것이었다. '관제빨갱이' 낙인과 기부금 명목으로 회비를 뜯기는 상황에 더해 이들은 온갖 종류의 행사와 부역·노무 동원의 도구이자 대상으로 어려운 생활을 연명해야 했다.

그리고 특히 지방에서는 자수자 출신의 보도연맹원 이외에 다른 방식으로 가맹된 사람들이 대다수를 이루었다. 이는 앞서 언급했듯이 보도연맹의 조직 개편과 지방지부의 확대 과정에서 할당가입과 단체가입 같은 다양한 방식으로 가맹한 사람들이었다. 따라서 이들의 경험은 자수자 출신의 그것과 상이한 측면이 있다.

이들 대다수는 어떤 성격의 단체인지도 모른 채 도장 찍으라는 권유를 받고 손도장 하나 잘못 찍어 가입했다. 가입해도 아무런 해가 없다는 마을의 '구장'과 지서 '순사'의 보증 혹은 어떤 지역에서는 마을의 신망 있는 인사가 동행해 종용한 데다가 양식배급과 여행특혜를 준다는 감언이설에 가맹한 것이었다. 어지럽고 어수선한 시국에 보도연맹 가입이 최상의 신분보장이라는 경찰서장의 말에 빚까지 얻어가며 회비를 내고 가입한 경우도 있었다.111 강제적인 가입 역시 비일비재했다. 가족 중에 남로당 및 산하단체의 가입자를 구성원으로 두고 있고, 이를 도와주거나 은닉한 이유로 강제적으로 가입이 결정되었다. 혹은 지역의 청년회나 부녀회, 농민조합과 어민조합 같은 자생단체에 가입해

속기록, 1950, 153쪽.
110 제헌국회, 앞의 속기록, 1950, 152~154쪽.
111 김태광, 앞의 글, 1988 ; 김태광, 앞의 글, 1989 ; 조성구, 앞의 글, 1990 ; 정희상, 앞의 책, 1990 ; 김기진, 앞의 책, 2002.

활동했다는 이유로 지원이 중단되고 심지어 물리적으로 핍박받으면서 가맹이 강제되기도 했다. 거절하면 지서에 연행되어 고문을 받거나 우익단체원들의 집단폭행이 가해졌다. "여러 차례 거절했더니 나중에 동네어귀로 끌려가 집단폭행을 당했다"112는 증언은 이를 뒷받침한다. 심지어는 사사로운 원한과 감정을 가진 사람에 의해 보도연맹에 가입되기도 했다.

그러나 이와 같은 우여곡절의 가맹 당시의 경험은 폭력을 경험한 일부를 제외하고는 스스로에게 그리 인상적인 경험이 아니었다. 가맹 이후에 아무런 일도 벌어지지 않았던 것이다.113 이렇게 가맹되었던 사람들은 중앙과 일선 지역의 관리자들도 인식하고 있듯이 좌익과는 무관하거나 혹은 '애매한'114 사람들이었다. 따라서 이들로부터 캐어낼 수 있는 것은 거의 없었고, 앞서 자수자 출신의 가맹자처럼 심리적·물리적으로 심한 압박을 받으면서 불안한 생활을 경험하지는 않았을 것으로 생각한다. 가맹한 사실은 종종 잊어버리는 것이었으며, 주기적인 소집되었을 경우에나, 그래서 국민사상선양대회, 강연회, 기타 지역의 노무활동에 동원되었을 때 상기되는 것이었다. 그러한 활동조차도 차츰 자신들이 감수하고 살아가야 하는 일상생활의 한 모습으로 이해하고

---

112 김기진, 앞의 책, 2002, 81쪽.
113 시·군 단위 이상의 일부 지역에서는 사상선양대회, 강연회, 합숙훈련 등을 통해 연맹원 보도를 위한 프로그램이 운영되기도 했지만, 대다수 지역의 실상은 그렇지 못했다. 읍·면 단위의 실상 역시 극히 형식적인 행사를 제외하고는 거의 활동이 없었다.
114 이 '애매함'은 상당히 자의적이고 임의적인 것이었다. 마을의 소위 인물 혹은 좌익 혐의 없는 명망가들은 다 이 '애매함'에 포함될 수 있었다. 그들의 학식과 인지도 때문이었다. 똑똑하고 배운 사람은 좌익 물이 들었을 것이라는 인식과 함께 높은 인지도로 인해 경쟁관계에 있는 우익단체에 시샘과 질시를 받을 경우 언제든지 '좌익과 애매한 관련'이라는 명목으로 언제든지 좌익과 연계된 것으로 인식될 수 있었다.

받아들였을 것이다. 주기적인 소집이 있을 때 각자 하던 일을 멈추고 소집 직전의 활동 차림 그대로 모여서 지시가 떨어지기를 기다렸던 사람들의 모습은 이를 뒷받침한다.

물론 야산대의 활동으로 '제2전선'이 일찍부터 형성되었던 지역에서 보도연맹원으로 살아가는 것은 가맹 이후 '6·25' 전까지 아무 일도 없었던 지역에서의 삶과는 또 다른 것이었다. 일종의 전장(戰場)에서 언제나 죽음으로 동원될 수 있는 삶이었던 것이다.

거제의 경우를 예로 들어보자. 야산대 활동이 활발하게 이루어지는 다른 지역과 마찬가지로 거제에도 섬 중앙의 계룡산을 중심으로 동부면의 노자산과 하청면의 앵산을 남북으로, 장승포의 옥녀봉과 둔덕의 산방산을 동서로 하는 험준한 산세를 이용해 야산대가 활동했다. 초기에 활동하던 야산대는 대략 50여 명으로, 이들은 주로 거제도 인민위원회와 치안대에서 활동하던 지역의 신망을 얻었지만, 지방의 인민위원회를 불법단체로 규정한 미군정에 의해 쫓겨 입산한 인물들이었다. 그리고 활동은 비교적 미미한 것이었다. 그러나 정부수립 이후, 특히 1949년에 토벌작전이 전개되자 상황은 예상하지 못한 방향으로 치닫게 되었다. 토벌작전이 오히려 야산대를 키워주는 상황이 발생했던 것이다. 김성주의 호림부대와 김종원의 백골부대는 1949년 4월~1950년 4월 약 1년여 기간에 토벌작전을 수행한다는 명목으로 야산대의 가족들을 고문했고, 주변 동료들, 심지어 거제 사람들을 '빨갱이'로 몰아 심하게 매질하거나 불법 학살했다. 이 과정에서 마을의 젊은 사람들은 이를 피해 입산해 야산대가 되는 악순환이 발생했다.[115]

미처 피하지 못한, 아니 피할 수 없는 마을 사람들은 낮에는 군경과 밤에는 야산대 사이에서 이러지도 저러지도 못한 채 휘둘려야 했다. 구체적인 상황을 예로 들어보면, 마을 사람들은 한밤에 내려와 약간의

---

115 정희상, 앞의 책, 1990 ; 전갑생, 앞의 논문, 2001.

식량과 노역을 요구하는 야산대와 이를 감시하는 프락치의 시선에 노출된 상태였다. '산사람'의 요구에 된장과 김치를 주거나 아지트를 파는 일, 삐라 붙이는 일 등을 도와주면, 이를 어떻게 알았는지 다음 날 경찰서로 끌려가 고문을 당했다. 이 고문을 못 견딘 사람들은 여러 사람들을 불게 되고, 이들 역시 잡혀가 취조를 당했다. 죄질이 가벼워 풀려나더라도 보도연맹원에 가입해야 했다. 그러다가 토벌작전이 있을라치면, 이들은 언제 '빨갱이'로 몰려 심심풀이로 해코지를 당할지 모르는 상황에 전전긍긍해야 했다. 그 과정에서 학살되면, 그것은 그저 재수 없는 일이었고, 살아나면 조상님 묘지를 잘 쓴 덕분이라고 인식할 뿐이었다.116 그리고 이는 비단 연맹원에 국한되는 것이 아니라 야산대가 자주 출몰하는 지역의 주민들 모두에 해당하는 것이었다.117

5. '죽음으로 동원'되는 연맹원들의 경험

'6·25' 이전 제2전선 주변 지역의 연맹원들이 '죽음으로 동원'되었던 상황은 모든 연맹원들의 일반적인 경험에 해당되지 않는 다소 예외적인 경우일 수 있다. 따라서 사악한 부대장과 이에 복종하는 부대원들에게 재수 없이 걸려 학살될 수밖에 없었던 드문 경우로 폄하하는 시도가 있을 수 있다.

그러나 연맹원들의 '죽음으로의 동원'은 지역 상황에 따른 예외적인 경우가 결코 아니라고 생각한다. 전쟁 발발 직후 도시에서는 신문광고를 통해서, 주변 지역과 변두리 부락에서는 읍·면·리 별로 사이렌과

---

116 김태광, 앞의 글, 1989 ; 서○○ 증언.
117 마을 유지들은 이러한 상황에서 예외적이었다. 오히려 이들이 호림부대를 끌어들였다는 증언이 있었다. 전갑생, 앞의 논문, 2001.

비상종이 울렸고 야경꾼이 뛰어다녔다. 이에 연맹원들은 항상 그랬던 것처럼 일상적 소집이려니 생각하고 하던 일을 멈추고 그 활동 차림 그대로 여기저기에서 모여들었다. 10분도 채 지나지 않아 누구나 할 것 없이 경찰서 앞마당과 학교 운동장, 시내 극장, 마을 공터 등의 정해진 장소로 모였다. 전쟁이 터진 사실을 몰랐거나 알았다 하더라도 평상시와 마찬가지로 생계 활동을 계속했던 이들이, 앞으로 벌어질 일을 상상하지 못한 채 약속한 대로 모인 것이었다. 이들은 명부에 적힌 자신의 이름 호명에 대답하며 질서정연하게 열을 맞추며 대기했다. 그리고 '순사'의 인솔에 따라 열 맞추어 걸어가거나 제공된 트럭을 타고 상급경찰서로 옮겨졌다. 낌새를 알아차린 극히 일부를 제외하고는 추호의 의심 없이 이탈하지 않았다. 이는 '죽음으로 동원'하는 규율의 힘이었다.

사람들은 "배운 게 없어 무식해서" 아무 생각 없이 소집에 응했다고 뇌까리듯 증언했다. 그러나 그 소집은 누구라도 예측할 수 없는 것이었다. 그들 대부분은 '전쟁 난리통'의 상황을 모른 채 평소의 규율대로 모인 것이었다. 알았다 하더라도 이미 전향해 충성을 맹세한 내게 무슨 일이 있겠나 하고 생각한 그들이었다. 전쟁 터지고 소집이 있자 연맹원인 아들에게 "참고 어서 갔다 오너라. 가서 열성을 보이면 빨리 취직이 되거나 공군 입대도 가능해질런지…" 재촉하는 아버지의 말은 이를 극적으로 보여준다. 그리고 아버지의 당부에 아들은 한 점 의심 없이 집을 나섰고, 끝내 돌아오지 않았다.

부산과 같은 도시의 경우는 이와는 양상이 조금 달랐다. 전쟁이 터지자 부산의 연맹원들은 지역별로 비상대책기구를 구성하고, 군에 성금과 위문품을 보내는 한편 '총후의 임무'를 다하겠다는 충성맹세로 신문지면을 도배했다. 그리고 혈서로 '군문(軍門)'에 지원하는 연맹원들이 속출했다. 이는 연맹원들의 불안한 심리를 단적으로 보여준다. 비록 전향했음에도 불구하고, 전쟁 상황은 자신들을 '관제빨갱이'로 인식하게 만들 것임을 예감한 것이었다.118 그 결과는 '의분의 혈서 지원'을 통한 입대였고, 훈련을 받지 못한 채 대개 총알받이로 이용된 그들은 충성스러운 대한민국 군인으로 장렬히 전사하거나 신체의 일부를 잃은 채 돌아와 아무런 보상 없이 전후(戰後)를 살아가야 했다. 이는 '죽음으로의 동원'되는 또 다른 양상이었다.

118 실제 전쟁이 터지자 헤게모니를 갖게 된 군경 당국은 이들을 후방의 위험요소로 인식했다. 그러나 지역 상황에 따라 연맹원을 위험 요소로 보는 정도는 조금씩 상이했다. 특히 지역의 보도연맹 상황을 잘 이해하고 있는 지방 경찰서와 지서는 연맹원들이 전혀 위험하지 않다고 판단했다. 학살명령을 거부하거나 이를 축소시켜 집행한 사례들은 이러한 사실을 반증한다.

3장 한국전쟁과 여성성의 동원

이임하

1. 전쟁과 여성동원

 한국전쟁이 여성의 생활과 사회적 역할 및 지위에 변화를 초래한 결정적인 계기였음은 분명하다. 전쟁으로 인한 여성들의 새로운 경험은 여성 스스로가 찾아 나선 것이기도 하지만 한편으로는 전쟁수행의 필요에 따라 국가에 의해 여성들에게 제공된 것이기도 했다. 생산과 소비, 전장(戰場), 성의 영역에서 전개되었던 전쟁 동안 여성의 경험은 여성에게 새로운 기회이자 도약이기도 했지만 젠더가 강화된 전환점이기도 했다. 곧 "젠더는 실제로 전시정책을 조직하는 원리로서, 전쟁의 중요한 무기로서 출현했다"는[1] 지적이 한국전쟁에서도 유효한 명제인 셈이다.
 어느 사회에서나 전쟁 상황에서 여성동원은 다양한 영역에 걸쳐 여러 형태로 진행되어 왔다. 한국전쟁에서의 여성동원에 대한 연구는 거

---

1 Françoise Thébaud, The Great War and the Triumph of Sexual Divison, A History of Women In The West V, p.24.

의 없지만 특정 영역에서 이루어진 연구는[2] 전쟁 발발 직후인 1950년 8월부터 "여자의용군"이라 불리운 여군이 모집되었음을 보여준다. 그러나 "여자의용군"의 경우도 전투행위보다는 행정, 정훈 등 비전투행위를 전제로 한 모집이었다. 따라서 남성들과 동등하게 조국을 위해 싸울 것으로 기대하고 지원했던 대부분의 여자의용군은 전선이 교착화된 1951년 이후 전역했다.

오히려 한국전쟁에서의 여성동원은 비전투 영역, 곧 후방지역에서 이루어지는 생산과 소비, 병사들에 대한 지원의 영역에서 본격적으로 이루어진다. 국가는 여성들에게 경제전의 전사로 공공기관과 들녘, 공장에서 일하도록 촉구하는 동시에 소비절약의 생활화를 요구했다.[3] 또한 국가는 부상당한 병사들을 간호하고, 피묻은 군복을 빨고, 주먹밥을 해 나르고, 병사들의 무훈과 승리를 염원하는 위문문을 작성하고, 위문품과 위문금을 모집하는 등 병사들의 노고를 위로하는 데 여성들을 동원했다. 위문(慰問), 위안(慰安), 위무(慰撫) 따위로 불린 전장의 병사들을 지원하고 즐겁게 하기 위한 여성들의 행위는 한국전쟁 기간 내내 가장 일반적인 여성동원의 슬로건이었다.

그러나 국가가 여성들에게 요구한 역할은 위문품을 보내거나 위문대를 만들고 병사들의 노고에 감사하는 위문편지를 쓰는 것에 그치지 않고 성(性)을 포함한 각종 오락과 유흥의 제공도 포함되었다. 이와 관련하여 전쟁 시기에 사용된 두 개의 용어, 위문과 위안이 어떻게 사용

---

2 군사연구실 편, 『육군 여군 50년 발전사(창설~2000)』, 육군본부, 2000 ; 석보, 『여군』, 육군본부 여군부, 1954.
3 다음의 책은 개략적이나마 한국전쟁 기간 후방지역에서의 여성활동에 관해 서술하고 있다. 보건사회부, 『부녀행정 40년사』, 1987. 한국부인회 총본부, 『한국여성운동약사, 1945~1963)』, 1986 ; 또한 한국전쟁을 전후한 시기 여성노동의 변화양상에 대해서는 이임하, 『여성, 전쟁을 넘어 일어서다』, 서해문집, 2004, 88~150쪽·248~269쪽을 참조할 것.

되었는지는 의미심장하다. 일반적으로 위문은 금전이나 물품(편지 포함), 노력봉사 따위의 지원을 의미했고, 위안은 성(性)을 포함한 다양한 형태를 가진 오락, 유흥의 제공을 의미했다.

한국전쟁 동안 동원된 여성의 성(性)에 대한 연구는 거의 없다. 다만 김귀옥에 의해 2002년 시론적인 문제제기가 이루어졌다.4 김귀옥의 연구는 한국전쟁기 한국군이 병사들의 성(性)적 위안을 위해 운영한 성매매 여성의 조직인 "특수위안대"와 관련된 것으로 한국전쟁 기간 다양한 형태로 여성의 성(性)이 동원되었음을 짐작케 하는 단초를 제공했다. 또한 너무나 당연하고 전쟁의 상황에서 부차적인 문제로 여겨온 미군(UN군)과 한국군을 대상으로 한 성매매가 개인적 차원의 문제가 아닌 국가와 미군이 직접적으로 개입한 여성문제이며, 이러한 여성문제가 최근의 일이 아닌 한국전쟁에 그 연원이 있음을 상기시켰다.

여기에서는 한국전쟁 기간 여성의 성(性)이 어떠한 형태로 누구에 의해 동원되었는지를 규명하겠다. 특히 성(性)의 동원에 관한 다음의 두 가지 사실에 주목하고자 한다. 첫째, 여성지도자들이 한국전쟁 기간 은밀하지만 공개적으로 운영한 각종 파티가 직접적인 성의 제공은 아닐지라도 미군(UN군) 고위층을 위해 여성의 성(性)을 전면에 내세웠다는 점이다. 다음으로는 병사들에게 제공된 성, 곧 공공연한 성매매가 사실상 국가에 주도되고 운영되었다는 점이다. 국가는 병사들에게 오락과 유흥의 제공이라는 이유로 '위안소'를 만들었고, '위안'이라는 이름으로 여성의 성을 동원했다. 한국전쟁을 거치면서 군인 특히 미군을 상대하는 '위안소'제도는 안보 혹은 외화벌이라는 논리로 합법화되었다. 곧 한국전쟁은 남성에게는 '병사형 주체'의 형성이었다면 여성에게는 '위안형 주체'로 젠더화하는 과정이었다.

---

4 김귀옥, 「한국전쟁과 여성 : 군위안부와 군위안소를 중심으로」, 2002(미간행).

2. 성(性)의 정치

한국전쟁 기간 이른바 여성지도자들은 군의 행정요원과 선무대원으로 젊은 여성들을 동원하거나 대한부인회나 여학생을 동원하여 병사들을 위문하는 활동에 앞장섰다. 또한 소비생활을 규제했던 생활개선운동에 앞장선 것도 여성지도자들이었다. 그러나 일부의 여성지도자들은 이와 다른 형태의 활동인 외교와 미군(UN군) 장교들을 위안한다는 명목의 '파티대행업'에 나섰다. 대통령을 비롯한 행정부 각료와 유력인사들의 절대적인 지원을 받으며 파티대행업에 나선 여성지도자는 김활란과 모윤숙이었다. 이들은 각각 전시국민홍보외교동맹(이하 홍보외교동맹이라 약함)과 낙랑클럽을 조직하고 여학생 등을 동원하여 파티대행업에 나섰다.

홍보외교동맹은 "유엔군과 국민 사이에 이해를 깊게 하고 유엔군들에게 우리의 생활을 빠르게 전해주어 이 전쟁에 참가한 사실에 보람을 느끼도록 만들어 줄 필요"를5 충족시킨다는 명분 아래 김활란이 조직했다. 한국전쟁 발발 직후 공보처장6에 임명된 김활란은 전쟁 초기 대한여자의용군의 조직과 여성들을 동원한 위문활동에 중요한 역할을 수행했다. 1950년 11월 중순 공보처장직을 사임하고 서울에 머물던 김활란은 중국군의 참전으로 다시 부산으로 피난하면서 본격적인 홍보외교

---

5 김활란, 『그 빛 속의 작은 생명—우월 김활란 자서전』, 이화여대 출판부, 1999, 225쪽 ; 별도의 출전이 없는 논문의 홍보외교동맹에 관한 사항은 모두 이 책의 225~230쪽에서 참조했다.

6 김활란은 자서전에서 자신의 직책을 공보실장으로 적고 있으나 이는 잘못된 표기이다. 1948년 행정부의 대변인격으로 편제되었던 공보처는 1956년 2월 대통령 직속 공보실로 개편되었다. 따라서 1950년 당시 김활란의 공식 직위는 공보처장이 옳은 표현이다.

동맹의 조직에 나섰다. 홍보외교동맹의 정확한 조직시점은 기록되어 있지 않지만 부산으로 피난한 1950년 12월 중순에서 1951년 1월 초순 사이로 추정된다. 1951년 1월 20일 여자의용군 대표가 한국전쟁에서 사망한 미군 장성 '딘'과 '워커'의 동상건립기금으로 급여의 일부를 모아 홍보외교동맹의 김활란을 방문했다는 기사로 미루어7 1951년 1월에 이미 활발하게 활동하고 있었음을 짐작할 수 있다. 홍보외교동맹의 활동은 사회부장관 허정의 도움으로 불하받은 적산가옥인 필승각(일명 빅토리하우스)을 중심으로 이루어졌다. 이 조직에는 김활란 이외에도 모윤숙, 이숙종 등이 개입했고 조동식, 김동성, 김형민, 김달준, 이홍우 등이 적극적으로 지원했다.8

홍보외교동맹의 주요한 활동은 미군(UN군)을 위한 위문활동과 미군 및 한국에 있는 미국 민간인을 위한 영문잡지 『코리아』의 발행, 부산 시내 가두에서 벌인 선무활동 등이었다.

홍보외교동맹의 핵심적인 활동이었던 미군(UN군) 위문활동은 두 가지 형태로 이루어졌다. 하나는 주로 이화여자대학교 졸업생들과 재학생들로 구성된 위문단을 조직하여 하야리야 부대 등 부산 인근에 주둔하고 있는 군부대를 방문하는 일로 김활란이 직접 인솔했다. 다른 하나는 필승각에서 파티를 개최하는 일이었다.

필승각 파티에는 밴 플리트 등 미군(UN군) 고위 장교, 외교관들, 한국에 주재하는 외국의 민간인들이 초대되었다. 한국인으로는 김활란 등 여성인사들과 고위관리, 장성들이 참석했고, 이화여대 졸업생들과 조교들이 동원되어 파티를 준비하고 시중드는 역할을 수행했다.

이와 별도로 매주 한국전쟁에 참전한 각국 병사들을 필승각에 초대하여 고전무용과 노래로 구성된 위안공연을 개최하고 필승각에 마련된

---

7 『동아일보』, 1951년 1월 22일.
8 민숙현·박해경 공저, 『한가람 봄바람에―이화 100년 야사』, 지인사, 1981, 242쪽.

한국문화를 소개하는 박물관을 견학할 수 있도록 했다. 박물관의 개설은 홍보외교동맹과 미군 측의 이해관계가 일치한 결과물인데, 김활란은 밴 플리트의 "한국전쟁에 참가한 유엔군들이 오며 가며 보는 것이라곤 무서운 전쟁의 모습이나 파괴, 죽음, 휘몰아치는 먼지밖에 없지 않소? 아무거나 잠깐이라도 그들을 따뜻하게 해줄 것이 필요한데…"라는 간단하지만 심각한 제의에 따른 결과였다고 기록하고 있다.

홍보외교동맹은 부산 이외에도 서울과 대구에도 조직을 구성하고 '홍보외교지부-감나무집'과 '유엔군 한국의 집'이라는 필승각과 동일한 역할을 하는 장소를 가지고 있었다.

이러한 홍보외교동맹의 활동에 대해 김활란은 "유엔군장병들은 한국이라는 나라를 좀 더 잘 이해하게 되었을 줄 믿는다"라며 민간외교의 첫출발로 기억하고 있다. 또한 『이화 80년사』는 "국민홍보외교동맹을 비롯하여 영문책자, 영자신문, 필승각에 박물관을 설치하여 주한외국인, 유엔군에게 적극적으로 한국을 알려 그들로 하여금 전화 속에서 일망정 한국의 다른 면 즉 유구한 문화민족임을 알게 하여 그들이 한국에 대한 사랑을 갖도록 국제적인 우의를 증진시켰을 뿐 아니라 해외에 나가 직접 한국의 입장을 이해시키고 한국을 유엔참전국에 알리는데 노력했다"고 평가하고 있다.[9]

홍보외교동맹과 비슷하지만 보다 적극적인 역할을 한 또 다른 단체가 모윤숙이 조직한 낙랑클럽이다. 한국전쟁 발발 이전 모윤숙에 의해 조직된 낙랑클럽은 1951년 이후 왕성하게 활동한다. 미군 CIC의 보고서에 의하면 낙랑클럽은 미군(UN군)장교와 외교관들을 상대로 한국정부와 이승만을 위한 로비와 정보수집의 역할을 했다. 다음 내용은 외국인 종군기자가 1952년 취재한 낙랑클럽에 대한 기사와 모윤숙의 진술로 낙랑클럽의 활동을 알 수 있다.

---

9 정충량, 『이화 80년사』, 이화여대 출판부, 1968, 306쪽.

모윤숙은 자신의 군단을 「낙랑 걸」로 부르고 있다. … 모(毛) 덕분에 이승만 대통령은 유엔사령부가 생각하고 있는 모든 것을 사전에 알수 있다. 부산에 있는 낙랑클럽의 지도부는 … 군장성과 외교관들을 위해 항상 파티 계획을 세우고 있다. "우리들은 주목받지 못하고 있지만 낙랑걸들은 그렇지 않다"고 위안부(Army Special Service Hostess)들은 비감한 표정으로 말한다. … 젊은 장교와 기자들을 위해 그녀는 젊고 아름다운 낙랑 걸들을 대거 불러오기도 한다. 어느 날 밤 파티에서는 한 젊은 참석자가 자신이 기대했던 것보다 10년은 더 나이 든 여성이 접대하러 나오자 화를 내면서 항의했다. 그러자 15분 안에 한국정부의 고위관리가 젊은 낙랑 걸들을 대동하고 나타났고 나이 먹은 낙랑걸은 슬그머니 사라졌다. 낙랑 걸들은 두가지 임무를 수행하고 있는데 밤에는 한복으로 곱게 차려입고 불빛을 받으며 고위관리들을 접대하고 낮에는 한국군을 지원할 물품들을 구하기 위해 미군 막사의 문을 노크한다. … 공식적으로는 대한여자청년단으로 알려진 낙랑클럽은 이승만의 도움으로 설립됐다.10

이승만 대통령이 불러 "외국 손님 접대할 때 기생파티 열지 말고 레이디들이 모여 격조 높게 대화하고 한국을 잘 소개하라"고 분부하지 않겠나. 우리는 부랴부랴 낙랑구락부를 조직, 김활란 박사를 고문으로 하고 내가 회장을 맡았지. … 낙랑은 정부의 부탁으로 이른바 파티대행업을 한 셈인데. 부산 송도 바닷가 돌멩이 위에 지은 집을 우양장관(허정)한테서 빌려 '시 사이드 맨션'이라 부르고 파티비용은 청구서에 따라 운석총리(장면)실에서 지불해 줬죠. … 국무위원들이 귀빈들을 초대하는데 빈객으론 델레스 미국 국무장관, 리지웨이, 콜터, 밴 프리트 장군에 무초 미국대사 등이 온 것 같고….11

활발하게 활동할 당시 150여 명에 이른 낙랑클럽의 회원들은 대개 대학을 졸업하고 영어를 할 줄 아는 다양한 직업의 여성들이었으며,12

---

10 *Possible Espionage Activity at Seenchon-Dong Hospital*, 중앙일보 현대사연구소, 『미군 CIC 정보 보고서 1-인물조사보고서』, 1996, 667~668쪽 ; 김상도, 「6·25무렵 모윤숙의 미인계조직 '낙랑클럽'에 대한 미군방첩대 수사보고서」, 『월간중앙』, 1995년 2월호, 215~217쪽.
11 김상도, 위의 글, 219~220쪽 ; '시 사이드 맨션'은 은벽장이라고도 불렸다.
12 *The Nang Nang Club*, 중앙일보 현대사연구소, 앞의 책, 1996, 663쪽.

그 활동은 홍보외교동맹과 크게 다르지 않았다. 곧 한국전쟁에 참전한 미군(UN군)장교들이나 외교관, 민간 외국인들을 위해 유흥을 제공하고 한국정부와 이승만에게 유리한 상황을 조성하며 나아가서는 필요한 정보의 수집이 홍보외교동맹과 낙랑클럽의 주요한 임무였다.

홍보외교동맹이든 낙랑클럽이든 이들 단체의 조직자들은 전쟁기간 비공식적으로 한국정부의 입장을 전달하고 한・미 간의 이해를 촉진하기 위한 친목을 도모하여 민간외교의 역할을 했다고 자부한다. 그러나 여성지도자들이 직접 개입하여 미군(UN군)장교나 외교관들에게 유흥을 제공한 홍보외교동맹과 낙랑클럽의 활동은 여성의 정치활동이라는 면에서 많은 문제점을 갖고 있다.

먼저 여성지도자들의 관심이 여성의 권익증진이나 지위향상이 아니라 자신의 정치적 지지기반과 배경의 확보에 있었음을 지적할 수 있다. 홍보외교동맹과 낙랑클럽의 활동은 중국군의 개입 시기인 1951년 초반부터 활발하게 전개되었다. 전쟁 발발 직후부터 한국에 투입된 미군을 비롯한 외국군인이 1951년 1월에는 19만 9천여 명이었고, 7월에 이르러서는 28만여 명에 달했다. 따라서 이들에 대한 위문과 위안이 중요한 문제로 대두되었는데, 이승만은 이러한 위문과 위안사업에 여성들을 대거 동원했다. 이는 모윤숙의 진술뿐만 아니라 다음 장에서 살펴볼 국가에 의해 주도된 위안소의 설치, 임영신의 전기에서도 찾아볼 수 있다. 임영신의 전기는 이 부분을 다음과 같이 기록하고 있다.

> 1951년 5월. 한국전쟁이 소강상태를 유지할 때 부산에 피난해 있던 이 대통령은 임영신에게 급히 귀국하라는 지시를 내렸다. … 이승만 대통령은 임영신에게 한국전쟁을 위해 파견되어 온 외국 군인들을 위문하도록 여성운동을 전개하라고 지시했다. … 임영신은 한국의 자유와 평화를 위해 싸우다 죽은 외국 군인의 가족들에게 한국 국민의 이름으로 따뜻이 위로 편지를 보내야 하겠다고 생각했다. 또 부상병들을 위문하고 전투 지구에 있는 군인들을 위문해야 되겠다고 마음먹었다.

그러는 한편 해외홍보협회를 만들어 부상당하고 전사한 외국 군인들의 유가족에게 심심한 위로편지를 띄웠다.13

김활란, 모윤숙과 임영신의 경우에 나타난 것처럼 이른바 여성지도자들은 이승만의 직접적인 지시와 개입, 국가기구의 강력한 지원 아래 미군(UN군) 위안사업을 전개했다. 이는 모윤숙이나 임영신에게는 이승만과 미군(미국인)과의 친소관계에 따라 형성되는 정치적·경제적 입지의 강화를 의미했다. 모윤숙이나 임영신은 이승만의 지시를 잘 이행하여 확고한 정치적 입지를 가질 수 있었으며, 또한 미군을 포함한 미국 측 인사들과의 친분으로 인해 정치적 지원과 아울러 자신들이 개입한 영역에 원조물자를 우선적으로 배분받아 경제적·사회적 위치를 확고하게 구축할 수 있었다.

이화여대의 경우 유엔한국재건단(UNKRA), 미국의 교회 등의 지원으로 서울 소재 대학 가운데 가장 먼저 부산에 피난학교를 개설할 수 있었다.14 미국이나 UN관계 단체의 지원을 우선적으로 받을 수 있었던 것은 김활란의 존재에 기인했음은 충분히 짐작할 수 있다. 전쟁이 일어나자 김활란은 이승만에게 자기의 소재지를 알리고 "여자로서 할 수 있는 일이면 무엇이건 맡겨 달라"고 전갈을 보냈다. 이러한 여성지도자들의 정치적 활동 방식은 이승만과 개인적 관계에서 비롯되었다. 이러한 정치행태는 이후에도 계속되어 이들 여성지도자들의 정치 활동은 여성의 지위 향상이라는 목표를 주장하고 여성들을 조직하는 것이 아니라 개인적 친분관계에 따라 '국부(國父)'인 이승만에게 청원하여 자신의 지지기반을 확보하는 형태로 나타났다.

다음으로 지적되어야 할 점은 정치적 문제, 특히 미국과 관련된 문

---

13 손충무, 『한강은 흐른다—승당 임영신의 생애』, 동아출판사, 1972, 585~586쪽.
14 민숙현·박해경 공저, 앞의 책, 243~245쪽.

제를 해결하는 과정에서 보인 이승만의 태도이다. 이승만은 미국과 관련된 정치적 위기의 순간마다 여성인사를 등용하거나 앞장세워 일을 해결해 나가곤 했다.15 잘 알려진 대로 이승만은 해방정국 메논을 단장으로 하는 유엔한국위원회를 자신에게 유리하게 이용하기 위해 모윤숙 등 여성인사들을 앞세운 파티를 적극적으로 활용했다. 모윤숙은 이를 다음과 같이 기록하고 있다.

> 어학이 능한 여자, 음식 만들기에 재주있는 여자, 앞뒤로 심부름에 왔다갔다 할 여자로 해서 시중군이 되어 외국 손님이 한국을 인식할 수 있도록 힘을 쓰자는데 일치했다.16

성(性)을 매개로 하여 열리는 파티, 한복을 곱게 차려 입고 시중을 드는 여학생들, 노래와 무용 등은 전형적인 이승만식 외교였다. 이승만은 미국과의 관계에서 주로 비공식적인 사교 모임을 통해 자신의 정치적 이해를 관철시키려고 했다. 홍보외교동맹이나 낙랑클럽은 여성의 고정된 성역할에 근거한 이승만식 외교의 결정판으로 이러한 방식의 외교에 여성지도자들이 앞장섰다는 아이러니를 보여준다.

마지막으로 홍보외교동맹이나 낙랑클럽에 동원된 여성들의 성(性)에 관한 문제이다. 적어도 여성 개개인에게 자신의 성(性)이 자랑스럽고

---

15 이승만이 모윤숙에게 한 다음의 말은 이승만식 외교의 전형을 보여준다. "이거봐, 미스 모. 메논 박사와 오늘 저녁 돈암장으로 저녁을 먹으러 오지. 비공식 대접을 그런 사람은 더 좋아하는 법이야. 좀 가서 말해 봐."(모윤숙, 『회상의 창가에서』, 중앙출판공사, 1972, 298쪽).

16 모윤숙, 위의 책, 276쪽 ; 박순천은 "메논 일행을 접대하는 일에는 모윤숙, 김활란, 박승호, 황애덕, 황신덕 등이 참가했는데 나는 비용문제를 책임지고 있었다. 처음에 이 박사는 우리에게 "돈은 1백만환이라도 마련해 줄테니 교제나 잘해라"고 말했기에 돈 걱정은 하지도 않았는데 … 그 돈고생이란 이루 말할 수 없었다"고 언급했다(박순천, 「남기고 싶은 이야기들)정치여성, 반세기」, 『중앙일보』, 1973년 3월 18일).

존중받아야 할 것이라면 그것이 행사되는 방식 역시 주체성이 존중되는 자랑스러운 것이어야 한다. 그러나 당시 위문대나 파티를 위해 동원된 여성들의 성(性)은 결코 명예롭지 못했다. 김활란이나 모윤숙에 의해 동원된 젊은 여성들이 파티에서 직접적인 성적 유흥을 제공하지는 않았을지라도 아래 인용문에 나타난 것처럼 이미 사회는 미군(UN군)과 자주 접촉하는 그녀들을 곱지 않은 시선으로 바라보았다.

> 외국인들과 국내인사들의 이 필승각 파티에는 이화를 갓 졸업한 조교나 비서들이 시중을 들었는데 이런 일을 두고 항간에는 오해가 없지 않았다. 장성을 태워 온 운전수조차 부엌일을 보는 아주머니에게 "저, 기생들이 먹는 것 나도 좀 주시오." 우리 고유의 한복을 입고 파티장을 드나드는 젊은 여성이라면 기생이라고 단정한 것이었다.[17]

> 그들(양공주)을 분류해 보면 첫째 고급장교를 상대로 파티장소에서 사교적인 교제를 하여가며 실질적인 매음을 하는 고급 인텔리층과, 둘째로는 버젓하게 살림을 차리고 있는 층과, 그 다음이 소위 "홀 하우스"라고 하는 포주 밑에서 돈만 주면 아무나 상대하는 층과, 끝으로는 최전선지구에 방황하면서 닿는대로 기회있는대로 매음을 하는 유랑층 등 네 계급이다.[18]

실제로 홍보외교동맹이 위문대를 조직했을 때 인솔의 책임을 다른 사람이 할 수 있는 데도 김활란이 직접 나섰던 이유는 동원된 여성의 부모들이 갖는 우려를 해소하기 위한 것이었다.[19]

---

17 민숙현·박해경 공저, 앞의 책, 243쪽.
18 「사회문제화 된 양공주(洋公主) 군상」, 『서울신문』, 1952년 7월 26일.
19 김갑순의 증언에 따르면 당시 이화여자대학교의 교수들 사이에서는 김활란의 학생동원을 놓고 반대의견이 많았다고 한다(장숙경, 「이기붕과 박마리아」, 2003, 미발표논문, 20쪽에서 재인용).

3. 병사들 위안하기

　미군(UN군) 고위 장교들과 외교관들, 한국군 고위 장성들이 여성지도자들이 개최한 파티에 참가하는 동안 초대받지 못한 수십만에 달하는 미군(UN군)과 한국군 병사들은 거리와 산야, 군부대의 막사에서 여성의 성(性)을 제공받았다. 성매매의 형태를 취하고 있는 '병사들 위안하기'는 국가의 주도 아래 공공연한 성매매 장소인 댄스홀과 위안소를 설치하고 정부 기관이 나서서 성매매 여성을 관리하는 형식을 취하고 있었다. 여기에서는 한국전쟁 뒤 기지촌 성매매와 도시지역의 이른바 '집창지역(集娼地域)'으로 발전하는 국가 주도의 '병사들 위안하기'의 정책적 배경이 된 여성정조의 문제와 국가가 위안소와 위안부(군인을 상대하는 성매매 여성)문제에 개입하는 구체적 행태에 대해서 살펴보겠다.

1) 여성 정조의 관리

　한국전쟁으로 인한 미군(UN군)의 참전 및 청장년층 남성의 동원은 한국 사회에 여성의 성(性)과 관련된 새로운 문제들을 초래했다.
　무엇보다도 미군(UN군)과 관련된 성범죄, 곧 강간이나 성매매와 관련된 사회문제가 발생했다. 미군이 주둔한 지역에서 현재도 계속되고 있는 미군에 의한 성범죄는 한국사회가 전쟁을 계기로 처음 경험하는 일은 아니었다. 미군정기에 이미 남한사회는 강간, 성매매 여성의 증가, 성병의 만연 등 미군과 관련된 각종 성문제를 경험했었다.[20] 따라

---

[20] 미군정기 미군의 주둔에 다른 성문제에 대해서는 다음의 글을 참조할 것. 이임하, 「미군의 동아시아 주둔과 섹슈얼리티」, 성균관대학교 동아시아 유교문화권 교육·연구단 편, 『동아시아와 근대, 여성의 발견』, 청어람미디어, 2004.

서 국가와 사회는 미군(UN군)의 참전과 동시에 은근하지만 강력하게 여성들의 주의를 요구했다.

> 각 가정에서는 학도들의 일거일동을 조심하여 감독하여야 할 것이며 특히 여학생들의 외출에 대하여도 학교에서 지시하는 외출 이외에는 외출을 삼가도록 감독하여 주기를 부탁하는 바이다.21

> 야간에 있어서 부녀자는 될수록이면 외출을 삼가야 될 것이다. 간혹 미군의 오발사고가 있을 것이니 미군부대 부근은 가급적 접근치 말기를 바란다.22

이러한 요구는 표면적으로는 여성을 위한 우려이지만 안으로는 사회와 국가에 의한 여성정조의 관리를 의미했다. 곧 부계(父系)의 순수 혈통을 유지하기 위해 여성의 정조는 반드시 지켜져야 한다는 가부장제적 요구와 함께 지켜지지 않은 정조는 사회로부터 외면받는다는 경고였다. 이러한 의식을 반영하여 김말봉은 다음과 같이 말하고 있다.

> 우리는 한국의 여성이 다 계월향이나 논개와 같이 적장을 죽일 수는 없을망정 내 몸 하나만은 깨끗이 가질 각오쯤은 있어야 한다. … 마음속으로 남자와 여자를 구별할 수 있는 의지의 인간만이 순결한 모성을 보유할 수 있기 때문이다. 순결성을 가진 민족에게는 저능아와 색맹과 그리고 정신박약이 숫자적으로 가장 적은 것을 보아도 짐작할 수 있는 일이다.23

---

21 경상남도 학무과장의 담화. 『부산일보』, 1950년 8월 11일.
22 부산지구 헌병대장 김종원의 1950년 8월 12일 기자회견. 『부산일보』, 1950년 8월 15일 ; 미군의 오발사고가 특별히 여성에게 집중된 것이 아닌데도 여성의 외출과 미군부대 접근에 대해 주의를 환기시키는 태도는 미군과 관련된 성문제를 '오발사고'로 바꾸어 표현한 데 불과하다.
23 김말봉, 「오늘의 정조관―여성의 순결은 신화시대부터」, 『서울신문』, 1953년 3월 22일.

사회에 의해 강요되는 여성의 정조지키기는 제2세를 출산하고 양육하는 여성, 곧 병사들의 어머니로서 역할을 강조하는 것이었다. 이는 전쟁 동안 여성은 정조를 지켜야만 사회구성원으로 인정받을 수 있음을 의미했다.

한편 미군(UN군)과 관련된 성범죄는 매우 유용한 전쟁의 도구, 무기이기도 했다. 전쟁 동안 미군(혹은 중국군)에 의해 강간당하는 아내와 딸, 어머니의 이미지는 가장 유효한 심리전의 수단이었다. 실제로 한국전쟁 동안 북한군이 살포한 삐라의 상당수는 미군이 "우리의 누나와 동생들을 강간하였다"는 내용을 담고 있다. 이런 내용의 삐라는 후방에 있는 아내와 어머니, 누이의 정조를 보호하기 위해 출정한 병사들에게 적은 총을 겨누고 있는 '우리(북한군)'가 아니라 '미군'임을 각인시킨다. 또한 북한인민을 가난하게 만들고 쌀을 빼앗는다는 내용을 주로 한 한국군의 삐라도 중국군에 의해 여성들이 강간당할 것이라는 우려를 담고 있다. 아래의 두 삐라는 한국군과 북한군이 여성의 정조를 어떤 방식으로 전쟁의 무기로 이용하고 있는지 잘 보여준다.

> 미국놈들은 당신들을 전선에 내몰아 동족끼리 피를 흘리게 해 놓고 후방에서 당신들의 안해와 누이들의 정조를 유린하고 있다. … 조선민족의 피가 흐르는 사람이라면 이 어찌 원통한 일이 아니겠는가! 미국놈들이 조선녀성을 강간하며 굶어 죽게 된 것을 이용하여 양담배와 통조림을 가지고 롱락하는 것을 어떻게 참을 수 있겠는가! … 당신들은 누구를 위하여 싸우고 있는가? 원쑤는 미국놈이다! 동족끼리 피를 흘리지 말자! 당신들도 당신들의 처와 누이들을 구원하기 위하여 원쑤 미국놈들에게 총뿌리를 돌려대고 싸우라!24
>
> 아가 아가 울지마라

---

24 북한군이 한국군을 상대로 살포한 삐라의 일부분(「당신들의 안해와 누이들을 미국놈들의 마수에서 구원하자!」, 한림대학교 아시아문화연구소, 『(자료총서 29) 한국전쟁기 삐라』, 2000, 433쪽).

> 악마같은 중공 되놈
> 담을 넘어 들어와서
> 어머니를 욕 뵈우리25

위의 삐라는 남한이든 북한이든 강간의 이미지를 심리전의 소재로 적극적으로 이용했음을 보여준다. 남한이든 북한이든 전장에 나선 병사들을 자극하는 가장 효과적인 방법이 그들의 아내와 누이·딸들의 정조유린, 강간이미지임을 잘 터득하고 있었다. 따라서 여성의 정조는 전쟁의 승리를 위해 반드시 보호해야 할 대상이었고 후방에서는 출정 군인의 아내와 여성들의 정조관리에 나섰다. 사회부 부녀국장 이례행은 후방의 여성들에게 다음과 같이 말하고 있다.

> 전후의 국민생활의 완전성은 여성들의 인내와 결심에 좌우되는 것이다. 자기 아내의 순결을 안심하고 전장으로 나갈 수 있다는 것은 군의 사기에 영향을 끼치는 것이다.26

이와 같은 여성 정조의 강조는 대규모로 동원된 한국군의 사기 및 성(性)적 일탈 가능성에 대한 군 지휘관들의 우려를 반영하고 있었다. 1950년 9월 9일 경남지구 계엄사령관 김종원은 군의 풍기문제와 관련된 담화에서 "부산지구주둔부대는 장병 전원 영내 거주하여야 하며 일선장병이 래부(來釜)시에는 군인지정 여관 이외 숙박을" 금지했다.27 이는 군의 고위 장교들이 병사들의 성적 일탈의 가능성을 심각하게 받아들이고 있었음을 의미한다.

---

25 한국군(UN군)이 북한군을 상대로 살포한 삐라에 실린 시 「아가와 어머니」의 일부분.
26 이례행, 「전후여성의 풍조」, 『서울신문』, 1953년 3월 22일.
27 『부산일보』, 1950년 9월 10일.

2) 포주(抱主)가 된 국가

미군(UN군)이나 한국군 병사들에 의해 저질러질 것으로 예상되는 성적 일탈에 대한 국가의 대응책은 공인된 성매매 장소인 위안소를 설치하는 것이었다. 현재까지 공식적으로 확인할 수 있는 정부기관에 의해 공인된 한국전쟁기 최초의 위안소는 8월 초 설치된 마산시의 '연합군위안소'[28] 5개소이다.

> 시당국에서는 수일 내로 시내에다 연합군의 노고에 보답하는 연합군위안소 5개소를 신·구마산에 설치하기로 되어 이의 허가증을 이미 발부하였다. 앞으로의 시민의 많은 협력을 당부하고 있다.[29]

그러나 한국전쟁기 최초의 위안소는 마산의 경우보다 이전이었을 것으로 추정된다. 1950년 7월 초 미24사단 스미스특수임무부대가 부산에 도착했고, 대부분의 미군이 부산을 통해 한반도에 진입했음을 고려할 때, 확인되지는 않았지만 부산에서는 이미 7월부터 위안소가 설치되었을 것이라는 추측이 가능하다. 그러나 7월이든 8월이든 관계없이 미군의 참전과 동시에 국가에 의해 공식적으로 미군(UN군)을 위한 성(性)이 제공되었다.

연합군위안소의 설치는 1951년 1월 말 전선이 38선을 중심으로 교착되면서 본격적으로 그리고 광범위하게 이루어졌다. 1951년 1월 중순 한국전쟁에 참전한 외국군은 19만 9천 명(미군 17만 8천 명)이었으며, 1951년 7월 휴전협상이 시작되는 시기에는 28만 1천 명(미군 25만 3천

---

[28] 연합군위안소 혹은 UN군위안소로 표현했는데 이 글에서는 한국전쟁 기간 흔히 쓰인 표현대로 UN군위안소로 통일해서 사용하겠다.
[29] 『부산일보』, 1950년 8월 11일.

명)으로30 6개월 만에 10만 명 정도가 증가했다. 전선의 이동이 미미한 상태에서의 미군(UN군)의 증가는 병사들에 대한 위안을 시급한 문제로 제기했고 이에 대한 해결방안으로 위안소의 설치를 촉진시켰다.

더욱이 위안소의 설치와 운영에는 일선의 관료들뿐만 아니라 대통령 이승만을 비롯한 고위관료들까지 개입되어 있음이 확인된다. 1951년 5월 작성된 '대비지(大秘指) □□□□호'(2237호로 여겨짐) 「UN군인 위무방식에 관한 건」이라는 문서는 미군(UN군)을 위안하는 방식의 하나인 댄스홀과 위안소의 설치 목적과 운영을 다음과 같이 명시하고 있다.

> UN군인들을 위무하는 방식으로 딴스홀을 몇 군데 설치해서 해군에서 주관(장교구락부 등)하고 있다는데 각처에 이런 처소가 있는 것은 경찰이나 군에서 이면으로 도아주어서 과도할 한도에 지나지 말도록 조리를 세워 진행하게 만들어 주며 거기에 참여한 여자들은 특별한 허가를 주어 그 여자들만이 출입하게 해 주어야 일반민간부녀들과 구별할 수 있을 것이오. 또 일반 주택과 떨어져서 가정부인들과 접촉되지 않을만한 지역을 만들어 그들과 노는 여자들로 하여금 일정한 처소에서만 외인(外人)과 대하게 하는 동시에 UN군에게 요청해서 MP를 몇 사람 얻어가지고 우리 헌병과 경찰과의 합력으로 그들을 간수해주어 탈선하는 일이나 혹은 치안에 방해되는 일을 하지 안토록 해주어야 할 것이니 이를 경찰에서 지사와 시장의 협의를 얻어 속히 조정하도록 세칙을 정하고 따라서 세납(稅納)까지 따로 바다야 될 것인바 전시가 되야 각국 군인들을 유(游)할 수 업는 이때이니 만큼 이를 방임하면 도로혀 민간에 도의상 막대한 손해를 주어 그 영향이 장래에 미칠 것임으로 전시에 불가피한 임시계획으로 절대로 범위를 정해서 그 범위 내에서만 허락하게 하되 그 밧그로 터질 우려를 극히 막아야 될 것이니 이를 모든 지방과 군경(軍警) 간에 충분한 협동으로 실행할 것을 지시함.

---

30 한국정치연구회 지음, 『한국정치사』, 1990, 253쪽 ; 임재동 · 최정미, 「미국의 전쟁전략과 전쟁정책」, 한국정치연구회 정치사분과, 『한국전쟁의 이해』, 역사비평사, 1990, 233~234쪽.

이승만 특유의 문법을 무시한 긴 구어체의 문장으로 쓰여져 있고 문서상의 「(대통령)원본결재(大統領原本決裁)」란 인장으로 미루어 이승만이 지시한 사항을 대통령비서실에서 그대로 옮겨 작성한 것으로 보이는[31] 이 문서는 위안소(댄스홀)의 설치와 목적 그리고 관리 등의 문제에 대해 짐작하게 한다.

이 문서에 의하면 병사들을 위한 위안소의 설치는 대통령을 비롯한 대부분의 정부 각료들이 개입되어 있었다. 문서에는 국무총리 장면의 5월 11일 자필 서명이 남아 있으며 문서는 국무총리 이외에 내무부장관, 국방부장관을 경유하여 육군총참모장, 해군총참모장, 치안국장 앞으로 보내졌다. 또한 문서는 위안소의 설치 및 관리와 관련하여 지사 및 시장, 경찰 등과 협의하도록 지시하고 있어 지방 관리들이 위안소의 운영에 밀접히 연관되어 있었음을 알 수 있다. 이 문서 이외에도 다음의 사례에 나타난 것처럼 경찰이나 군이 위안소의 설치 및 관리에 개입하고 있음을 확인할 수 있다.

> 서울특별시 경찰국장은 … 연합군 상대 댄스홀이나 위안소설치에 있어서는 요청에 의하여 관계당국에서는 적절한 건물, 기타 장소까지라도 물색하여 허가해 줄 용의가 있으니 법치국가에 있어서 법을 무시하는 행위에 대하여서는 철저히 취체할 것을 4일 관하 각서에 엄명하였다고 한다.[32]

> 사회장관이 인가한 「UN군 댄스홀」을 제외한 「비밀 댄스홀」에 대하여서는 철저적으로 취체하여 엄중 처단할 방침이니 요리업자는 물론 일반 유식자층은 차제에 일대 각성을 바라는 바다.[33]

---

31 이 문서의 분류기호인 '대비지(大秘指)'는 '대통령 비서실 지시사항'의 줄임으로 추정된다.
32 『경향신문』, 1950년 11월 5일.
33 부산지구 헌병대장 이광선 소령의 담화. 『부산일보』, 1950년 11월 29일.

> 계엄민사부로부터 정식으로 허가한 UN군 전용 댄스홀에 한하여 UN군을 위안 또는 기타 여러 가지 편리를 도모하기 위하여 하오 10시까지 영업을 허가한다.[34]

> (육군본부)정병감실의 소관업무로서 육군 전장병의 복지 및 사기앙양을 위한 특수위안활동 … 본 특수위안대 설치하게 되었다.[35]

이상의 내용을 종합할 때 미군(UN군)과 한국군 병사들을 위한 각종 위안소의 설치 및 관리에는 사회부(위안소의 허가), 계엄사령부 민사부(위안소의 허가 및 감독), 경찰(위안소의 감독 및 지원), 육군본부 정병감실(국군과 관련된 위안대의 설치 및 운영) 등의 국가기관들이 개입되어 있었다. 또한 위안소의 설치에 미군이 개입한 흔적도 드러난다. 1951년 9월에 서울지역의 성매매 여성들을 영등포지역으로 집결시켜 미군(UN군)을 상대하게 하기 위해 서울시 당국과 미군 사이의 협의가 진행되었으며[36] 제주도에서도 제주도청과 미군 사이에 위안소 설치 문제가 협의되었다.[37]

특히 경찰은 위안소와 미허가 위안소 결집지역의 성매매 여성을 관리하고 감독하기 위해 부덕회(婦德會), 백합회(百合會), 협심회(協心會) 따위를 조직했다.[38] 이러한 조직은 한국전쟁 뒤 경찰이 기지촌을 비롯한 성매매 여성 집결지역인 이른바 '집창지역(集娼地域)'에 위안부자치회 등의 이름으로 조직한 각종 통제조직으로 발전했다. 특히 서울시 경찰국장은 민간업자가 위안소 설치를 요청하면 "적당한 건물과 장소

---

34 『부산일보』, 1950년 12월 23일.
35 육군본부 편, 『6·25사변 후방전사(인사편)』, 1956, 147~148쪽.
36 『서울신문』, 1951년 9월 20일.
37 『제주신보』, 1951년 9월 1일, 1951년 9월 5일.
38 『서울신문』, 1952년 6월 2일, 1952년 7월 26일 ; 『조선일보』, 1953년 2월 13일.

까지" 알선해 주겠다고 언급했는데 위안소 설치는 정부의 허가만 받으면 문제가 되지 않았다.

한국정부가 위안소 설치에 적극적으로 나선 이유의 하나는 미군과 일반 여성을 격리시키는 데 있었다. 「UN군인 위무방식에 관한 건」은 "전시가 되야 각국 군인들을 유(游)할 수 업는 이때이니만큼 이를 방임하면 도로혀 민간에 도의상 막대한 손해를 주어 그 영향이 장래에 미칠 것임으로 전시에 불가피한 임시계획으로 절대로 범위를 정해서 그 범위 내에서만 허락하게 하되 그 밧그로 터질 우려를 극히 막아야 될 것이니"라고 위안소 설치의 목적을 언급하고 있다. 이는 일반 여성들의 정조를 미군(UN군)으로부터 보호하기 위하여 위안소가 필요하다는 논리로, 육군본부 정병감실이 특수위안대의 설치 목적이 "전쟁 사실에 수반하는 불선(不鮮)한 폐단을 미연에 방지"하는 데 있다고 언급한 것과 일치한다. 아래와 같이 성매매를 위한 위안소의 설치는 이러한 목적을 어느 정도 달성한 것으로 평가되었다.

> 과거를 회상하면 뜻하지 않았던 과도기에 있어서 수많은 가정부인들이 수난을 당하였으며 … 그러나 특(特)이라고 쓰인 간판에 허가를 얻어 UN마담들의 활약이 전개된 후로는 이런 비극은 근절에 가까워졌으니 이렇게 보면 한국여성의 순결을 위한 방파제의 역할을 하고 있다 하여도 과언이 아닌 점도 있다.[39]

그러나 '일반 여성'의 보호를 위한 방파제라는 위안소 설치의 목적이 달성된 것은 아니었다. 위안소가 설치되었다고 해서 일반여성이 미군(UN군)들의 성범죄로부터 보호받지는 못했다. 미군의 성범죄는 끊임없이 이어졌으며 일부 미군은 모든 한국여성을 위안부로 취급하기도 했다.

---

[39] 「UN마담」, 『부산일보』, 1953년 11월 11일.

> 지난 9일 … 미군용차에 타고 있던 김영순(15)과 18, 19세로 보이는 소녀들이 돌연 차에서 떨어져 전기 김영순은 즉사하고 나머지 2명은 중상 … 전기 처녀들은 미군용물품장사를 다니는 처녀들인데 이날 아침 양주에서 미군차를 타고 오다가 전기 장소에서 세워달라는 말도 없이 그냥 떨어졌다고 한다.[40]

> 31일 밤 노량진으로부터 화물열차에 편승 불법도강(渡江)하여 서울역에 도착한 당년 20세의 묘령의 여인이 고요한 밤의 서울역 대합실에서 외국군인 2명에 의하여 윤간을 당하였다.[41]

> 동대문구 제기동에서 유엔군 일등병사가 … 윤기순(39세)을 M1소총으로 살해하였다. … 윤기순에게 동침을 요구하였으나 거절당하자….[42]

UN군위안소설치의 또 다른 목적은 "이역 수만리 고국을 떠나 모든 것이 생소한 한국 땅에서 자유 한국의 통일을 위하여 분투하여 주는 연합군에 대하여 일반 시민은 충심으로 환영과 사의를 표하여야겠읍니다"[43]라는 국방부 정훈국장 이선근의 언급처럼 한국정부가 미군(UN군)에게 고마움을 표현하는 한 방식이었다. 곧, UN군위안소를 통한 성적 유흥의 제공은 자신들의 기득권을 유지하고 강화시켜준 '은혜로운' 미군에 대한 보답이었다. 부산시장 김주학이 성병 검진을 받지 않는 성매매 여성들을 힐난하면서 행한 다음의 언설은 이러한 입장을 잘 보여준다.

> 6·25이래 우리나라의 군사원조 차 내한한 평화의 사도 국련군의 사기를 돋우고 노고를 위안하기 위하여 일부 우국여성들은 자진 분기

---

40 『서울신문』, 1951년 12월 12일.
41 『서울신문』, 1952년 6월 2일.
42 『조선일보』, 1951년 10월 1일.
43 『경향신문』, 1950년 10월 12일.

(奮起)하여 헌신 위안의 임무를 담당한 데 대하여는 시민을 대표하여 심심한 사의를 표하는 바이다.[44]

'UN군 노고에 감사해야 한다'는 입장은 1951년 말 전국적으로 실시된 요정과 고급유흥업소의 폐지 때에도 미군(UN군)이나 외국인을 위한 시설에 대해서는 영업을 계속할 수 있도록 조치한 데서도 분명히 드러난다. 1951년 12월 18일 보건부 방역국에서 작성한 외국빈접객업소(外國賓接客業所) 허가조건에 관한 규정은 당시 남한 정부의 미군(UN군)과 미국인에 대한 감정의 한 단면을 알 수 있다.

1) 외국접객업소는 천연환경과 장소와 위치에 있어서 외빈을 위안함에 가장 타당한 곳 예컨대 각 승지(勝地), 유원지 등 신심을 위로할 수 있는 곳을 택한다.
2) 외빈접대업소는 위생시설이 그 지방에서 가장 우수한 영업소를 택한다.
3) 외빈접객업소의 시설과 설비는 근대적 시설로 완전하고 충적한 설비를 갖춘 영업소를 택한다.
4) 외빈접객업소는 항상 보수와 영리가 양호하고 청결하여 위생적인 업소를 택한다.
5) 외빈접객업소 및 종업원은 보건상태가 완전하고 교양이 풍부하여야 한다.
6) 기타 제반조건이 빈객의 불쾌감을 갖지 않도록 되어 있어야 한다.···
종업원과 접대부는 소정 규정의 건강진단을 받고 소정규격의 건강증을 항상 소지케한다.[45]

위안소를 설치한 또 다른 목적은 병사들의 사기를 높이고 전투력을 유지하는 데 있었다. 육군본부의 기록은 육군에 의해 조직되고 운영된

---

44 『부산일보』, 1951년 2월 3일.
45 보건부 방역국 위생과, 「(保防 第2117號) 고급요정 및 유흥업 폐지와 국빈객 접대에 관한 건」, 1951.

'특수위안대'의 설치목적을 다음과 같이 기술하고 있다.

> 실질적으로 사기앙양은 물론 전쟁사실에 수반하는 불선한 폐단을 미연에 방지할 수 있을 뿐 아니라 장기간 교대없는 전투로 인하여 후방왕래가 없으니만치 이성에 대한 공경에서 야기되는 생리작용으로 인한 성격의 변화 등으로 우울증 및 기타 지장을 초래함을 방지하기 위하여 본 특수위안대를 설치하였다.[46]

군의 사기를 위해 여성의 성(性)을 제공하는 행위는 사병뿐만 아니라 장교들도 대상으로 했다. 1951년 국회에서 '화려한 화장을 한 부인들'로 인한 풍기문제가 제기되자 부산시 중앙동에 소재한 '장교구락부'에 대해 국방부차관 장경근은 다음과 같이 답했다.

> 군대에 대해서는 일반 요리집 출입을 엄금하는 동시에 장교의 친구나 외국군인들이 오면 … 사용하도록 한 것인데 이것을 전연 막기만 해서는 안되겠다. 그래서 장교구락부를 공인하도록 해서 거기만 나가도록 하자. … 풍기단속도 좋습니다. 물론 어느 정도는 용인해야 됩니다.[47]

또한 특수위안대와는 별도로 일선 지휘관의 재량에 의해 성매매 여성을 부대 안으로 불러다가 병사들에게 성을 제공하는 경우도 있었다.[48] 여성을 제5종 보급품 혹은 7종 보급품이라 부르며 군수부대에 보급품으로 요청하거나, 군수부대에 의해 제공되는 경우도 있었다.[49]

---

46 "서울지구에 3개 소대 그리고 강릉지구에 1개 소대를 각각 설치하게 되었는데 … 위안부는 서울지구 제1소대에 19명, 제2소대에 31명, 제3소대에 8명, 강릉 제1소대에 21명으로 계 79명으로서 운영 중 일선 부대의 요청에 의하여 출동위안을 행하며 소재지에서도 출입하는 장병에 대하여 위안행위에 당하였다."(육군본부 편, 앞의 책, 148쪽).

47 1951년 2월 17일 국회 본회의에서 행한 국방부차관 장경근의 답변. 대한민국 국회 민의원, 『속기록』, 제10회 제27호, 1951, 6쪽.

48 『조선일보』, 1951년 11월 20일.

이렇게 여성의 성을 제공함으로써 군의 사기를 유지할 수 있다는 사고는 일본군이나 만주군 출신이 대다수였던 당시 군 지휘부가 일본군으로부터 습득한 지식과 체험을 바탕으로 군을 지휘했음을 보여주는 한 사례이다. 7사단 5연대 연대장이었던 채명신의 경험에 따르면 채명신을 비롯한 한국군 지휘관들은 병사들의 사기를 유지하고 전장에서의 전공과 포상에 대한 경쟁을 위해 특수위안대를 적극적으로 활용했고 대부분의 병사들 역시 이를 거부감없이 받아들였다.50 채명신이 일본군이나 만주군 출신이 아니었다는 점을 고려한다면 일본군으로부터 영향받은 군지휘부의 사고방식이 아래에까지 미쳤음을 알 수 있다.

이처럼 국가는 순결한 여성을 보호하기 위한 방파제이고 미군에 대한 고마움의 표현이자 군의 사기를 높이기 위해 위안소를 설치했다. 이러한 목적으로 설치된 위안소는 상대하는 성매수 군인을 기준으로 미군(UN군)을 상대하는 UN군위안소와 한국군 병사를 상대하는 특수위안대로 구분할 수 있다.

또한 운영주체를 기준으로 할 경우 민간업자들이 관계 당국에 신청하면 정부가 이를 허가하는 방식인 민간업자가 운영한 위안소와 군이 위안소를 개설하여 업자를 두고 감독한 위안소로 구분된다. 국가는 허가받은 업자와 성매매 여성(위안부)으로부터 일정한 세금을 징수했다.

---

49 김희오, 『인간의 향기』, 원민, 2000, 79쪽 ; 『부산일보』, 1951년 9월 6일.
50 채명신, 『사선을 넘고 넘어』, 매일경제신문사, 1994. 267~269쪽 ; 군대를 매개로 한 성매매가 지휘관들이 군대의 유지와 전공에 대한 포상으로 활용된 데 대해 산드라 스터드반트는 다음과 같이 말하고 있다. "군대를 위한 매매춘은 야전군의 무기만큼이나 필수적 … 매매춘이 충실히 임무를 수행한 군인에게 주는 포상의 일환을 행해지고 있는 것에 대해 우리는 이것을 잘 헤아려야 한다. 포상을 받은 미군이 기지를 나설 때면 정문에서 콘돔을 지급하라는 군차원의 명령이 하달된다. 이런 식으로 매매춘을 할 수 있다는 건 미군들에게 축복이나 다를게 없다."(산드라 스터드반트, 브렌다 스톨츠퍼스 엮고 지음, 『그들만의 세상—아시아의 미군과 매매춘』, 잉걸, 2003, 13쪽).

국가가 성매매를 허가하고 영업의 결과에 따라 세금을 거둬들이는 공창제도는 적어도 법률상으로는 1948년 2월 한국에서 완전히 폐지되었으며, 성매매는 법률적으로 불법행위였다. 그런데도 국가는 성매매를 허가해 주고 성매매 여성(위안부)들과 업자(포주)로부터 세금을 받는 포주와 같은 존재, 범법자가 된 것이다. 실제로 1951년 초반 부산시내에만 정부의 허가를 받은 접대부만 4천여 명이었으며[51] 국가가 성매매 여성들로부터 허가를 빙자하여 금품을 수수하고 있었다.

> 마산시 모과(某課) 직원 모(某, 24)는 UN군접대부의 신규면허세(1인당 1,200환) 수십 명분을 횡령한 혐의로 수사당국에서 문초를 받고 있다. 현재까지 밝혀진 횡령액은 8명분 9,600환이다. 또한 접대부조합 서기 모(某)씨는 당국의 행동개시와 더불어 행방을 감추었다.[52]
>
> 서울시에서는 지난 9월부터 특별행위세를 징수하여 왔다. 그런데 12월 3일까지 접대부로부터 서울시에 납부되어 온 특별행위세는 총액 297만원이라 하는데……[53]

전국적인 통계나 조사자료는 존재하지 않지만 정부의 허가를 받아 영업하는 위안소는 전국적으로 상당한 수에 달했다. 부산의 경우 1951년 7월 위안소(동래지역에 집결된 음식점 겸 숙옥) 74개소와 UN군전용 댄스홀 5개소가 허가되어 있었고[54] 1952년 7월에는 모두 78개소[55]의 공인된 위안소가 있었다. 1950년 8월 5개소의 위안소가 허가를 받았던 마산에는 1951년 7월 7개소로 증가했다. 이들 허가받은 위안소 이외에도 허가받지 않은 미군을 상대로 하는 무허가 성매매 업소는 허

---

51 『동아일보』, 1951년 3월 6일.
52 『부산일보』, 1953년 5월 16일.
53 『서울신문』, 1951년 12월 10일.
54 내무부 치안국 정보수사과 부산파견대, 「부산 시내 각 요정 조사 복명」, 1951.
55 『부산일보』, 1952년 7월 13일.

가받은 업소의 수배에 달했다. 1953년 들어서면서 위안소는 '필요악'
으로 주장될 정도로 이미 상설화되었는데 위안소의 전국적 분포는 곧
'특정지역설치'라는 논의로 이어졌다.

「UN군인 위무방식에 관한 건」은 또한 위안소의 위안부를 비롯한
성매매 여성들을 지역적으로 일반인으로부터 격리시키고자 했음을 보
여준다. 일반 여성으로부터 성매매 여성을 격리하려는 시도는 위안소
설치의 근본목적 중의 하나인 일반여성을 미군(UN군)의 범죄로부터
보호하는 방법임과 동시에 사회로부터 제기된 끊임없는 요구였다.

> 요즈음 시내 각처에 양공주들이 산재하여 선량한 풍속을 문란케하
> 고 있다는 것은 누구나 유감으로 생각하나 근자에 와서는 일부 여학생
> 까지 유엔군을 상대로 밀매음을 하니 참으로 한심스럽습니다. 이러다
> 가는 참한 여학생들까지 물들을 염려가 있어 학부형되는 사람으로서
> 는 마음이 안 노입니다. 당국에서 선처하여 주실 것을 고대하고 있었
> 으나 환도한 지 달포가 지났음에도 불구하고 그냥 방치하여 두니 이
> 문제를 어떻게 처리하시렵니까? 우건으로써는 이 양공주들을 될 수 있
> 으면 어느 구역에 집단적으로 몰아두는 것이 좋을 줄 생각합니다.[56]

이러한 요구들에 대해 서울시장 김태선은 "서울이 차츰 질서가 잡혀
가고 있으므로 앞으로는 요식점을 점검하여 어느 특정된 곳으로 옮길
것이며 밀창소굴도 앞으로는 특수지대를 설정하여 혼선된 풍기문제를
해결하겠다"고 답했다.[57] '특정지역설치'와 관련된 여론이 활발해지자
일제시대 공창이 있었던 묵정동의 기성회와 번영회가 '특정지역'을 만
들기 위해 60여 동의 건물을 건축하기도 했다.[58] 또한 성매매 업자가
나서서 특정지역을 만들기 위해 재무부에 융자를 신청하는 경우도 있

---

56 「양공주촌을 특설하라」, 『서울신문』, 1953년 10월 10일.
57 『서울신문』, 1953년 5월 16일.
58 『서울신문』, 1953년 9월 29일.

었으며 1954년 서울상공회의소 회장 이중재의 명의로 국무총리실에 'UN군 전용오락지역'을 만들자는 진정이 제출되기도 했다.59

> 전국에 있는 UN군위안부를 동래, 해운대, 송도 3개소에 집단수용하여 공창업을 하겠다고 재무부, 내무부 양장관의 합의를 얻어 거액의 융자신청을 했다. 서울시 종로구에 거주하는 김도원은 10월 17일 내무부장관의 찬동을 얻어 공창사업을 하겠다고 달라 10만 불과 한화 8천만 원의 융자신청을 재무부에 제출했는데 융자신청이유는 UN군위안부를 전기 3개소에 약 150명을 수용시켜 UN군을 상대로 위안을 시킴과 동시에 연간 3억불의 외화를 획득하려고 하는 데 있다.60

그러나 이러한 논의의 한편에서 이미 성매매 여성들은 특정한 지역을 중심으로 집단을 형성하고 있었다. 서울의 성매매 지역은 군인을 상대하는 UN군위안소와 특수위안대, 일반 남성을 상대하는 성매매 지역으로 나뉘어져 있었다.

> 소위 풍기문제의 '콘츄럴 라인' 금지구역으로 으뜸가는 곳은 봉익동, 훈정동, 묘동, 돈의동, 와룡동, 운니동, 익선동, 낙원동을 필두로 청진동, 신문로 1가, 신당동, 동대문근처 등이 있으며 … 「양공주들의 거리」로는 남산동, 필동, 용산, 영등포, 남영동, 미아리 등이 있으며 … 한편 전선의 국군장병들을 위한 「특수위안대」가 인현동, 저동, 종로 등지에 특정건물을 사용하고 있는데….61

'특정지역설치'에 대한 정책과 여론 그리고 위안소의 전국적 분포는 곧 '집창'지역과 기지촌 형성으로 구체화되었다. 2차 대전 이후 일본에

---

59 국무총리비서실, 「(國總秘 제625호) UN군 전용오락지역 문설(開設)에 관한 건」, 1954 ; 이 문서에서 이중재(李重宰)의 명의로 진정서가 제출된 사실은 확인되나 진정서의 구체적 내용은 남아있지 않다.
60 『부산일보』, 1953년 11월 8일.
61 『서울신문』, 1953년 9월 29일.

서 나타난 'RAA(특수위안시설협회) 해체 이후 기지촌 성매매로 이어져 미군 상대의 성매매로 정착되었고, 적선의 탄생은 곧 공창제도의 온존으로 이어졌다'는 평가는 한국전쟁을 전후한 한국사회에서도 크게 다르지 않다. 한국전쟁 동안 국가가 만든 위안소 제도는 공창의 폐지와 함께 불법화된 성매매를 합법적으로 제도화하는 계기가 되어 미군 기지를 중심으로 된 기지촌과 도시지역의 '집창'지역의 형성을 초래했으며 일제시대와 비교할 수 없을 정도로 성매매 여성의 양적 팽창을 가져왔다.

3) '애국자' 또는 민족의 수치

한국전쟁 동안 국가는 미군(UN군)과 한국군을 위하여 위안소를 설립하고 파티를 개최하는 등 다양한 경로를 통하여 성적 위안을 제공했다. 또한 정부의 허가를 받은 위안소의 수 배에 이르는 성매매 업소가 도시와 미군(UN군) 주둔지역에 난립했으며 특별한 소속없이 부대 인근의 거리나 들판에서 성(性)을 파는 여성들이 있었다. 이들 미군(UN군)과 한국군을 상대로 하는 성매매 여성을 사회는 위안부(慰安婦)라 불렀다. 미군의 한반도 주둔은 1945년 해방과 더불어 시작되었는데 이때부터 미군을 상대로 하는 성매매 여성은 존재했다. 그러나 한국전쟁 이전 미군을 상대로 하는 성매매 여성의 명칭은 '양갈보'였으며 성매매형태에 따라 (밀)매음부, 공·사창, 댄서, 기생, 웨이트리스 따위로 불렀다. 한국전쟁과 더불어 국가와 사회는 성매매 여성에 대한 비하와 멸시를 의미하던 '양갈보'가 아닌 위안부를 공식명칭으로 사용했다. 국가와 사회가 위안부라는 명칭을 공식화한 것은 이들 성매매 여성의 존재에 국가적 가치, 전쟁으로 인한 군의 필요에서 비롯되었다. 곧 이들 성매매 여성들에 대한 멸시와 비하와는 별개로 그녀들이 미군(UN

군)이나 한국군을 위안하고 사기를 높여줌으로써 침략군을 격퇴하고 통일을 이루는 데 기여하고 있다는 인식이었다.

한국전쟁 시기 국가와 사회가 위안부라 부르는 성매매 여성은 성(性)을 주요한 상품으로 하고 여기에 약간의 음식과 주류를 제공하는 여성들이었다. 그러나 이들 이외에도 댄서62나 미군(UN군)과 동거하는 여성 등 미군(UN군)에게 성을 판매하는 여성들이 있었다. 일반적으로 '양공주', '양갈보', 'UN마담', '국제외교직업부인(國際外交職業婦人)'63 등의 용어는 위안부, 댄서, 미군(UN군)동거여성 등을 총칭하여 사용하는 용어였다.64

위안부들은 경기도와 강원도 지역의 전선에서부터 제주도까지 전국적으로 활동했다.65 위안부의 규모에 대해 보건부나 언론에서는 대략 10만 명 내외로 추산했으며, 50만 명 이상으로 추정하는 경우도 있었다.66 보다 정확하게 위안부의 수를 명시하고 있는 『한국경찰사 II』는 1952년 전국적으로 위안부(좁은 의미) 24,479명, 미군(UN군)동거자

---

62 정부의 허가를 받은 UN군 전용댄스홀에 소속된 여성들로 성의 매매보다는 오락의 제공이 우선시되었다. 그러나 이들 댄서들은 대부분 미군(UN군)을 상대로 성매매를 했는데 성병검진 결과 댄서들의 감염률이 높았다는 사실이 이를 증명한다. 1953년 3월 실시한 성병검진 결과 위안부(좁은 의미)들은 20.6%의 감염률을 보인 반면 댄서는 26.9%가 성병에 감염되어 있었다(『부산일보』, 1953년 4월 1일).
63 축약하여 국제부인(國際婦人)으로 부르기도 하는데 1951년 6·25 1주년 항공(抗共)국민행사를 준비하면서 사회부가 사용한 용어이다(『부산일보』, 1951년 6월 19일).
64 이 글 이하에서는 이들 미군(UN군)을 상대하는 성매매 여성을 총칭하여 당대에 사용했던 '위안부'라는 용어를 사용하고자 한다.
65 경찰의 1952년 공식 통계에 따르면 위안부는 경남 5,129명, 경기 4,869명을 필두로 전국의 모든 시·도에 분포해 있었다(내무부 치안국, 『한국경찰사 II』, 1973, 931~932쪽).
66 『서울신문』, 1952년 5월 21일 ; 『경향신문』, 1952년 5월 27일 ; 『부산일보』, 1952년 7월 13일 ; 『경향신문』, 1952년 10월 19일 ; 『동아일보』, 1953년 4월 11일.

1,911명, 댄서 393명 등 26,783명이 미군(UN군)과 관련된 성매매에 종사한 것으로 기록했다. 이는 정부에 의해 정식으로 허가받은 위안부들에 대한 통계로 추정된다. 그러나 1952년 78개소의 공인된 위안소가 영업 중이던 부산에 그 보다 10여 배에 가까운 6~7백 개소의 허가받지 않은 위안소가 있었다는 기록을[67] 고려한다면 위안부는 최소 10만 명 이상이었을 것으로 추정된다. 여성 10만 명은 1949년 15~34세 여성 3,196,280명의 3.1%에 해당하는 규모이다.[68]

이들 10만 명이 넘는 위안부들은 대부분 전쟁으로 생활의 근거를 상실한 여성들이었다.

> 일선지구에 유엔마담 … 경찰당국에서 검거한 그들의 신원을 조사해 본 바에 의하면 총수효의 약 3할은 전투지역에서 가족들과 서로 분산되어 피난해 온 여성들이고 나머지 7할은 생활고로 인하여 각계각층에서 전락되고 있는 것이다.[69]

> 요즘은 유엔군 상대의 매춘부가 늘어가는 경향이 있는데 … 매춘부들을 분류해보니까 대개는 가족을 나라에 바친 군경가족이 많은데 하루 빨리 원호의 손을 뻗치지 않으면 안되겠다고 깨달았어요.[70]

> 전쟁으로 … 가족과 부모, 형제를 잃은 여학생들은 의지할 곳이 없어서 심지어 윤락의 세상에 몸을 던지면서 자기의 학업을 계속하며 어린 동생들의 학업과 생계를 유지하는 수가 적지 않은 수에 달하고 있다.[71]

피난과정에서 가족과 헤어진 여성, 남편이나 아버지가 전쟁 중 사망

---

[67] 『부산일보』, 1952년 7월 13일.
[68] 대한민국 공보처 통계국, 『1952년 대한민국통계연감』, 1952, 31~32쪽.
[69] 『서울신문』, 1952년 5월 21일.
[70] 여자경찰 이유홍의 발언. 「〈좌담회〉 여성선발대의 부르짖음」, 『서울신문』, 1951년 9월 22일.
[71] 『부산일보』, 1953년 1월 30일.

하거나 병사나 노무자로 동원되어 생계가 막연해진 여성들이 생존을 위해 성매매 여성이 되었다. 따라서 인신매매와 같은 폭력과 강압 이외에도 자발적으로 위안부가 되는 경우도 많았으며, 경우에 따라서는 위안소나 댄스홀을 운영하는 업주(포주)가 신문광고를 통해 모집에 나서기도 했는데 "위안부를 모집한다"는 노골적인 광고는 아니었지만 아래와 같이 "중등교육을 마치고 사상이 건실하고 용모 미려한" 댄서를 모집한다는 광고는 종종 일간지에서 찾아볼 수 있다.

〈댄서 급구〉
1. 모집인원 : 30명(단 여자에 한함)
1. 응모자격
　① 중등교육을 수한 자
　② 연령 : 만 18세부터 30세까지
　③ 사상 건실하고 신체 건강한 자
　④ 용모 미려한 자
1. 대우 : 특히 우대함
1. 모집기일 : 4284년 자(自) 2월 17일　지(至) 2월 19일

　우(右) 희망자는 부산시 남포동 소재 구락부로 이력서 및 추천서(각 1통씩) 소지 내방할 것. 84년 2월 17일 연합군장교구락부(聯合軍將校俱樂部)[72]

특히 결혼경험이 있는 여성들이 위안부로 나서는 경우가 많았다. 성매매 여성의 신상에 관한 표본조사의 결과인 〈표 1〉에 따르면 위안부 가운데 결혼경험이 있는 여성은 1951(a) 74.9%, 1952(b) 60.3%로 절반

---

[72] 『동아일보』, 1951년 2월 17일 ; 『부산일보』, 1951년 3월 7일. 양성봉(梁聖奉)이 운영한 연합군장교구락부는 댄서 모집 등 준비과정을 거쳐 1951년 4월 1일 개업했다. 댄서의 수는 약 40명이었는데 이는 부산시내에 개업 중이던 5개소의 UN군전용 댄스홀 중 가장 규모가 작은 경우였다. 규모가 큰 뉴그랜드, 황가, 뉴아리랑에는 무려 100여 명의 댄서가 소속되어 있었다(내무부 치안국 정보수사과 부산파견대, 「부산시내 각 요정 조사 복명」, 1951).

〈표 1〉 한국전쟁기(1950~1953) 성매매 여성 실태조사 자료

		1951년(a)		1952년(b)		1952년(c)	
		수	%	수	%	수	%
결혼 형태별	미 혼	120	25.2	122	33.2	4,861	33.6
	기 혼	32	6.7	52	14.1	9,617	66.4
	이 혼						
	미 망 인	203	42.6	118	32.1		
	기 타	122	25.6	76	20.7		
	계	477		368			
성매매 형태별	기 생					1,042	7.2
	작 부					2,594	17.9
	여 급					1,307	9.0
	댄 서					790	5.5
	하 녀					1,634	11.3
	위 안 부					5,060	34.9
	미군동거					2,051	14.2
	계					14,478	

자료 : (a) 영남일보사, 『경북연감, 1951 · 1952년 합본』, 1952, 211쪽. 『조선일보』, 1951년 9월 24일. 서울여자경찰서에서 1951년 4월 1일 외국군인을 상대하는 성매매 여성을 대상으로 한 조사. 결혼형태의 기타로 분류된 경우는 『경북연감』은 이혼자로 분류한 반면 『조선일보』에는 생별(生別―납치, 실종, 이혼 등을 모두 포함한 개념)로 분류되어 있다.
(b) 엄요섭, 「한국사회10년사」, 『사상계』 1955년 10월호, 209~210쪽. 1952년 7월 경찰이 부산 해운대에서 외국군인을 상대하는 성매매 여성을 대상으로 조사한 자료로 유부녀 52명은 출정한 병사들의 아내이며 기타로 분류된 76명은 이전부터 성매매를 해온 여성들로 결혼관계가 불분명하다.
(c) 『부산일보』, 1952년 7월 13일. 기혼자 9,617명은 이혼한 여성, 미망인, 전쟁 중 남편과 헤어진 여성 등을 모두 포함한 수치로 여겨진다. 보건사회부가 1958년 발행한 『건국 10주년 보건사회행정개관』에는 1953년 통계로 기록되어 있다.

이상을 차지하고 있으며 서울 여자경찰서에서 1951년 7월부터 12월까지 단속한 위안부 1,804명 중 약 80%가 결혼을 경험한 여성이었다.73 또한 보건부의 통계로 미군(UN군)을 상대하는 성매매 여성인 댄서, 위안부, 미군동거자가 조사대상의 54.6%를 차지하는 1952(c)에서도 결혼생활을 경험한 여성은 전체의 66.4%에 달했다.

이러한 결과는 남편이 병사로 동원되었거나 전쟁으로 사망하여 생활력을 상실한 여성들이 자신과 아이들을 비롯한 가족의 생계를 위해 가장 손쉬운 방법으로 성매매에 나섰으며 이들의 성에 대해 가장 왕성한 구매력을 갖춘 집단이 미군(UN군)이었음을 의미한다. 이러한 사정 때문에 단속에 나선 경찰까지도 당황하는 경우가 적지 않았다.

> 그런 일(가정부인이 성매매 행위로 검거되는 일)이 있으면 가정조사를 해서 내놉니다. 이것도 유엔군 헌병은 내주면 안된다고 하고 경찰 고관 측에서는 왜 안내주냐고 하니 참 말하기 어려워요. 대개 일선지구에서 밤 8시부터 11시 사이에 잡는 모양인데 아이들은 딴 방에다 재우고 일을 하다가 그대로 잡혀오니 어린애들은 어머니를 찾으며 울 것이고 또 붙들려온 사람은 시민증도 못가지고 나오게 되니 여간 곤란한 경우가 많지 않습니다.74

대부분 위안부들의 성매매가 생존의 문제였는데 이에 대한 정부의 대응은 스스로 포주가 되어 위안부 허가증을 내주고 일정한 지역에서 집결토록 하거나, 허가받지 않은 위안부들을 검거하여 미군(UN군)주둔지역에서 격리시키는 것이었다. 특히 전투지구인 한강 이북의 서울과 경기북부지역에서 검거된 위안부들은 수원, 평택, 천안 등 한강 이남으로 추방되었다. 그러나 한강 이남으로 추방된 위안부들은 다시 한

---

73 『경향신문』, 1952년 1월 17일.
74 여자경찰 이윤홍의 발언. 「〈좌담회〉 여성선발대의 부르짖음」, 『서울신문』, 1951년 9월 21일.

강을 넘어 전투지역으로 돌아올 수밖에 없었는데 이는 어린아이 등 가족이 전투지역에 남아 있거나 성매매 이외의 생존을 위한 수단을 마련하지 못하는 한 피할 수 없는 현실이었다.75

결국 국가가 선택한 위안부정책은 위안부들을 사회로부터 격리시킴과 동시에 경찰, 지방행정기관 등이 통제 가능하도록 하는 것이었다. 이러한 정책은 "그들(UN군)과 노는 여자들로 하여금 일정한 처소에서만 외인과 대하게 하는 동시에 UN군에게 요청해서 MP를 몇 사람 얻어가지고 우리 헌병과 경찰과의 협력으로 그들을 간수해" 주라는 「UN군인 위무방식에 관한 건」을 통한 이승만의 지시로도 확인된다.

위안부들에 대한 통제와 관리는 경찰에 의해 주도되었다. 이를 위해 경찰이 선택한 방식은 경찰의 통제를 받는 포주들의 조직을 만들고 포주들로 하여금 경찰을 대리하여 위안부들을 통제, 관리하는 것이었다. 이는 경찰이나 지방행정기관이 여관, 음식점, 요정 등 접객업자들과의 정기적 회합을 통해 관할 지역을 효과적으로 통제해 온 관행의 연장이었다.76 또한 포주들로서는 경찰과의 연계를 통해 위안부들에 대한 자신들의 권력을 확고히 함으로써 성매매시장에서의 위계를 유지할 수 있었고, 위안부들은 포주를 중심으로 한 조직의 회원이 됨으로써 허가를 쉽게 얻어 경찰의 단속을 피하면서 성매매를 할 수 있었다. 1952년 말 서울의 명동 지역에서 발생한 다음의 사건은 경찰과 포주, 포주와 위안부 사이의 연계가 어떻게 이루어졌는지를 잘 보여준다.

75 『서울신문』, 1951년 9월 6일 ; 『서울신문』, 1951년 9월 26일.
76 한국전쟁 초기 경상남도 통영에서 개최된 접객업자 조합의 모임은 경찰(지방행정기관)과 접객업자 간의 유대가 이전부터 있어온 관행이었음을 보여준다. "보건사무가 금반 경찰로 이관됨과 동시 6·25사변 발생 이후 처음으로 통영 여관 및 음식업자 총회를 3일 통영극장에서 개최한 바 접객업자 200여 명이 회합 조합장 김태현씨의 개회사에 이어 정(鄭)경찰서장의 훈시가 있고 정(鄭)보안주임(경무주임)으로부터 지시사항이 있은 후에 접객업자간의 토의가 있어 자못 성황을 이루고 폐회하였다."(『부산일보』, 1950년 12월 6일).

> 시내 중구에 있는 양공주(洋公主)의 포주인 최홍선씨는 양공주 간에 섞여 들어오기 쉬운 적의 5열을 방지하기 위해서 경찰이 조직한 양공주의 지도망의 명동지구의 대책(大責)임을 기화로 지난 11월 "중부경찰서 보안계에서 위촉을 받았기 때문에 하는 것이다"고 양공주들에게 말하여 가면서 중구관내에 300여 명 있는 양공주 중 120명 이상에게 아직 등록되지 않은 비합법적 단체인 "교풍친목회"의 회원증을 발부해서 입회비란 명목으로 3만원씩, 월례회비라는 명목으로 2만원씩 도합 각각 9만원씩 거둔 거액의 금액으로 미군 모부대에 근무하는 한국인을 비롯하여 시경찰국, 중부경찰서, 여자경찰서 등 취체당국자를 교묘한 방법으로 이용하려고 맹활동을 하여 연약한 여자들의 몸 판 돈으로 포주영업의 지반을 공고히 하려 하였다.77

위의 사례는 경찰이 '5열 방지'라는 명목을 앞세워 지역별로 위안부 통제 조직인 "위안부 지도망"을 구축했고 이 조직의 책임자로 포주를 임명했음을 분명하게 알려준다. 이러한 조직은 지역에 따라 다른 명칭으로 불리웠는데 "접대부 조합"이나 "교풍회"란 명칭 이외에도 영등포구의 "부덕회(婦德會)", 용산구의 "백합회(百合會)", 춘천의 "협심회(協心會)" 등이 있었다.

> 용산구청과 용산경찰서, 용산구동연합회에서는 동구내에 산재하여 있는 약 200명의 유엔군위안부(양공주)들의 지도계몽을 위한 "백합회"를 결성하기로 되었다는데 1주일에 3회씩 회합하여 자활과 교양 등을 의논할 것이라고 한다. 그리고 산재된 위안부들은 어느 특정구역을 설정하여 풍기문란을 방지할 것이라 한다.78

> 이같이 양공주들이 회원으로 조직된 단체는 이미 세상에 알려진 영등포구의 부덕회(婦德會)와 용산구의 백합회(百合會)가 있으나 모두 다 자치단체이며….79

---

77 『서울신문』, 1952년 12월 15일.
78 『서울신문』, 1952년 6월 2일.
79 『서울신문』, 1952년 12월 15일.

소위 양부인들의 문란한 풍기를 취체하여 이들을 교양 계몽하는 동시 애국사상을 고취시키고자 지난번 춘천경찰서에서는 관하에 산재하고 있는 양부인들로 하여금 협심회(協心會)를 조직시켰다는 바 금번 포주 60명과 유엔군 동거자 그리고 위안부 667명이 등록되었다고 한다.80

이들 위안부들을 통제하기 위한 여러 명칭의 조직 가운데 백합회의 역사는 한국전쟁기부터 1950년대까지의 서울지역에서의 성매매 정책의 변천과정을 알려준다. 신문기사와 자료에 나타난 백합회의 생성, 발전, 소멸의 과정은 다음과 같다.

  1단계(1951년) : 서울시내의 위안부들이 백합회의 맹아가 되는 소규모 친목단체를 결성. 단체의 목적은 경찰, UN군헌병대 등의 단속과 착취 등에 공동으로 대처하는 데 있었으며 지역에 따라 "회현동패", "낙원동패", "남영동패" 등으로 불리웠음(『서울신문』, 1952년 7월 26일).
  2단계(1952년) : 용산경찰서, 용산구청 등이 개입하여 용산지역의 위안부 친목단체와 포주들을 규합하여 백합회를 조직(『서울신문』, 1952년 6월 2일). 본격적인 경찰의 통제, 관리가 시작되는 시기로 회원들에 대하여 회원증을 발행했으며 성병검진 등 정부의 시책에 협조.
  3단계(1953년) : 1953년 초 경찰이 주도하여 서울시내 각 구별로 위안부들을 규합하여 통일된 단체의 조직을 꾀함. 1953년 4월 1일에 이르러 조직구성이 완결되었는데 이 조직을 "구 백합회"라고 명명함(『조선일보』, 1953년 4월 4일). 이로써 경찰은 서울 시내의 위안부들에 대하여 통일된 관리체계를 구축.
  4단계(1953년 말부터 1955년까지) : 휴전과 정부환도로 서울 시내에 주둔하는 미군이 현저하게 줄어들면서 백합회는 위안부뿐만 아니라 내국인을 상대하는 성매매 여성까지 아우르는 통제 조직으로 변화됨. 이 시기에도 백합회는 여전히 회원증을 발행했으며 이 회원증은 경찰의 성매매 단속을 피할 수 있는 증명서가 됨.
  5단계 : 성매매의 만연이 사회문제화하고 경찰이 대대적인 성매매 단속에 돌입하면서 1955년 12월 15일부로 백합회원증은 성병검진증

---

80 『조선일보』, 1953년 2월 13일.

과 함께 전면 무효화됨(내무부 치안국, 『한국경찰사 2』, 1973, 934쪽). 이로써 백합회는 공식적으로는 존재하지 않는 단체가 되었다. 그러나 대부분의 지역에서 경찰과 포주 간의 연계는 유지되었으며 기지촌에서는 '위안부자치회' 등으로 노골적으로 활동.

백합회의 역사에서 알 수 있듯이 한국전쟁 기간 경찰을 비롯한 정부기관의 위안부정책은 5열침투의 방지라는 이데올로기적 외피를 앞세워 통제조직을 구축하고 이를 통해 위안부에 대한 포주들의 착취와 성매매 관련자에 대한 국가의 착취를 정당화하고 성병검진을 강화하는데 있었다. 서울시 경찰국장 윤명운의 담화는 국가의 위안부 정책의 기본방향을 노골적으로 보여준다.

> 양공주에 대한 나의 방침은 위생지도, 사상지도의 두 가지 방침 밖에는 없다. 그래서 관하 각서에 시달하여 양공주는 친절히 지도할망정 체포니 구금이니 하는 강경한 태도는 취하지 못하도록 했다. 더욱이 미군기관에서 체포하여 인계해 준 양공주에 대해서도 최단시간 내에 석방하도록 여자경찰서에 엄달했다.[81]

더욱이 성병문제와 관련하여 국가는 성병 검진을 받지 않거나 성병을 감염시키는 여성의 행위를 이적행위라고 간주했다. 그 이유는 성병 감염에 대한 미군의 민감한 반응 때문이었다. 미군은 2차 대전 당시부터 전투력의 유지를 위해 점령지나 전투지역에서의 위생문제에 각별한 관심을 보이고 사병들의 신체를 관리했는데 그 관리대상에는 각종 풍토병과 아울러 성병이 포함되어 있었다. 물론 성병을 예방하기 위하여 성매매 여성을 포함한 현지여성과의 성(性)적 접촉을 금지시킬 수도 있었지만 미군 지휘부는 이와 같은 정책보다는 미군과 성적 접촉이 가능한 여성들에 대한 검진강화를 기본정책으로 삼았다. 이러한 미군의 정

---

81 『서울신문』, 1952년 12월 15일.

책은 한국전쟁에서도 변함없이 진행되어 한국정부를 통하여 위안부들에 대한 성병검진을 강화하는 한편 성병을 포함한 한국에서의 위생상황을 주기적으로 보고했다.[82] 이러한 미군의 성병관리정책은 곧바로 정부의 정책이 되었으며 성병을 미군(UN군)에게 감염시키는 행위는 한·미 간의 친선을 해치는 행위이자 곧바로 이적행위로 치부했다.[83]

이와 같이 미군(UN군)의 신체와 사기를 위하여 위안부들에 대하여 정부가 나서서 강력한 성병검진정책을 실시하는 태도는 한국전쟁 이후에도 지속된 정책으로 1957년 UN군사령부가 서울로 이전할 당시 작성된 문건에는 정부가 위안부들의 성병감염에 얼마나 민감했는지 잘 나타나 있다.

> 금반 UN군사령부 이동에 수반하여 외국군을 상대로 하는 매춘여성(속칭 위안부)들의 격증이 예상되는 바 이들에 대한 단속 내지 선도책 강구를 목적으로 지난 7월 6일 보건사회부 내무부 법무부의 각 관계관이 회합하여 UN군출입지정접객업소문제 및 특수직업여성(속칭 위안부)들이 일정지역에로의 집결문제의 합의를 본 바 있으니 이에 따라 강구되어야 할 허다한 안건 중 당면한 성병관리문제의 긴박한 현실에 대처하여 합리적인 관리방법을 심의코자 다음에 안건을 제공하는 바임.[84]

위안부가 된 여성들은 미군(UN군) 병사와 한국군 병사들에게 성적

---

82 Medical Section GHQ, UNC, *Summarty of The Public Health and Welfare Section's Activities in Korea*, 1952.
83 부산시장 김주학의 담화. 『부산일보』, 1951년 2월 3일.
84 보건사회부, 「UN군사령부 이동에 수반하는 성병관리문제」, 1957 ; 이 문건이 작성된 1957년에는 미군주둔지역에 수많은 기지촌이 형성되어 있었으며 서울 10개소, 인천 12개소, 부산 2개소 등 주요 도시에 미군(UN군)전용 댄스홀이 정부의 허가를 받아 영업 중이었다. 1950년대 기지촌 성매매에 대해서는 다음을 참조할 것. 이임하, 『여성 전쟁을 넘어 일어서다』, 서해문집, 2004, 130~150쪽·225~247쪽.

위안을 제공하는 존재로 필요에 의해 국가가 직접 조성하고 관리하고 있었다. 그러나 사회가 위안부를 바라보는 시선은 민족의 수치이자 애국자라는 호명이었다.

그녀들을 바라보는 전형적인 시선은 '민족의 정조를 팔아먹은' 존재라는 것이었다.

> 반성하라, 양갈보 당신들은 무엇 때문에 국가가 원치 않고 삼척동자까지도 미워하는 시뻘건 살덩어리 장사를 하지 않으면 안 되는가? … 미친개 모양하고 쥐 잡아 먹은 고양이 입술을 총에 맞은 여우와 같은 동작을 하니 대체 당신들은 양심도 윤리도 인정도 눈물도 없는 무골충(無骨虫)이든가?85

이는 한민족이 아닌 다른 민족과 성관계를 맺으면 곧바로 민족성, 순수한 혈통을 잃는다는 관점으로 1950년 한 일간신문은 유태인의 예를 들면서 남성이 외국인과 결혼하거나 성관계를 갖는 것은 "부계혈통을 외민족에 번식함으로써 자민족의 세계적인 민족번영과 공고한 국민정신으로의 자가세력을 강화"하는 것이지만 여성이 외국인과 결혼하거나 성관계를 갖는 것은 "민족적 투쟁과 재기·광복을 위한 순결한 민족성의 불순화"를 초래한다고 설명하고 있다.86 따라서 '민족의 수치'라는 시선은 위안부가 아닌 일반여성을 대상으로 하고 있다. 위안부에 빗댄 정조를 팔아 '민족의 명예'를 더럽히지 말고 '순결한 총후 여성'이 되라는 경고는 곧바로 위안부가 아닌 여성은 제2세대를 출산하고 양육하는 여성의 임무에 충실하라는 경고였다. 한편 민족담론은 위안부가 된 것은 여성 개개인의 문제라는 점을 부각시키는 효과를 가져왔다. 위안부가 된 것은 개개인의 무지와 허영에서 초래된 것으로

---

85 「洋風 아주머니들에게」, 『부산일보』, 1951년 7월 8일.
86 「민족의 貞操지켜 전과에 보답하자」, 『부산일보』, 1950년 11월 3일.

위안부가 미군에게 살해되었음에도 '허영의 유죄', '윤락의 끝장'으로 냉소적으로 묘사하고 있다.

그러면서도 국가와 사회는 위안부들에게 애국자가 될 것을 요청했다. "유엔군을 위안하여 잘 싸워달라고 부탁할 수 있는 행동과 정신"을 가져달라는 여자경찰서장의 바람이나[87] "외교상이나 UN군 위로 등에서 댄스는 시인될" 수 있으나 내국인을 위한 댄스는 인정할 수 없다는 사회부 사회국장의 언사는[88] 너무나 당연한 듯 말해졌다. 2차 대전 후 일본을 빗댄 다음의 신문기사는 국가와 사회가 위안부들에게 요구하는 애국이 무엇인지를 잘 보여준다.

> 소위 대동아전쟁이 끝난 후 일본은 소위 미인계정책을 사용하였다는 평을 들었다. … 그들 일녀(日女) 유엔공주들은 돈만 알지 않고 나라를 도와달라는 부탁을 간간히 던졌다 한다. 모름지기 이들의 이 외교사명은 적지 않은 공을 이루었다는 말을 들었다. 그보다 더 위급한 조국의 현모양을 눈앞에 보면 도리어 전쟁을 파는 여인들이여! 그네들에게는 조국도 없는가?[89]

'미군(UN군)을 마음속으로부터 나오는 정성으로 위안해 주어 그들로 하여금 열심히 한국을 위해 싸우도록 하라.' '몸을 팔아서라도 열심히 돈(달라)을 벌어 조국에 바쳐라.' 이것이 위안부들에게 요구되는 애국이었다. 따라서 애국담론은 민족담론과 다르게 일반 여성이 아닌 위안부들을 대상으로 국가와 사회의 요구에 순응하라는 요구에 다름 아니었다. 곧 '전란에 처한 조국'의 어머니이자 딸임을 잊지 말아야 수치스러운 존재인 위안부들을 그나마 민족의 구성원으로 인정할 수 있다

---

87 곽경봉 서울여자경찰서장의 발언. 『조선일보』, 1951년 7월 28일.
88 사회부 사회국장 박준섭의 말. 「〈좌담회〉 계사년에 보내는 말」, 『부산일보』, 1953년 1월 2일.
89 『경향신문』, 1951년 11월 19일.

는 사회의 협박을 애국담론은 담고 있었다.

4. 전쟁에 동원되는 여성들

현재 한국 사회에서 위안부라는 용어는 2차 대전 시기 일본군에 의해 동원된 '성노예' 여성들을 지칭하고 있다. 곧, 위안부라는 용어는 민족의 수난과 치욕, (민족의 일원인) 여성의 수난을 상징했고 민족적 분노(반일감정)의 표현으로 사용되어지고 있다.

그러나 한국사회에서 위안부는 1980년대 후반 일본군위안부 문제가 표면에 떠오르기 전까지 너무나 자연스럽게 사용된 기지촌을 중심으로 한 주한미군을 상대하는 성매매 여성을 지칭하는 용어였다.

보건사회부에서 발간한 『보건사회통계연보』는 1968년까지 성매매 여성을 그 형태에 따라 댄서, 위안부, 접대부, 밀창(密娼)으로 구분했으며 1957년 파주에서는 경찰과 미군이 개입하여 기지촌지역의 성매매 여성들을 통제하기 위해 '파주군 위안부자치대'를 조직하기도 했다.[90] 또한 1950년대부터 1970년까지 일간신문들 역시 아래에서 보는 것처럼 위안부라는 용어를 아무런 거리낌 없이 사용했다.[91]

> 1962년 2월 25일 「또 미군폭행사건, 파주서 위안부를 구타 낙태
> 케 함」
> 1964년 5월 17일 「미국군인와 위안부 연탄가스 중독사」
> 1966년 11월 20일 「위안부 등에 미군 칼부림 해 3명 중상」
> 1968년 2월 29일 「미병이 위안부 살해 방화」

---

90 보건사회부, 『보건사회통계연보 1968』, 1968, 188쪽 ; 『한국일보』, 1957년 5월 2일.
91 아래의 신문기사는 『조선일보』에 게재된 것이다.

1970년 8월 11일 「요정 광고 내 위안부로 넘기려다 적발」
1972년 4월 22일 「숲 속에서 위안부 살해」
1974년 4월 10일 「평택군, 위안부 검진에 수뢰. 보건소장 등 8명 입건」
1975년 8월 10일 「주부에 "위안부 검진"통보에 경찰에 신고」
1978년 1월 12일 「위안부 살해·방화 미국병사에 무기 구형」

이처럼 극히 작은 사례에 불과하지만 위안부라는 용어는 주로 주한미군을 상대하는 성매매 여성을 지칭했다. 곧 한국현대사에서 위안부는 집단의 필요에 따라 국가에 의해 동원되고 관리된 군인을 매수자로 하는 성매매 여성들인 '양공주', '양갈보', 'UN마담', 'UN사모님'의 다른 이름이었다.

한국전쟁과 이후의 역사에서 일제의 유산인 '위안부'가 한국사회에 제도화되는 과정은 분명하다. 내전인 동시에 미·소냉전체제의 산물로 국제전이기도 했던 한국전쟁과 연이어진 휴전체제 속에서 국가와 사회는 미군(UN군)에게 제공하기 위해 일제로부터 배운 지식과 경험을 토대로 여성의 성(性)을 당연한 듯이 동원했다.

이러한 동원체제는 다음과 같은 이유로 한국사회에서 은폐된 채 크게 문제가 되지 않았다.

첫 번째 요인은 집단의 이익을 위한 필요 때문이었다. 한국전쟁과 그 경험에 대한 지속적인 내재화의 결과로 반공이 지상의 과제가 된 한국사회에서 주한미군은 신성불가침의 절대적 존재가 되어 마치 주한미군이 없이는 한국의 안전은 보장받지 못하는 것인 양 인식되어 왔다. 주한미군은 한국이 미국의 보호망 속에 있음을 상징했기 때문에 미군의 한국 주둔을 보장받기 위한 인질로서 위안부들을 기지촌이라는 격리된 영역 안에 가두어둠으로써 위안부의 존재는 불가침의 존재로 전환되었다. 이로써 집단의 이익을 위한 개인의 희생은 불가피하며 이를 문제 삼는 행위는 곧 이적행위라는 논리가 '위안형 여성동원'에도 그대로 적용되어 왔다.

두 번째 요인은 성(性)의 동원과 성매매를 특정한 상황에 연유한 불가피한 상황이나 개인적인 문제로 취급하려는 경향과 관련되어 있다. 전쟁이라는 상황과 한국전쟁 이후 북한과 대치해 있는 현실에서 기지촌 성매매의 존재는 불가피한 현실이라는 인식으로 이어졌다. 또한 그 이유가 무엇이건 간에 많은 여성들이 자발적으로 성매매에 나서고 이의 지속을 원하는 한 성매매에 따른 책임은 성매매 여성 자신에게 있다는 태도는 자연스럽게 기지촌의 위안부들 역시 자신의 삶에 대해서는 자신이 책임져야 한다는 논리로 연결된다. 곧 국가가 폭력을 앞세워 강제로 동원한 일본군위안부는 문제가 되지만 성매매에 나선 '미군위안부'는 문제되지 않는다는 논리가 자연스럽게 공유되어 왔다.

세 번째 요인은 외화획득을 위해 국가와 사회가 나서서 거리낌없이 여성의 성(性)을 상품으로 동원하여 시장에 내놓는 경제제일주의, 개발지상주의에 기인한다. 앞에서 살펴본 대로 한국전쟁기에도 위안부들에게 '열심히 돈을 벌어' 애국자가 되라는 언사가 주어졌다. 이러한 언사는 외화획득을 통한 경제개발을 지상의 목표로 내세운 국가에 의해 받아들여져 기지촌의 성매매업소에 대해 관광시설업으로 부르며 '달러박스'라는 영광스러운(?) 호칭을 부여하거나 문교부장관까지 나서서 "기생관광"을 홍보하는 행위가 자연스럽게 이루어졌다.

네 번째 요인은 한국사회에 만연된 군사주의의 영향이었다. 군사주의는 폭력적인 남성다움을 강조하고 극대화시키는 한 방편으로 남성중심의 일방적인 성관계를 용인하여 왔다. 이러한 측면에서 성매매 여성의 존재는 병사들의 남성다움을 드러내는 수단이었으며,[92] 징병제를

---

[92] 이는 우리 사회에 군대 복무 기간 중 또는 군입대를 앞두고 성매매 여성을 매수하여 처음으로 성관계를 가졌다는 남성이 많다는 사실을 통해서도 입증된다. 즉, 성매매 여성의 매수는 남성다움을 과시하는 공공연한 수단이었고 이에 수반하여 '위안부'를 포함한 성매매 여성의 존재를 당연시하는 왜곡된 의식이 군대를 매

근간으로 하는 한국사회에서 대부분의 남성들은 어떠한 형태로든 군사주의 영향을 벗어날 수 없었다.

이처럼 한국전쟁을 계기로 제도화되고 당연한 현실로 인식되어 온 '위안'이라는 범주는 '계몽'과 '보호'와 함께 국가의 핵심적인 여성정책의 하나였다. 국가와 사회가 나서서 집단의 이익을 위해 여성의 성(性)을 공공연하게 주한미군이나 외국인 관광객에게 제공하는 '위안형 여성동원'은 안보와 경제면에서의 애국이라는 논리로 은폐된 핵심적 여성정책이었다. 특히 여성정책으로서의 '위안'은 일반 여성에게는 남성사회의 요구에 부응하는 여성성(여성다움)으로 주체를 형성하는 계기임과 동시에 위안부된 여성에게는 스스로를 자위하고 자신을 '위안형 주체'로 집단의 논리에 순응시키는 논리였다.

> 내가 이렇게 된 건 전쟁 때문입니다. 전쟁이 나서 부모님이 돌아가시고 나는 먹기 위해 고아원을 뛰쳐나왔죠. 부평의 미군부대에서 세탁일을 하다가 이곳 파주까지 왔어요. 나한테 밥을 준 건 이 나라가 아니고 미군이에요. 사람들이 뭐라 해도 나는 부끄럽지 않아요. 이 나라와 이 나라 사람들이 내게 해준 게 뭡니까. 우리가 달러를 번 최초의 사람들이에요. 그 당시 우리 아니면 어디서 달러를 벌 수 있었겠어요. 나는 정신대문제가 텔레비전에 나올 때마다 가슴 속에서 피를 토해요. 일제시대에 강제로, 혹은 돈 번다고 정신대로 끌려간 사람들만 불쌍하고 미군에게 돈을 벌게끔 강제당한 우리는 손가락질 당해요. 하지만 나는 나도 정신대라고 생각해요.[93]

개로 하여 자연스럽게 형성되어 왔다.
93 파주군 문산읍 선유리에 사는 J여인과의 면접 내용. 김혜선, 「주한미군과 파주사회」, 『파주군지 (하), 현대사회』, 파주군, 1995, 779~780쪽.

4장 감시에서 동원으로, 동원에서 규율로
―1950년대 학도호국단을 중심으로

연정은

1. 들어가는 글

학도호국단은 학교 체제가 언제든지 군 체제와 유사해질 수 있음을 보여주는 실례이다. 실제 학도호국단은 군 체제를 그대로 복사해 놓고, 군대 이전의 어린 청년들을 대상으로 두고 있다는 차이만 있을 뿐이다. 군 체제를 복사하여 형성된 감옥, 병원, 학교 등은 개개인의 하루 생활이 언제든지 다른 시선(국가, 사회, 개인일 수도)에 의해 통제되고 규제를 받도록 체제화해 놓은 공간이다. 그러나 학교는 다른 체제와 다르게 반복된 일상과 감시, 동원, 규율 속에서도 그 주체인 학생들이 스스로 지식을 생산하고 권력을 얻으려 하고 반역을 꿈꾸는 자유스러운 공간이기도 하다.

해방 공간에서 13~18세의 청년들은 언제나 격동의 중심에 있었다. 그리고 근대 정책에 의해 이들은 학교, 군대, 직업군에 소속되는 대상이었다. 따라서 격동의 중심에 있는 세력을 포섭하는 것은 국가기획에 있어서 중요한 일이며, 교육이란 그런 의미에서 중요한 위치에 있었다.

정부수립 후 이승만정권은 바로 청년층을 포섭하기 위한 방법으로 독일 나치당이 사용하던 히틀러 유겐트를 본 따 학도호국단을 만들었다. 학생들을 대대적으로 동원하고 통제하며 정부의 하수인으로 만들려는 이승만정권의 기획은 그러나 처음부터 삐그덕거렸다. 히틀러 유겐트는 기존 학교체제와 다른 나치당 소속하의 특별부대로서 이들의 주요 임무는 정치선동과 거리행진이었다.[1] 따라서 유겐트는 철저하게 기존의 일반학교와 차별화를 두면서 소수 엘리트 당 조직으로 만들어졌다. 그러나 학도호국단은 그렇지 않았다. 학도호국단은 정부 주도하에 기존 학생단체를 모두 없애버리고, 학교중심으로 조직을 구성하고 조직 자체를 군영화 하였다. 따라서 이런 조직 형성에 대한 비판은 기존 학생조직뿐만 아니라 교육계, 국회에서도 일어났다.

이런 비판 속에서 만들어진 학도호국단은 1950년 내내 학생 감시 동원조직으로 활동하였다. 그래서 1950년대 학도호국단 중심의 학생운동을 평가할 때 '암흑기'라는 표현에 이의를 제기하는 사람이 없을 정도이다. 그러나 이 암흑기를 가르고 하늘 높이 함성을 지르며 3·4월 혁명의 포문을 연 것은 암흑 속에서 언제나 정치권력의 사병처럼 여기저기 끌려 다니면서 관제 궐기대회에서 구호나 외치던 중·고등학교 학도호국단 간부 주도 아래에 있던 일반학생들이었다. 언제나 학생운동에 주도적 세력이라 인식되었던 대학생들이 아니라 항상 침묵하고 항상 어려 보였던 까까머리 검은 교복의 중·고등학생이었다. 왜 그런가? 도대체 1950년 내내 학도호국단에서 무슨 일이 있었던 것일까?

전쟁 후 피난, 흩어진 가족 그리고 부서진 교사 등 육체적·정신적으로 언제든지 그 고통의 틈에 있었던 것은 학생들이었다. 바로 그 틈바귀에서 언제 어디서 전쟁이 일어날지 모른다는 공포, 군대에 언제든지 끌려 갈 수 있다는 두려움, 그리고 훈련, 일상적인 가족의 생활고,

---

1 정재인, 『나찌시대의 교육』, 외국어대학교 사학과 석사, 1995, 48~49쪽.

이웃, 그리고 자신들의 위치 등 이런 혼돈 속에 1950년대 학생들이 있었다.

1950년대에 중학교 이상의 학생집단은 거의 특권층이었다. 전쟁의 폐허 속에서 여전히 학교를 다닐 수 있다는 것은 특권이었다. 자신의 노동력으로 가족을 꾸려나가지 않아도 되는 상황, 그리고 그 가족의 희망이며 사회·국가 차원에서 재원이 되는 세력 그러나 사회 속에서 활용되지 못하는 재원들인 것이다. 그들은 계급, 계층을 벗어난 그들만의 사회적 특권과 함께 사회적 책임감을 끊임없이 부여받고 여전히 사회·개인 가족사에 묶여 고민하는 능동체였다.

국가는 학도호국단을 통해 무엇을 얻으려고 했을까? 학도호국단을 통한 감시와 동원은 어떻게 구체화되고 조직화되었을까? 또한 학생들은 감시와 동원 그리고 교육을 통한 규율을 통해 무엇을 경험하였을까? 1950년 동안 학도호국단에 대한 학생들의 인식과 반발은 없었을까? 이런 것들이 지금의 나의 궁금증이다. 물론 이것이 이 글을 쓰게 한 동기이기도 하다.

2. 학도호국단의 등장과 감시체제의 구축

1) 교원·학생 숙청과 학생감시체제

여순사건에 학생들이 가담했다고 알려진 것은 국방부의 발표를 통해서였다. 1948년 10월 28일 국방부는 제7호 발표를 통해 여수의 일반시민뿐만 아니라 여학생과 소학생까지도 봉기군에 합류했으며, 학생들이 봉기에 가담한 이유는 봉기군의 선동 때문이라고 발표하였다. 그러나 학생들이 여순사건에 참여한 것은 봉기군이 여수·순천에 진입하면서 지하에 있던 조선민주애국청년동맹(민애청), 조선민주청년동맹(민청), 학병거부자동맹(학동), 조선여자총동맹(여맹), 합동노조, 교원노조, 철도노조 등이 자발적으로 인민의용군을 조직하여 일제에 협력했던 친일분자나 경찰, 우익청년단체 등의 반동 우익분자를 색출했을 때였다. 이때 학생들이 이러한 일을 도와주거나 길을 안내하는 등 14연대를 보조하는 역할을 맡았던 것이다.[2] 여순사건에 교원과 학생이 보조적으로 참여했음에도 불구하고 정부는 강경한 대응책을 내놓았다.

특히 정부수립 이후 전국 교직원 5만 명을 대상으로 계속적으로 사상조사를 전개해 오던 문교부로서는 여순사건을 계기로 교육계에 대한 대대적인 숙청작업을 진행하였다.

전라남도 학무 당국은 순천·벌교 등지의 초등학교 교직원 61명을 파면하였고,[3] 제5단 군기대는 광주의과대를 포위하고 좌익 혐의자들을 체포하였다.[4] 초기 단계의 교원·학생숙청은 여순사건의 여파에 따라 사건 관련자 및 그 지역의 학교를 중심으로 이루어졌다. 그리고 그 체포 과정은 사건의 성격상 폭력적인 형태를 띠었다. 여순사건 후 진압군에 의한 가담자 색출작업이 일단 초등학교에 시민들을 수용한 후 가담자에 대한 공개처형이 잔인하게 이루어졌고, 색출과정도 12월 중순까지 계속되는 상황에서 교사와 학생들은 자신의 결백을 주장하기 위한 어떠한 행동도 해야 하는 상황이었다.

이때에 여수·순천지역 학교는 정부의 감시체계로 활용되었다.[5] 즉

---

2 김득중,『여순사건과 이승만 반공체제의 구축』, 성균관대학교 사학과 박사학위 논문, 2004. 214~216쪽.
3 『세계일보』, 1948년 11월 21일.
4 『동광신문』, 1948년 11월 19일.
5 김학재,『정부 수립후 국가감시체제의 형성과정』, 서울대학교 언론정보학과 석사 학위논문, 2004, 29~30쪽.

각 중등학교에 매일 100명 이상의 결석과 교원의 결근이 발생하자 "직원의 성의 있는 출근을 바라며", "정상적 수업을 받지 않는 자는 폭도로 인정하여 처단할 것이다"라는 경고문이 보도되기도 하였다.6 실제로 이 정도의 결근이나 결석이 있는 것도 아닌 데도 경고 자체는 교원과 학생들이 지금 무슨 행동을 해야 하는지 명확하게 말해 주고 있었다.

전남 학무국은 교직원 파면 후 다음 단계로 여순사건과 관련된 학생 280명을 학교별로 발표하였다.7 그리고 바로 문교부와 국방부는 중등학생을 중심으로 한 대한민국학도호국단 운영요강을 발표하였다.8

그리고 대한민국정부 승인 경축일 날을 계기로 서울시부터 중학생 호국총궐기대회는 개최되었다. 이 자리에는 이승만 대통령을 위시해 국무총리 이범석, 문교부장관 안호상 등 주요 인사들이 참석하였고 시내 중학생 4만 명이 모였다. 이날 대회는 국기계양, 애국가 제창, 비상시국하 학도들의 총궐기를 촉구하는 이 학무국장의 개회사, 이날 학생대표로서 성남중학교9 최춘무가 '민족혼에 살자'라는 열변과 진명여중생 전영희의 '우리의 부르짖음'이라는 궐기사가 있은 후에 시가행진으

---

6 『동광신문』, 1948년 11월 28일.
7 여수중학 19명, 여수여중 22명, 여수수산중학 30명, 광양중학 15명, 벌교중학 6명, 순천중학 73명, 순천여중 8명, 순천사범 70명, 순천산업 29명, 고흥중학 8명, 『서울신문』, 1948년 12월 8일.
8 『국제신문』, 1948년 12월 5일.
9 성남중학교는 김석원이 경영하는 학교로서 학도호국단이 만들어지기도 전에 이미 학교에서 군사훈련과 격검을 중점으로 교육방침을 세워 학생들을 비롯하여 일반 반대여론이 높았다. 이에 대해 김석원은 "우리 학교는 교육중심을 군사훈련에 두고 있다. 이는 즉 군인정신을 함양하는데 있는 것이다. 왜냐하면 남북전쟁이 일어나도 이를 막으려면 군인이 필요하다. 그러므로 우리 학교는 예비사관학교에 준한 교육방침이며 졸업생은 전부 육군사관학교에 입학하여 간부를 양성하도록 하고 있다"는 교육방침을 강조하였다. 『독립신보』, 1948년 9월 11일. 학도호국단 등장에 있어 성남중학교에서 학생대표가 나왔다는 것은 그 의미하는 바가 크다고 할 수 있다. 성남중학교와 학도호국단의 교육방침이 별반 틀리지 않았다.

로 이어졌다.10 이 대회가 바로 학도호국단 창단의 서막이었으며 학생 관제행사의 전형이 되어 주었다.

학교 내에 감시체계가 점차 구축되면서 노골적인 숙청작업은 전국 단위로 확장되었다. 또한 감시체계는 처벌 대상자를 가려낼 뿐만 아니라 처벌 자체의 합법성도 주장하였다. 숙청작업은 학교 내 내부자(교장 중심)의 고발과 내부자의 자료 제시 혹은 경찰의 사찰 내용을 중심으로 이루어졌다. 이 과정은 학도호국단의 형성과 맞물려 자연스럽게 이루어졌다. 그리고 학도호국단 조직 속에서 감찰부의 역할이 강화되었다.

안호상 문교부장관은 1949년 1월 초 초·중등, 사범대학, 전문대학 교원 5만 1천 명에 대한 사상 경향을 조사했으며, 이 가운데 교원 5000여 명을 숙청할 것이라고 발표하였다.11 이를 시작으로 전국 단위의 숙청작업이 진행되었다. 원주 교육계는 학성초등 교원 3명, 원주여중 교원 2명, 춘천중학교 교원 1명, 원주농업 교원 1명, 학생 5명, 그 외 연루자 20여 명을 검거하였는데 검거이유는 좌익계열에 가담한 사건이 탄로났다는 것이다.12 남대구 형사대에서는 3·1기념일을 앞두고 모종의 비밀계획을 꾀하였다는 혐의로 초·중등, 대학에 조직되어 있는 세포조직체에 대한 사찰 검거를 개시하여 교원 21명, 모 대학 30여 명, 합 50명을 검거하였고, 동 경찰서는 각 학교를 포위하고 수업 중에 있는 남녀학생 약 100여 명을 검거하였다.13 서울대 10여 명이 권고 혹은 파면으로 사직을 당했고, 서울시내 중등·소학교(초등학교) 교직원 110여 명이 문교부의 뜻에 의해 불현듯 그만두게 되었다.

---

10 『서울신문』, 1948년 12월 12일.
11 초등교원 3만 5천 명, 중등교원 7,900명, 사범교원 3,200명, 전문대학교원 560명, 『연합신문』, 1949년 1월 23일.
12 『강원일보』, 1949년 2월 16일.
13 『대구시보』, 1949년 2월 23일.

서울시에서는 1949년 1월 13일부 문교부장관 통첩을 기준으로 2월 말 일로 초·중등학교에 반국가적인 자, 실력이 부족한 자, 당국에 협력하지 않는 자 등에 해당하는 교직원을 다수 숙청하였다. 숙청대상자가 교육자협회나 남로당에 가입하여 반국가적 실천행동을 하던 자에서 더 나아가 실력이 부족하여 교원 추진에 장애가 있는 자14까지 그 범위조차 애매해지고 모호해지는 형태를 보였다. 서울시 학무국에서는 서울시 중·고등학교 교직원 130명을 파면하였는데 그 이유도 1. 사상이 불온한 자 2. 무실력한 자 3. 당국에 협력하지 않는 자 4. 동료 간의 불목한 자였다.15 교직원이 파면된 이유가 사상이 불온한 자에서 당국에 협력하지 않고 동료 간에 불목한 자로 확대되었고, 학교 행사나 학교 당국의 요구를 거부하거나 아니면 적극적이지 않는 것도 문제삼을 수 있게 되었다.

또한 학도호국단 체제를 구축하는 과정에서도 이런 모습이 나타나기 시작했다. 시내 몇몇 학교 당국은 자의로 몇몇 교직원에 대하여 좌익 혐의와 직무 불충분 등을 이유로 사표를 제출케 하여 교직원들에게 공포감을 주어 오히려 문교부 차관이 나서서 강제 사표에 대한 경고를 주는 일도 생겼다.16 또한 교원 숙청 과정 속에서 각도 학무국장, 교장이라는 지위가 곤란을 겪을 것을 예상하고 제2회 각 시·도 학무국장 회의에서 훈시를 통해서 이 문제가 언급되기도 하였다.

> 여러 가지 곤란한 시국에 불순분자 숙청이라는 문제 때문에 더욱 곤란하고 어려울 것이지만 그것은 국가 민족의 유위한 사람을 숙청하는 것이 아니고 반민족 반국가적 분자를 숙청하는 것이니 이는 당연한 일이며 … 이 일이 실패하면 교육은 실패하는 것이다. … 만일 어느

14 『조선일보』, 1949년 3월 12일.
15 『경향신문』, 1949년 3월 12일.
16 『연합신문』, 1949년 1월 30일.

> 학교에서 맹휴사건이 발생한다면 그 책임을 추궁할 것이며 그러한 학교는 당연코 폐쇄할 것이다.17

훈시는 오히려 동맹휴학의 책임까지 학무국장이나 교장에게 추궁하며 교사와 학생에 대한 감시를 종용하고 협박까지 할 지경이었다.

정중섭 전라남도 학무국장은 각 도 학무국장 회의 결과 교원정비에 관해서는 반민족적 공산주의이념을 포지(抱持)했거나 중간적 입장으로서 학교 행사에 비협력적 또는 소극적 행동을 취한 자는 준공산분자로 인정하고 일률적으로 정비할 방침을 세웠다. 그리고 각 학교장은 교원의 태만, 교수내용, 교원의 사생활을 종합 심사하여 교원의 동향보고서를 도 학무국에 제출하였다. 또한 반민족적 학생은 퇴학만으로 종결을 지을 것이 아니라 국책적 견지에서 퇴학생 전원을 중앙에 소집한 후 강력한 군사훈련을 통해 학생 재생의 길을 열어 줄 것을 계획하였다.18

이렇듯 교장은 학교 내 교원의 행동을 감시·보고하고 각 학무국장은 이에 대한 조치를 취할 수 있도록 교원 학생에 대한 감시체제를 구축하였다. 바로 이런 감시체계가 학도호국단 조직을 통해 교장-교원, 교원-학생, 학생-학생 사이의 감시체계로 확대되었다.

안호상 문교부장관이 학도호국단을 결성하면서 가장 염두에 두었던 것은 학원을 파괴하려는 모든 불순, 반동분자를 숙청하고 민족적 연합을 꾀하려는 것이었다. 즉, 학도호국단은 학교 내에 존재하는 불순한 세력들을 제거하고 학생들에 대한 감시를 계속하면서 반공사상을 주입시킬 수 있는 조직이었다.19

학도호국단조직은 중앙에 총본부를 두고 그 밑에 중앙지도위원과 사무국을 두었다. 그리고 그 아래에 각 시·도 호국단을 두었고 그 산

---

17 『동광신문』, 1949년 2월 4일.
18 『동광신문』, 1949년 2월 10일.
19 안호상, 「학도호국대 결성의 의의」, 『조선교육』, 1949년 5월, 7쪽.

하에 시·군 학교별 학도호국단을 두었다. 학도호국단 산하에는 감찰, 선전, 문화, 기획, 훈련, 총무 등의 부서를 두었다.

이 조직을 구성하기에 앞서 중학 3년 이상의 학생은 각 학도호국대 간부양성을 목적으로 1948년 12월 19일부터 1949년 3월 말까지 3개월에 걸쳐 시내 을지로 6가에 있는 사범대학에서 특별훈련을 받았다. 훈련에 참가할 학생들은 소속 학교장이 추천해야만 가능하고, 훈련기간 중에는 공민, 국사, 교련 과목을 교수하여야 했다.[20] 아무나 참가하는 것이 아니라 학교장이 인정하는 학생, 훈련 내용을 봐서도 사상적으로 문제가 없는 학생만이 훈련을 받을 수 있는 것이다. 결국 학도호국단의 구성원은 학생, 교원 전체이지만 학도호국단을 이끌고 갈 학생은 이미 사상적으로 인정된 학생만이 가능한 것이었다. 사상적으로 인정된 학생의 사상이 무엇인지 알 수 없어도 학교장이나 학교 당국에 적극 협력할 학생에게 훈련받을 자격이 주어진다는 것은 쉽게 추측할 수 있는 일이다. 그뿐만 아니라 1948년 11월에는 각 대학에서도 학생 간부들을 선발하여 육군사관학교(당시 교장 김홍일 장군) 훈련반에 입소시켜 훈련을 받게 하였다. 그중엔 서울 문리대 '전국학생총연맹(전학련)[21]' 출신 함영훈, 고려대학 김동훈, 연희대학 장순덕, 동국대학 신국주 등도 참여하였다.[22]

당시 호국대 간부 훈련생 가운데 약 85%는 전학련 출신이었다. 그

---

20 『서울신문』, 1948년 12월 19일.
21 신탁통치를 둘러싼 좌·우익 대립과정에서 1946년 1월 7일 우익을 대표하는 학생들의 총연합체로 [반탁전국학생연맹]이 결성되었다. 위원장에는 당시 보성전문대학(고려대)의 이철승이 선출되었다. 이후 1946년 7월 13일 서울대학교 국립대학안(국대안)을 계기로 7월 31일 우익진영의 학생들이 총단합하여 [전국학생총연맹]을 결성하였다. 이 조직에 합류한 우익단체는 반탁전국학생연맹, 경성대학동지회, 독립학생전선, 서북학생원호회, 유학생동맹이다. 군사연구실, 『한국전쟁 시 학도의용군』, 육군본부, 1994, 30~31쪽.
22 「학도호국단」 5, 『교원복지신보』, 1989년 9월 25일.

들을 기용한 이유는 반탁 반공투쟁의 사상적 무장이 확실한 전학련을 중심으로 좌익세력 및 정부에 비협조적인 학생들을 제거하려는 의도였다.23

학도호국단이 등장하면서 학생기강 문제는 감찰부가 담당했다. 감찰부는 '감찰'이란 완장을 팔에 두르고 마치 군대조직에서의 헌병과 같이 학생들의 규율과 풍기를 엄하게 다스렸다. 특히 당시 감찰부는 학원가의 깡패조직을 이용하여 좌익세력을 봉쇄하는 공헌을 세우기도 하였다. 신국주 교수의 증언에 따르면 서울시내에서는 아현동파, 우미관파, 마카오파 등의 학생깡패조직이 있었는데 고려대 감찰부장이었던 조병후 등의 역할로 주먹세력을 학생들의 기강 확립과 좌익활동을 분쇄하는 선의의 힘으로 작용케 하는 데 큰 몫을 하였다고 한다.24

감찰기능의 강화는 자연스럽게 동원을 가능하게 하는 기제로 사용되었다. 학생들은 학도호국단을 통해 각종 관제 반공궐기대회와 징병제 축하대회, 이승만 대통령 탄신 경축식 등에 동원되었다. 전학련에 의해 주도되는 중앙학도호국단과 학교장의 지시에 따르는 학생에 의해 주도되는 학교별 학도호국단은 이제 우익학생단체였던 전학련에게 그들의 활동영역을 교내로 특히 좌익학생들에 대한 감찰활동을 학생 전체 대상으로 둔 감찰활동을 할 수 있는 장을 마련해 주었으며, 각 학교별로는 학교장 지도하에 학생생활을 통제할 수 있는 유일한 학생단체로서의 역할을 하게 하였다.

2) 군사훈련과 관변 조직화

학도호국단은 초대 문교부장관인 안호상의 구상과 정책에 의해 추

---
23 정극로, 『한국학생민주운동사』, 반출판사, 1995, 142~143쪽.
24 「학도호국단」 5, 앞의 글.

진되었다. 안호상은 취임 전부터 여러 우익단체와 우익학생을 대상으로 국가지상·민족지상을 고취시키는 교육활동을 전개하여 새로운 국가를 세워 발전시키는 데에는 무엇보다도 사상적 싸움에서 이기는 것이 가장 중요하며, 이를 위해서는 무엇보다도 '일민주의'를 중심으로 국민의 사상적 통일이 이루어져야 한다고 강조하였다. 그리고 "민족의 운명은 젊은 학도들이 좌우하게 된다"고 생각하고 끊임없이 궐기대회, 강연회, 책자 등을 통해 자기주장을 펼쳤다.[25] 1948년 정부수립 후 문교부장관이 된 안호상은 자기의 구상을 실현하기 위해 민족청년단(단장 이범석) 학생부를 육성하고자 획책하였지만[26] 실패하고, 여순사건을 계기로 중등학교 이상의 군사훈련, 학도호국단 조직 및 국립 학도호국단 간부훈련소 설치와 간부훈련을 중요정책으로 제시하였다.

안호상의 이러한 정책은 여순사건과 맞물려 정권 내에서 학생감시·통제의 필요성이 부각되어 일반적인 지지를 획득할 수 있었다. 즉 정권 내 기본적인 인식은 "아직도 학원 내에 좌익학도세력의 잔재가 적지 않게 지하에 잠복하여 있으며 신성한 학원의 파괴와 선량한 학도의 애국운동의 대열을 교란하였"[27]을 뿐 아니라 이에 대항할 우익단체가 조직 내 주도권 장악을 위한 암투로 인하여 이합 집산하는 상황이라고 파악하였다. 이에 문교부는 1948년 11월 10일 중학생 이상의 학도호국대를 조직하여 군사훈련을 실시하겠다고 신 방침을 전국적으로 공고하고, 11월 13일 중등학교 이상 각 학교에 군사훈련을 정규과목으로 하며 현역장교를 배속할 것을 언급하였다.[28] 그리고 신문지상을 통해 문교부장

---

25 연정은, 「안호상의 일민주의와 정치·교육활동」, 『역사연구』 12호, 2003, 31~32쪽.
26 중앙학도호국단, 『학도호국단 10년지』, 1959, 75쪽.
27 이기붕, 「축사」, 위의 책, 29쪽.
28 한국교육10년사 간행회, 『한국교육 10년사』, 풍문사, 1960, 14쪽.

관은 "학생의 군사훈련에 대해서는 군 당국과 연락하여 될 수 있는 한 각 학교에 배속장교 1명씩을 배치하고 오는 12월 내로 실시토록 성문화하고 있는 중이다. 우선 고급 중학에서는 필수과목으로 하고 점차 범위를 늘려 갈 것이며, 시간당 배정은 일주일에 2시간 내지 4시간 정도 할 예정이다. 그 목적에 있어서 민족의 위신을 명시함과 아울러 한 걸음 나아가서 세계평화에 적극 동참하려 함이며, 북한 군사력에 대응하기에도 절대 필요한 것이다. 그 이유는 남한의 군사력이 그들보다 우위이면 북한의 공산주의자들도 결코 도전을 하지 않을 것이기 때문이다"라고 언급하였다.29 학생에 대한 군사훈련의 목적이 북한에 맞서는 군인을 양성하겠다는 것이었다.

문교부는 국방부와의 합의에 따라 고급 중학과 대학에 배속장교를 보내려 하였으나 준비의 불충분으로 동기 휴가를 이용하여 전국에 있는 각 중등학교 체조교사 260여 명에게 임시 군사훈련을 시키기로 합의하고 다음 달 13일 태릉 육군사관학교에 입대시켜 40일간 군사훈련을 받게 한 후 소위로 임관시켜 각 중등학교에 배속장교의 자격으로 파견할 것이라고 말하였다.30

그리고 1948년 12월 21일부터 1949년 1월 28일까지 중등학생간부 300여 명을 선발하여 제1기 학도특별훈련생으로, 서울사대 구내에 설치된 학도호국대 간부훈련소(혹은 중앙학도훈련소)에 입소시켜 동 학교의 강당에서의 입소식과 더불어 단기의 중앙학도특별훈련을 실시하였다.31 그리고 12월부터 시작된 단기 군사훈련을 계속하여 중등학교 학생 2,400여 명을 훈련시켰다.32

---

29 『독립신문』, 1948년 11월 13일.
30 『독립신문』, 1948년 12월 16일.
31 한국반탁반공학생기념사업회, 『학국학생건국운동사』, 1986, 503쪽.
32 건국 10년지 간행회, 『대한민국 건국 10년지』, 1956, 315쪽.

그러나 교관의 부족으로 훈련에 차질이 발생하자 1948년 12월 26일 문교부는 국방부와 협의하여 전국 중·고·대학의 체육 교사 중에서 군사교관 희망자(대부분 학련 출신들)를 배속장교요원으로 모집하여 군사교육을 실시하기로 하였다. 그리하여 1기 236명, 2기 156명, 3기 (여자)32명 등 379명33을 육군사관학교 등에 입소시켜 42일간 군사에 관한 지식과 훈련을 받게 한 뒤 예비역 소위로 입관시켜 문교부 발령으로 학교교련교사로 각 학교에 배속시켰다.34

전라남도 학무국은 서울 육군사관학교에서 훈련을 받은 각 장교(소위) 21명을 전라남도 내 각 학교에 배속시켜 1949년 2월 21일부터 3월 5일까지 결성될 각 학교 및 부·군·도 학도호국대의 훈련을 담당하도록 지시하였다.35 그러나 졸속으로 배치된 중등학교 배속장교들이 일률적이지 못한 교육방법과 일제 때의 교육을 연상케 하는 강제적 혹은 폭력을 써가며 지나친 훈련에만 주력하는 경향 때문에 학부형은 물론 교육계에 물의를 일으켰다.36

배속장교의 지나친 폭력이나 훈련문제는 학생들이 배속장교를 죽이거나 배속장교의 눈을 뽑는 사건으로 나타났다. 이 사건이 사회적 물의를 일으키자 안호상은 배속장교들을 모아 놓고 구타 등의 문제가 일어나지 않도록 주의를 환기시키겠다고 기자들과 문답하였으며,37 또한

---

33 자료마다 인원과 훈련기간에 차이가 존재한다. 『병무행정사』에는 379명으로 42일간 훈련받은 것으로 나오는데 『국방사(1)』에는 387명을 42일간 훈련받은 것으로 나와 있고 1949년 1월 5일자 『조선일보』에서는 500여 명이 3개월 간 훈련을 받을 것이라고 나와 있다. 그런데 1949년 2월 6일자 『자유신문』에 중등교원 1기 배속장교요원 졸업식 기사가 나오는 것으로 봐서는 42일간 훈련이 맞는 것 같고 인원에 있어서는 300여 명 정도였을 것으로 추정된다.
34 병무청, 『병무행정사(상)』, 병무청, 1986, 256쪽.
35 『호남일보』, 1949년 2월 17일.
36 『경향신문』, 1949년 3월 10일.
37 『서울신문』, 1949년 3월 11일.

호국대의 훈련이 전쟁을 목적으로 한 것이 아니냐는 기자의 질문에 질서 정연한 학도의 조직을 가지려는 것이 제1목표라고 언급하였다. 그러나 문교부의 정책은 이와는 다르게 진행되었다. 1949년 3월 18일 학교체육훈련 용어가 군대구령기준으로 통일되었고, 아직 군사훈련이 필수과목으로 채택되지 않은 상황에서 군사훈련, 사열에 대한 성적처리가 진행되고 있음은 대구 학도호국단 제1차 학도호국단 사열식에서 보여주고 있다. 학도호국단장은 "사열에 특히 느낀 바는 각 부 간의 거리 간격이 일정치 못함, 보조가 맞지 않는 데가 있어 마음이 맞지 않음을 의미하며 눈동자가 움직이는 학생, 입을 벌린 학생, 밑을 보는 학생이 간혹 있음이 유감이다. 두발이 긴 사람이 혹 많아 패기가 손상된 점"을 지적하였으며 제3사단 사령부 유형종 소위는 채점은 1.복장 2.태도 3.정렬상황, 열병 분열에 중점을 두고 있다고 언급하였다.38 학생 군사훈련이 필수과목으로 채택된 것은 1950년 2월 1일 대통령령 제281호에 의거하여 병역법 시행령이 공포되면서였다. 그런데 이전에 이미 학교단위에서는 급히 양성한 배속장교의 지원을 받아 군사훈련을 실시하고 성적에 의해 군사훈련을 강제하고 있었다.39

군사훈련과 관련하여 여러 문제가 발생하는 데도 1949년 4월 22일 중앙학도호국단이 결성되고 문교부 내에 중앙학도호국단 사무국이 설치되었다. 그러나 모든 학생단체를 학도호국단으로 통합한다는 문교부 방침에도 불구하고 전학련은 학련출신 동지회로 활동하는 등 몇 개의 단체가 해산하지 않고 별도로 활동하였다.40 그리하여 정부는 학도호

---

38 『영남일보』, 1949년 6월 26일.
39 손규석, 「학도의용군의 활동유형과 분석」, 『한국전쟁사의 새로운 연구』, 국방부 군사편찬연구소, 2002, 61쪽.
40 전학련은 정부에 대하여 학도호국단의 창설과 관계없이 별도로 존속하길 원했다. 전학련이 해산에 불응한 구체적 이유는 1) 학도호국단은 관료적인 조직체로 자칫하면 학원의 자유와 애국적인 학생 자치 운동마저 말살될 염려가 있다. 2) 학

국단 설립의 법적 근거를 명확히 하기 위해⁴¹ 학도호국단 이외의 학생 단체는 존재할 수 없고 학도들의 활동은 학도호국단을 통해서만 이루어진다는 '대한민국 학도호국단 규정'을 1949년 9월 27일에 대통령령 제186호로 공포하였다. 이 보다 앞서 공포된 병역법(1949. 8. 6) 제78조에 의해 전국의 중등학교 학생 이상 대학생은 의무적으로 학도호국단에 가입하여 군사훈련을 받게 되었다. 그리하여 1949년 말 학도호국단은 전국의 중학교 이상 1,146개교, 총 단원 학생 수는 35만 명을 통괄하는 전국적인 학생조직이 되었다.⁴²

초기 조직체를 보면 모든 중등·고등·대학생, 교직원은 학도호국단 단원이며, 서울특별시와 각도에는 각각 그 지구 내의 각 학교 학도호국단을 통괄하는 서울특별시·도 학도호국단이 결성되었다. 그리고 시·도 학도호국단과는 별개로 각 대학 학도호국단은 문교부 직속 아래 중앙학도호국단 내에 소속되어 각 학교 학도호국단에 비해 독자성을 가진 조직체였다.

이러한 조직체의 간부진을 보면 총재는 대통령이, 중앙학도호국단

생이면 누구나 의무적인 단원이 되므로 사상적으로 좌·우를 구분하기 어렵고 질을 떠나 양만을 생각한 처사이다. 3) 정부가 수립되었다 해도 좌익학생이 소멸된 것은 결코 아니다. 4) 학교 행정과는 별도의 조직이므로 이원적 조직이 된다며 전학련은 즉각적으로 반대론을 제기하고 기관지인 학생보를 통해 전학련의 정당성을 주장하고 요소 요소에 벽보를 붙여 정부 처사를 반박하였다. 반탁·반공학생운동기념사업회,『한국학생건국운동사』, 1986, 441~456쪽.

41 전국중등학교장회의에서도 호국대 외의 (전)학련 등 단체 가입의 문제가 자꾸 나오는데 이에 대해 호국대 이외의 단체 가입을 불가함을 언급하고 (전)학련이 쉽게 해산하려지 않기 때문에 (전)학련의 해산을 대통령령으로 실시코자 그 안이 국무회의를 통과해서 불원 공포될 것이라고 문교부에서 언급하였다.『자유신문』, 1949년 8월 25일.

42 중앙학도호국단, 앞의 책, 359쪽. 각종 통계를 참고삼아 1949년 학교와 단원 수를 확인한 것이다. 중학교는 393개교와 322,850명, 각종 학교단(준·중·고) 711개교 학생 수는 나와있지 않다. 대학교 42개교 28,000명, 합계 1,146개교, 단원 수는 350,850명이다.

단장, 부단장은 문교부장·차관이, 그리고 각 도(서울시)단 단장은 시장, 도지사 또는 교육감이 그리고 각 학교 학도호국단 단장에는 그 학교 교장과 총·학장이 맡으며 학생은 학도부장(또는 대대장)에 임명되었다.

학도호국단은 그 자체가 전형적인 관변 조직이며 대통령-문교부-학장 혹은 교장 라인으로 명령체계가 이루어진 조직이었다. 중앙학도호국단 내에는 주요사항을 심의하는 지도위원회, 평의회와 행정사무를 위한 사무국이 설치되었으나 사무국은 문교부 관할하에 운영되었다. 그러나 특별시도 사무국은 도학무국에서 관할하고, 대학(교) 사무국은 대학(교) 학도호국단에서 관할하지만 시·군 학도호국단과 각 학교 학도호국단 내에서는 사무국이 없으며 각 학교 학도호국단은 지도위원회도 존재하지 않는다. 결국 학교단위 학도호국단은 명령만 하달받는 체제로 구성되어 있었다.

그리고 사무국 산하에는 감찰, 선전, 문화, 훈련, 총무, 기획의 부서를 두고 활동하였다. 감찰부는 사찰망의 조직 및 사찰에 관한 사항을, 선전부는 시국에 관한 연구와 보도, 강연회, 웅변대회, 영화회, 자기비판회, 행동비판회 및 기타 선전에 관한 사항을, 문화부는 학술 예능 지도이념 등 연구의 발표기관지·기타 간행물의 발행 및 문화의 진흥에 대한 사항을, 훈련부는 단체훈련 단체 작업 및 체력단련에 관한 사항을, 총무부는 인사, 서무, 경리, 사업, 성적의 감사, 상벌 및 국내 타부에 속하지 않는 사항을, 기획부는 조직지도 운영에 관한 종합계획 조정 및 통계에 관한 사항을 분장한다. 한편 단체훈련을 실시하기 위하여 전국학생을 대대, 중대, 소대로 편성하였다.[43]

선전부에서 자기 비판회와 행동비판회를 운영하려면 감찰부와 연계

---

[43] 중앙학도호국단, 앞의 책, 116~119쪽. 대통령령 제186호로 1949년 9월 28일 공포된 규정에 따라 재구성한 것이다.

〈표 1〉 학도호국단 조직표 (중앙) 학도호국단

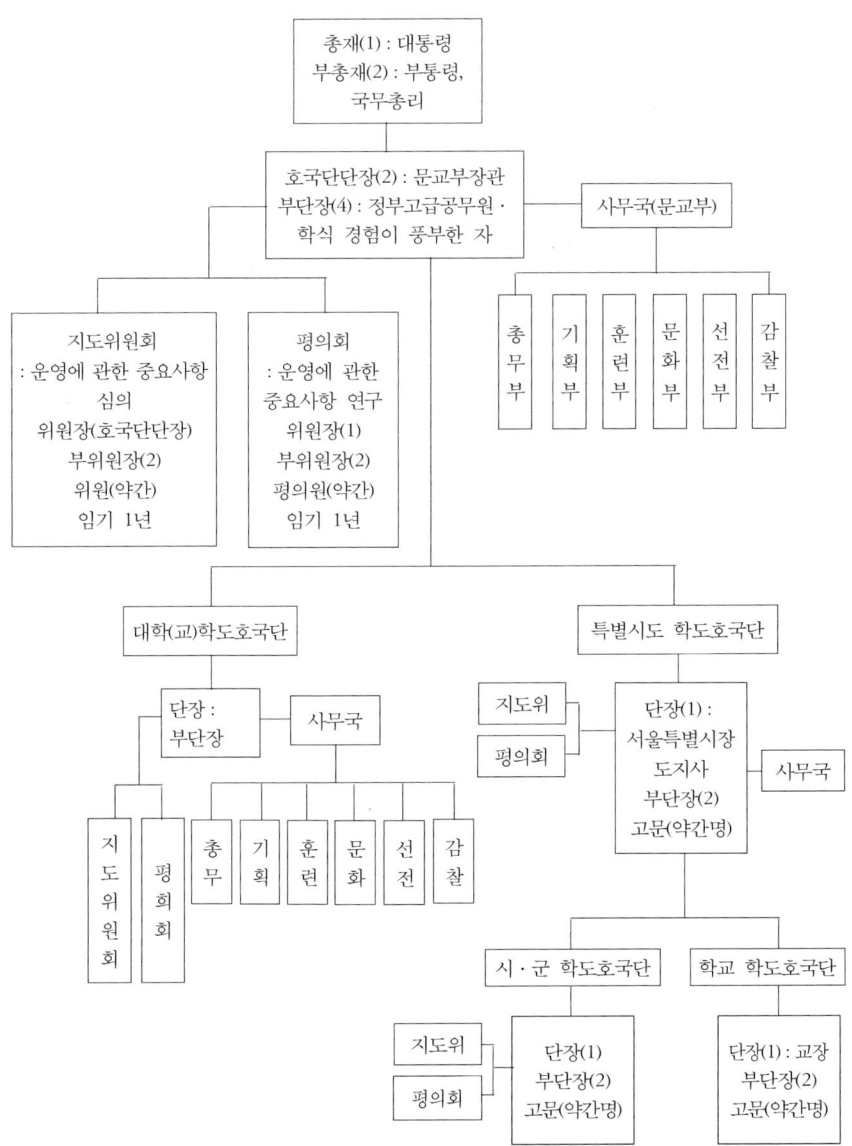

하여 학생들의 일상적인 활동들을 감시·보고하여야만 가능한 것이다. 또한 총무부는 감시보고의 여부에 따라 상을 주기도 벌을 주기도 할 수 있으며 이런 체제를 구축하기 위해서는 학생들의 일상이 감시망 속에서 관찰되어야만 가능한 것이었다.

3. 감시에서 동원으로, 동원에서 규율로[44]

1) 전시동원과 학도호국단 개편

한국전쟁이 발발하자 서울을 탈출한 일부 학생들이 6월 29일 수원에서 모여 비상학도대를 조직하였다. 국방부 정훈국의 지도 아래 결성된 비상학도대는 서울, 경기 지역에 모여든 전학련, 이북학련, 반공학련 출신들과 학도호국단 학생간부들 일부로 구성되었다.[45] 정훈국장 명의의 신분증을 발급받은 그들은 일부는 학도전투대를 조직하고, 일부는 학도 선전대를 조직하여 전황보도 등의 가두선전, 피난민 구호, 남하하는 학생들 규합 등에 종사하였다. 다시 전선이 수원, 대전, 대구, 부산으로 이동되면서 대전에서 의용학도대가 발족하였고, 대구에서 비상학도대와 의용학도대가 통합하여 대한학도의용대(1950.7.19)가 발족

---

[44] 워크샵 토론과정에서 감시·동원·규율의 관계에 대한 질문이 있었는데 질문의 요지가 제목처럼 감시에서 동원으로, 동원에서 규율로 순차적으로 변화하는 것으로 파악할 수 있는가? 하는 것이었다. 즉 규율이 존재해야 동원도 가능하고 동원자체가 하나의 규율화과정이 아니냐는 것이다. 저자 또한 이 부분에 대해 전적으로 동감을 한다. 그러나 이 논문에서는 감시, 동원, 규율이 서로 유기적 관계가 있다는 것을 인정하면서도 1950년대 각각의 국면마다 이들 중 어느 것이 더 중요하게 부각되고 요구되는가가 더 중요하다고 파악하기 때문에 시기적 특성에 따라 이런 변화가 가능하다고 파악하였다.

[45] 육군본부, 『학도의용군』, 군사연구실, 1994, 67쪽.

하였다. 이들 일부는 중부전선으로 출전하였고, 일부는 대전에서 대구, 부산으로 남하하면서 정훈국의 지시에 따라 대한학도의용대(학도의용대로 축약)에서 활동하였고, 주 임무는 다수 학생들을 학도병으로 지원토록 격려하는 것이었다. 부산에 남하한 학도의용대는 부산에 이미 만들어진 대한학도의용대와 이원적 조직으로 활동하다가 정부가 부산에 피난 온 것을 계기로 통합하였다.46

이 조직은 국방부 정훈국의 지도하에 만들어진 전시학도조직체로서, 문교부 산하의 학도호국단이 아닌 군 지휘 아래 만들어진 조직이었다. 문교부는 군 지휘하에 있는 학도의용대를 해체시키고, 문교부지도하의 학도호국단을 부활시키고자 하였다.47 학도의용군의 존재는 문교부의 무능을 보여주는 좋은 예였기에 더욱 그랬다. 그러나 학도의용대는 이에 반발하여 해산하지 않고 서울 수복 후에도 여전히 정훈국 지도하에 활동하였다.

문교부에서는 이에 대응하여 중앙학도호국단 각 학교 간부들을 소집하여 대회를 개최하고 비상조직으로 중앙학도호국단 산하 학도계몽대, 학도치안대, 학도구호대의 3대를 설치하였다. 그러나 적절한 지도체계도 없이 만들어진 학도의용대는 국방부 정훈국에, 학도치안대는 내무부 치안국에, 학도구호대는 사회부 사회국에 위촉되어, 각각 그 부서의 지시를 받게 되었다.48 이러한 조치는 학도호국단이 얼마나 미약한 조직이었는지를 보여주는 것이며 오히려 구 전학련 출신 학생들로 조직된 학도치안대와 학도의용대를 받아들여야 하는 상황이 되었다.

서울 수복 후 학도구호대는 유명무실하게 되고, 학도의용대와 학도치안대는 서울 잔류학생들의 참가로 더욱 커졌다. 그러나 1951년 1·4

---

46 손도심, 「6.25와 학도의용군」, 『전몰학도명단』, 중앙학도호국단, 1957, 84쪽.
47 손도심, 위의 글, 85쪽.
48 이재오, 『해방후 한국학생운동사』, 형성사, 1984, 116쪽.

후퇴 이후로 문교부는 학도의용대의 해체를 요구하였으며 국방부와 문교부의 논의 끝에 정상적인 수업이 가능한 후방 지역에 있어서의 학도의용대원들은 전부 복교하고, 전방지역 또는 잔비 출몰 지역에 있는 학도들은 군의 지도하에 활동하기로 1951년 4월 3일 국방부장관에 의해 결정되었다.49

그래도 여전히 학도의용대가 해체되지 않자 문교부에서는 학도호국단 규정 제27조50에 의거하여 학도호국단운영요강을 1951년 5월 11일 발표하였다.

그 내용의 골자는 다음과 같다.
(1) 학도호국단은 군사단체가 아닌 동시에 권력을 행사하기 위한 조직체가 아니고
(2) 정치단체나 사회단체가 아닌 동시에 여기에 이용되거나 관여하지 못하며
(3) 어떤 개인이나 수인(數人)의 독재에 의하여 활동할 수 없고 학교교칙과 학교교육 및 학생생활을 이탈한 운동이 되어서는 안된다는 것 등이다.51

문교부는 운영요강을 발표하고 학도의용대 내 학도호국단 간부들의 활동무대인 대한민국학도호국단 중앙학생회관 및 시도학생 회관조직을 폐기시키고(1951.5.19) 특별시 도연합 감찰대를 해체시키고 감찰증을 무효화하였다(1951.5.29). 각도 각 대학 주무자(主務者) 회의를 열어 학도호국단운영요강 및 규정개정안 토의케 하고52 학교 단위별 활동을 강조하였다.

---

49 손도심, 앞의 글, 85쪽.
50 제5장 잡칙 제27조 본령 시행에 관하여 필요한 사항은 문교부장관이 이를 정한다.
51 『대학신문』, 1952년 4월 21일.
52 위와 같음.

그리하여 학도호국의용대는 해산되고 4284년(1951) 8월 24일 대통령령 제523호로 대한민국 학도호국단규정 개정안을 공포하였다.53 문교부는 대통령령으로 대한민국학도호국단규정이 개정되자 학도호국단을 학교중심 교외활동중심의 학생자치단체로 개편을 시도하였다. 학교에서는 학도들이 심의기관인 운영위원회와 집행기관인 각부를 조직하여 학교장(단장) 책임하에 운영토록 하였다.54 국방부와 전학련의 영향에서 일정 정도 벗어나려는 문교부의 노력이 결국은 문교부 중심의 조직으로 변화하게 하였다.

학도호국단이 얼마나 학교단위로 바뀌었는지 그 조직 개편을 보아도 알 수 있다(후자가 변한 내용).

1. 제1장 총칙 제1조 민족의식을 앙양하고 체력을 연마하고 학술 예능을 연구연마하고 학원과 향토를 방위하여 국가 발전에 헌신 봉사하는 정신과 실천력을 기른다→학생의 과외활동을 통하여 개성의 발전을 조장하고 자치능력을 배양하여 학도의 애국운동을 통일 지도하여 사회 봉사의 실행을 기한다고 총칙에 명시하였다.

2. 임원에 있어서도 중앙학도호국단에 총재 1인(대통령) 부총재 2인(부통령, 국무총리) 단장 2인(문교부장관) 부단장 4인(정부고급공무원 및 학식 있는 자 중에 총재의 승인, 단장 위촉) 고문약간→총재 1인(대통령) 부총재 1인(국무총리) 단장 1인(문교부장관) 부단장 1인(문교부차관)으로 하고, 고문직을 없앴다.

3. 중앙학도호국단과 시·도 학도호국단, 각 학교호국단에 지도위원회(호국단 운영에 관한 중요사항을 심의, 지도위원장은 학도호국단 단장) 및 평의회55(학도호국단 운영의 중요사항을 연구하여 단장에게 건

---

53 위와 같음.
54 한국교육10년사 간행회, 앞의 책, 48쪽.
55 초대 평의회 의장을 하던 신국주 교수의 회고에 의하면 "평의회가 한일은 학도

의)→평의회를 없앴다. 그리고 중앙, 시·도 학도호국단에는 각각 교직원으로서 구성하는 지도위원회만 두었다.

4. 중앙, 도시, 학교내 사무국을 둔다. 사무국에 총무, 기획, 훈련, 문화, 선전, 감찰 6부를 둔다→중앙, 시·도 호국단에만 사무국을 둔다. 학교사무국을 없앴다. 사무국엔 총무와 기획부만 두고 호국단 운영에 관한 연구 지도계획 및 통계에 관한 사항, 인사, 문서, 회계, 상벌 및 사업성적의 감사 등의 사무를 취급한다.

5. 유명무실한 시, 군 학도호국단을 없앴다.

제5장 잡칙 제26조 학도호국단에 소속되지 않은 학생단체를 조직할 때 문교부장관의 인가를 받아야 한다는 내용은 그대로 유지되었다.[56]

이 개편은 전학련이 중심이 되어 좌익과 반정부학생의 축출을 담당했던 학도호국단이 점점 문교부 관할하의 교장·학교중심으로 변화하는 것을 의미하였다. 따라서 학교활동 자체가 평가의 기준이 되므로 오히려 교장이 정부에 더 잘 보여야 하는 입장이 되는 아이러니가 형성되었다.

또한 다른 의미에서 학도호국단의 개편은 호국단을 장악하려는 권력싸움의 결과로 볼 수 있다. 학도호국단 성립 시 문교부와 전학련의 대립이 다시 재현된 것이다. 문교부에서는 학생들에 대한 확실한 권력

호국대 조직에서부터 운영에까지 주요사상을 협의, 결정하여 문교부산하의 학도호국단 사무국에 이첩하면 사무국은 다시 이를 공문화하여 전국학도호국대에 내려보내 실천케 하는 것이었어요. 당시 평의회운영은 각 대학 학도호국대장들이 참석한 가운데 자율적으로 토론을 거쳐 제안된 건을 처리했는데 그때 주요 안건은 학생회조직을 학도대조직으로 흡수, 통합운영하며 학교별 호국대 제모와 제복을 만들도록 한 것 등이었습니다"라고 회상하고 있다. 중앙학도호국단 초기 기존의 학생회조직에서 학도호국단조직으로 바뀌는 과정의 사업을 전개했던 부서로 파악된다. 대부분의 중심체가 전학련출신들이기에 활동자체도 적극적이었던 편이었다. 「광복교육40년」, 『교원복지신보』, 1989년 9월 12일.

56 중앙학도호국단, 앞의 책, 95~97쪽, 113~115쪽.

을 행사하기 위해서라도 전학련의 움직임을 막아야 했던 것이다. 전학련은 자신의 맹원들을 호국단의 주요간부로 임명해 줄 것을 조건으로 학도호국단에 흡수되었지만 막상 전쟁이 일어나자 허울뿐인 호국단으로는 자신들의 활동을 전개할 수 없음을 알고 국방부 정훈국의 지도하에 활동하였던 것이다. 그리고 이 개편에는 문교 당국과 학교 간의 동상이몽도 있었다고 본다. 학도호국단의 군사훈련과 감찰기능의 폭력성에 대해 일정 정도 불만을 가졌던 백낙준은 제2대 문교부장관이 된 후 학도호국단의 개편을 시도하였다. 이는 이전 정책과 차별화를 두면서 자신의 입지를 구축하고 민주적 이미지를 더 어필하려는 시도였다고 본다. 이에 비해 학교 측은 호국단이 너무 중앙집권적 행정으로 되어 있었기에 학교만이라도 교장중심으로 이루어지는 것을 요구했던 것이다.

전시동원체제를 구축하기 위해 중앙학도호국단은 전시연합대학과 천막교실을 고안해 내었다. 부산에 집결된 피난학도의 상황을 조사하고[57] 이것을 중심으로 전시연합대학에 등록하도록[58] 하였다. 중·고등학생들은 천막교실과 수업이 가능한 교실을 중심으로 관리되었다. 학생들에 대한 동원과 통제는 학생이면 군대를 연기해 준다는 전시학생증 교부[59]나 고등학생 신분을 명확하게 나타내줄 수 있고 행동을 규제

---

[57] 피난학도의 상황을 조사하기 위해 중앙학도호국단 이름으로 학생등록공고가 동아일보에 게재되었다. 부산 내에 거주케 된 학생들에게 교육을 실시하기 위해 1. 등록소 : 중앙학도호국단(경상남도 내) 2. 등록기간 : 1951년 1월 20일~31일 3. 등록 범위 : 각 대학생, 각 중등학생 및 고등학생 중앙학도호국단장 백낙준 이름으로 공고되었다. 그 결과 남자 대학생은 385명, 여자 대학생은 61명, 남자 중학생 1035명, 여자 중학생 391명, 합계 1872명이 등록하였다. 『동아일보』, 1951년 1월 27일, 『대학신문』, 1952년 4월 21일.

[58] 『동아일보』, 1951년 4월 10일.

[59] 국방부가 인정한 학생들에게 전시학생증을 교부하여 징병 및 제2국민병 소집을 학업이 끝날 때까지 연기하도록 하는 4285년 학업계 인정에 관한 건이 의결됨에 따라 대학에 가는 학생들에게 군대에 가는 것을 연기할 수 있게 하였다. 『동아일보』, 1952년 10월 18일.

〈표 2〉 학도호국단 개편 조직표 (중앙) 학도호국단

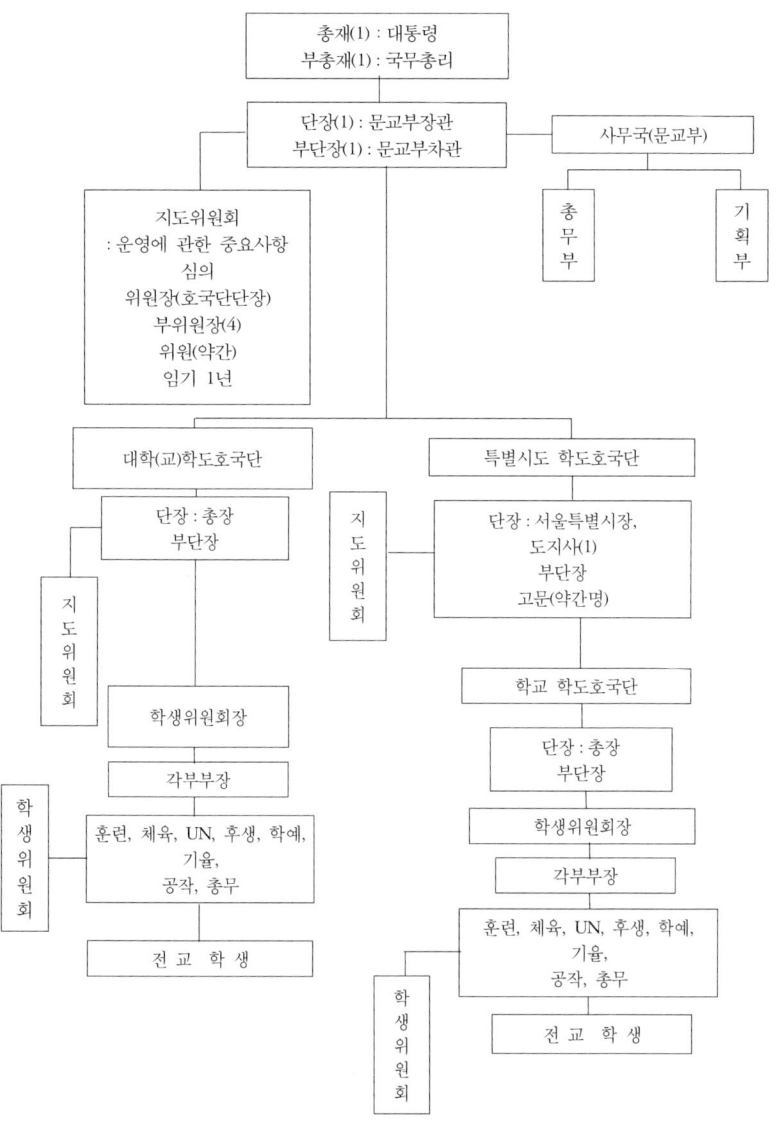

할 수 있는 삭발, 제복착용 등의 지시를 통해 나타났다.60 박희병 중앙 교육연구소 소장은 학생의 정신무장과 멸사봉공을 위해서는 집단훈련 즉 피크닉, 수영, 일선방문 등으로 합동훈련의 기회를 가지게 하고 이는 주로 학도호국단을 중심으로 이루어져야 한다고 주장하였으며61 이런 인식은 그 당시 교육계나 사회 일각에서 흔히 볼 수 있었다. 학생들은 언제든지 가두선전반을 조직하고 국민의 정신무장과 전의를 앙양하는 사상계몽사업에 동원되었다.62 또한 3·1 기념행사나 유엔 데이에 참여하여 시가행진을 하거나 학도호국단 훈련과 사열하는 등 집단훈련을 전개하였다.63

2) 학교체제와 관제권력을 통한 학생동원

1950년대 내내 학생들은 수많은 행사와 관제데모에 동원되었다. 이 사실은 그 당시 신문을 펼치면 언제든지 볼 수 있다. 그리고 학생동원의 중심에는 학도호국단이 있었다. 학도호국단 자체가 반공 반학생 단체이므로 정부의 필요에 따라서 학생들은 수시로 동원되었다. 동원명령은 쉽게 이루어졌지만 언제나 부작용이 있었다. 학생동원에 대한 비판은 계속 있었다. 명목상 민주사회는 학생의 본분이 공부인데 학교공부를 방해하는 동원은 그런 이유로 항상 문제가 되었다. 그런데도 어떻게 1950년내내 학도호국단은 국가행사나 관제데모에 학생들을 동

---

60 문교부는 각도에 훈령을 내려 고등학생들에게 빠짐없이 삭발하도록 엄중 지시하였다. 『동아일보』, 1952년 12월 2일.
61 『대학신문』, 1953년 5월 4일.
62 1951년 2월 5일 학생 등록을 실시한 결과 등록생 수는 남자 대학생 385명, 여자 대학생은 61명, 남자 중학생 1035명, 여자 중학생 391명, 계1872명이었다. 『대학신문』, 1952년 4월 21일.
63 『동아일보』, 1951년 5월 24일.

원할 수 있었을까?

지금까지 학도호국단과 관제데모에 대한 평가는 주로 학생들의 무비판성, 비주체성 등 주체의 미자각을 강조하거나 이승만정권식 반공체제와 미성숙한 민주의식 등 시대적 한계를 강조하는 것이었다. 미성숙한 근대성, 미성숙한 학생의식, 강화되는 반공체제 등등 정말 그런가? 1950년대는 반공체제도 근대성도 만들어져 가는 시기였다. 그래서 항상 혼돈이 있으며 불완전하였다. 불완전하고 아직 만들어지지 않은 상태에서 학도호국단에 의한 학생동원은 어떻게 이루어지고 어떻게 변화하였을까?

학생동원에 대한 정부의 생각이 바뀐 것은 1953년 6월 9일 "휴전반대 학생데모"에서였다. 8일 유엔군 측의 포로송환 협정조인 소식이 알려지자 다음 날 서울시민을 동원한 대규모의 시위가 진행되었다. 그런데 시위 중에 진명여고 21명이 해산을 요구하는 유엔헌병들에 의해 부상을 당하는 사건이 발생한 것이다.

> 즉 이날 시위에 참가한 각급 학교 학생들은 정오 경 8군사령부의 5공군사령부 앞에 당도하여 통일 없는 휴전반대와 반공포로의 즉시 석방 등 구호를 높이 부르면서 열렬한 시위를 전개하였는데 때마침 5군사령부 정문을 경비 중이던 유엔헌병이 쇄도하는 진명여고학생을 제지하려고 이들을 구타한 나머지 동고여생 21명을 부상시켰다. 부상당한 학생들은 대부분이 타박상을 입었는데 그 무기의 한 것은 면도용 칼을 사용하지 않았나 추측되는 현상을 **(해독불가)자고 적지 않았다고 한다.[64]

사건은 8군사령부의 제5공군사령부 앞에서 일어났다. 그러나 진명여고 학생의 부상소식은 더 많은 파장을 일으켰다. 신문 보도로는 진명여고 학생들이 부상을 당했다고 쓰여 있지만 6월 14일자 동아일보

---

[64] 『동아일보』, 1953년 6월 11일.

기사에서 박경찰 국장이 "군중시위에 대한 외국군인의 발포사건"65이란 표현을 쓰는 것으로 봐서 실제로는 발포사건이 일어난 것으로 보아야 할 것이다. 신문지상에는 파장을 우려한 조치로 부상보도 정도로 사실을 은폐할 수는 있었겠지만 실제로 그 시위 현장에 있던 학생들의 목격은 막을 수 없었을 것이다. 이 사실은 학생들에게 일파만파로 퍼졌을 것이다. 학생들을 단순히 동원하려는 정부의 의도와는 다르게 대중 집회를 통한 학생들의 경험은 새로운 경험을 갖게 하였던 것이다. 즉 미군과 충돌이며 더 나아가서는 미군에 대한 새로운 감정을 경험하는 것이다.

대중 집회는 그 후에도 계속되었다. 12일에는 부산 전 시내에 있는 67개교 고등학교 학생과 10여 대학의 남녀학도 10만여 명이 "통일이 아니면 죽엄을 달라" 등의 구호를 외치며 거리로 나왔지만 장소는 예전과 다르게 대신동, 이동, 초량, 충무로, 서면동 등 6개 지구로 나뉘어 집회가 진행되었다.66 미군과의 충돌을 우려한 조치라고 할 수 있다.

정부는 이 문제에 대하여 민감하게 반응하였다. 김 문교부장관은 12일 학생들의 시위운동을 언급하며 우방인들에게 오해받을 행동을 삼가도록 요청하였다. 즉, "질서 있는 행동을 하라"며 데모대에 경고를 보냈다.

박경남경찰국장은 12일 미헌병사령관, 치안국 수석고문관 및 경찰국 고문관과 회담하여 12일 발생한 군중시위에 대한 외국군인의 발포사건과 앞으로의 제한조치를 신중히 토의한 후 1. 외국공관 부근과 RTO(부산역 후면 일대)를 시위금지구역으로 설정함 2. 시위행진은 반드시 차량과 동일한 방향으로 함 3. 시위 중 시민에 대하여 유엔군은 발사치 못하며 유엔군차는 행진 중의 시민들을 위협 못함 등의 조항이

---

65 『동아일보』, 1953년 6월 14일.
66 『동아일보』, 1953년 6월 12일.

협정되었음을 발표하였다. 또한 13일 박경찰국장이 담화를 발표하여 정부의 입장을 명확히 하였다.

> 시위에 있어서 오직 북진통일을 절규하는 국민의 총의를 반영할 뿐이지 우방 국민에 대하여 폭행을 가하거나 반미적인 만행을 행사하여서는 안되며 이 운동에 편승하여 외국인배척행동을 하거나 국가민족을 해하는 오열분자가 있을 때에는 이를 엄단할 것이며 한편 흥분한 국민들이 술에 만취되어 추태를 부리는 것 같은 행동을 금지한다.[67]

정부의 의도는 명확한 것이었다. 시위운동 자체는 미국에게 보여줄 정부의 의사일 뿐인 것이다. 시위경험을 통해 미국에 대해 악감정을 갖거나 폭행을 휘두르는 것은 반국가적이고 반민족적 행위라는 것이다. 즉 오열이 되는 것이고 차단의 대상이 되는 것이다. 정부의 이런 발빠른 대응은 시위를 통해 얻은 학생들의 새로운 경험이 반미의식을 갖게 될지도 모른다는 두려움이며 혹은 이미 형성되고 있는 반미감정(불쾌한 감정정도)에 대한 경고라고 할 수 있었다.

문제는 이 사건을 계기로 정부도 학생동원에 좀 더 신중해지고, 동원의 성격도 통제와 규율의 형태로 점점 나아가는 계기가 된다는 것이다.

우선 시국의 긴장함을 빙자하여 각 사회단체나 법인단체가 주최하는 국민대회 및 각종 행사에 계통없이 학생을 동원하는 예가 불무(不無)하여 금반(今般) 중앙학도호국단에서는 여하한 행동으로 인하여 수업에 막대한 지장을 초래할 뿐만 아니라 일개인이나 단체의 정치적 도구로 될 우려가 농후한 데 대한 조치로서 금후 여하한 행사든 간에 막론하고 동원통제를 강력히 실천할 것을 관하에 시달하였다.[68] 1953년

---

67 『동아일보』, 1953년 6월 14일.
68 『대학신문』, 1953년 6월 15일.

7월 11일에는 서울시에서 교외지도대책으로 탈선학생은 정학처분을 결정하였고, 1954년 1월 6일 새해 벽두에는 각종행사학도동원에 윤번제실시를 고려하고 있다고 언급하였다.69 2월 18일 새 학기부터 학생들에게 제복을 착용하도록 결정하였고, 1954년 4월 14일 학생의 선거운동엄금방침을 김 치안국장이 언급하고, 1954년 7월14일 정치적 집회에 학생단체 참가 불허를 문교부에서 각 시·도에 시달하고, 12월 7일 대학생 제복, 제모 착용을 중앙학도호국단에서 결정하였다. 1954년도 국회의원선거와 관련하여 학생들의 정치적 참여를 통제하려는 것도 있지만 이 또한 학생동원 통제의 연장선상에서 나온 조치였다.

학생동원통제의 강화는 정부가 주도한 정치적 집회 궐기대회나 데모에는 참석만 하고 그 외의 출처가 명확하지 않는 혹은 다른 정치단체의 집회 등에 대한 참여를 규제하는 형태로 나타났다. 시 당국도 지나친 학생 동원으로 학생들의 수업이 지장을 받고 있다는 각 학교 당국의 건의를 무마하기 위해 편의적 발상으로 윤번제라는 묘안을 끄집어 낸 것이다. 정부 주도적 관제데모와 행사동원 통제는 학생운동과 자치활동차원에서 학도호국단을 파악하는 일부 학생들에게 학도호국단이란 조직 자체에 대해 회의를 느끼게 하였다.

> 만약에 (학도호국단) 공적이 있다면 행정부가 기획하고 있는 행사에 학생들을 일률적으로 순응 복종케 하던 것뿐입니다. 민주국가에 있어서 학원은 어디까지나 개개인의 개성을 존중하여야 합니다. 학도호국단은 대체로 단과 대학에서 다소 자치적인 면이 엿보일 뿐 위로 올라가면 갈수록 비민주적이고 관료주의적인 면이 여실히 나타납니다. 예를 들면 중앙단에 있어서는 학생에게 집행권, 의결권, 예산편성, 결산권 등을 전혀 부여하지 않고 중앙학생위원회에서 결의된 사항조차 하나의 결의안으로 지도위원회에서 부결된다면 허사가 돼버립니다. 중앙학생위에서도 몇 가지 기본 권한을 달라는 것을 만장일치로 결의하여

---

69 한국교육10년사 간행회, 앞의 책, 27쪽.

건의는 했으나 중앙위원회에서 비토 당했습니다. 그러니 이것이 소위 학생의 민주적 자치권인 전국적 통일체라고 할 수 있겠습니까? 학생의 운동체가 아니라 중앙지도위원회 더 노골적으로 말하면 지도위원회를 움직이는 관료들의 운동체인 것이 분명합니다. 학생은 그들의 결정지시에 수동적으로 응할 의무가 있을 뿐입니다. 저는 이러한 의미에서 호국단의 해체를 주장합니다.[70]

학도호국단에 대한 비판은 학생의 자율적인 참여를 막고, 정부가 주도하는 행사에 일률적으로 복종해야 하는 조직 구조 그 자체에 대한 비판이었다. 특히 중앙학생위원회는 학도호국단의 재정권 및 집행권 이양을 요구하고, 전몰학도 충혼탑의 건립을 당국에 건의하였지만 이 두 가지 모두 중앙지도위원회가 거부를 당하자[71] 학생 스스로가 판단하여 결정조차 할 수 없는 학도호국단은 결국 행정부의 동원에 불려 다니는 운동체일 뿐이라고 학생들은 해체를 요구하였다. 이런 분위기를 느낀 정부는 학도호국단의 자치활동부분과 학생운동부분을 부각하기 시작하였다. 정부는 단순히 국가 행사, 궐기대회에 무조건 동원되는 학생이 아니라 형식적인 측면에서라도 학생들이 직접 참여할 수 있는 문화행사형태로, 예를 들면 교육주간, 반공주간 식의 형태로 참여를 유도하였다.

1953년 처음으로 제정된 제1회 학생의 날에는 1953년 11월 3~9일까지 1주일간을 기념주간으로 설정하여 다채로운 행사를 각 학교별로 실시토록 지시하였다. 중앙학도호국단은 「학생의 날 제정의 의의」, 「세계학생운동사」 등 김영기·이선근의 강연회, 축하음악회, 중앙단장의 기념방송을 하였다. 11월 4일에는 학술강좌로 유진오 「자유권과 생존권」, 최호진 「미국경제의 동향」, 각각 강연회, 11월 7~9일까지는 전국

---

70 이명영 문리대, 「학원의 당면문제를 말함」, 『대학신문』, 1953년 11월 9일.
71 『대학신문』, 1953년 6월 29일, 1953년 7월 6일.

남녀 학생 포스터 전시회를 국립도서관에서 개최하였다.[72] 1954년에는 더 나아가 11월 3일 기념행사와 11월 16~18일 학생토론대회, 전국 남녀 각 대학생 학술연구발표회, 11월 21일 전국 남녀 학도마라톤 대회 학도 문화축제 형태를 띠면서 학생들의 참여를 유도하였다.

행사 내용이 모든 학생들의 참여 유도에 목적을 두고 있지만 내용을 보면 미술부, 문예부, 체육부 정도로 학생들에게 흥미를 얻기에는 아직은 미약함이 있어 보인다.

정부의 이런 노력에도 불구하고 학생들은 학도호국단 내 지도위원회의 통제와 지시에서 벗어나려는 노력들을 하였다. 이런 노력은 '미군철수반대운동'을 주도적으로 이끌면서 나타났다. 학도호국단 내 중앙학생상임위원회에서는 중앙사무국의 요구에 의해서가 아니라 학교 내에 지속적인 여론인 미군철수반대운동을 전개하자는 제의를 만장일치로 가결하고 가결 후 즉석에서 추진위원으로 의장인 최남식(중앙대) 외 5명을 선출 일반 준비 및 연락을 일임하였다.[73] 그리고 1953년 9월 23일 남녀고등학교 및 대학생들은 자발적인 행동으로서 일단 서울역전 광장에서 미군철수반대궐기대회를 개최하고 5만이 모인 대회석상에서 백만학도들의 이름으로 미군철수를 반대하는 메시지를 이 대통령, 미국 대통령을 위시해 미국 상하의원 및 극동군 사령관 미 제8군 사령관에게 전달할 것을 만장일치로 결의하였다. 이들은 '미국은 한국을 공산침략자에게 팔지 말라!', '미군철수를 절대 반대한다', '한국군에 무기를 공여하고 한국군을 증강하라', '미군철수는 6·25의 재판을 연출한다', '미군은 한국통일을 완수한다'라는 비장한 플래카드를 선두로 '미군철수는 6·25가 다시 온다'를 외치며 서울역·시청 앞·미 대사관 앞·을지로 6가로 향하여 질서정연한 시가행진을 하였다.[74] 플

---

72 중앙학도호국단, 앞의 책, 152쪽.
73 『대학신문』, 1954년 9월 22일.

래카드의 내용으로 추측해 보면 학생들은 다시 전쟁이 일어나길 원하지 않으며 전쟁을 하지 않으려면 미군이 여전히 남한에 존재해야 한다는 현실적 인식이 반영된 것으로 본다. 이런 인식이 비록 관제데모를 통해 나타났지만 능동성이 가미된 행동이라고 볼 수 있다.

이선근 문교부장관은 전국학장회의석상에서 호국단 존폐문제에 대해 논의한 결과 학생운동의 중심체인 호국단을 계속 발전시키겠다고 결정이 되었으니 현사회에서 간혹 학생들에 대한 비난이 있으나 이에 구속됨이 없이 자긍심을 갖고 나아가야 한다고 언급하였다.[75] 이는 모든 학생을 염두에 두고 언급하는 말이 아니라 학도호국단 운영위원들, 간부들에게 초점을 맞추어 학도호국단의 주체로서의 사명을 부여하는 말이라 할 수 있다. 실제 학도호국단 간부들 내부에서도 서로 다른 견해로 부딪치는 일들이 생겼다. 학도호국단의 해체측과 조직은 유지하되 자치활동을 강화하자는 측으로 나뉘었다.

중앙학생상임위원회에서는 학도연합 규율반 조직의 개편에 대해 건의하였는데 과거 학생감찰대(전시연합학생감찰대)의 비행을 지적하여 현존하는 각 학교 내의 규율반을 그대로 유지 강화하는 것이 좋다는 쪽과 학원 내에서의 외부권력의 침입을 방지하는 데 연합 규율반을 조직하여 자율적으로 해결하자는 쪽, 양편으로 나뉘어 전자의 편을 역설하던 서울대 쪽이 퇴장함으로써 다음 신임상임위원회에 넘겨지는 등 학도호국단 학생위원회에서도 서로 다른 견해들이 존재하였다.[76]

또한 중앙단은 간부들에게 상벌체제를 갖추어 차별적인 대우를 해주면서 이들을 독려하기 위해 '학도 공로상'제도를 신설하였다. 1955년 3월 26일 전국 각 대학 학생위원장 졸업생 중에서 학생위원장 재직

---

74 『대학신문』, 1954년 9월 29일.
75 『대학신문』, 1954년 10월 25일.
76 『대학신문』, 1954년 10월 25일.

1년간에 학도들의 집단적 자율활동을 증진시키며 학원의 건전한 학풍을 확립시키는 등 교내·외 활동에 대한 공로가 큰 학생을 선발하여 '학도 공로상'을 수여하였다. 이 상의 의의는 학도호국단 사업을 수행하는 데 있어 학도 간부들에게 커다란 자극이 되고 가장 명예로운 의욕을 북돋아주기 위해서였다. 실제로 공로 학도 표창 상황을 보면 각 대학 학도호국단단장에게 골고루 나누어주고 있다.[77]

정부 또한 학생동원의 대상을 전체 학생으로 두고 있지 않았다. 실제로 중요한 것은 학도호국단을 이끌고 있는 위원장 및 간부들이었다. 모든 학교행사나 관제데모에는 일정 인원만 채워지면 되는 것이기에 이 모든 것이 바로 간부들을 통해 이루어졌다. 대학생의 경우도 행사동원이 호국단 간부들을 통해 이루어지므로 일반학생들에게 이들은 특권층이었으며 정부대리인이었다. 학도호국단의 행사도 일부 간부들의 일일뿐 대부분의 학생들은 관심 밖의 일이었다.[78]

학도호국단은 학생을 동원, 통제하기 위해 중간 간부들에 대한 교육을 실시하였다. 이들이 다시 학생들에게 영향을 주고 이끌 수 있다는 판단 아래 1955년 하기휴가를 통해 전국남녀 간부학도 훈련을 실시한 것이다. 간부학도 훈련의 목적은 학생층의 중견인 학도단 학생간부들로 하여금 일정한 장소에서 집단훈련을 실시함으로써 반공반일 사상의 투철을 기하여 국가와 민족에 대한 애국애족심을 더욱 선양하고, 신의와 협동으로 단결심을 배양하는 동시에 자율적 정신을 함양하여 지도적 역량을 양성하는 데 있다는 것이다.

훈련기간은 대학생(중앙학생상임위원)은 4일간, 남녀고등학생(서울시, 각도에서 선발한 고등학교 학생 7명씩 70명, 5명씩 50명)은 5일간으로, 대학생의 정신교육은 도의교육과 학생(경상남도 단장), 반공반일

---

77 중앙학도호국단, 앞의 책, 160~162쪽.
78 『대학신문』, 1953년 11월 9일.

과 대학생의 임무(부산대학교 총장 윤인구), 반공방일과 학도호국단(경남고등학교 교장 추월영), 학생은 건전한 학풍을 수립하라(부산지구 위수 사령관 육군소장 윤치완), 전시하 학생의 각오(경남 병사구 사령관) 등이었다.

남녀고등학생의 정신훈련은 반공반일과 학생독립운동(문교부장관 이선근), 반공방일과 학도의 사명(문교부차관 김호직), 반공방일과 학생의 각오(문교부 고등교육국장 안용택), 학도정의의 선구자가 되라(문교부 보통교육국장 이흥종), 반공방일과 학도(문교부장학관 김영기), 준법정신과 학도(문교부 장학관 정해수), 동양의 전진과 일본의 반역(서울대학교 사대교수 김기석), 학생의 집단활동의 의의(연대 교수처장 오기형) 그리고 조직훈련으로 회의 훈련(반공문제 주제 - 중앙고등학교장 심형필), 군사훈련으로 학도는 왜 훈련을 받아야 하나(국방부 정훈부 육군대령 이영치), 전쟁과 학생, 군 기관 소개 등이었다.[79] 훈련내용만 보더라도 학생들에게 무엇을 요구하는지 금방 알 수 있다.

1955년을 넘어서면서 학생동원의 대상은 명확해져 갔다. 학도호국단을 비판하는 대학생보다는 중·고등학교생이 학생동원의 중심이 되었다.

학도를 도구로 이용하지 말라

요즈음에 와서 중·고등학생들의 가두행렬이 다반사처럼 되어있다. 방학동안의 훈련을 겸한 행렬만이 아니라 최근 대구시내의 예로서는 顯官의 출영에까지 학생들을 이용하고 도열을 지어 3, 4시간 동안이나 귀중한 공부시간을 허비시키고 또 거시적으로 환영하여야 할 공적이 있는지 모르겠으나 수천 수만 남녀 학생들이 면학을 뒤로하고 한 사람 앞에 10환씩을 돈을 대어 手旗를 사 가지고 길바닥에 늘어서야 할 아무런 이유를 발견 못한다. 또 학생들은 그렇게 할 하등의 의무가 없는

---

79 중앙학도호국단, 앞의 책, 187~189쪽.

것이다. 특히 우리가 괴이하게 생각할 수밖에 없는 것은 그것이 학교 당사자들의 회의에서가 아니라 관청의 지시에 의하여 갑자기 행하여 졌다는 것을 들을 때, 고급 행정관리들의 상부교체를 위한 도구로 학생들을 이용했다고 볼 수밖에 없는 것이 아닌가…80

1955년 9월 13일 『대구매일신문』사설에는 위와 같은 글이 실렸다. 이 사설이 실린 시기는 1955년 8월 6일로부터 '적성휴전감시위원단 축출 국민운동'이 전개된 지 한 달이 좀 넘어가는 시기였다. 적성휴전 감시단 축출국민운동은 처음부터 유혈사태가 나면서 전국적으로 확산된 시위였다. 이 시위에 학생들은 4개월 정도 동원이 되었으며 예전과 다르게 대학 학도호국단주최의 동원형태보다는 지역단위로 각 학교별 즉 중·고등학생들이 대다수 동원되는 형태를 띠었다. 이젠 동원의 대상이 중앙학도호국단(대학중심)이 아닌 동원이 수월한 학교 학도호국단(중·고등학교)으로 바뀐 것이다.

3) 도의교육을 통한 학생 규율화

도의교육은 구체적으로 교과교육과 학생생활지도를 통해 이루어졌는데 이 글에서는 학도호국단을 중심으로 진행된 학생생활지도의 측면을 분석하고자 한다.

도의교육이 명확한 자리를 잡기 전에도 학생생활지도와 관련된 규제는 있었다. 전시체제하에서도 학생들의 극장출입을 제한하였고 학생풍기를 바로잡기 위한 목적으로 문교부는 학생들이 보아도 좋은 공연물 인정규정을 만들었는데 그중 보아서는 안되는 내용으로 1. 역사사업에 상반되는 것 2. 국가 또는 국가수반에 대하여 불경되는 것 3. 민족감정을 손상시키는 것 4. 국민의 도의심에 위반되는 것 5. 정부지정

---

80 『대구매일신문』, 1955년 9월 13일.

교과서에 상반되는 것 6. 불온한 사상을 고취시키는 것 7. 극히 연예감정을 조발(調發)하는 것 8. 극히 잔인하거나 공포심을 주는 것 9. 극히 공상심(空想心)을 야기하는 것 10. 극히 저속한 것 등을 정하였다.[81] 비록 전시 상황이라는 특수한 상황에 맞게 특정한 공연물과 관련되어 만들어진 규정이지만 정부가 의도하는 학생들의 생활지도가 무엇인지를 명확히 알 수 있는 것이다. 결국 이 법안이 1950년대 내내 학도호국단을 중심으로 학생들의 교외활동을 규제하는 기본적 근거가 되었다.

도의교육은 1954년 새 학기부터 사회의 도의 타락과 학생 풍기문란을 이유로 고등학교에는 '실천도의'(사회과목의 한 과목), 중학교에는 과목만 따로 두지 않고 1주에 한 시간 이상 도의교육시간을 통해 실시되었다. 한인택은 동아일보 사설을 통해 "저 유명한 '독일국민에게 고함'이라는 피히테의 부르짖음도 나폴레옹의 독재하에 유린된 조국의 재건을 위한 도의교육의 강조이었던 것이다. … 도의교육은 … 민족의 전통이 되는 미풍양속을 살리려면 봉건성과 근대성을 지양하여야 하고 흔히 말하는 삼강오륜과 민주주의 생활이 융합을 보여야 하는 것이며 민족관념과 국제의식이 상통하여야 할 것이니…"[82]라며 도의교육의 필요성을 강조하였다. 좀 더 쉽게 말하면 민족주의와 민주주의가 잘 융합된 묘한 지점에 그 강조점을 두고 있었다.

도의교과의 특설과 더불어 문교부에서는 1955년 10월 12일 도의교육을 관장할 '도의교육위원회'를 문교부 차관을 위원장으로 하여 만들었다. 1956년에는 고등학교 도덕과정이 문교부 훈령에 의해 생겼다.[83]

도의교육에서 중요한 것은 실천이었다. 그 실천을 부과하고 강제하

---

81 『동아일보』, 1952년 4월 23일.
82 『동아일보』, 1954년 2월 7일.
83 이동헌, 『1950년대 "도의"교육과 국민형성』, 한양대학교 사학과 석사학위논문, 2004, 13쪽.

는 방식을 도의교육에서는 '생활지도'라고 불렀다. 생활지도는 공식 교과 외의 도의생활의 모든 영역을 일컫는 것이었고, 도의적 정신이 행동을 통해 실천되는 영역을 가리키는 것이었다. 그러나 학교 일선에서는 생활지도는 종래의 훈육이란 관념에서 벗어나는 동시에 학생교도 규정을 철저히 이해시켜 이를 스스로 지키게 하는 것이 본래의 목적이었다. 그래서 출결석에 대한 지도, 시간관념의 양성, 교외지도를 철저히 하며 검소한 생활, 국산 목면지 사용, 교복착용 등 100여 항에 걸친 상세한 학생조사카드를 중심으로 한 가정과의 긴밀한 연락 아래 도의교육을 결부시킨 인간성 완성에 그 주력을 두고 있었다.[84]

앞의 내용이 모범사례인 학교를 찾아 알리는 학원방문기라는 특성상 과장되거나 선생의 의도가 과하게 드러나겠지만 실제로 도의교육은 이런 의도하에서 활용되었다. 학생생활지도의 대표적인 방법은 주·월·년 단위의 학생생활지도계획을 수립하고 해당기간의 훈련세목과 준수해야 할 덕목을 제시하고 이를 실천하도록 하는 것이었다. '일정표에 의하여 시간을 엄수하고, 규율을 지키고 대사(對事)·대물(對物)에 있어서 올바른 해결을 해 나가도록 함으로써 사상연마의 실을 거두도록 해야만 한다'고 규정하고 있다. 연간 생활지도계획의 내용은 월별의 학내·학외 행사내용을 중심으로 지도 목표와 실천사항을 규정한 것이었다.

예를 들면 〈표 3〉과 같다.

---

84 김성대(경남도 장학관), 「한국유일의 원형 교사 경남고교를 찾아서-학원방문기」, 『새교육』, 1957년 6월, 158~163쪽.

〈표 3〉 충청남도교육회 중학부 교내·외 생활지도 연간계획[85](1956)

월	교내 행사	지도목표	교내 실천사항	교외 실천사항
4	始業·입학식, 식목일, 충무공탄신일	애교	하급생지도애호, 학교물품관리철저, 학교내미화	하급생 지도애호, 敬老愛幼, 愛林
5	노동일, 신체검사, 어린이날	신체단련	휴가시간 善用, 방과후에 운동실시, 합동훈련	早起早寢勵行, 가정청결담당, 신체위생, 회충구제
6	勤農日, 6·25행사	근로	교내작업을 통한 근로정신의 함양	가정실습(모내기/보리베기), 봉사작업, 여가선행
7	학력고사, 제헌절, 終業式	준법	교칙준수, 급훈의 실행, 주훈실행, 공납급자진납부	교통도덕준수, 공납금자치납부
8	광복절, 始業式	자립	紀律생활, 자기학급의 자립, 봉사생활, 창의 창작	紀律생활, 건강(수영/등산), 향토문화조사, 창의창작
9	추석, 학력고사, 1학기말종업식	면학	독서, 자학자습, 시간엄수, 학용품정비	독서, 자학자습, 시간엄수, 학용품정비
10	시업식, 개천절, 한글날	애국	국산품애용, 저축장려, 防諜, 反共防日, 애국정신	국산품애용, 저축勵行, 폐품활용, 防諜
11	학생의 날, 추수감사절	협동	방화설비완비, 작업에의 협조, 학교경영 및 학급경영	방화설비완비(가정), 부락행사협조, 향리미화작업
12	크리스마스, 종업식	근검	사치품이용금지, 허례폐지, 학용품절약, 학교소모품절약	사치품이용금지, 허례폐지, 학용품절약, 부업(양축가공생산)
1	元日, 시업식	예의	용의단정, 스승존경, 인사법절, 상하급 간의 사랑과 규율, 겸손	용의단정, 崇祖, 세배, 인사법절
2	교통도덕, 작품전시	隣保相助	학우화목	군경가족원호, 학우화목, 隣家助力, 향리계몽
3	3·1절, 졸업식	보은	국기정비, 국가보은, 감사적 생활	국기정비, 가사조력, 은사방문, 공용물애호

실천을 더욱 강제하기 위해 학도호국단이 활용되었는데 김영돈 문교부 장학관은 "실천은 반드시 어떠한 조직을 통하는 것이 효과적인데 학생의 도의와 깊은 관계가 있는 것은 학도호국단이다. 내가 걱정하는 것은 학생들이 공산주의사상이나 전체주의 사상에 휩쓸리는 것이며 좀 더 나아가 공산주의에 현혹되지 않더라도 정부에 대하여 불평하는 사상이 싹트기 시작해서 결국 반정부 인물이 되는 것이다. 따라서 청년학도들의 도의적 활동은 명령과 강제로서는 되지 않으며 오직 지도자의 적절한 지도와 이 지도에 공명한 학도들의 자발적인 활동이 있어야 한다"고 지적하고 있다.

또한 학도호국단을 통한 도의교육은 우선 반공주의를 주요한 내용으로 한 시국교육이었다. 시국강연회의 개최, 시사뉴스의 보도, 군경가족 및 일선장병에 대한 위문 등이 그것이다. 그리고 국민가요 보급, 국산품 애용을 비롯한 신생활운동 등 애국적 활동을 전개한다. 둘째는 행사를 통한 도의지도인데 교내에 있어서의 각종 행사(학예회, 강연회, 각종 전시회, 예술제, 체육대회, 음악회 등)를 통하여 학도호국단 내 부활동을 활성화하고, 특히 국경일이나 기념일을 중심으로 학생동원과 참여를 유도하기 위해 미리 사전 강화를 통하여 사전교육을 충분히 하고 사후에도 감상문을 작성 발표하게 한다. 학생동원과 참여가 일상적으로 반복·습관화되고 사후 감상문 등 특별활동은 성적으로 반영하기도 하였다. 학교 내의 특별활동은 1955년부터 정규과목과 같이 매주 2시간씩 배정이 되어 성적 처리가 되었는데 조직 자체가 학도호국단 기구 속에 여러 반 중에 특히 학교에서 제정한 반(A반)이라 하여 특별활동반으로 정하고 전학생이 필수적으로 참가하도록 하였다. 평가 또한 특별활동 출석률 25%, 태도 25%, 지능 25%에다 특별행사 즉 소풍

---

85 충청남도교육회, 「도의교육실천요강 : 중학부」, 『도의교육』, 창간호, 청구출판사, 145~147쪽, 이동헌, 앞의 논문 재인용, 30쪽.

이나 국경일 기타 교외 동원 때 출석률 25%하여 200점 만점으로 채점을 하였다.86 셋째로는 학생들의 집단훈련인데, 예를 들면 합숙훈련, 林間훈련, 해양훈련, 소풍, 수학여행 등을 통하여 집단행동의 실적을 올리는 것이었다.87

삼일절, 충무공 탄신일, 이 대통령 탄신일, 학도호국단 기념일, 현충일, 6·25일, 제헌절, 광복절, 국군의 날, 개천절, 학생의 날, 반공학생의 날로 이어지는 기념일·국경일을 중심으로 한 학생의 집단적 참여와 동원은 그 자체가 반공주의를 내면화하고 이념화하는 작업이며 집단적 참여를 통한 집단훈련을 하는 학생규율과정이기도 하였다.

실제로 학도호국단을 중심으로 한 집단적 참여는 일종의 집단훈련으로 간주되었다. 다음의 이천 중학교·이천농업고등학교 학도호국단의 사례는 행사 참여가 곧 군사주의적 규율에 의한 집단훈련의 일종이었음을 잘 보여준다.

> 훈련이라 함은 그 국가의 국력 충실을 기하는 것이며 그 국가의 흥망이 훈련의 존재한다는 것은 자타가 공인하는 바다. 그러므로 훈련은 現下 我國政勢에 비추어 더욱 굳센 훈련을 강화시키지 아니하면 안되겠다.…
> 1. 34주년 3·1절을 맞이하여 우리 학도 전체는 숭고한 三一精神을 계승 발휘하여 남북통일을 쟁취하겠다는 굳센 의지로서 기념대회에 참가하여 식을 마친 후 연하여 과감 용맹한 기세로서 시가행렬을 거행하였다.
> 2. 4월 27일 우리 학교와 양정여학교의 연합행사로서 북진통일 이천군 학생총궐기대회를 개최하여 시가행렬을 거행하였다.
> 3. 6·25 제3주년을 맞이하여 이천군 주최 기념대회에 참가하여 플랭카드와 구호로서 시가행렬을 거행하였다.
> 4. 8월 15일 8주년 기념행사를 맞이하여 민족적 자주독립정신을 고

---

86 손종목, 「고등학교의 특별활동」, 『새교육』, 1957년 6월, 78~84쪽.
87 김영돈, 「도의교육은 어떠한 계획 밑에 실천되어야만 할 것인가」, 『도의교육』 2집, 1957, 17~23쪽.

취하여 남북통일을 완성하겠다는 마음으로 이천군 기념대회에
참가하여 旌旗□쏟한 플랭카드 속에 시가행렬을 거행하였다.
5. 9월 29일 우리 학도 전체가 학수고대하던 사열을 良好의 査定을 받고
마치었다.
6. 10월 17일 본교의 추계행군에 여주 신륵사까지 갔다가 여주시 夜
行軍을 하였다.
7. 11월 3일 학생의 날 시가행진
8. 11월 17~19일, 3일간에 걸쳐 고등학교 3학년 야영훈련이 있었
다.[88]

4. 학도호국단 개편논의와 학생분규

1) 학도호국단 개편논의와 학생자치노력[89]

(1) 중앙지도위원회 강화

한국전쟁 후 학도호국단 체제가 점점 자리를 잡아가면서 학교단위 학도호국단은 중앙지도위원회를 각 대학 총·학장을 중심으로 교체하였다.[90] 총·학장중심으로 만들어진 지도위원회는 우선 학원전시체제 확립을 위해 학생들의 전시 동원과 학생규제를 위한 학생 제복, 제모 착용과 학생 출석 불량해소문제를 논의하고, 학도호국단운영상의 문제를 해결하기 위해 단 규칙을 개정하고 학생이 전임(專任)될 것이 아니라 교수가 중심이 된 지도체제 강화를 시도하였다.[91]

---

88 이천농업고등학교교지, 『복하』, 1954, 105~110쪽.
89 학도호국단 개편논의는 대학 특히 서울대학교 학도호국단을 중심으로 논의를 정
리하였다. 일차적으로는 자료적 한계로 인한 것이지만 서울대에 국한된 문제보다
는 학도호국단 조직의 일반적 문제비판을 중심으로 서술하려고 노력하였다.
90 『대학신문』, 1952년 11월 3일.
91 『대학신문』, 1952년 12월 15일.

또한 중앙호국단에서는 단 개편의 구체적 방안을 작성하여 문교부 승인을 얻었는데 그 내용을 보면 종래의 학생으로 구성된 중앙위원회와 특별시도위원회를 해체하고, 중앙지도위원회는 각 대학의 학과장으로, 특별시도지도위원회는 중·고등학교교감 훈육주임 또는 배속장교 등으로 각각 구성하였다. 개편 이유는 학생들로 하여금 그들의 직접 관계교육원에게 지도를 받게 하고 이들이 좀 더 실천적 지도를 할 수 있다는 명분에서였다.

그리고 새로이 이사회를 중앙 및 특별시 도 단위로 두되 중앙이사회는 문교부장관 차관 및 각 대학 총·학장 중 약간 명으로 구성하고, 특별시도 이사회는 특별시장 도지사를 장으로 구성하고 예산결산의 통과 및 기타 최고방침을 결정하게 하였다. 개편에 따른 명령체계는 중앙단으로부터 학과장을 통하여 학생운영위원장에게 전달되는 것으로 예전과 같이 측면에서 학생을 움직이게 하는 폐단을 시정하는 것이다.[92] 그러나 학생 자신들의 결의기관이었던 중앙 및 특별시도 학생위원회가 해체되었다는 것은 학생들의 자율적 면들을 제거함으로써 중앙지도위원회의 지도력을 강화하는 형태로 나아감을 의미하였다.

(2) 학도호국단 해체발언과 개편논의

서울환도와 휴전회담이 전개되는 시기에 학도호국단에 대한 조직비판은 두 가지 흐름으로 진행되었다. 하나는 일반학생들에 의한 호국단 학생간부 감투싸움과 학생규제활동, 학생동원에 대한 비판이고, 다른 하나는 학도호국단 학생간부중심으로 진행되는 학도호국단 해체논의 및 조직비판이 그것이다.

우선 일반학생들에 의한 호국단 간부에 대한 비판내용은 시기별로 조금씩 변화하였는데, 초기에는 학도호국단 간부의 강제적인 행동과

---

92 『대학신문』, 1953년 5월 4일.

'규율부장'이란 것이 학생을 마음대로 강압할 수 있는 권한이나 부여된 것처럼 월권행위를 하는 것이 문제가 되었다.93 중반에는 호국단 간부들을 반학생 반정치인이나 되는 것처럼 보는 경향으로 일반학생들은 이들에 대해 대부분 정치요인이나 그 하수인 정도도 인식하였다.94 그렇게 보는 이유는 전체 학생들이 원하지 않는 데모 등 각종 행사에 호국단이 중심이 되어 동원을 강행하는 폐단95과 간부들이 학생과는 거리가 있으면서 교수들과는 밀접한 관계를 유지하기 때문이었다.96 후기의 가장 큰 비판내용으로는 호국단 간부들이 기성 정치인과 비슷하게 권모술수를 부리거나 예산낭비만을 일로 삼는 것이 문제가 되었다.97

둘째는 학도호국단 학생간부중심으로 진행되는 학도호국단 해체논의와 조직비판이었다. 중앙지도위원 강화에 대응하여 중앙학생위원회

---

93 『대학신문』, 1953년 6월 8일.
94 『대학신문』, 1955년 10월 3일.
95 『대학신문』, 1955년 9월 5일.
96 『대학신문』, 1957년 2월 4일.
97 "각 단과대학에서의 위원장 선거운동의 이면을 보면 정말 한심하고 비굴하고도 야비한 풍경을 보여주고 있다. 몇십만 원의 자금으로써 득표공작을 하고 지방별 또는 고등학교 출신별의 섹트를 조장하여 감투를 미리 배정하는 등 시중 2, 3류의 政商부로커들의 뺨을 칠 정략을 써서 위원장 당선을 노리는 것이다. 당선 후 학생위원장으로써 정도의 망각은 물론이요 그가 내걸은 슬로건의 시행은커녕 선거자금의 염출에 혈안이 되니 거의 알만한 현상이다. 학교구내에 다방이나 만들어서 영리를 꿈꾸고 이권에만 정신이 팔리게 된다. 이 꼴로 당선된 위원장 제씨의 활동에 기대를 건다는 것이 얼마나 헛된 희망이라는 것은 누구나 알 것이다. 그래도 좀 정신 멀쩡한 친구들이 있는 대학에서는 위원장 불신임을 내걸고서 약간의 각성을 시키기도 하고 또 경고를 발하기도 하나 [불공보다는 잿밥에만 정신이 있늣이 사람들에게는 그것이 통할 리가 없다. 본부에 모인 이들 소위 관료들은 몇 개의 감투를 둘러싸고서 치열한 공작이 벌어진다. 매년 선거가 끝나고 나면 수만 환에 매수가 된다 던지 그와 비슷한 댓가를 지불한다 던지 하는 아름답지 못한 소문이 돈건 하는 것이다." 『대학신문』, 1959년 4월 27일.

에서는 학생의 창의성을 존중하며 자의적인 활동을 적극적으로 지원하고 긴급사태에 대비하여 언제든지 임시로 소집할 수 있는 중앙학생상임위원회를 구성하였다. 그리고 회의 즉석에서 각도 대표 8명과 대학 단위로 23명이 선출하였다. 그리고 첫 번째 사업으로 중앙지도위원회에서 이미 보류한 전몰학도의 충혼탑건립사업을 다시 건의하였다. 중앙지도위의 결과에 승복하지 않겠다는 뜻이었다.[98] 이 사건은 학생주도의 활동과 지도위원 간의 정면 충돌이며, 중앙지도위원회 강화에 대한 학생들의 반발이었다. 그러나 중앙지도위원은 이 건의안을 부결시켰다.[99] 이 문제는 바로 학도호국단 조직 자체에 대한 비판과 함께 해체론이 대두되는 계기가 되었다.

　이명영 문리대학생은 대학신문을 통해 "만약에 학도호국단의 공적이 있다면 행정부가 기획하고 있는 행사에 학생들을 일률적으로 순응 복종케 하던 것뿐입니다. 민주국가에 있어서 학원은 어디까지나 개개인의 개성을 존중하여야 합니다. 학도호국단은 대체로 단과 대학에서 다소 자치적인 면이 엿보일 뿐 위로 올라가면 갈수록 비민주적이고 관료주의적인 면이 여실히 나타납니다. 예를 들면 중앙단에 있어서는 학생에게 집행권, 의결권, 예산편성, 결산권 등을 전혀 부여하지 않고 중앙학생위원회에서 결의된 사항조차 하나의 결의안으로 지도위원회에서 부결된다면 허사가 돼버립니다. 중앙학생위에서도 몇 가지 기본권한을 달라는 것을 만장일치로 결의하여 건의는 했으나 중앙위원회에서 비토당했습니다. 그러니 이것이 소위 학생의 민주적 자치권인 전국적 통일체라고 할 수 있겠습니까? 학생의 운동체가 아니라 중앙지도위원회 더 노골적으로 말하면 지도위원회를 움직이는 관료들의 운동체인 것이 분명합니다. 학생은 그들의 결정지시에 수동적으로 응할 의무

---

98 『대학신문』, 1953년 6월 29일.
99 『대학신문』, 1953년 7월 6일.

가 있을 뿐입니다. 저는 이러한 의미에서 호국단의 해체를 주장합니다"100라고 "학원의 당면문제"에 대한 학생 교수 간의 토론석상에서 호국단의 해체의 필요성을 언급하였다. 이런 논의는 중앙학생위원회 정기총회에서도 서울문리대 고대 공동제안으로 호국단 해산문제가 대두되면서 재연되었다. 그러나 찬부양론으로 격론 끝에 표결한 결과 32 : 7로 부결되었다. 해체론이 부결되자 서울대 법대 제의로서 호국단의 재정권 및 집행권 이양을 중앙지도위원회에 요구하였으나 거부당하였다.101

아직은 학도호국단 해체론이 학도호국단 간부들 중 소수의 목소리였지만 호국단이 만들어진 이후 학도호국단의 감시·동원단체로의 역할에 대한 학생들의 불만이 어느 정도 공유되어 가고 있음을 보여주는 것이다. 중앙학생위원회에서는 중앙지도위원회를 장관의 자문기관으로 축소시키고 그 대신 학생의 상임위원회가 해당 학도호국단의 제반시책과 운영방책을 심의 결정하여 예산의 편성 집행권을 요구하는 형태로 학도호국단 규약개정안을 제출하였다.102

이에 대해 중앙지도위원회는 이선근 문교부장관을 위시하여 학도호국단 사무국장과 8명의 동 위원 및 문교부 양 국장, 장학관 등 전원이 참석하여 토의한 결과 중앙지도위원에서는 종전대로의 권한을 보유하도록 하고 학생 측에게는 사업계획과 '예산안 작성권'만을 새로 부여하기로 하는 일종의 타협안을 채택 가결하였다. 학생 측이 제출한 호국단 제반사항의 심의 결정권과 예산의 편성심의결정권 요구를 비토한 이유는 학생들의 예산집행권 요구는 학생본분에 어긋나는 월권이며 심의권의 요구는 심계원이나 감찰위원의 권한을 요구하는 것이므로 승인

---

100 『대학신문』, 1953년 11월 9일.
101 『대학신문』, 1953년 11월 2일.
102 『대학신문』, 1954년 5월 26일.

할 수 없다는 것이었다.[103]

　학도호국단 문제는 점점 중앙지도위와 학생상임위와의 주도권 문제가 되었으며 학생위원회는 마지막 카드로 여전히 '호국단 해체'를 계속 들고 나왔다. 이것은 학도호국단 자체가 관료적인 기구로 남을 것인가 아니면 자치체제로 갈 것인가 하는 중요한 문제이기도 하였다. 이선근 문교부장관은 호국단의 존폐문제를 언급하며 '과반 교육주간에 개최하였던 전국학장회의에서 학생운동의 중심체인 호국단을 계속 발전시키겠다는 결의에 의해서 존속될 것이다'라고 강조하였다.

　중앙학생위원회 내부도 호국단 존폐문제, 운영문제, 상임위원회 선출문제로 분열되기 시작했다. 중앙학생위원회 토론과정에서 존폐문제는 여전히 양분되었고, 학도연합 규율반 조직에 대해서는 과거 학생감찰대의 비행을 지적하여 현존하는 각 학교 내의 규율반을 그대로 유지 강화하는 것이 좋다는 편과 학원 내에서의 외부 권력의 침입을 방지하는 데 있어서 연합 규율반을 조직하여 자율적으로 해결하자는 양편으로 나뉘어 전자의 편이 퇴장을 선언하자 장내는 일시 혼란을 일으키기도 하였다. 또한 중앙학생상임위 선출에 있어서 지방별 추천 지방별 선출을 주장하는 측과 지방별 추천 전체 선출을 주장하는 양측이 대립되어 결국 의견이 대립하자 후자의 편이 퇴장을 하여 전자로 결정되었다.[104] 연합 규율대는 지도위원회의 결정에 따라 폐지되었다.[105] 연합 규율대의 폐지는 오히려 학교 내의 규율부 활동의 범위를 강화하여 교복을 어떻게 해라, 품행방식을 어떻게 해라 등 일상적인 규율을 강화하려는 측면으로 나아가 학생들의 원성을 사는 원인이 되었다.[106]

---

103 『대학신문』, 1954년 6월 2일.
104 『대학신문』, 1954년 10월 25일.
105 『대학신문』, 1954년 11월 1일.
106 『대학신문』, 1955년 2월 28일.

1954~1955년 동안 전체 학생들이 문교부나 지도위원회의 지시에 따라 원치 않는 데모 등 각종행사에 동원되는 폐단에 대해 학도호국단 간부들은 학도호국단의 제반 시책이나 운영방책, 예산편성이나 집행 등에 주도적으로 운영하여 시정하려 하였으나 이것이 제대로 이루어지지 않는 현실은 학도호국단 폐지문제를 더욱 가속화시키는 원동력이 되어주었다. 호국단의 폐지문제는 계속 대두되었지만 여전히 부결되었다.[107]

결국 학도호국단 간부들은 호국단 조직자체를 변화시키는 방향으로 노력을 하거나 아니면 호국단 조직 자체를 역이용하려는 두 부류로 나뉘었다. 대부분의 학생은 호국단 간부들의 비리나 관료성을 비판하거나 전혀 관심을 가지지 않는 형태로 나아갔다.

학도호국단의 존폐문제가 공론화되자 학자교육행정의 전문가들로 구성된 특별교육심의회 위원들은 중등학교 이상의 각급학교에 부설되어 있는 학도호국단을 전반적으로 개편해야 된다는 쇄신책을 내놓았는데, 첫째 중앙학도호국단의 사무국을 해체하여 사무적인 간소화와 경비절약을 기하고 둘째로 학도호국단 운영을 각 대학에 일임하여 자치제를 실시케 하고 셋째 대학 이하의 중·고등학교 학도호국단은 철폐할 것을 주장하였다.[108]

1956년 대통령선거와 관련하여 학원 내의 정치도구화문제, 일부 학원에서 나타나는 호국단 간부의 폭력화하는 문제 등이 비판의 대상이 되는 상황에서 또다시 학도호국단 존폐문제가 학원만이 아니라 국회에서, 행정부에서도 다각도로 논란되고 비판되었다.

이제 논의의 지점도 예전과 다르게 학생조직을 자치단체로 바꾸기 위해 개편할 것인가 해체할 것인가 하는 문제가 되었다. 이의영 호국단

---

107 『대학신문』, 1955년 9월 5일.
108 『조선일보』, 1955년 12월 18일.

서울대위원장은 본 단이 순학생으로만 조직되는 개편을 주장하였다.

1. 호국단은 관권으로부터 이탈하여야 한다. 도지사, 시장, 문교사회국장이 다망한 시간을 할당하여서까지 학원자치활동체에 가담할 필요성을 느끼지 않으며 문교부장관은 단장이 아니더라도 이미 학도를 지휘할 의무가 있는 것이며 역시 학장 교장도 동일할진대 교장, 학장이라 하여 학교운영에 있어 이률성을 자아낼 필요가 없다.

2. 지도위원회의 과중한 강화는 지배적인 경향으로 흐르기 용이하며 학도의 자치능력을 불신임하는 처사에서 나온 교육적이라기보다는 행정적 조치인 것이다. 이렇게 함으로써 학생들을 좌지우지 통솔은 편리할는지 모르나 장차 민주대한의 간성이며 지도자인 학도들이 그 본을 받는다는 것은 2차로 하고 민주주의 훈련인 자치활동이 봉쇄되니 … 지도위원회조직을 재검토하여야 한다. 지도위는 심의결정권도 있으니 '지도'라는 어구도 맞지 않고 중앙지도위원회는 해체가 되던지 불연이면 자문화되어야하며 호국단 내에서는 학장 교장이 위촉한 책임지도교사 1명이면 가능하다.

3. 학호단은 학생과외활동의 문호를 설치하여야 한다. 학호단 외 학생단체를 조직할 때는 문교부의 인가를 얻어야 되는 것이다. 단시에 이탈되지 않는 한 학생에게만은 결사의 자유가 보장되어야 하며 본단 운영 당국자나 문교 당국 사법 당국에서도 그에 대한 특별한 조치가 있어야 한다. 다색 다양한 집단이 있음을 혼란무질서로만 인식하는 것은 전체주의적 사고방식이며 많은 인재들을 양성하기에 본단의 조직체계는 너무나도 협소하다.

4. 호국단의 명칭을 개편하여야 한다.

결론적으로 중앙집권적이며 행정 체계적인 체제를 개편하여 각 학교 단위로 학생자치활동에 치중하고 중앙에는 중앙학생위원회와 상임위원회를 설치하여 백만 학도의 상설대변단체로 유기적인 연락을 가지고 국가적인 사업에 통일행동을 기하도록 하자고 주장하였다.

그리고 이대순 서울 법대 위원장도 폐지를 주장하였다. 그 이유는 학도호국단이 관료적이라는 것이었다. 관료적인 것이라는 이유는, 첫째 단장이 정부의 문교행정관청이라는 점이고, 둘째 지도위원회(호국단규정3장)와 사무국(동장)의 존재 때문이다. "중앙지도위원회의 규정을 보면 동위원회는 중앙단의 기본방책을 심의 결정하는 최고결의기관입니다. 이 위원회가 관료적이라는 범은 구성방식이 관료적이오 구성원이 또한 관리들이 다수라는 점입니다. 그렇기 때문에 운영도 역시 관료적입니다. 우선 운영의 실례를 보드래도 년2회의 동위원회는 학생위원회의 건의사항을 거부하는 일이 최대의 일이요 사무국의 사업을 무조건 승인하여 그 합법적 이론을 제공하여 줄 따름이다. 따라서 지도위원회는 학생의 의사를 방해한다. 사무국은 중앙단장이 임명하는 관리들이 호국단 운영의 연구지도계획을 하며 공문서의 수발과 보관하는 사무를 분장(分掌)하고 있으며 호국단의 만사는 이 관리들의 결재인을 통과해서 단장의 결재로 운영됩니다.

호국단의 지도연구체제가 상하종속관계가 뚜렷한 관직의 계서제에 의한 관료조직으로 되었으며 직원의 지위가 상관에 비위에 달렸고 단장의 경질에 따라 인사이동의 최고의 선풍이 여기에 불고 있습니다. 이러한 중앙조직의 지배를 받는 학교단은 호국단과 학생의 분열이라는 학원의 분할을 초래하여 학생 호국단은 일 년에 한 번 오는 위원장 선거에 있어서만 그 의의가 있으며 간부는 맡은 그날부터 호국단의 말단 행정을 담당하는 무보수관리로 취직하여 학문이 부업이 되는 기현상을 노정하고 있습니다.

폐지이유는 둘째 중앙집권적이다. 중앙단은 하나의 기구인데 그것을 사업체로 혼동하여 학생의 호주머니에서 나온 2천2백만 원의 거액이 실효성이 없는데 사용되어 있다는 점이다. 마지막으로 중·고등학교단에 관한 것입니다. 물론 중·고등학교 재정의 빈곤이 원인이겠으나 호국단비가 학교운영회비의 일익을 맡고 있으며 폐지반대를 주장하시는 분들의 운영자의 숨은 이유 중 하나입니다"109라고 주장하였다.

(3) 학원자치화노력과 학도호국단 폐지

호국단의 폐지 문제는 학문의 자유, 학문의 독립을 쟁취하여야 하는 문제로 파악되면서 모든 문제의 해결점으로 인식되기 시작하였다. 그래서 조직적인 행동의 필요성이 언급되었다.110 우선 호국단 해체를 위한 추진위원회를 구성하고 해체를 주장하는 학생들이 여론을 우선 조직하기로 결정하였다.111 추진위원회는 다음 행동으로 충혼탑 제막식을 계기로 각 대학 위원장 60여 위원장과 모인 자리에서 지방과 중앙 사이에 개재되었던 상호 간의 유기적 관계의 장애 일소와 호국단 해체 단계의 전초로서 중앙상임위원회의 해체에 따라 야기된 문교부와 중앙학도호국단 및 동 사무국의 타성적이고 일변도적인 호국단 운영에 대하여 상임위원회를 부활 개편시켜 견제력을 강화시키고 침체되었던 학생자치활동을 상호 유기적으로 전개하자는 데 의견일치를 보았다.112 그러나 전국학생위원장들이 결정한 중앙학생위원회 및 중앙학생상임위원회 부활안은 중앙지도위원에서 부결되었다113. 이 결과 이후 학생 내부에서 간간이 해체론이 나올 뿐 더 진전된 행동이 나오지 못하였다. 그리고 학생들이 원하고 원하던 학도호국단의 해체는 1960년 4월 혁명의 여파로 1960년 5월 3일 국무회의 의결로 완전 해체되었다.114

---

109 『대학신문』, 1956년 7월 9일.
110 『대학신문』, 1957년 2월 7일.
111 『대학신문』, 1957년 4월 29일.
112 『대학신문』, 1957년 6월 24일.
113 『대학신문』, 1957년 12월 16일.

2) 학교 비리에 대한 학생분규

학교 학도호국단은 대학 학도호국단이 있고 각각 중·고등학교 학도호국단이 있다. 대학 학도호국단은 문교부산하에 나름대로 독립적인 구조로 그 안에 학생위원회, 중앙학생위원회가 있어서 문교부에 직접 발언하고 건의할 수 있는 창구가 있었다. 그러나 각 중·고등학교 학도호국단은 시·도 학도호국단에 소속되어 각 지역 시·도 지방장관 관할하에 있으며 학교라는 일정 공간과 시간에 고정된 특징 때문에 교장과 교직원이 여전히 학생들에게 커다란 중요한 영향을 미치는 구조로 되어있었다. 또한 학도호국단 역시 각 학년 각 반의 위원장과 각 부위원장을 중심으로 되어 있어 학교의 모든 행사와 관제데모에 동원되지만 또한 학도호국단을 중심으로 교장이나 이사장의 비리를 이유로 동맹휴학의 주체로 나서기도 하였다. 학교 내 학도호국단의 위치란 그런 것이었다.

1950년대 일어난 학생분규를 정리해 보면 다음과 같다.

> 1953. 7. 15 울산중학분규 / 교직원파면, 교장인책 사표 / 중학 3학년주동(53. 8. 14)[115]
> 1954. 4. 17 경기중·고등학생 교장(맹주천)불신임코 수업거부 / 전학생맹휴(54. 4. 22)
> 1954. 12. 1 여자의대 재단측 부당 처사 / 학도호국단 주동 300여 명 맹휴(54. 12. 2)
> 1954. 12. 6 경복고교 맹주천교장 부임 반대 / 1500명 맹휴(54. 12. 8)
> 1955. 2. 9 백남공업고 교장사임 / 고등상급학생주동 1500여 명 맹휴(55. 2. 11)

---

114 『조선일보』, 1960년 5월 3일.
115 『동아일보』에 나온 기사를 중심으로 정리하였기에 신문명을 생략하였다.

1955. 2. 7 대구서중고 교장겸 재단이사장을 둘러싼 갈등 / 전학생 1300여 명(55. 2. 11)
1955. 5. 20 낙양중·고등학교 부당한 학생귀가조치, 구타 / 중3학생 중심 맹휴(55. 5. 23)
1955. 6. 6 대구 대건중·고등학교 교장해임(재단)에 불만 / 전학생학생 동맹(55. 6. 6)
1955. 7. 9 선명여고 / 수업료 인상 / 고급학년생을 중심(55. 7. 11)
1955. 7. 12 강릉상고생 / 지나친 징수금 / 전학생맹휴116
1956. 5. 18 성신여고생 / 개교기념사업비징수 / 전학생맹휴
1956. 9. 1 영등포 공업고, 영도중 / 교장, 교감 배척 / 고급학생중심 맹휴(56. 9. 2)
1956. 11. 10 인하공과대학생 / 이원철학장의 퇴진요구 / 전학생맹휴
1957. 2. 7 상주고교생 / 일부교사 사퇴요구 / 전학생맹휴
1957. 4. 2 서울중고교 / 김원규 교장 유임주장 / 전학생맹휴(57. 4. 4)
1957. 4. 3 경기중고교 김교장(전 서울중고교교장)이임문제로 술렁(57. 4. 4)
1957. 4. 9 이강석 법대입학여부 / 서울법대생 500여 명 / 동맹휴학언급(57. 4. 10)
1957. 5. 7 영등포공고, 영도중 / 최교장 사퇴요구 / 전교생동맹휴학(57. 5. 8)
1957. 5. 16 동도중고 / 부정소득 교장 사퇴 / 전학생맹휴 / 주동학생연행(57. 5. 16)
1957. 7. 12 홍익대맹휴 / 허신재단철거요구 / 간첩조종혐의 / 문교부 신중검토(57. 9. 5)
1958. 3. 20 정읍여고 / 신임교감사퇴요구 / 2학년 도의시험 백지동맹결행(58. 3. 23)
1958. 4. 14 숙대 / 임총장 사퇴요구 / 맹휴
1958. 5. 20 인하공대 / 약150명이 동대학 2년제 격하반대 / 이의장자택 철야농성
1958. 6. 5 풍문여고 / 교장 구타, 퇴직교사 복직요구 / 학도호구단주동 전학생맹휴(58. 6. 6)
1959. 3. 5 서울공업고 / 교장 무능 / 전학생 맹휴(59. 3. 6)

---

116 날짜가 적혀져 있지 않은 사건은 『한국교육십년사』에 나온 일지를 통해 정리한 것이다.

1950년대 학교분규의 내용을 보면 대부분 교장의 비리 혹은 교장의 부당한 조치(교직원 부당해고, 구타, 학교납부금, 사친회비 등의 부당 징수)에 대해 각 학교단위 학도호국단을 중심으로 혹은 학도호국단 중심 멤버인 상급학생(특히 2·3학년)을 중심으로 진행되고 있음을 알수 있다. 학교 내 모든 행정처리가 교장의 권력에 의해 결정되어 있던 1950년대 사립학교의 문제점이 그대로 드러난 것이다. 여기서 관심이 가는 것은 학도호국단 주도의 학생분규가 일어날 때 전학생이 일률적으로 집단행동에 참여한다는 것이다. 맹휴가 시작되면 반대하는 학생이 거의 없이 전학생이 맹휴에 참여한다. 달리 말하면 너무나 절실한 문제이거나 문제가 너무 심각하여 학생들이 모두 공감하기 때문이라고 설명할 수도 있지만 또 다르게 생각하면 학도호국단의 지도하에 이루어지는 학교 행사의 경우처럼 자연스럽게 일사분란하게 진행되는 것이 아닌가 하는 생각이 든다. 또 맹휴가 시작되는 시점이 풍문여고의 경우처럼 아침 조회를 통해 운동장에 집합한 1,500여 명 학생들에게 학도호국단 간부가 "교장이 학생을 구타하고 무능한 선생 밑에서 배울 수 없다"는 보고를 하자 모두 한결같이 흥분하여 동맹휴학에 돌입[117] 하거나 울산중학[118]과 정읍여고[119]에서처럼 시험 보기 바로 직전에 시

---

[117] 풍문여자중·고등학교에서 5일 전교생 천여 명이 교장의 무능력을 지적하고 배척농성을 하는가 하면 일부학생(고등학교 전학년)들은 수업마저 거부하고 집으로 돌아갔으며 또 얼마 뒤에는 경관들이 동원되어 교원과 학생 수명을 연행하는 등 일대 소란을 일으켰다. 이날 아침 조회를 하기 위해 운동장에 집합하였던 1,500여 명 학생들은 동교 학도호국단간부들이 말하는 "교장이 학생을 구타하였고 무능한 선생 밑에서 배울 수 없다"는 내용의 보고를 듣자 모두 한결같이 흥분하여 교장에게 항의할 것을 외쳤다. 『동아일보』, 1958년 6월 6일.

[118] 학교장과 그의 주위를 도는 몇몇 교원들의 專斷적이며 독선적인 학교운영과 교원인사행정에 교원 간의 분규가 오랫동안 계속되었던 차 드디어 순진한 학생의 심정까지 산란케 만들어 4백여 명의 학생이 시험을 거부하고 4차에 걸쳐 기아농성을 단행하는 일대 불상사가 발생하여 교육의 본래의 사명을 망각하고 자가세력부식에서 학교를 자기네의 영리수단으로 삼는 악질교원을 규탄하는 소리

험을 거부하는 것을 통해 맹휴가 시작되었다. 왜 하필이면 학도호국단은 아침조회와 시험을 이용했을까? 단편적인 내용을 통한 결론이긴 하지만 학도호국단을 통해 일상적으로 익혀진 집단성과 규율성이 학생분규 과정에서도 자연스럽게 재현되는 것이 아닌가하는 생각이 든다. 그리고 아침 조회에서 맹휴를 모의한다거나 시험거부를 한다는 것이 학생들 입장에서는 학교 권위에 도전하는 효과적인 방법이라고 인식하였던 것이다.

5. 나오는 글

학도호국단은 안호상 개인의 노력의 결과이기도 하지만 여순사건을 계기로 팽배해진 학생통제의 분위기 속에서 만들어졌다. 안호상이 학

가 날로 높아가고 있다. 지난 7월 15일 울산중학교 3학년 학생은 입시 시험 제1일 제1시간을 맞이하자 함성을 지르면서 모조리 운동장에 뛰어나감으로써 시험을 거부하였는데 학생들은 교원들의 설득을 거부하고 오직 교장의 책임 있는 답변만을 요구하면서 4백여 명의 남녀학생이 강당에 집합하였다고 한다. 그리하여 강당에 나타난 김씨를 상대로 1. 공정치 못한 입장에서 파면한 교원전원을 복직시켜주시오. 2. 국어문법시간도 없고 생리공민시간도 없는데 교직원을 보충은커녕 퇴직시키는 이유는 무엇인가 3. 교장선생님은 학교를 위한 것도 아니고 학생을 이한 것도 아니고 개인의 명예만을 위하고 있소 4. 교장선생님은 기만행위를 하고 있소 5. 월납금 독려는 학생들에게 하지 말고 학부형에게 하여 주시오. 6. 교직원 간의 분규문제가 있어 학생들의 심정이 산란하여 공부가 안되요 등의 조건을 제시하면서 이를 해결 못할 때는 교장은 인책 사퇴하라는 요구까지 하였다. 『동아일보』, 1953년 8월 14일.
119 지난 20일 정읍여자고등학교 2년생 전원은 학기말 시험(모의고사)에 백지동맹을 결행하였다. 원인은 4개월 전에 남원으로부터 동교 교감으로 전임한 송완영(41)교사가 전이교장전별금 일부분을 횡령하였다는 것과 다음과 같은 4개 항목을 지적-전기 교감의 축출을 요구하였다. 즉 교수방법이 졸렬하다, 인격이 부족하다, 이기주의자이다, 사제지간에 분위기가 나쁘다. 『동아일보』, 1958년 3월 23일.

도호국단을 결성하면서 가장 염두에 둔 것은 학교 내에 존재하는 좌익 학생들을 어떻게 제거할 것이며 혹시 학교 내에 생길지 모를 좌익사상을 근절하기 위하여 학생들의 몸과 마음을 반공사상과 군대식 집단훈련을 통해 막아보려는 것이었다.

초기 학도호국단의 간부진들이 반공사상에 투철한 전국학생총연맹(전학련)에 의해 채워진 것도 그런 이유에서인 것이다. 그리고 각 학교장은 교원의 태만, 교수내용, 교원의 사생활을 종합 심사하여 교원의 동향 보고서를 도 학무국에 제출하는 등 교원 학생에 대한 감시체제를 구축하였다. 이 감시체제는 학도호국단 조직을 통해 교장-교원, 교원-학생, 학생-학생을 감시하였고 바로 이때 학교의 위계질서가 적절하게 활용되었다.

한국전쟁을 통한 전시체제로의 돌입은 학원 내의 감시체제를 강화하는 측면보다는 학생들을 동원하고 생활을 규제하는 형태로 변화하였다. 전쟁으로 인해 학도호국단은 제 기능을 발휘하지 못했으며 오히려 정훈국의 지도하에 일부 학생조직이 대한학도의용대로 활용되었다. 문교부는 이에 반발하여 학도호국단의 개편을 통한 학교 중심 교외활동 중심의 학생자치단체로 개편을 시도하였다. 기존의 중앙학생회관 및 시도 학생 회관조직을 폐기하고 특별시 도연합 감찰대를 해체하고 감찰중도 무효화하였다. 국방부와 전학련의 영향하에서 일정정도 벗어나려는 문교부의 노력은 결과적으로 학도호국단이 학교단위 교장 교직원 학생중심의 조직으로 변하게 하였다. 그러나 학도호국단 자체가 여전히 정부단위의 학생말단 하부조직이었기에 학교활동 자체가 교장에게 많은 권한과 책임을 주지만 오히려 정부에 더 잘 보여야하는 입장에서 정부행사중심의 동원체가 되어버렸다. 전시동원 체제하에 학생들에 대한 동원과 통제는 동전의 양면으로 동시에 진행되었다. 동원을 위해 통제를 하고, 통제를 통해 동원을 원활히 하려는 형태로 나타났다. 특히 1953년 6월 9일 '휴전 반대 학생데모'는 학생동원에 대한 정부의 생각을 바꾸게 하는 결정적 사건이었다. 휴전반대 데모 과정 속에 진명여고학생에 대한 미군총기발포사건이 일어난 것이다. 정부가 우려한 것은 학생들이 동요하며 반미의 감정이 생기는 것이었다. 결국 학생들이란 생각하는 동원체라는 사실을 깨달은 것이다. 그래서 정부는 학도호국단 간부들을 통한 학생통제와 동원을 시도하였다. '학도 공로상' 제도를 신설하고 전국남녀 간부학도훈련을 실시하였다. 그러나 이미 대학 내에서는 학도호국단 해체론이 나오고 학생동원에 대한 의문을 제기하는 등 균열이 생기기 시작하였다. 이런 균열 속에서 정부는 대학생 위주의 동원이 아닌 시·도 단위의 학교 학도호국단을 중심(중·고등학생)으로 학생을 동원하고 교과과목에 도의과목을 신설하여 도의 교육을 통한 일상적 생활지도를 통해 사상통제를 하였다. 그러나 이미 조금씩 균열을 보이는 틈은 학도호국단조직 비판과 아울러 정부에 대한 불신으로 나타나기 시작하였다.

학도호국단 비판은 대학생과 중·고등학생 사이에서 다르게 나타났다. 대학생은 특별시도학도호국단과 함께 중앙학도호국단 산하에 있기에 특별히 문교부의 직접적인 지도를 받는 위치에 있었다. 또한 대학생들 사이에서 학도호국단 활동을 학생운동 차원에서 인식하거나 학생 교외활동의 일부로 인식하는 면이 있었다. 그러나 학도호국단활동 자체가 학생을 위한 사업을 거의 전개하지 못하기에 간부들만의 사업, 필요에 따라서는 간부 중심의 동원력을 발휘해 관제데모에 동원되는 조직으로 인식되었다. 학도호국단에 대한 비판이 일반학생에 의해 이루어진 비판과 간부들 사이에서 진행된 비판이 있지만 둘 사이의 간격은 너무도 멀었다.

일반학생들은 학도호국단 조직 자체에 별 관심이 없었으며 오히려 동원만을 강행하고, 규율부를 통한 월권행위, 준정치인과 같은 권모술

수를 학생선거에서 보여주는 간부들에 대한 불신을 키워갔다. 간부들에 대한 불신은 나중에 3·4월 혁명 당시에도 대학생 주도의 활동을 전개하는 데 방해가 되었을 것이다. 아마 그래서 중·고등학생과 같이 빠르게 대응하지 못한 이유가 여기에 있지 않나 하는 추측을 한다.

학도호국단 간부들에 의해 진행된 조직비판은 해체론, 조직형태를 유지하면서 자치활동체로 변화시키려는 입장과 이 글에서는 서술하지 않았지만 학도호국단을 자신의 정치활동의 발판으로 삼거나 대충 이용해서 활동하려던 입장에 의해 진행되었다. 이들의 조직 비판은 때로는 중앙지도위원회을 대상으로 때로는 문교부를 대상으로 때로는 학생선거과정 속에서 진행되었다. 중요한 것은 조직비판과정에서 토론을 전개하고 의문을 제기하며 다른 모색들을 조금씩 시도하려는 움직임이 있었다는 것이다. 이런 움직임이 결국 중요한 순간에 비록 처음에는 간부들 중심이기는 하지만 큰 목소리를 낼 수 있게 하였다.

중·고등학생들에 의한 학도호국단 비판은 그 조직 자체에 대한 비판보다는 학교 학도호국단 중앙에 있는 교장의 비리를 폭로하는 학생분규로 분출되었다. 아이러니하게 학생분규는 학생 동원 통제의 중심체인 학도호국단 조직을 통해 이루어졌다. 학도호국단 조직을 통해 모든 학생들이 모인 아침조회시간을 이용하여 모의하거나 시험거부를 통해 집단행동을 하는 것이다. 비록 학생에 대한 통제와 동원이 학도호국단을 통해 이루어졌지만 바로 학도호국단이라는 전국적 조직이 1960년 2·28학생시위를 모의 합의하여 3·4월 혁명의 불씨를 던지게 한 모체가 되었다.

물론 3·4월 혁명과 관련하여 분출되는 학생의 목소리를 정확히 파악하기 위해서는 1950년 내내 정부주도 관제 데모 속에 나타나는 "반공"의 내용이 무엇인지 알 필요가 있다. 반공의 내용이 이승만 지지인지, 북한괴뢰집단 타도인지, 아니면 미국만세 좀 더 말하면 미국식 근대화인지가 명확해지고, 관제데모나 농촌봉사활동 등 학생 동원 과정 속에서 학생들이 어떤 경험을 했는지 명확히 밝혀지면 3·4월 혁명 속의 학생들의 목소리, 학도호국단 존재와 3·4월 혁명 사이의 관계를 지금의 조심스런 추측이 아닌 좀 더 밀접한 관계를 파악할 수 있을 것이라고 생각한다. 바로 이 추측을 메워나가는 것이 이후 나의 연구 작업이 될 것이다.

# 5장 국가권력의 모세혈관과 1950년대의 대중동원
―국민반을 통한 감시와 동원

김학재

1. 권력의 모세혈관과 대중동원

    남부의 가장 적극적인 분자들에게 법적·관료적 특권 따위를 부여함으로써 그들을 '개인적으로' 국가의 지도적 인물로 흡수하는 것이다. 그리하여 고질적인 남부의 불만을 조직할 수도 있었던 사회 계층이 오히려 북부 정책의 도구, 일종의 보조적인 사적 경찰이 되었다.[1]

  1950년대 '국민반'의 운영과정을 살펴보면, 그람시가 이탈리아 남부 문제를 검토하며 언급한 상황들이 그대로 재연되는 것 같은 인상을 받게 된다. 세세한 조건과 맥락은 다르겠지만, 중앙권력이 전 영토에 걸쳐 지배력을 구축해 나가는 과정에 대해 하나의 역사적 모델을 제공해 주는 것이다. 1950년대 한국의 시대상황에서 국가 기구 중에서도 가장 먼저 발달하고 전영토에 영향력을 미치는 대표적인 국가기구인 행정기구를 고려할 경우 이는 더욱 분명해진다. 행정기구가 군과 경찰의 역

---

[1] 안토니오 그람시(Gramsci, Antonio), 이상훈 옮김, 『그람시의 옥중수고 2』, 거름, 1993, 124쪽.

할, 학교와 선전기관의 역할과도 다르면서도 중앙권력의 지배력 구축 과정에서 아래로부터의 불만을 흡수하고 동의를 추출해 내는 중심적인 역할을 해 왔다는 것을 쉽게 확인할 수 있다.

그렇다면, 행정기구는 국민국가와 근대권력의 어떤 특성을 드러내주는 것일까? 물론 행정기구를 경찰이나 군대와 같이 단순히 물리력 혹은 억압적 국가기구로만 파악해 버리는 것은 정확한 인식이라고 할 수 없다. 즉, 국가가 적나라한 물리력과 탄압만으로 유지되기 어렵다는 것은 의심의 여지가 없는 상식이다. 그런데 흔히 이 상식들은 그람시의 헤게모니 개념을 '강제'와 '동의'라는 단순한 이분법에 근거하여 '동의'의 방식을 강조하는 데 쓰는 경향이 있다. 그러나 물리력이 아닌 모든 것이 '동의'의 영역이라고 간주하거나, 그것이 어떤 식으로건 명확히 구분되는 상호 모순적이고 배제적인 전략이라고 간주하는 것은, 권력에 대한 기존의 이해방식의 '단순함'만을 단순하게 반복 확인하는 단순함에 머물고 만다.

우리가 근대 권력의 특성과 성격에 대해 묻는다는 것은, 단지 관점의 차이를 확인하는 것에 그칠 수 없는 심원한 현상들을 대면하는 일이다. 나아가 구체적인 역사와 현실들을 대면하며 그 질문에 답하는 일은 훨씬 복잡한 일이다. 1950년대 한국사회는 계급갈등과 민족갈등, 분단국가 건설과 전쟁동원, 민간인 학살과 같은 파국적이며 혼란스런 상황이 일상이 되었던 곳이었다. 한국의 근대 권력은 이러한 상황에 직면해야 했고 그곳으로 도입되고 탄생한 것이었다. 무엇보다도 한국에서 근대 권력은 그 본질적 성격, 즉 특정한 목적을 달성하기 위해 최적의 합리성을 추구하여 기계화되는 경향을 뚜렷하게 보여주었다. 따라서 강제·동의라는 단순한 구분보다는 특정 목적에 도달하기 위해 출현한 다양한 강제의 전략과 형태들, 그것이 만들어낸 다양한 폭력과 동원의 양상, 의도하지 않은 결과나 실패마저도 또다시 권력의 전략적

자원으로 활용되는 양상, 나아가 그 배경의 사회적 역학관계에 주목할 필요가 있을 것이다.

그렇다면 행정 권력의 특이성은 무엇일까? 또다시 서구의 역사에서 상징적 모델을 참조할 수 있을 것이다. 즉, 1848년의 프랑스 혁명 이후 보나파르트가 농민의 지지와 행정 권력의 힘을 바탕으로 대통령에 당선되고, 이후 의회를 무력화하며 쿠데타를 통해 집권하는 것에서 이 행정망이 담당하는 역할과 그 역사적 형성과정을 살펴볼 수 있다. 동시에 '프롤레타리아 독재'를 구현한 것으로 평가되어 왔던, 1871년의 파리 꼬뮌이 일종의 행정단위를 매개로 한 자치기구(시 의회 정도의)에서 시작되었다는 것에서 아래로부터의 힘이 결집되는 매개로서의 역할을 볼 수도 있다. 좀 더 일반적인 수준에서 말한다면, 행정망은 근대사회의 권력이 어떻게 '공간'을 매개로 형성되고 작동하는지를 드러내준다고 할 수 있다. 즉 국민국가 특유의 공간논리인 국경 만들기와 영토논리가 위계화된 공간을 매개로 물질화되어있는 것이 바로 이 행정망이다. 따라서 이 공간에는 항상 '관제'와 '자치'라는 양면적 가능성이 내재해 있으며, 근대국가가 수행해야 하는 이데올로기적인 '국민통합', '국민형성' 과정에서 결코 간과할 수 없는 역할을 담당해 왔다. 나아가 행정망은 전쟁을 준비하고 수행하는 '동원 체제'를 구축하는 과정에서 공간을 장악, 분할하고, 공간을 매개로 규율망을 구축하는 양상을 보여준다.

근대적인 행정 권력은 국경만들기와 공간분할을 통해 지역단위로 소속된 '거주민으로서의 국민'을 만들어내며, 이들에게 각종 의무를 부과한다. 그리고 이렇게 만들어진 '국민'의 자리는 정치권력의 하층부로 포섭된다. 권력의 국적을 잠시 논외로 한다면 다양한 수단을 통해 피지배계층 대다수를 '국민'으로 통합하여 그들의 노동력과 심지어 생명을 가장 '성공적'으로 동원한 시기는 1940년대와 1970년대일 것이다. 이 시기에는 각각 '대동아공영권'의 건설과 '조국근대화'를 위해 일상의 구석구석에까지 국가권력의 촉수가 뻗쳐있었고 사람들은 노동 현장과 전쟁터, 학교와 마을에서 각각 '국민'으로서의 역할과 의무를 부여받았다. 그런 과정에서, 국가가 만들어낸 행정망의 위계적 체계가 부여하는 작은 특권들을 받으며 자발적으로 편입되어 간, 이른바 '중견인물', 혹은 '지도적 인물'들이 탄생하였다. 이들은 위계적 권력망 속에서 '국가요원'도 아니고 '평범한 국민'도 아닌 중간지점에 위치한 사람들이었다. 정확히 말하면 '평범한 국민'과 차별화되는 '준-국가요원'으로서의 역할이 장려되지만, 그렇다고 '국가요원'의 대우나 신분보장이 이루어지지도 않는, 결국 권력의 의도와 능력에 따라 언제나 유동적으로 그 위치가 규정되는 존재였던 것이다.

1950년대 '동원체제'의 구축과 운영 과정에서도 '행정말단기구'[2]인 국민반(애국반, 재건국민반)[3]은 중요한 수행 '단위'로 활용되었으며 수

---

[2] '행정말단기구'라는 개념 자체가 이미 위계적이고 유기체적인 국가관을 드러내는 이데올로기 효과를 지닌 것이다. '행정말단기구'로서의 국민반은 이미 상부의 권력기관의 '하부기구'로서 지시에 따르고, 할당된 동원량, 노동량을 수행하며, 특정 사항을 위로 보고하는 기능적 단위로서만 허가되고 규정된 것이었다.

[3] 일제시기의 애국반과 해방 이후의 애국반, 그리고 국민반으로의 전체적인 변화를 종합적으로 다룬 연구는 아직 없다. 그러나 일제시기 애국반에 관해서는 몇 가지 연구들이 진행되어있다. 대표적인 것으로는 이경란, 「총동원체제하 농촌통제와 농민생활-마을 사회관계망을 중심으로」, 이종민, 「도시의 일상을 통해 본 주민동원과 생활 통제-경성부의 애국반을 중심으로」, 방기중 편, 『일제파시즘 지배정책과 민중생활』, 혜안, 2004 ; 김봉식, 「일제시기 상회에 대한연구」, 『일본역사연구』 1998 ; 樋口雄一, 「태평양전쟁중 일제의 조선여성동원-애국반을 중심으로」, 홍종필 옮김, 『명지사론』 10호, 1999 등이 있다. 해방 이후의 애국반, 국민반에 대해서는 '일민주의'나 '극우반공체제의 형성'이라는 관점에서 연구한 서중석의 연구에서 언급되기 시작했다. 서중석, 「이승만정권 초기 일민주의와 파시즘」, 『1950년대 남북한의 선택과 굴절』, 역사비평사, 1998. 최근의 연구들은 각각 이승만 집권 초기 국민회의 운영과 일제시기부터 지속된 정동회제에 주목하여 국민반의 운영과정에 대해 다루고 있다. 김수자, 『이승만의 집권초기 권력기반 연구』, 경인문화사, 2005 ; 김영미, 「일제시기~한국전쟁기 주민 동원·통제 연구」, 서울대학교 국사학과 박사학위논문, 2005.

많은 '반장'과 국민반원들을 만들어냈다. 따라서 국민반 운영을 통해서 '반장'들이 어떻게 정책의 도구로 흡수되어 가는지, 그러한 국가의 의도가 과연 성공적으로 관철되었는지를 살펴봄으로써 동원체제의 작동 양상의 한 측면을 알아낼 수 있을 것이다.

현재까지 이어지고 있는 '반'의 운영 양상은 근대권력의 보편적이고 본질적인 특성과 역사적 조건하에서의 특수성이 중첩된 복합적인 역사의 산물이다. 근대 국가의 행정체계에서 말단의 지역단위로 운영된 관변 대중조직에 관심을 기울일 경우, 일제시기의 애국반과 정부수립 이후의 국민반, 그리고 1960~1970년대의 재건반과 1980년대 반상회의 풍경에서 표면적인 연속성을 발견하긴 어렵지 않다.4 그런데, 그것은 사후적 발견일 뿐, 이러한 동원방식이 과연 어떻게 이렇게 오랜 기간 지속될 수 있었는지, 그것이 무엇을 의미하는지를 밝히는 것은 또 다른 작업을 필요로 한다. 즉, 표면적인 유사성을 지적하는 것을 넘어서, 국민국가의 지역단위 주민통제와 관리가 무엇을 위해, 어떤 과정을 통해, 어느 정도까지 이루어졌는가를 구체적인 역사를 통해 살펴보아야 할 것이다. 역사적 검토를 통해 어떤 맥락에서 어떤 방식으로 관철되었고, 그 과정에서 과연 왜 성공·실패하였는지, 그리고 그것의 현재적 의미가 무엇인지를 따져봐야만, '강제'와 '동의' 사이의 스펙트럼 어딘가를 모호하게 짚어내려는 것을 넘어선 복합적인 역사과정을 인식할

---

4 특히 통·반장이 공식적이고 공개적인 활동 외에 각종 선거에서 운동원의 역할을 하거나 이용되는 것이 항상 논란거리였다. 그 예로 지난 1988년 13대 총선을 앞 둔 시점에 서울시내 전체 통·반장 12만여 명 가운데 민정당당원이 3만 4천여 명으로 28%를 차지하여 관권개입에 의한 행정선거라는 지적이 있었다(홍승희, 「일선행정의 모세혈관 통·반장제도에 문제있다」, 『지방자치』, 4월, 1990, 38쪽). 또한 2003년 서울시의 요일별 통행제 시행시 각 지역마다 할당 가입량의 부과로 주민 동의 없이 차번호를 시로 넘겨버린 반장의 경우와 한국전쟁 직전에 마을의 징병검사 대상자 명단을 일방적으로 군에 넘긴 반장의 경우, 기본적인 권력의 작동 메커니즘이 유사하다는 점을 부인할 수 없다.

수 있기 때문이다.

　이 글에서는 근대권력이 1950년대의 행정망을 매개로 작동하는 방식과 그 성격을 규명해 보고자 한다. 특히 '국민반'을 통해서 권력의 모세혈관이 구축되고 운영되는 과정, 대중동원의 양상을 살펴볼 것이다. 1950년대의 시대상황에서 행정기구이자 대중동원조직이던 국민반이 수행한 역할을 시대의 변화에 따라 살펴보고, 이를 통해 전쟁 이전의 '평시의 규율'이 어떻게 만들어졌고 그것의 결과가 무엇인지, 이것이 전시의 군율과 어떻게 연결되는지 살펴볼 것이다. 나아가 공간의 정치논리가 국가건설과 전쟁수행이라는 '비상사태'하의 관료적 행정논리로, 선거와 투표의 논리로 점철되는 과정을 추적해 보고자 한다.

2. 애국반과 반상회의 기원

　현재까지 지속되고 있는 '반상회', 그리고 박정희 시기의 재건국민반, 1950년대의 국민반의 기원은 일제시기의 애국반 조직과 관련이 있다는 인식이 일반적이다. 이후의 분석을 위해 이제까지 애국반에 대한 연구들을 중심으로 간략히 살펴보면, 우선 애국반은 1917년부터 일제가 식민통치수단으로 동·리의 하부조직으로 반을 설치하고 동·리의 장인 구장을 보조하게 한 것에 기원을 두고 있다. 정·동회제로 일컬어지는 행정시스템의 구축과정에서5 1940년 이를 애국반으로 개칭하여

5　도시의 경우, 일제시기 총독부는 '주민자치제'의 도입을 표방하며 1916년 정동총대제를 실시하였고, 1933년에는 '자치강화'를 내세우며 총대제를 정동회제로 개편했다. 정동회제는 전시체제기를 거치며 1933년부터는 '사상교화', '생활개선', '친목융화'가 주요 업무가 되었고, 1938년에 이르러 '전시동원'이 주 업무가 되었다. 1940년에는 드디어 가장 말단의 하부조직인 10~20호 단위의 '애국반'이 조직되었으며, 반상회가 월 1회 열리고, 중앙권력의 말단침투와 '방호', '물자배

1945년까지 전시동원에 활용하였다. 이른바 '국민정신총동원운동'이 진행되고 있던 1940년 12월 현재, 전국에는 약 38만여 개의 애국반이 있었다. 운영의 활성화를 위해 애국반 운영자들은 모범부락6과 우수 반장을 선정하면서 유인하기도 했으며, 이른바 '천칠백만 명의 미개인에 대한 교화의 손'7을 내민다는 명분을 내세웠다. 이로써 전국에는 국가가 선정한 '계몽요원'으로서 38만 명의 '반장'이 생겨났다. 기록만으로 보면 1940년대 애국반의 동원양상은 이미 전체주의적 지배의 이상향에 가까웠다. 즉, 애국반 활동을 위해 주기적으로 정오의 사이렌이 울렸으며, '집합명령 종이 울린 후 4분 안에 부락민이 집합'하는 진풍경도 종종 연출되었다. 무엇보다도 애국반의 역할은 사상통제뿐만 아니라 일상생활의 내핍을 강제하는 사치, 배급 통제에서부터 노동력을 동원하는 근로보국대와 '후방'의 전쟁을 대비하는 방공훈련까지 전방위적이었다. 특히 일제 말기 지원병제도의 실시와 관련해서 애국반이 가동되어 '지원자 대확장 운동'을 전개했으며, 이 과정에서 반장은 소위 '추진대원'으로서 활약했다.8 애국반 제도의 가장 핵심적인 통제방식은 반상회였는데, 매월 1일에 개최되는 애국일 상회와 매월 7일에 개최되는 애국반상회에 정회단위로 반을 소집하였으며, 매월 '애국반 실천사항'이 상부로부터 하달되었다.

　이처럼 애국반의 성격은 기본적으로 파시즘 시기 제국주의 지배 권력의 성격과, 거대하게 발달된 식민지 국가의 특성, 그리고 근대국가가 행정체계를 중심으로 권력을 중앙집중화해 가는 과정을 배경으로 하고

　　급' 등의 업무가 추가되었다(김영미, 「해방직후 정회(町會)를 통해 본 도시 기층
　　사회의 변화」, 『역사와 현실』 35호, 2000, 40~41쪽).
6　이경란, 앞의 글, 384쪽.
7　이종민, 앞의 글, 417쪽.
8　김영희, 「국민정신총동원운동의 전개 형태와 그 침투」, 『한국근현대사연구』 제
　　22집, 2002, 253쪽.

있다. 보다 구체적인 수준에서, 일제시기 애국반 운영의 핵심적 목적은 크게 황민화 정책과 총동원체제의 구축과 관련 있다고 볼 수 있다. 그리고 이 두 가지 운영목적의 정점에는 징병제의 실시가 있다고 볼 수 있다. 즉, 일제의 전쟁수행과 관련하여 식민지 조선에서도 군인을 징병하려 했고, 이를 위해 수년 전부터 각종 황민화 정책이 수행되어 왔으며, 이 군인들의 전쟁수행을 위해 '후방'에 각종 노동력 동원을 부과했다.

애국반 제도 내부를 살펴보면, 애국반을 통해 작동한 권력의 특성은 '반상회'의 운영에서 알 수 있는 것처럼 일상화된 규율체제로 작동했는데, 이는 경제적 강제(생필품 배급, 경제적 생산을 위한 노동력 동원)와 경제외적 강제(규율, 정치적 동원)의 혼합이었다. 또한 애국반의 핵심적인 특징은(작업장과 학교, 군과 경찰, 언론 등의 국가기구와 차별되는) '지역단위의 국가 행정망'을 통해 주민들을 통제·동원하려 했다는 것이다. 기본적으로 이것이 가능했던 것은 근대국가에서 일련의 주소체계와 행정단위를 관리하는 '공간분할'이 법제화된다는 것, 즉 '영토'의 통제권이 불법·합법의 법치논리로 무장한 국가에 의해 독점되는 경향이 있다는 점에 있다. 또한 각각의 개인과 지역 공동체를 국가를 구성하는 '기반'으로 인식하지 않고 '말단'으로 표현하는 것에서 나타나는 전도된 인식은, 현존하는 (혹은 예상되는) 아래로부터의 갈등에 대처하기 위해 위계적인 지배 체제를 구축하기 위해 위로부터의 지배와 통제가 관철된 결과로 나타난 것이다. 즉 '행정말단기구'의 역사에는 근대 주변부 사회에서의 식민지배로 인한 갈등, 사회에 대한 국가기구의 갈등, 계급 갈등 같은 복합적이고 격렬한 갈등들의 봉합과 관철과 저항의 흔적들이 각인되어 있는 것이다.

애국반은 억압적인 국가기구도 아니고, 가장 효율적인 이데올로기적 국가기구도 아니었으며, 가장 생산적인 노동력 동원의 공장도 아니었고, 강력한 힘을 지닌 정치적인 집단도 아니었다. 이는 이러한 권력 장치들이 충분히 '발전'되지 않았던 당시의 사회 성격을 반영하는데, 그러한 배경 속에서 지배 권력은 행정망을 통한 통제와 동원 방식을 노골적으로 드러내며 관철시켰다. 즉 '애국반'을 통해 나타나는 통제와 동원의 양상은 '국가 행정망'이 지배계급에게 일종의 '최후(최초)의 보루'로서 이용되는 것이라는 보편적인 측면이 있는 한편, 사회의 역사적 상황에서 특수하게 나타난 것으로 사회의 변화에 따라 그 '효율성'과 '필요'가 달라질 수밖에 없는 것이었다.

이러한 관점은 '애국반'에서 나타난 기본적인 권력 작동방식이 해방 이후, 정부수립 이후, 독재정권의 구축이라는 사회적 변화 과정 속에서 어떻게 변화·지속되어 가는지를 설명해 줄 수 있을 것이다. 이 글에서는 정부수립 전후 '국민반'의 운영과 한국전쟁 전후의 국민반 운영, 그리고 1950년대 중후반의 운영 양상을 살펴보고자 한다.

3. 정부수립 전후 감시·통제 수단으로서의 국민반

1) 정·동회제를 통한 '배급제'의 부활과 '유령의 전멸'

해방 이후 애국반의 운영은 사실상 거의 중단되었다.[9] 그러나 크게

---

9 1949년 이후에야 반(班)제도의 활용이 본격화되었고, 이후 내무부나 각 시, 도의 규칙 수준에서 다양하게 운영되었지만, 이 제도가 법률로 공식화 된 것은 1958년 12월 16일 개정된 '지방자치법'하에서 방(坊)으로 개칭하여 설치한 것이 처음이었다. 방(坊)제도는 1960년 11월 1일 개정된 지방자치법에서 다시 폐지되었으나 1961년 이후 서울과 부산에 통·반을, 기타 지역에 재건반(再建班)으로 부활하였다. 1969년 7월부터 전국의 통반장들에게는 연 2회에 일정액의 상여금이 지급되었으며 1975년 6월 24일 내무부장관 행정지시에 의해 각 시, 군조례인 통·반설치조례를 전면 개정하였다. 반상회는 1976년 5월 31일부터 전국적으로 일제히 개최되었다. 내무부 한국지방행정연구원, 『한국지방행정사 : 1948~1986』,

두 가지 계기를 통해 부활하게 되는데, 하나는 근대적 국가기구의 행정시스템 구축과정에서, 다른 하나는 정부수립 이후 '국민회'가 주도한 관제 '국민운동'을 통해서였다. 전자는 주로 근대적 인구관리체계와 경제적인 활동을 대상으로 하는 보편적인 계기10이고 후자는 보다 특수한 조건에서 등장한 정치적인 성격의 동원과 감시·규율의 형태를 띠는 것이었다.

행정시스템의 경우 미군정기부터 정·동회의 운영을 통해 점차 행정체계의 구축과 정비를 시도하게 되었다. 정·동회 제도는 일제시기부터 계속되어온 행정체계로, 10호 단위로 구성된 '반'단위 보다 상위의 체계였고, 미군정은 이를 이용해 주로 쌀과 생필품의 배급문제를 관리하려 했다.11

말단 행정단위가 무엇보다 일반 시민들에게 중요했던 것은 식량배급과 공출제에 관련된 것이었다. 주로 쌀, 소금, 담배, 생필품12 등의

2386~2387쪽.

10 근대적 인구관리체계 혹은 근대 국가의 감시체계에 관해서는 다음을 참조. 박명규·서호철, 『식민권력과 통계－조선총독부의 통계체계와 센서스』, 서울대학교 출판부, 2003 ; Anthony Giddens, 진덕규 옮김, 『민족국가와 폭력』, 삼지원, 1985.

11 일제시기의 경우 애국반 조직이 쌀을 비롯한 생활필수품의 배급을 담당하게 된 것은 1940년 5월 3일부터였고, 이때부터 반장들이 반원들을 통제할 수 있는 권력을 갖게 되어, 주민들 역시 애국반 활동에 참여하지 않으면 안되었다. 이종민, 앞의 글, 444쪽.

12 미군정청에서는 경기도에 소재한 군정청 관리 공장을 동원시켜 면포, 신발, 양말, 성냥, 비누 지물, 견(絹), 인조교직 등 9종의 생필품을 적당한 가격을 유지하고, 공평하게 분배하기위해 통제규칙을 발표했다. 즉 군정청관리 공장에서 생산되는 생필품은 중간 상인을 거치지 않고 서울, 인천, 개성시와 면에 배급점을 설치하여 배급하기로 했는데, 일제시기의 배급점을 정비 혹은 신규 배급소를 설치하여 큰 도시에는 한 町을 단위로 하고 면에는 1면을 단위로 하여 적당한 수의 배급소를 두기로 했다. 배급명령은 각 시, 면에 할당된 수량이 확립되는 대로 행정지령에 의하여 배급하고 구매표는 정회와 면에서 물건이 나올 적마다 발행하여 배부하는 것이었다. 『동아일보』, 1946년 4월 21일.

배급이 문제가 되었으나 가장 중요한 것은 쌀과 식량이었다. 미군정 초기에 자유판매제를 도입한 정책이 암시장의 발달과 가격상승 등의 폐단을 가져오면서 시민들의 반발과 우려를 가져왔고, 시민들 스스로 예전의 '애국반 배급제'를 요구하기에 이르렀다.

> 前日의 애국반조직이 누구의 손으로 되었던지 또 그 운용의 정치적 의도가 어디 있었던지 간에 隣保相助하는 古來의 미풍은 저 5家作統의 제도로부터 우리들의 익어온 바이며 이미 보급된 이 조직을 우리 본연의 목적으로 이끌어 들여 무슨 이름으로서나 이것을 유효하게 활용하는 것은 퍽 의미있는 일일 것이다. 다만 前日의 애국반 배급제에서 보던 바와 같은 민족적 불공평과 관료적 폐풍이 오늘에 있으리 없지만은 集散機會와 교통기관의 정비를 적극화하면서 시민의 자치적 정신을 살려 가야 할 것은 발언할 바 아니라 이러함으로 해서 어느 정도까지의 생활필수품이 우리에게 보장된다면 물가의 분등을 억제하는 유력한 수단이 될 것도 의심치 않는다.[13]

이러한 요구로 표출되는 식량문제를 해결하기 위해 서울시에서는 포고문을 발표했다. 그 내용은 보고와 감시를 동반한 시책이었는데, '수확기까지 소비하고 남을 만한 잉여미를 사장하는 자'에 대해 '장소와 씨명을 명시하여 애국반에 보고'할 것을 명령했던 것이다. 가장 하위의 보고 주체는 반장이었고 반장이 정총대에게 보고하고, 정총대는 시장에게 집합 보고하여 서울시에서 종합적으로 파악한 뒤, 수집된 잉여미로 배급하려는 계획이었다.[14]

그러나 '모리배 장사치들의 민족 반역적 책동'과 '군정당국의 동떨어진 시책'으로 '쌀이라고는 그림자조차 구경할 수 없게'되자 서울시 정회연합회에서는 최고 가격제를 철폐하고, 배급소에서 배급하는 경우 최고가격을 실시할 것을 건의하게 되었다.[15] 1946년 1월 14일 군정관

---

13 『서울신문』, 1945년 11월 28일.
14 『조선일보』, 1946년 1월 15일.

과 정회장들이 만난 회의에서 월슨은 앞으로 2주간 각 정회에서 쌀을 정민들에게 거출하여 정민들에게 균등하게 배분하도록 하고, 2주일 후의 배급에 대비해 배급표를 준비하게 했다.16 이것은 사실상 일제시기의 공출제를 부활시킨 것이었다. 이러한 과정에서 살펴볼 수 있는 미군정의 식량정책의 실패는 '쌀 요구 투쟁'으로 이어졌다. 전국적으로 볼 때 식량정책의 실패와 공출제는 10월 항쟁의 도화선이 되기도 했다.17

배급문제를 매개로 행정시스템을 강화하려는 시도는 사실 보다 구체적인 계기와 의도의 산물이었다. 실제로 미군정의 배급제 시도는 군정 이후부터 각 지방의 사례를 통해 인민위원회의 활발한 활동을 관찰하면서, 경제권을 통제하여 지배력을 세세하게 침투시키려는 의도에서 나타난 것이었다.18

애국반을 통한 배급제가 부활된 이후 '반장'의 권력도 급속히 강화되었다. 당시 '양곡매입법'에 따라 설치된 양곡대책위원회는 각 부, 구, 읍, 면, 리, 동에 설치되었고, 리와 동에서는 각 애국반장이 위원이 되었으며19, 이로써 '양곡'에 관한한 각 지역의 반장은 법적으로도 공식적인 권한을 갖게 되었던 것이다.

뿐만 아니라 배급문제를 통해서 정확한 '인구조사'의 필요성이 대두되기 시작했다. 1946년 1월, 서울시는 사실상 배급제를 실시하면서 정

---

15 『조선일보』, 1946년 1월 13일.
16 『동아일보』, 1946년 1월 15일.
17 '10월 항쟁'에 참여한 부녀자, 노동자, 일반 시민, 학생들, 의사 교수 및 하위 행정관리들은 친일파 배제, 미군정의 반동화 정책에 대한 저항, 임기응변적인 식량정책에 대한 분노, 경찰탄압에 대한 저항을 표출했다. 정해구, 「해방직후 대구지방 정치의 전개과정」, 『역사비평』 1987년 겨울호, 1987, 95쪽.
18 최봉대, 「미군정의 농민정책에 관한 연구 : 농민층 통합과 한국 국가의 기반 형성과정을 중심으로」, 서울대학교 사회학과 박사학위 논문, 1994.
19 『관보』 제12호, 1948년 10월 29일, 〈농림부 고시 제2호, 府·區·邑·面·里·洞 양곡대책위원회 규정〉.

확한 인구를 파악하기 위해 애국반장을 거쳐 정회에 보고해 줄 것을 요청했다.[20] 서울시에서는 '정확한 배급'을 위해 '유령인구'를 파악한 다는 목적으로 '개인별 통장제'나 '거주민 등록제', '등록표' 발급문제 등이 거론되어갔다. 서울시는 1차로 1948년 1월 말까지 반장을 통해 실재 인구를 재조사하여 동적부를 정리했고, 2차로 1949년 1월 10일부터 1주간 '양곡소비절약 강조주간' 중 3일간 양곡수배자 신고기간을 설정하였다. 서울시는 이 조사를 통해 '다수의 유령을 가지고 배를 불리고 있는 자', '단체의 세력과 배경을 믿고 엄청난 수의 유령을 포용하는 등 반성 없는 자'를 정리하려 했던 것이다. 동회는 반장을 통해 신고용지를 각 가정에 배부케 하고, 세대주가 인원을 보고하며, 이것을 반회의에 제출하여 '반원끼리 가부를 사정'하여 '유령의 전멸을 기'하려는 것이었다. 더구나 이 허위신고에 대해서는 반 단위로 연대책임을 지도록 했다.[21] 1949년 2월 16일부터 20일까지 진행된 3차 조사에서는 동회별로 '유령인구 정리목표'를 할당하고 동회에 주재원 2명 내지 3명(경찰관 1명)을 배치하고, 마찬가지로 적발 시 반 전체의 연대 책임제를 시행하였다.[22] 하지만 할당식 적발방식으로 3차 조사는 소위 '억지 유령 제조조사, 생유령 공출'이란 호칭을 얻기도 했다. 즉 목표조사 치를 이미 24만 8,140명으로 세워두고 각 구, 동, 반에 할당하여 반장이 주민을 강제로 '유령'으로 만드는 경우가 생겨났다.[23]

이처럼, 일제시기 애국반의 운영이 총동원체제의 하부체계로서 폭넓게 작동했다면, 미군정기의 정·동회는 배급시스템으로서 그 기능이 유지되는 한편 축소되었다고 볼 수 있다. 그러나 한편으로 생필품의

---

20 『동아일보』, 1946년 1월 4일·1월 7일.
21 『서울신문』, 1949년 1월 8일.
22 『수산경제신문』, 1949년 2월 11일.
23 『경향신문』, 1949년 2월 19일.

배급을 통제한다는 것은 일종의 경제활동에 대한 강제로서, 어느 것보다도 가장 핵심적인 통제 권력의 역할로 기능할 수 있는 조건이었다는 점을 확인할 필요가 있다. 마치 아무런 정치적 기능을 하지 않는 듯한 중립적 외관을 갖춘 국가의 역할은 조용하게 근대적 관리시스템을 전국적으로 관철시켰던 것이다. 그것은 배급을 통제하고 관리한다는 명목으로 근대적 '인구관리 시스템'을 작동시키는 것으로 나타났다. 물론 전국에 걸쳐 완성된 형태의 체계가 구축된 것은 아니었지만, 이른바 '유령인구'가 문제시되면서 운영 원칙에서의 행정과 감시의 통합이 이루어졌다. 배급을 통해 일반 국민들의 일상적인 삶의 조건에 깊숙이 개입했던 국가의 행정망은 '개인별 통장제' 등을 시행하는 한편, '정확한 인구조사'를 시도하면서 '반'단위의 연대 책임제를 통해 상호감시를 '의무화'했다.

2) 국민회의 '국민운동'과 유숙계

> 반공사상 전개, 반공국민 조직, 반공사회 실천 이것이 민족공동의 과업이요, 이것이 국민운동의 내용이요, 목적인 것이다.[24]

'반'의 운영이 폭넓게 부활하게 되는 또 다른 계기는 당시의 각종 '국민운동'과 관련이 있다. 국가기구가 전국의 행정단위를 매개로 한 '행정적 조치'를 독점할 수 있다는 것을 조건으로, 정권이 지원하는 관변단체들이 이를 이용해 소위 '국민운동'이라는 이름으로 다양하고 광범위한 일상의 규율을 시도했다.

일상의 규율을 시도하는 '국민운동'의 가장 흔한 예로는, '절전운동'

---

[24] 여순사건 이후 대한독립촉성국민회가 언론에 발표한 성명의 내용. 『대한일보』, 1948년 10월 26일.

을 들 수 있다. 당시 지속적인 전력난에 시달리던 서울시에서 절전운동을 전개하면서 전력대책협의회를 구성하고 구체적인 절전 활동을 제시하였고, 애국반을 통해 '철저한 절전사상을 침투시켜 자각적으로 분발하여 만전을 기하도록' 유도했다.25 주로 주요 도시를 대상으로 문교부가 주도한 '국민생활재건운동'의 경우 1947년 11월부터 '국민정신의 함양과 국민 재건 훈련, 국민경제의 재건설'을 기본목표로 삼고 추진되었다.26 서울시에서 조직된 신생활촉진회에서는 '교통도덕과 시간여행을 철저히 할 것'에서부터 적절한 결혼연령을 제시하고, 남녀의 의복 표준을 제시하는 등 '신생활 준칙'이라는 이름으로 일상의 규율을 만들어 갔다.27 서울시의 '신생활운동'은 각종 구민궐기대회, 수양담화회, 강연 만담회, 신생활복 재단 강습회 등을 개최하였고, 가두방송, 선전탑 건립, 국산장려·소비절약 표어모집, 미신타파 강조 등의 사업을 추진했다.28

---

25 당시 구체적인 실천요강은 다음과 같았다. 『조선일보』, 『경향신문』, 1947년 12월 17일.
　　〈가정절전〉
　　1) 주간은 전부 정전케 하고 야간은 철야 점화케 함.
　　2) 전기온돌 전기곤로 전기난로는 폐지케 하고 전기 아이롱은 사용케 함.
　　3) 1등 60왓트 이하로 하고 일세대에 1실을 사용하는 데는 1등 일세대에 3실을 사용하는 데는 2등 5식 이상을 사용하는 사람에도 최고 3등으로 함. 이상 제사항의 실시방법은 애국반을 통하여 철저한 절전사상을 침투시켜 자각적으로 분발하여 만전을 기하도록 하여 각 가정의 휴스는 적합한 것을 넣은 후 봉인하기로 함.
26 『조선일보』, 『서울신문』, 1947년 11월 18일.
27 『동아일보』, 1949년 6월 25일.
28 실천요강과 실천사항으로 제시된 것은 다음과 같았다.
　　〈실천요강〉 1. 도의 : 정직·순결·사랑 2. 의례 : 관혼상제 제도의 연구와 실천 3. 경제 : 근로·절약과 경제생활의 건설 4. 의복 : 의복의 과학화 5. 음식 : 식생활의 과학화 6. 주택 : 주택의 과학화
　　〈당면실천사항〉
　　1. 실천 : 가. 교통도덕 나. 시간여행

전쟁발발 이전까지 주로 문교부가 주도한 '신생활운동'을 통한 일상의 규율은 보다 세세한 것까지 진행되었다. 즉, 식생활 개선의 내용으로는 '점심식사는 뜨거운 음식을 삼가 연료를 절약하고, 혼식을 장려하여 쌀을 절약하며, 식사시간을 일정하게 하고 접대습관을 없애 간소하게 할 것'을 규정하였다. '국민의복'의 경우, 남녀 모두 색깔이 있는 의복을 착용하고, '다듬이'를 폐지할 것, 남자공무원은 '건국복(일제시기의 국민복)'을 착용하고, 여자공무원은 여름에 양말을 신지 말 것, '일반여자'는 조끼허리통치마를 입을 것과 근로할 때에는 '몸뻬'를 입을 것 등을 규정하였다. 이와 별도로 '국산품애용', '가사 교과서 내에 생활개선운동 내용 기술' 등을 포함한 것이었다.29 아래의 표어는 당시 '신생활 개선운동'의 주요 목표로 제시된 것으로 일상의 의식주 문제를 세세하게 관여했음을 알 수 있다.

    1. 배급쌀 적다 말고 푸닥거리하지 말자 1. 우리말로 말하듯 우리 물건 씁시다 1. 가뿐한 차림으로 건국 행진에 발맞추자30

그런데 1950년에 이르면 '국민생활개선운동'의 목표는 '동북아 반공의 최전선에 적합한 것'으로 추진되었음을 노골화했다. 즉 선전대책중앙위원회31까지 조직하여 '동아 반공의 중책과 북한의 실지를 회복

    2. 의례 : 가. 혼례 나. 상례 다. 제례
    3. 의복 : 가. 하절 남녀 통상복 표준형 설정 나. 학생의 하절제복
    4. 음식 : 가. 여관음식의 개선 나. 단체식당 관리 다. 가정식사 개선 라. 고급요정 요리 규격화 시행 등
    5. 주택 : 가. 국민주택설계도 현상모집 나. 기존 주택 개선 등 (『한성일보』, 1949년 10월 11일).
29 『서울신문』, 1949년 8월 27일.
30 사회부에서 주관한 신생활운동의 표어. 『동광신문』, 1949년 9월 15일.
31 1948년 11월 30일 대통령령 제35호로 공보처 내부에 설치된 선전대책중앙위원회는 '국가의 기본정강을 천명'하고 '정부시책을 선전'하며, '민심을 계발'하기

한다는 민족적 지상명령'에도 불구하고 '아직도 중대한 시국과 심각한 민생고를 모르는 듯 사치에 흐르고 유행을 쫓는 경향이 심'한 '일부국민'을 계도하려 했다.32 이러한 '시국'에 '주책없이 먹고 질탕 놀아야만 속이 풀리는 우리나라 백성'들이 설 명절을 두 번씩 쉬는 것은 '미개 문명국 백성만이 할 수 있는 일'로 규정되었다.33 '계몽선전대책중앙위원회'에서는 계몽선전을 담당하고, '실천운동'은 소위 '애국3단체'인 국민회, 대한청년단, 대한부인회 등의 단체에 일임하였다. 이 과정에서 애국반은 '상호 경고하여 애전 절전사상을 고취하는 동시에 절전 자숙의 실천'을 하게끔 상호 감시하는 단위로 활용되거나, '수시 순찰 경시(警視)하여 악질자를 적발, 엄중처단'하는 사찰활동의 단위가 되기도 했다.34

당시 '애국반'을 통해 다양하게 전개된 '국민운동'의 운영방식 중 주목할 것은 국가기구가 아닌 대중조직들이 이를 주도했다는 점이다. 이것은 당시 국가권력이 억압적 강권에만 의존하는 상황에서 행정기구가 미치는 권력망의 영역은 대중조직을 이용해 감시·통제해야 할 만큼 그리 견고하지 못했다는 것을 의미하는 것이다. 다른 한편으로, 의회 내에서 권력기반을 구축하지 못한 이승만이 의회 밖에서 자신이 장악하고 있는 행정기관과 대중조직을 활용해 정치적인 지배력을 확장하려는 의도가 맞물렸다고도 볼 수 있다. 이러한 역할을 수행한 것으로 가

위해 발족하였다. 이어서 1948년 12월 20일에 총리령 3호로 설치된 시도선전대책위원회는 도지사가 위원장이 되어 활동했다. 1949년 10월에는 연극대(제1반)와 영화대(제2반)를 지방 계몽선전대로 편성하여 10월 21일부터 232명을 지방에 파견했다. 계몽의 내용과 목적은 '민족국가의식을 견고히'하는 '정신무장'을 하겠다는 것이었다. 『관보 제17호』, 1948년 11월 30일, 『관보 제23호』, 1948년 12월 20일, 『서울신문』, 1949년 10월 12일.

32 『자유신문』, 1950년 2월 25일.
33 『서울신문』, 1949년 11월 24일.
34 『동방신문』, 1949년 12월 29일.

장 대표적인 단체가 '국민회'였다.

이승만이 총재로 있고, 배은희, 명제세, 신익희 등이 포진해 있었던 대한독립촉성국민회(이하 독촉국민회)는 한민당과의 갈등과 국회 내 소장파 국회의원들의 저항 등에 직면하여 '여순사건'을 겪게 되었고, 각종 관제 '국민운동'을 주도했다. 특히 '여순사건' 이후 관변 대중조직을 활용하고 전국의 행정조직을 개편하여 본격적인 '반공체제'를 구축하려는 정권의 의도가 전면화되었다. 소위 '초토화 작전'을 수행하고 있던 제주도를 방문한 이후에 발표한 이승만의 다음과 같은 담화에 그 구체적인 모습이 제시되고 있다.

> 국민회와 청년단과 부녀단을 정부후원기관으로 각 동리와 촌락에 절실히 세포조직을 완성하여 동일한 주의와 동일한 행동으로 서로 보호하며 연락해서 물샐 틈 없이 조직해 놓고 어떤 집 틈에서든지 **타처 사람이 들어와서 하룻밤이라도 자게 될 때에는 24시간 이내로 최근 경찰관서에 보고**해서 일일이 조사함으로 반란분자들이 자유 행동할 곳 없도록 만들 것입니다. … **유럽 각국에서 이와 같이 하는 나라들이 점점 많아져서 이태리에서 더욱 이와 같이 진행**하기로 새로운 기분을 발휘하는 중이니…(강조는 인용자)[35]

즉 이탈리아에서 시행중인 파시스트적 정책을 모방하여 행정기관과 대중조직을 통해 물샐 틈 없는 상호감시체제를 구축하겠다는 것이었다. 이것이 이른바 '국민운동'을 표방하며 추진되었다. 이런 상황에서 행정차원의 기존 '국민운동'은 점차 국민회가 주도하는 '국민운동'으로 분리, 전환되면서 급속도로 정치적인 성격을 띤 정치적 동원운동이 되어갔다. '여순사건' 이후 독촉국민회는 국회 내의 이승만지지 세력인 '대한국민당과 별개로 국민운동에 매진'할 것이라는 성명을 발표했다. 여기서 독촉국민회 측은 '반공사상 전개, 반공국민 조직, 반공사회

---

[35] 『조선중앙일보』, 1949년 4월 13일.

실천 이것이 민족공동의 과업이요, 이것이 국민운동의 내용이요, 목적인 것'이라고 밝히고 있다.36 이후 독촉국민회는 '관민일체가 되어 반공태세 강화와 국가보강을 위한 철저한 국민운동을 전개'한다는 취지하에 정부의 각부장관, 도지사, 군수와 함께 '관민합작' 운영위원회를 설치하였고, 애국반을 국민반으로 개편하여 독촉국민회 지방조직의 말단기관으로 할 것 등을 이승만에게 건의하였다.37 1948년 12월 26일 이후 명칭을 '국민회'로 바꾸고 나서는 운동 목표를 '관민일체로 국민운동을 전개하기 위하여 중앙, 지방, 관민구별이 없이 모두가 국민회원이 되는 것'으로 정했다.38 이듬해인 2월 15일에는 국민회 결성 3주년 기념식을 갖고 당면정책 5개항을 발표하였다.39

이 정책들이 각 지방본부로 하달되었는데, 전라남도의 경우 도 대회를 통해 애국반을 국민반으로 개편하는 데 있어, '국민전부가 〈가〉급 회원이 되고 특히 입회절차를 밟은 자는 〈나〉급 회원'이 된다고 발표

---

36 『대한일보』, 1948년 10월 26일.
37 『서울신문』, 1948년 11월 19일.
38 『동아일보』, 1948년 12월 26일.
39 1. 국민운동은 국력을 강화하여 국위를 높이는 국민전체의 직접적 운동이다. 국민운동은 남녀와 老幼, 빈부와 관민, 당파와 계급의 구별이 없이 전 민족이 한데 뭉쳐 힘차게 나아가는 시대성을 가진 역사적 운동이다. 3천만은 단일체계를 갖추어 당면한 중요과업을 완수하기 위하여 관민협조하에 부락·직장의 말단에 조직활동을 강력히 전개한다.
2. **급속한 국가내용의 완성**을 위하여 3월 말까지 전국적 조직과 기구의 개편을 決行하는 동시 道·郡책임자는 총본부 인준을 필요로 한다. 幾個人중심이나 어떠한 派別性이나를 배제하고 진정한 국민의 국민회가 되어야 한다.
3. **민족의식과 增産意慾**을 최고도로 앙양하기 위하여 **국민계몽**을 목적한 국민지도원을 개설한다.
4. 國聯신위원단을 맞이하여 남북통일의 거족적 열원을 조속한 기일 내에 성취하기 위하여 **一大 사상운동**을 전개함으로써 **북한 괴뢰정권의 타파와 반동분자가 改過遷善**을 하는 가장 강력한 국민계몽대를 각 지방에 파견한다.
5. 재일 60만 동포의 사상지도나 권익옹호가 절대로 요청되므로 본회에서는 **일본지부를 설치**키로 한다(『연합신문』, 1949년 2월 16일).

하고 있다. 국민회는 또한 중앙 총본부에 '국민지도원 강습소'를 설치하고 '애국성이 견고한 인사를 강습하여 인재를 양성'할 것을 결의했다. 이로써, 국민회는 행정말단기구를 자신의 하부조직망으로 흡수하였고, 모든 국민은 일개 사조직의 회원이 된 것이다. 정권이 전국적인 정당성을 획득하지 못하고, 행정 권력을 침투시키지 못한 상황에서 반관조직이 자의적으로 행정단위의 명칭을 개편하고, 국민의 입회심사를 자의적으로 시행하고 구분·규정하고 있었던 것이다.

나아가 국민회는 국민들에게 일종의 '세금'을 요구하기 시작했다. 이승만의 지시로 '시장, 군수, 읍면장, 서장, 지서장은 국민회 조직과 회비징수에 적극 협력'할 것을 요구했고[40], 여기서 지방 행정기관은 국민회를 돕는 기관으로 전락했다. 1949년 8월 24일 개최된 전국지방장관회의에서는 국민회가 '공산주의를 분쇄 극복하는 주축기관'으로서 '국민운동'의 지시명령계통이 정부, 국민회의 양 계통을 따르게끔 공식화되었고, 매호당 200원의 회비를 징수하겠다고 발표했다. 이 '국민운동'을 위해 애국반이 국민반으로 개편되었으며 각 국민반은 10호 내지 20호를 단위로 구성하려 했고, 최소한 월 1회 이상 반상회를 개최하게 하였다.[41] '국민운동'의 주축인 국민회, 대한청년단, 대한부인회의 유지비로 매 세대에 매년마다 총 400원씩이 부과되는 것이 공식화되었다.[42]

일반 시민들을 가장 괴롭혔던 문제가 바로 '기부금'형태로 강제되는 국가와 사조직들의 약탈 행위였다.[43] 주민들에게는 '관공청은 기부금

---

[40] 『동광신문』, 1949년 3월 12일 ; 『호남신문』, 1949년 3월 20일.
[41] 『경향신문』, 1949년 8월 26일.
[42] 『자유민보』, 1949년 12월 28일.
[43] 당시 우후죽순격으로 설립되어 있던 청년단체들은 비합법적 자금에 의존했는데 그들이 모집한 강제적 내지 '자발적' 기부금은 1949년 국가세입의 거의 절반에 달했다. Gregory Henderson, 『소용돌이의 한국정치』, 한울아카데미, 2000, 225쪽.

진청'이라는 인상이 생길 정도로, 학교, 시, 구청, 동회, 각 단체, 각 관청의 기부모집이 빈번했다. 민보단 숙소 건축 등을 이유로 동회를 단위로 할당된 기부금은 주민들에게 배당되었고, 기부금을 내지 않으면 쌀 배급을 해주지 않거나, 구청에서 서류를 작성 해주지 않는 징수방식까지 생겨났다.[44] 동회단위로 배속되어있던 (향보단)민보단, 대한부인회, 의용소방대 등의 단체는 명령계통이 시장에게 있었지만 말단에서는 별개 단체처럼 행동하고 있었고, 각 단체별로 기부금을 징수하고 있었다.[45] 결국 1949년 11월 24일 법률 제68호로 '기부통제법'이 제정되기에 이르렀다.[46] 이는 이승만정권하에서 정부공식기관이 아닌 대중관변조직들의 기부금 모집행위를 통제하되 금지하지 않고 공식화·합법화하는 것이었다. 공식적으로 서울시의 300개 동회에서 1년간 걷어들이는 금액은 8억 원에 달하고 있었고,[47] 전라북도지역에서 반강제적으로 징수된 기부금은 무려 93종에 이르고 그 금액이 약 16억 원에 달했다.[48]

국민회에서 주도한 '국민운동'은 지방장관회의를 거쳐 '내무부와 합동으로 전개'될 것임이 공식적으로 표명[49]되면서, 국민회의 당론이 전국의 행정망을 통해 국가의 정책으로 하달되어갔다. 결국 반상회도 부활했다. 1949년 10월 1일부로 서울시의 애국연맹이 해체되고 국민회가 발족하게 되면서 시가 구청을 통해 각 동회로 10월 1일 일제히 상

---

44 『국제신문』, 1948년 11월 7일.

45 『동아일보』, 1949년 3월 5일.

46 이 법안에 의하면 국가기관, 공무원은 기부금품을 모집할 수 없으며, '법인, 정당, 단체에서 소속단체원으로부터 가입금, 일시금, 정기적 갹출은 1인당 1년에 500원을 초과하지 못한다'고 규정되어 있었다.

47 『남선경제신문』, 1950년 5월 21일 ; 『서울신문』, 1950년 6월 13일.

48 『연합신문』, 1949년 6월 21일.

49 『서울신문』, 1949년 9월 7일.

회를 개최하도록 명령했던 것이다.50

　이처럼, 국민회가 1950년의 5·30선거를 앞두고 행정망을 이용해 정부권력을 확장하는 기능을 담당하는 한편, 국민회와 그 배경이 되는 이승만계의 지배력 확장을 꾀했던 것은 그 대대적인 조직화와 선전에도 불구하고 성공했다고 평가할 수 없다. 그러나 그들이 국회의원선거에 출마할 수 있었다는 사실, 기부금을 걷을 수 있었다는 사실 자체에서 이미 그들이 국면에 따라 자의적으로 스스로의 성격 규정을 변화시키고 그 변화를 관철시킬 정도의 권력을 보장받고 있었다는 점에 주목해야 할 것이다. 이에 비해 '일반국민'들은 각종 회비를 공출당하면서 자체적 상회와 각종 강연회, 좌담회에 참석하며 '국시'와 '반공도덕'을 학습해야 했다.

　이러한 상황에서 당시로서 가장 억압적 형태의 감시방식인 '유숙계'가 등장하게 되었다. '국민운동'에서 '반'을 통해 주민을 동원하고 규율화하려는 시도는 결국 경찰에 의해 감시의 수단으로 활용되는 상황에 이르렀다. 당시 서울시 경찰국장 김태선은 '서울시내 각종 애국반을 통해 부동인구의 동향을 살피어 치안을 교란시키는 반역분자를 미연에 방지'하겠다는 명목으로 '애국반을 재편성, 재조직'하려 했다. 재편성의 실제적인 내용은 앞으로 '가족 이외의 친척이라도 부동인구가 가정에 유숙할 경우 각 가정에서 유숙인물을 반장을 통해 소관 경찰관서에 보고'하는 유숙계가 도입될 것을 알리는 것이었다. 물론 이 역시 '국민운동'을 표방하고 있는 것으로51 다음과 같은 표어를 모집하기도 하며 추진되었다.

---

50 『경향신문』, 1949년 9월 23일. 그러나 반상회가 실제로 얼마나 실시되었는지는 확인하기 어렵다. 다만 일제시기만큼 수행되지는 않았을 것으로 보인다.
51 『연합신문』, 1949년 4월 8일.

지하에 묻힌 적을 유숙계로 찾아내자 / 너도나도 유숙신고 살펴보자 우리반원
신고하자 유숙계 너도나도 정확히 / 너도나도 신고하자 오나가나 유숙계를[52]

유숙계의 내용은 단순히 유동인구를 파악하려는 것뿐이 아니었다. 즉 '매 10호마다 한 반을 조직하여 상호 연대책임 아래 반국가적 불순사상의 침투를 미연에 방지'하려는 것으로, 연대책임을 통한 상호감시와 밀고를 조장하려는 것이었다. 더구나 이것은 '이미 외국에서 실시 중에 있어 많은 성과를 거두고 있는 것을 모방한 것'이지만 어쩔 수 없는 조치라고 밝혔다.[53]

하지만 이러한 경찰의 시도는 반대에 부딪혔다. 1949년 4월 29일에는 원장길·노일환·이문원·김용현 등 국회의원 93명이 '유숙계는 위헌이므로 철회하라'는 긴급 동의서를 국회 의사국에 제출했고[54], 국

---

52 『경향신문』, 1949년 8월 25일.
53 『서울신문』, 1949년 4월 19일.
54 전문은 아래와 같다. 『조선중앙일보』, 1949년 4월 29일.
  * 主文 : 來 5월 1일부터 정부에서 실시하려는 국민조직 재편성에 의한 『외래 유숙자 신고제』는 헌법에 위반되는 행정조치이므로 정부는 즉시 이를 철회할 것.
  * 理由 : 민주주의 법치국가의 기본정신은 인권존중에 있으며 대한민국의 헌법에 있어서도 엄연히 이와 같은 원칙이 법적으로 규정되어 있는 것이다. 그럼에도 불구하고 정부가 발표한 소위 『유숙자 신고제』라는 것은 민주입법정신과 민주정치에 위반되는 독재정치의 일면일 뿐 아니라 실제적으로 헌법 제10조를 유린하는 것이며 민주정치 자체를 부정하는 것이다. 민간생활의 자연성과 5천 년 전래하여 온 미풍양속에 비추어 보더라도 이와 같은 방법을 적용하여 범죄를 미연 방지한다는 것이 惡政인지 善政인지는 자명한 것이며 전 민중을 범죄파괴자로 보는 이런 제도와 행정은 고금을 통하여 보지 못한 바이며 이는 전 민중의 사생활에 경찰의 간섭을 도입시키는 비민주적인 권력발동에 불과한 것이니 전 민중의 생활을 극도로 구속하는 것으로 우리는 단연코 동 행정조치의 철회를 주장하는 바이다.

회 내 소장파 의원인 이문원·김옥주·강욱중·김병회는 기자회견을 통해 '헌법에 의하여 거주의 자유가 보장되어 있는데 법에 의하지도 않고 여사한 조치를 단행한다는 것은 국가가 국민의 거주를 침해하는 것'이며, '유숙계는 한 개의 행정조치이지 법률은 아니니 헌법 위반'이라며 반대의견을 밝혔다.[55]

그러나 이러한 반대에도 불구하고 1949년 5월 5일 유숙계 초안이 내무부에 상신되었고 1개월간의 심사를 거쳐 6월 4일부로 〈시령 제6호〉로 공포 실시되었다. 당시 발표된 유숙계 실시의 이유는, '해방 이후 서울시내에 인구이동이 심한데 각 동회 반을 재편성치 않아 현재 유명무실하며, 최근 유령인구와 부동인구의 증가로 식량정책과 세무행정상 지장이 막대하며, 치안을 교란하여 국가 전복을 기도하는 공산도배 등은 대부분 동가식서가숙하는 부동인구로 치안상 중대한 영향이 있다'는 것이었다. 특히 경찰 국장이던 김태선은 '유숙계의 실시는 애국심에 호소하여 일대 국민운동을 일으키는 것'이라며 자유의 억압이 아니라고 주장했다.[56] 유숙계는 세세한 애국반 운영세칙으로 뒷받침되었는데, 그에 따르면 유숙계를 원활하게 실시하기 위해 동회장은 반장 상회, 반장은 반상회를 매달 1회 반드시 개최해야했고, 점차 전국적으로 시행하려했다.[57]

서울시의 경우, 경찰국에서는 공안과 내에 유숙계를 설치하고 애국반을 재편성하였는데 그 수는 동회 284개소에 1,967통, 반은 1만 9,388개소였다.[58] 1949년 7월 25일부터 서울시에서 실제로 시행된 유숙계 규정은 '반원과 구분되는 유숙자'를 나누고 '사상이 온건하고 신분이

---

55 『조선중앙일보』, 1949년 5월 5일.
56 『동아일보』, 1949년 6월 4일.
57 『서울신문』, 1949년 4월 25일.
58 『경향신문』, 1949년 7월 21일.

확실하다고 인정한자, 직업상 외박이 잦은자'가 미리 '반장의 승인'을 받을 경우 신고하지 않아도 되게 규정되어 있었다. 반장은 '반내 사정을 파악하기 위해 수시로 가정 방문을 할 수 있게' 권한을 부여했다. 또한 경찰서장은 이 규정을 부하직원, 동회, 민보단 분단장 및 반장에게 철저히 주지시켜야 했다.59 1949년 8월 말에 이르면 서울에서 8월 한 달 동안 유숙계 신고를 위반한 사람은 3만 6,796명이며 이 중 외박이 1만 3,384명, 유숙이 2만 3,402명이었고 이들 중 1,163명이 과료처분, 182명은 구류처분에 회부되었다.60

서울시에서의 실시에 힘입어 경찰력을 이용한 유숙계는 전국적인 실시를 계획하였다. 김효석 내무부장관은 앞서 '국민회를 모체로 국민조직을 강화'하라고 발표하던 1949년 8월 24일의 전국지방장관회의에서, '(유숙계는) 대통령 각하의 유시(諭示)로서 목하 서울시에서는 그 실시를 보고 있어 다대한 성과를 거두고' 있으며 각 지방장관들은 유숙계의 전국 확대실시를 위해 '미리 제반 준비를 촉진'하라고 지시했다.61 1949년 7월 25일부터는 도시뿐 아니라 전국에 걸쳐 기간을 설정한 유숙계를 실시했으며62, 1949년 9월 5일부터 경상북도에서 유숙계가 실시되었고,63 1949년 11월 12일부로 부산시에서도 유숙계가 실시되었다.64

이처럼 일제시기에 구축되어 있던 애국반 체계는 미군정기의 쌀 배급 관리·통제 수단으로서 활용되기 시작하여, '유령인구'를 파악한다는 목적하에 '인구관리시스템'을 구축하기 위한 중요기관으로 변화했

---

59 『동아일보』, 1949년 7월 25일.
60 『서울신문』, 1949년 8월 31일.
61 『자유신문』, 1949년 8월 26일.
62 『경향신문』, 1949년 8월 23일.
63 『영남일보』, 1949년 9월 8일.
64 『자유민보』, 1949년 11월 13일.

고 그 과정에서 그 지역의 '반장'에게 누구에게 얼만큼의 생필품을 배급할 것인가를 통제할 수 있는 권한이 주어지기 시작했다. 정부수립을 전후하여 행정기관에 의해 의식주를 비롯한 다양한 '국민운동'의 실행단위로 운영되던 애국반 체계는, 정부수립 이후 국민회가 주도하는 국민운동의 전개국면에서 '국민반'으로 개칭되었는데 이는 '사조직에게 임의로 대여된 국가기관'의 양상이었다. 국민회는 이승만정권을 정당화하기 위한 자신의 목적을 국민반 운영을 통해 추진하였으며, 각종 '반공주의' 이데올로기의 선전뿐 아니라 기부금 징수, 나아가 선거활동까지 자의적인 활동의 단위로 활용했다. 5·30선거의 결과에서 볼 수 있듯이 물론 국민반을 통해 국가와 국민회가 이루고자 했던 목표들이 모두 달성된 것은 결코 아니다. 즉, 서울 등의 일부 도시를 제외하고는 국민반에 소속된 전체 국민들이 이 체계 속에서 완벽하게 동원되고 감시·규율의 대상이 되었다고 보기는 어려우며, 국민회의 정치권력화도 뚜렷한 성과를 이루었다고도 볼 수 없다.

그러나, 결국 유숙계가 시행될 즈음 국민반의 '반장'은 국민반이 제대로 작동하면 할수록, 배급 통제, 주민들에 대한 감시와 통제가 가능했으며, 심지어 국회의원이 될 수 있는 기회도 제공받게 되었다는 점에 주목할 필요가 있다. 예를 들어, 동-반의 장들은 형식적으로는 공무원이 아니었기에 5·10선거과정에서 선거운동 참가여부가 이슈화되었는데, 선거운동에 참여하지 못하면 '선거를 보이코트하겠다'는 동회장들이 생겨났다.[65] 1950년 5·30선거 무렵에는 '과거 동회장을 지냈다거나 무슨 단체 일을 보았다거나' 하는 인물들이, 현직 반장이나 통장을 금품으로 매수하여 선거운동을 하게 하는 불법 선거운동이 활개를 치고 있었다.[66] 반민특위법과 조사위에서 '국내에서 전쟁말기를 통

---
[65] 『서울신문』, 1948년 4월 4일.
[66] 『한성일보』, 1950년 5월 28일.

하여 광신자 같이 날뛰던 악질 애국반장·경방단장·면서기·노무계원'의 투서를 받기로 했던 것67을 고려할 때, '동회장', '반장'이 차지한 권력의 자리는 급속히 신장되었으며 그 특권을 매개로 '자발적'으로 동원되었다. 또한 1949년 7월, 징병제의 실시가 계속해서 미뤄지던 상황에서 서울시내에서는 각 동회를 통해 군부의 지시에 의해 '장정을 소집하는 출두영장'이 흔히 발행되기도 했다. 국방장관 신성모는 '강제소집 운운은 하부 말단 각 협력기관의 무이해'라고 하며 '강제소집 사실이 발견되면 엄벌에 처할' 것이라고 말하고 있지만68 소위 '빨간딱지, 파란딱지, 노란딱지를 내보내 강제로 사람을 뽑아 갔다가 뒤로 돈을 받고 도로 내놓는' 현상이 벌어지고 있었던 것이다.69 즉 지배 블럭 내부의 갈등 속에서 국민반의 활용은 뚜렷한 성공을 가져온 것은 전혀 아니었지만, 지배-피지배의 구도 속에서 볼 때에는, 대중조직이 버젓이 행정기관을 이용하고, 국민들에게 세금을 거두어들이며, 배급을 통제하고, 일상생활을 감시·통제하면서 강제징병까지 보내는 상황이 이 시기엔 가능했던 것이다.

4. 통제에서 동원으로-국민반과 전쟁동원

1) 전쟁 중 국민반 활동의 지속과 체계화

1952년 부산정치파동의 경우처럼 한국전쟁의 와중에도 이승만의 자유당을 중심으로 하는 독재체제 구축을 둘러싼 정치적 갈등과 대립은

---

67 『서울신문』, 1949년 2월 1일.
68 『경향신문』, 1949년 7월 28일.
69 『자유신문』, 1949년 8월 3일.

격렬했다. 의회 내에서 다수를 점하지 못했던 이승만은 계속해서 대통령 직선제 개헌을 추진하다가, 1951년 12월 17일 원내자유당과 원외자유당을 만들었다. 특히 원외자유당은 전쟁 이전 일민주의 보급회, 국민회, 노총, 농총, 부인회 등의 관변대중조직을 이끌며 이른바 '국민운동'을 주도하던 양우정, 배은희, 이갑성 등이 이전부터 창당을 준비한 것이었다. 그리고 창당 이후에는 서북청년단의 문봉제와 조영주 등이 동참하여 국회의원 소환운동 등을 추진했다. 자유당 체제의 구축 이후로도 대중조직의 문제, 행정망의 문제는 이승만의 이범석 계열 견제와 관련이 있다. 즉 1952년 정부통령 선거에서 이승만이 장택상을 이용해 이범석을 견제할 때에는 내무장관 김태선이 경찰과 지방행정조직을 이용해 이범석 계열을 무력화하였고, 재선 이후 족청계를 이용해 장택상을 견제할 때는 족청계 진헌식이 내무장관이 되어 다시 장택상 계열을 무력화시켰다. 이후 당의 지방조직을 장악하고 있던 족청계가 원외자유당까지 장악하려고 했으나 중앙조직은 국민회, 한국청년단, 노총, 농총, 부인회 등이 분점하고 있었고, 1953년 5월의 전당대회 이후의 족청계 숙청으로 이어졌다.70 이로써 한국전쟁이 끝날 때 즈음에서는 이승만정권의 권력기반이 어느 정도 안정화 되었던 것이며, 국민반은 이러한 정치적 맥락 위에서 운영되었다. 비록 시·도의 수준에서 국민반 운영을 체계화하려는 시도가 생겨나지만, 전쟁 중의 국민반은 1949년 국민회의 국민반 활용만큼 대중의 정치적 동원을 위해 운영되는 모습은 잘 나타나지 않는다.

그러나 한국전쟁의 발발은 분명히 체제의 작동방식과 목표를 한편으로는 확대·강화시키고 한편으로는 새롭게 변화시켰다. 전쟁 이전에 주목적이 '국내평정'이라고 정리할 수 있다면 이후에는 '전쟁수행'이 행정기관의 최우선의 과제가 되었다. 이른바 총동원체제의 구축이 체제의

---

70 김일영, 「전시정치의 재조명」, 『한국정치외교사논총』 제23집 2호, 2002, 201~202쪽.

목적이 되었던 셈인데, 이를 추구하는 과정에서 기존의 운영 방식들이 계속해서 확대·강화되었다. 이전 신문지상을 떠들썩하게 장식하던 국민반 운영의 목적은 실제로 각 행정기관들의 사무로서 자리 잡으며 점차 체계화되는 과정을 거치게 되었다. 즉 전쟁 이전의 국민반 이용은 상당부분 이승만정권의 대국민 통제와 정치적 동원을 위한 것이었다면, 전쟁 이후부터는 총동원체제 구축이라는 일제 말기의 목표와 유사한 운영 목적들이 제기되었다.

당시의 국민반 운영이 일제 말기의 '애국반'운동과 유사한 기능을 담당했던 것은 심지어 일제시기의 구호인 '국민정신총동원운동'의 구호마저 이어받으려는 목소리가 등장했다는 것에서 확인할 수 있다. 당시 문제가 된 것은 애국반장이 되면 징용을 보류[71]해 준다는 소문이 돌자, 지방자치법에 의한 시·읍·면장의 선거 이후 동회장의 선거[72]를 치르기 전에 애국반장의 선거가 있었는데, 이것이 마치 국회의원선거처럼 과열되었던 것이었다. 이에 대해 비판하던 신문의 사설은 '총후를 지키는 사람들'이자 '필승의 신념에 불타야 할 사람'들로서, '국민정신총동원'이라는 구호를 우리 것으로 삼고 '싸우는 나라 사람의 긍지를 지키자'는 주장이 제기되었다.[73]

---

[71] 1953년에 이르러서는 징병체제가 어느 정도 갖추어져서, 각 지방에 병사구 사령부가 설치되어 징병업무를 담당하고 있었다. 당시 각 지방의 장관들이 종합하여 병사구 사령부로 전달된 반장의 수는 239,728명에 달했으며 당시의 '국민반' 운영 목적이 주로 노동력 동원이어서 가능하면 징병대상자를 제외한 여성이나 공무원들로 충원하려고 했다. 그럼에도 각 지방에서는 국민반장이 담당하는 병역사무를 원조해 줄 것과, 말단행정의 중요한 역할을 담당하는 국민반장의 징용을 보류시켜 줄 것을 내무부장관에게 요청했고 내무부와 국방부에서 이를 검토하기로 했다(『부산일보』, 1953년 4월 12일).

[72] 1949년 12월 15일 개정된 지방자치법[법률 제73회]이 1950년 1월 18일 이후 동법 시행령에 의해 실시되었다. 여기에서는 동리장은 동리주민이 직접 선거하는 것으로 되어 있었다.

[73] 『부산일보』, 1952년 6월 10일.

국민반 운영을 체계화하려는 움직임은 서울시 등 도시를 중심으로 진행되었다. 국민반은 전선이 빈번하게 이동하던 한국전쟁 초기에는 거의 운영되지 못했으나, 전선이 안정되던 시점 이후로 대도시를 중심으로 운영이 재개되었다. 1952년 11월 6일 서울특별시장의 각 구청장에게 하달한 국민반에 관한 사항을 보면 양곡 확보와 동원, 납세 등의 행정사무를 국민반조직을 통해 수행하려 했다는 점을 알 수 있다. '전쟁수행'을 핑계로 행정사무의 부담을 국민반에 떠넘겼던 것이다.

> **국민반조직 운영에 관한 건** 수제(首題)의 건에 대하여는 동회규정 제6조에 의하여 기위(旣爲) 국민반을 조직하고 일반 시정에 지대한 역할을 하고 있는 바이나, 현하(現下) 국가 중요시책인 양곡확보·동원·납세 및 국채소화(國債消化)·기타 제반 전시사무로서 구(區)에 부가된 책무는 일익 가중됨에 따라 그의 하부 보조기관인 동회에 부가된 책무 역시 일층 가중한 현상에 감하여 국가의 제반시책을 민속(敏速) 원활히 국민에게 침투시키는 동시에 하의상달의 기회를 도모하고 정확한 민의를 파악하여 건전한 행정을 추진하려는 동회의 하부 보조기관인 통·반의 강화로서 유기적 운영이 긴급히 요청됨으로 이에 즉응하기 위하여 좌기(左記)와 같이 실천요강을 설정 하였아오니 본 취지를 양지하고 이를 강력히 실천함으로써 시정 운영의 원활을 기하도록 조처함을 위요통첩(爲要通牒)함….

국민반을 활용하자는 주장은 '전시말단행정강화'라는 차원에서 제기되기 시작했다. 국민반의 조직 강화는 여기서 '성전(聖戰)완수'를 위한 것으로 선포되었으며, 국민반은 국가라는 유기체의 말단 세포로 정의되었다.

> 국가의 시정방침이 각 부문기구를 통하여 국민의 뱃속에 가서 소화되는 경로는 현재까지 소위 행정하부조직기구로써 리에 그 조직체계의 기반을 두어왔는데 국책수행의 신속한 운영과 그 실효를 위해서는 하부말단의 세포적기구로서 국민반의 기반적 조직 강화가 시급한 국가적 절대요청이 아닐 수 없다.[74]

1953년 8월[75] '환도'선포 이후 시정의 질서가 잡히면서 서울의 재건 복구에 있어 국민반의 지속적인 운영이 필요하게 됨에 따라 이를 강조하고자 새롭게 '국민반 운영규칙'이 제정되어 공포·실시되었다.[76] 그리고 이 규칙에 이어 같은 해 12월 7일에 서울특별시에서는 이를 구체적으로 실천하기 위한 국민반 실천요강(實踐要綱)을 제정하였다. 그리고 국민반 운영 지도위원회는 시장의 자문에 응하여 국민반 운영지도의 최고방침을 책정하여 그 운영실적을 심의·평정하기 위하여 구성하였는데, 시에는 시위원회·구위원회가 있어서 시 위원회 위원장은 시장이, 부위원장은 부시장이, 그리고 위원은 각 국장이 되며 구위원회에서는 구청장이 위원장이 되고, 경찰서장이 부위원장이 되도록 하였다. 그리고 위원은 구청과 경찰서의 간부직원 중에서 구청장이 위촉하게 되어 있었다. 이처럼 각 지방의 행정단위에서 필요와 역량에 따라 국민반의 운영을 기획하면서 지도위원회 등의 보조기구까지 설치되었다. 국민반은 1953년 말 경부터 체계화되고 조직화된 적극적인 운영을 하게 되었으며, 이 무렵 서울특별시 관하의 반수는 11,430개였다.

이러한 체계화 과정을 통해서, 전쟁 이전에 이미 시도되었던 감시와 통제라는 목적은 변함없이 지속적으로 추구되었고, 이에 관한한 예전의 운영방식이 지속되었다. 전쟁발발 이후 전국은 수시로 계엄 상태에

---

74 국민반의 조직운영을 본격적으로 강조한 것은 1952년부터 1953년 9월까지 내무부장관을 지낸 진헌식이 취임 후 제1착으로 강조한 것이라고 한다. 이후 국민반의 운영을 보더라도, 당시의 정치적 상황과 내무부장관의 변동에 따라 국민반 운영은 많은 변화를 겪게 된다. 배상하,「전시말단행정강화론─리행정과 국민반 조직강화로 성전완수와 민폐일소에 기여」,『지방행정』제2권 1호, (1953년 1월호), 23쪽.

75 1953년 8월 24일, 내무부 규칙에 의거해 전국적으로 국민반이 조직되었다고 발표했다.『경향신문』, 1957년 4월 29일.

76 이 규칙은 이후 규칙 제81호(1955. 12. 30)와 규칙 제87호(1956. 2. 6)로 두 번 개정된다.

놓여있었는데, 그 계엄지역에서 '국민반'에 부과된 여러 가지 형태의 의무들로 나타났다. 대표적인 것은 유숙계로 서울지역의 경우 10월 이후부터 애국반을 통해 매일 유숙자 명부를 파출소에 제출해야 했고, 타 지역으로의 이동시에 국가기관으로부터 허가를 받는 '여행증명서'의 발행 수속은 반드시 반장, 동회장을 거쳐서 헌병대에 요청해야 했다.77 유숙계가 지역사회에 '숨어있는 적'을 적발하는 것을 의무화하였을 뿐, 실제로는 이를 통해 '적'을 찾아낼 가능성이 많지 않았다고 한다면, 알고 지내던 사람들의 행적을 고발해야 하는 의무도 부과되었다. 인천상륙작전 이후 서울지역 등지에서 대대적으로 전개된 부역행위처벌의 광풍 속에서 애국반은 부역자 적발에 협력해야 했고, 이는 커다란 '성과'를 거두고 있는 것으로 평가되었다.78

'부역자 색출'의 '전통'은 '제5열 격멸'의 구호로 '계승'되었다. 즉 당시 경찰은 강력한 '방첩조직'을 완성하고 '한 놈의 제5열도 놓치지 않고 만전태세를 갖추었다'고 호언장담했다. 나아가 '국민정신운동을 통해 제5열 색출'에 주력하고 이를 위해 국민반조직을 강화하며 유숙계, 방첩운동 등을 통해 '제5열을 격멸'할 것이라고 발표했던 것이다.79 반장의 감시 권력은 신분증 발행과 관련하여 더욱 증대되었다. 전쟁발발 이후 서울과 수원지역에서는 '시민증'이 발행되었다. 즉 '부역자 색출'과정에서 서울에서는 '보통 사람도 양민임을 입증하는 증명서'로서 발급되었는데, 시민증 발급은 제주와 여수·순천에서 계엄군이 그러했듯이 '양민과 잠복해 있는 적색분자를 구별하려는 목적'을 갖고 있었다. 시민증 발급은 엄격한 심사를 거쳤고, 반장이 시민증 발급 신청서

---

77 『경향신문』, 1950년 10월 12일, 이 밖에 '1950년 12월 9일 유숙계조사실시'라는 기록도 확인할 수 있다. 『정훈대계』 2권, 국방부 정훈국, 1956, f39쪽.
78 『경향신문』, 1950년 10월 14일.
79 『동아일보』, 1951년 2월 1일.

류를 집집마다 나누어주면서 특정한 집은 빼놓기도 했다. 박완서의 회고는 그런 상황을 짐작케 해준다.

> 그건 밀고를 당할 때보다 더 큰 충격이었다. 시민증이 없으면 죽으라는 소리나 마찬가지라고 여길 만큼 그게 사람노릇 할 수 있는 기본 요건이 될 때였다. 반쯤 등신이 된 것처럼 모든 환난을 말없이 견디던 엄마도 땅을 치며 탄식을 했다.[80]

당시 한강을 건너 피난을 가기 위해서는 '간첩색출'을 목표로 검문이 심했고, 후퇴 이전에 발급한 시민증이 없으면 검문을 통과하기 어려웠다. 또한 시민증 발급에는 까다로운 심사를 거쳐야 했다. 이러한 권력화로 인해 '반장'의 특권과 관련된 비리와 사회문제가 발생하고 있었다. 예전에 기부금이 문제가 되었던 것처럼 애국반을 통해 '밀짚모자' 등을 강매하는 문제들이 발생했던 것이다.[81]

이처럼, 국민반의 운영은 비록 전쟁의 와중이라 안정적으로 이루어지지는 못했지만, 운영이 가능한 지역에서부터 지속되고 차차 체계화되는 과정을 거치고 있었다. 또한 이전의 감시·통제 기능은 다양한 형태로 '자연스러운' 주요 행정기능으로 자리잡아갔으며, 일제 말기의 동원체제 구축과정과 유사한 양상으로 변화해 갔다. 상호감시와 밀고는 '국민의 의무'가 되어갔고, 사람들은 행정망을 통해 강요되는 '감시노동'을 수행해야 했다.

2) 위문과 전후 복구

전쟁 발발 이후 국민반에는 정부수립을 전후로 한 시기와 다른 추가

---

[80] 박완서, 『그 많던 싱아는 누가 다 먹었을까』, 웅진닷컴, 2002, 258쪽.
[81] 『동아일보』, 1953년 5월 15일.

적인 의무들이 부과되었다. 구체적으로 그것은 위문활동과 전후 복구사업으로의 노동력 동원이었고, 이는 일제 말기의 운영 목적과 유사한 것이었다.

'위문'의 경우, '전쟁에 임하는 국민'으로서 '정신무장'이 필요하다는 이유로 그 필요성이 제기되었다. 이른바 '후방'의 국민들은 전선의 군인들을 위해 생활을 '전시체제로 개편하여 극도로 긴축된 내핍생활'을 유지하고 그 여력을 모아서 위문품을 보내자는 것이었다. 이를 위해 애국반은 위문품을 보내는 '국민운동'을 전개하여 '결전 국민생활'을 실천하고, '조국과 민족을 위하여 싸우고 있는 일선장병들'에게 떡과 담배, 자신의 속옷과 양말, 장갑 등을 보내야 한다는 내용이 주류를 이루었다.[82] 결국, '국민생활을 혁신 간소화하여 전시에 상응하는 국민정신의 앙양'한다는 것을 표방하는 〈전시생활개선법〉[83]이 제정되었다. 이 법에 의하면 오후 5시 이후가 아니면 음식점에서 '탁주'를 제외한 주류를 판매, 음용할 수 없었다. 또한 음식점에서는 가무음곡을 할 수 없었고 '접객만을 주로 하는 부녀자를 사용'할 수 없었다. 심지어 '정부가 필요하다고 인정할 경우' '전시에 상응하지 아니하는' 복장의 작용을 제한·금지할 수 있었고, 사치품의 수입, 제조, 판매가 금지되었으며, 위반 시 몰수할 것을 규정했다. 복장과 사치품의 기준을 정할 사회부 내의 '전시생활개선위원회'는 '학식과 덕망이 있는 인사'로 구성하려 했다. 이처럼 내핍의 구체적인 내용이 법제화되면서 주민의 일상은 전쟁체제의 세세한 회로에 의해 규정되어 갔다.

'국민반'이 수행해야 할 위문의 범주는 단순히 내핍과 절약을 통해 위문품을 보내는 것에 그치지 않았다. 즉 '후방병원에서 이를 갈며 전선출동을 벼르고 있는 상이군인들'에게도 역시 꽃다발과 위문문, 위문

---

82 『동아일보』, 1950년 12월 22일 ; 『동아일보』, 1951년 1월 12일.
83 제정 1951. 11. 18, 법률 제225호.

품을 가져다 주어야 했으며, 이것이 '애국반의 부녀자'들의 갖춰야 할 '따뜻한 마음씨'로 칭송되었다.[84] 상이군경과 유가족들에 대한 원호사업은 이후 정부가 주도하는 사업이 되었다. 1953년 6월 한 달은 '군경원호강조기간'으로 선정되어 무료진료와 직업소개, 표창과 위안 음악회 등이 추진되었을 뿐 아니라 상이군경에게 의수족과 의장을 제공하고, 각 극장, 신문사, 학교를 통해 성금을 수집하는 '성금갹출운동'을 전개했으며, 국정교과서 판매권, 전매품판매권 등이 주어졌다. 이른바 '노력봉사'는 원호사업의 하나로서 상이군경과 유가족에게 필요한 일손을 국민반을 동원하여 제공되는 것으로 규정되었다.[85]

'위문'을 제외하고 전쟁 중의 국민반의 노동력 동원이 가장 빈번하게 이루어진 부분은 각종 전후복구 사업이었다. 서울의 경우, 행정건설대가 들어온 후 1년이 지났어도 폐허에 가까웠다. 1952년 9~10월경, 서울시 간부들이 궁리 끝에 생각해 낸 것이 강변나루터에서 한강 도강을 기다리는 무리들 중에서 힘깨나 쓸 만한 사람을 골라 도강을 시키는 일이었다. 이렇게 도강케 한 장정들을 국민반 단위로 묶어 구청장 책임 아래 전재지 정리를 시킨다는 계획이었다. 다른 장비 없이 인력으로 해야 했기에 적어도 20만 명 이상의 인력이 20일 이상 동원되어야 할 작업량이었다. 당시로서는 20만 명 정도의 사람을 모아 한강을 건너는 것도 쉬운 일이 아니었으며, 서울 시장이던 김태선이 직접 미군 헌병대장을 찾아가 교섭을 한 후 20만 명의 인부를 한강 이남에서 모집했다. 이렇게 선발된 사람들에게는 '서울 전적지정리자(戰迹地整理者)'라는 이름이 주어졌으며, 각 구청 청소담당 책임자 인솔하에 한강을 건넜다. 각 구청별로 도강일자를 달리했다. 한강부교 위를 대량의 인부가 한꺼번에 건널 수 없었기 때문이었다.[86] 이렇게 소집된 인력은

---

84 『서울신문』, 1950년 12월 6일.
85 『서울신문』, 1953년 6월 2일.

각 국민반별로 묶어 동원하였다. 당시 피해적지 정리 작업은 국민반원 및 의용(義勇)소방대원이 동원 실시되어 총면적 80만 4천8백70평을 정리하였다. 동원된 인원수는 국민반원 21만 8천3백53명, 의용소방대원 6천6백3명이었다.87

국민반을 활용한 노동력 동원은 보다 잡다한 국가기관의 요청에 부응하는 것이 되어갔다. 예를 들어, 서울시에서는 도시미관상, 그리고 '모기'의 번식과 하절병의 예방에도 도움이 된다는 명목으로 1952년 7월 8일부터 10일까지 3일 동안 국민반을 동원하여 소개터나 파괴된 건물자리에 무성하고 있는 '잡초 소탕전'을 전개하겠다고 발표했다.88 그리고 부산에서는 경찰서 임의대로 '미신업자 일제취체'라는 경찰업무를 수행하는 데 국민반을 동원하기도 했다. 경찰은 훈계기간을 정해 국민반에 계몽운동을 전개하고 각종 간판을 철거하는 작업을 맡겼다.89

이처럼 한국전쟁 동안의 국민반 운영방식은 지배블록 내부의 갈등에서 우위를 점하기 위해 정치적으로 활용되던 전쟁 이전이나 중반까지의 그것과 조금씩 성격을 달리하게 되었다. 여전히 감시와 통제의 기능을 수행했지만, 동시에 그에 대한 보상이나 유인책은 거의 없이 막대하고 잡다한 노동력 동원 기능을 수행하게 된 것이다. 이 당시 국민반장의 권력이라고 해봐야, 국가의 감시와 통제로부터 조금 벗어날 수 있는 정도였을 뿐, 잡다한 위문과 노동력 동원의 책임자가 되어야 한다는 점에서 오히려 피곤한 일이 되어갔다고 볼 수 있다.

---

86 『동아일보』, 1952년 9월 5일.
87 『서울재건상』, 시사통신사, 1953년 9월.
88 『조선일보』, 1952년 7월 5일.
89 『부산일보』, 1953년 3월 25일.

5. 몰락의 징후─권력의 중앙집중화와 불법 선거

1) 국민반 운영 방식의 체계화

전쟁이 끝난 후에도 국민반은 잡다한 행정적 잡무 수행기관으로서의 성격을 지니고 있었다. 특히 다양한 경찰활동에 동원되었다. 부산에서 발생한 대화재 사건 이후 서울에서는 경찰국의 지시로 각 국민반 단위로 '야간 화기단속불침반'을 조직하기도 했고[90] 이른바 '사창굴 단속강조기간'을 설정한 내무부는 사창굴을 '발본색원'하기 위해 대책위원회를 구성하고 국민반 단위로 자치대를 조직하여 '철저한 적발활동'에 참석하게 했다.[91] 이 기간이 끝난 이후에는 단속의 여파로 포주들이 서울의 연건동 일대로 이동하자, 그곳 주민들이 국민반 회의를 열어 방어책을 토의하는 해프닝이 벌어지기도 했다.[92] 전쟁 당시에 부과된 '위무'를 통한 노동력 동원 역시 지속되었다. 즉 '원호사업'은 국민반이 전담하는 사업이 된 것이다. 1956년 대한군경원호회에서 '인보원호운동'을 전개하며 실천요강을 설정했는데, 이를 위해 전국적으로 원호실천위원회를 통한 '국민운동'을 실시하고 위원은 동·면·반의 통을 단위로 선출하게 되어있었다.[93] 이러한 경향은 국민반의 운영이 국민회가 국민운동을 주도하던 시기의 정치적 감시와 규율, 정권의 지배력 확장 등 정치적 성격에서 점차 벗어나 그저 행정기관을 보조하는 기구로서만 취급되었기 때문이다. 그러나 정치적 이용이 자의적이고

---

90 『조선일보』, 1953년 12월 3일.
91 『경향신문』, 1955년 12월 7일.
92 『경향신문』, 1956년 1월 9일.
93 『경향신문』, 1956년 1월 23일.

⟨국민반 운영체계도⟩[94]

정　　　부
내무부 및 관련부처

매월 20일까지　↑　↓

전라북도 국민반 지도위원회	◎ 구성: 도지사, 지방법원장, 지방검찰청장, 도각국장, 도의회의장, 병사구사령관, 도교육회장, 금련도지부장, 삼남일보사장, 전북일보사장, 저금관련국장 ◎ 회의사항(매월 20일) 1. 실천사항책정 2. 요망사항답변 3. 전월실천검토 4. 시군지도위원회지도

매월 10일까지　↑　↓

시 군 국민반 지도위원회	◎ 구성: 법원지원장, 검찰지부장, 교육감, 금련이사, 경찰서장, 전매서장, 세무서장 ◎ 회의사항(매월 28일) 1. 도지시사항 및 시군 자체 실천사항결정 2. 요망사항에 대한 시군 자체 답변 3. 전월실천검토 4. 읍면동 지도위원회지도

매월 5일까지　↑　↓

읍면동 국민반 지도위원회	◎ 구성: 학교장, 경찰지서주임, 우체국장, 금련이사, 시읍면의원, ◎ 회의사항(매월 말일) 1. 실천사항전달 및 실천방법 토의 2. 요망사항에 대한 읍면동 자체 답변 3. 전월실천검토 4. 국민반부락 정례회 지도(정)례회 상황 보고 ※ 예회지도는 실천위원 외 관공서직원, 시읍면군의원 기타 유지를 총동원함

매월 3일까지　↑　↓

국민반장 구 장	◎ 회의사항(매월 1일) 1. 실천사항주지 침투 2. 전월 실천 검토 3. 요망사항답변서 전달 4. 기타

매월 1일　↑　↓

실천사항 실천　　　　　요망사항 요망
국민반원(부락장)

한시적이었다면, 행정 보조기구로서의 활용은 오히려 체계적인 구상과 계획으로 이어졌고 보다 정치적으로 악용될 수 있는 조건을 갖추게 되었다.

서울시의 경우 국민반의 운영방식이 점차 체계화되는 것을 살펴볼 수 있다. 1953년 12월의 경우 각 마을마다 4인 이상의 불침번을 두고 밤새도록 야경순시를 하게 하는 지시가 내려갔다.[95] 노동력 동원의 방식도 별도의 공식적 조치 없이 관례화된 것으로 바뀌어 갔다. 이전의 노동력 동원 방식이 명부에 있는 반원명단에서 영장을 발부하는 제도였다면, 국민반 단위로 책임인원을 할당하여 각 국민반의 책임하에 동원하는 방식으로 변경되었고, 당시 시에서 한번에 할당한 동원인원은 2,000여 명 정도였다.[96]

1954년경부터 국민반 운영을 원활하게 하는 방안과 국민반장의 활용방안에 대한 구상들이 제기되었다.[97] 이러한 구상의 결과 '국민반 실천요강'이 지속적으로 작성되어 하달되었고, 1955년 2월 현재 서울시내의 동회 수는 306개, 국민반은 14,289개에 달했다.[98] 전후 복구사업에 '즐겁게' 동참할 것을 강조하는 '국민반가'까지 제정되는 한편[99], '희망하는 건설적인 의사를' 듣기 위해 '국민반의 소리'라는 투고함을

---

94 최상령, 「국민반의 합리적 운영방책 — 전라북도 지방과장」, 『지방행정』, 1954년 6월호, 81쪽 중 재구성.
95 『동아일보』, 1953년 12월 8일.
96 『동아일보』, 1953년 12월 19일.
97 임면변, 「국민반장활용의 신구상」, 『지방행정』, 1954 ; 박종진, 「국민반 운영의 원활책」, 『지방행정』, 1954.
98 『경향신문』, 1955년 2월 7일.
99 아래의 가사에 곡이 붙여져 '국민반 가곡'으로 1956년 4월 6일에 공포되었다[서울특별시 고시 제73호(1955. 4. 6)].
   1. 우리들은 대한의 아들 딸이다. 일어나는 새서울 더욱 빛내자.
      쓰러진 집터에도 우리 손으로. 옛모습 찾아주자 우리 국민반.
   2. 우리들은 서울의 국민반이다. 명랑한 서울거리 자랑하노라.
      손을 잡고 굳세게 이겨나가자. 집집마다 웃음도 우리 국민반.
   3. 우리들은 대한의 아들 딸이다. 반만년 긴 역사를 더욱 빛내자.
      새서울의 새살림 일으키면서. 힘차게 나아가자 우리 국민반(『경향신문』, 1955년 3월 13일).

서울시청과 각 구청에 비치하기도 했다.100 위의 그림은 이미 1954년 당시에 작성되어 있던 전라북도의 국민반 운영체계도로서 각 단위에서 어떻게 지도위원회가 구성되었으며, 매달의 지시사항 하달과 각종 회의의 개최일이 어떻게 배치되었는지를 살펴 볼 수 있다. 이후의 상회 운영은 대강 이러한 틀을 크게 벗어나지 않았다.

 1953년 이후의 체계화 준비작업101이 공식적인 정부방침이 되고 국민반 운영을 전국적으로 강화하겠다는 의지를 표명한 것은 1957년 장경근이 내무부장관에 취임한 이후부터였다.102 1957년 3월 25일 정부방침에 의하여 내무부장관의 특별지시에 의해 국민반의 기능이 강화되기 시작했다. 이는 1953년부터 이미 여러 번 계획되었던 것이었지만, 언론을 통해 대대적으로 표명된 것은 1949년 이후 처음이었던 셈이

---

100 『동아일보』, 1956년 1월 14일.
101 1953년 이후 『지방행정』지를 통해 국민반 운영을 '강화'하고 '촉진'하겠다는 방안과 구상들이 간간이 제기되고 있다. 최상령, 「전북 : 국민반의 합리적 운영방책」, 1954 ; 유시필, 「국민반운영 촉진방안」, 1956 ; 김광건, 「국민반운영강화에 관한방안」, 1955 등이 대표적이며, 종합적인 구상과 예산 등이 내무부에 의해 하달되었다기보다는 각 지방행정 단위로 강화할 것을 강조하는 수준이었던 것으로 볼 수 있다. 서울와 시기와 내용을 달리하지만, 전라남도의 경우 1953년도 규칙 제35호로 '전라남도 국민반 운영규칙'이 제정되었는데, 여기에는 국민반장의 선출방식과 임기, 상회의 소집 시기와 상회에서의 논의사항 등이 총 29조로 간략하게 기술되어 있다(『현행 전라남도 예규집 상권』, 1955년, 193~195쪽). 수원시의 경우도 '각 동회의 국민반을 조직, 강화하고 매월 29일과 30일은 반장회의를 그리고 1일과 3일은 부인회를 열기로 되었다고 하며 시로서는 앞으로 국민반 지도계몽에 전력을 다할 것'을 결정했다(『한국일보』, 1955년 2월 26일).
102 한국전쟁 이후의 정치적 갈등 속에서 내무부장관은 수없이 교체되기에 이른다. 1952년 이범석이 내무부 장관이 된 이후, 김태선과 진헌식이 뒤를 이었고, 1953년에는 백한성이, 1955년에는 김형근, 1956년에는 이익흥이 내무부 장관이 되었다. 이익흥은 국회에서 불신임이 부결되었으나 결국 사표를 제출하게 되었고, 1957년 2월 4일에야 장경근이 내무부장관에 취임한다. 국민반 운영 강화를 공개적으로 내건 것은 장경근에 이르러서였다.

다.103 이러한 움직임은 1956년 정부통령 선거에서 진보당 조봉암 후보의 약진으로 위협을 느끼고 행정기관을 이용해 다시금 대중적 지지를 얻고자 하는 기획으로 볼 수 있다.

특히 장경근 내무부장관이 취임한 이후인 4월부터 퇴임하는 9월까지 국민반의 운영에 관한 기록들이 많이 남아 있다. 편성된 국민반의 총수는 집계되지 않았지만 각 도별 현황은 부분적으로 알려져 있었다. 경기도의 경우 총 22,920개의 국민반이 있었고 반상회의 평균 출석률은 75%인 것으로 보고되었다. 전라북도는 총 23,932개, 전라남도는 31,004개 있는 것으로 보고하고 있다.104 1957년 7월 현재 경상북도에는 31,752개의 국민반이 편성되어 있었다.105

당시 운영 계획상 가장 중요한 것은 매달의 실천사항을 하달하고, 요망사항을 수집한다는 상회의 정기적인 실시였다. 1957년 4월 서울시에서는 국민반 운영을 통해 1) 정례 반상회 2) '뉴스-서울지' 보급 강화 3) 국민반의 소리 실시 4) '라디오' 드라마, 좌담회 실시 5) 통반장표창 실시 등을 실행했음을 상부에 보고하고 있다.106 1957년 5월

---

103 지시사항의 내용은 다음과 같았다. ① 매월 1일에는 전국 일제히 국민반 반상회를 할 것 ② 반상회에서는 반원들의 출석부를 비치하여 결석하는 반원이 없도록 점검하는 동시 반원들의 의견을 기입하는 기록부를 비치할 것 ③ 매월 열리는 반상회에서는 복잡한 실천사항을 열거함을 피하고 실천사항을 최대한 5개 항목으로 제한할 것 ④ 반상회는 상호 간의 친절을 도모할 것이며 세금의 독촉과 동원사항 등 강압적인 탈선행위를 절대로 금할 것 ⑤ 민의창달(民意暢達)을 위한 반상회가 되어 관에 대한 원한 등을 기탄없이 진술케 하며 민의(民意)가 무엇인지를 구체적으로 파악하여 민의를 말단행정 기관에서 처리할 문제는 매월 2일까지 속결하고 기타 중요사항은 상부에 보고토록 할 것 ⑥ 반장(班長)에 대한 대우를 개선해야 하며 되도록이면 우량반장을 표창하여 문패를 제공한다던가 정신적인 우대 등을 강구할 것 ⑦ 내무부(內務部)를 비롯한 각 행정기관에는 국민반(國民班) 지도반(指導班)을 신설하여 각기 지도구역을 분담하여 반상회를 지도할 것 『서울 육백년사』.
104 『지방행정』, 1957년 제6권 4호, 53~73쪽.
105 채의식, 「국민반의 합리적인 운영지도방안」, 『지방행정』, 1957년 11월, 132쪽.

중 '국민반 실천사항'으로 선정된 것으로는 '1. 어린이날을 중심으로 하여 건아양육에 힘씁시다. 2. 모자리를 개량하여 건초육성에 힘씁시다. 3. 양곡소비를 절약하고 대용식을 장려하여 춘궁기를 극복합시다. 4. 전기를 아껴 쓰고 국산품을 애용합시다.' 등과 같이107 일반적인 내용이 주를 이루었다.

정부는 국민반을 '민주정치의 기본조직'으로 강조하면서 '모든 시책이 민중 심리에서 깊이 침투될 수 있도록' 하기 위해 통신시설을 갖춰야 하고 정보가 충분히 전달되어야 하는데 이것이 불충분하기 때문에 국민반이 운영되어야 한다고 주장했다. 당시 1개의 라디오도 없는 면도 부지기수였고, 전국적으로 보급되어 있는 라디오 수는 137,031대로 이는 전체 가정의 3.85%에만 라디오가 보급되어 있었고 그것도 대부분 서울에 있었다.108

도시와 농촌별로 상황을 가정하여 '국민반 상회의 광경' 등을 시나리오로 만들어 보급하기도 했다. 당시 '전남 광산군 송하읍 신촌리'로 가정된 상황에서 상회출석자는 15명, 나이는 26세에서 60세까지 다양했으며, 반장은 35세였고, 참석자의 직업은 교사, 공무원, 농업, 주부, 상업, 일반 노동으로 분류되었다. 이 상회에서 주로 논의되어야 할 것으로 가정된 내용은 당시 이승만이 추진하고 있던 '8월의 북진통일의 결의'였다. 이것이 농촌의 상황으로 가정된 것이었다면, 도시의 상황을 가정한 또 한편의 모의 상회 시나리오에서는 잡화상, 운전수, 회사 사장, 미장원, 의사와 은행원 등이 등장했다. 저녁 여덟시에 시작된 반상회에서는 첫 번째 실천사항으로 역시 '8·15의 감격으로 북진통일의 결의를 더욱 굳게 합시다'라는 것이 논의되었다. 그리고 주요 실천사

---

106 『지방행정』, 1957년 제6권 4호, 40쪽.
107 「5월중국민반실천사항」, 『지방행정』, 1957년 6권 5호, 234쪽.
108 채의식, 앞의 글, 130쪽.

항을 검토하면서 '시 공보'를 참조할 것 등을 안내하고 있다.109

그리고 이 상회를 통해 반원들에게 접수한 각종 요망사항이 상부로 집결되었다. 예를 들어 4월 한 달 동안 농림부에 대해서는 '녹비종자 알선' 등의 30건, 내무부에 대해서는 '고지대의 오물제거 철저시행' 등의 13건, 각부 공통의 '잡부금 폐지' 등이 제기되었다. 이 밖에 요망건수는 충청남도가 가장 많았으며 강원, 전남, 충북 순이었다.110

그러나 실제로 정부의 계획대로 상회가 운영되었는지는 확인하기 어렵다. 다만 이후의 언론보도를 볼 때, 국민반이 본격적으로 부활된 지 8개월 만인 1957년 11월까지 전국에서 상회를 통해 수집된 요망건수는 11만 개이지만 이에 대해 적절한 조치가 취해진 것은 단 100건에 불과했다.111

한국전쟁 이전에 비해 '반장'의 역할이나 권위가 현저히 떨어진 것, 그리고 해야 할 번거로운 일들은 훨씬 늘어났다는 것은 분명해 보인다. 한 조사에서는 당시 충청북도의 한 마을의 경우 반장은 동장이 지명하지만 '일만 많고 소득이 없기 때문에' 모두 지명되기를 싫어하는 경향이 있다고 밝히고 있다. 당시 매 세대는 매년 보리 수확 때 버리 한말, 벼 수확 때 나락 한말씩 공출해야 했으나 반장은 이를 면제받는 것으로 보수를 대신하고 있었다. 적은 이에 비해 세금을 걷고, 공출을 받고, 비료를 분배하고 공문에 시달리며 모든 의무를 수행해야 했다. 근처의 마을에서도 유사한 인식이 지배적이었다. 즉 마을 주민들은 '반장이 되는 것은 불운하다'고 여겼는데, 각종세금잡부금, 회사금, 국채대금,

---

109 「전남 광산군 송하읍 신촌리 제4국민반의 상회 광경」, 「씨나리오〈도시형〉, 국민반모의회 (8월 1일 반상회)」, 『지방행정』, 1957년 9월, 147~166쪽.

110 『한국일보』, 1957년 4월 24일. 이 밖의 상세한 요망사항들은 「6월중 국민반 요망사항에 대한 답변서」, 「8월중 국민반 요망사항에 대한 답변서」, 「9월중 국민반 요망사항에 대한 답변서」, 『지방행정』 등에 게재되어 있다.

111 『경향신문』, 1957년 11월 17일.

부락 공용금, 기타 금품의 징수뿐 아니라 도로보수공사, 각종 기념행사 기타 면이나 지서 등에서 요청하는 부역 등에 참가할 것을 통지해야 했기 때문이다. 뿐만 아니라 면당국에서 배급되는 비료나 기타 유상, 무상 물자의 배급도 담당했고, 면의 지시에 따라 농사 개량에 관한 새로운 지식을 반원에게 가르쳐야 했다. 다만 이 마을에서는 반원들이 일 년에 약간의 곡식을 매 세대에서 거출하여 주고 있었다.112

실제 국민반의 운영은 늘 활성화되지 못했던 것으로 보인다. 1958년에는 워낙 반상회 개최수가 저하되어 도청의 각과, 시군 직원, 읍면 직원들이 각각 하부행정단위로 동원되어 거의 반강제적으로 반상회를 열도록 독려하는 데 시간을 보내고 있었다.113 1959년에 발표된 내무부 집계에 의하면 1957년 4월에는 반상회 참석자가 2백66만 2천2백20명으로 참석할 수 있는 수의 70%가 참석했으나 그 1년 후에는 2백8십만 6천2백96명으로 79%, 2년 후에는 2백95만 4천3백13명으로 81%가 되었다고 하였다. 그리고 특히 서울은 반조직 당시의 '동민협조'는 89%로 '국민반은 반원들에 의하여 절대 협조적이고 정치를 떠난 하나의 적은 행정협조 조직체로서 묘미를 보이고 있다'고 발표했다. 그러나 그 실상을 알아보니 서울시내에서는 반상회를 반장이 통고해도 모이지 않아 회람판을 만들어 반원의 도장을 찍게 하고 그 숫자가 곧 반상회에 참가인원이 되고 있다는 것이었다. 게다가 서울시민 중 대부분은 '국민반이라는 것의 존재조차 이미 머리에서 사라졌을 뿐만 아니라' 실제 운영은 현저히 저하되고 있었다.114

이처럼, 전쟁 이후의 국민반은 잡다한 행정적 잡무 수행기관으로서

---

112 존 이, 밀스 박사 편, 「Ethno-Sociological Report of Three Korean Villages」, 국련 한국경제 조정관실, 지역사회 개발국, 1958, 21~45쪽.
113 『동아일보』, 1958년 1월 10일.
114 『조선일보』, 1959년 5월 11일.

의 성격을 지니고 있었고, 1957년부터 정부는 공개적으로 국민반의 운영을 강화하겠다는 계획을 밝혔다. 그러나 정부의 운영 계획과 그 실행 실적에 대한 기록은 현실의 운영 실태와 매우 큰 괴리를 보여주고 있었다. 국민반의 운영과 관련해 가장 체계적인 계획들이 내무부를 정점으로 하는 행정망을 통해 수립되고 하달되었지만, 이는 많은 한계와 저항에 부딪쳤기 때문이다. 국민반에 강제된 의무에 무관심으로 대처하는 소극적인 저항뿐 아니라, 사회적으로도 점차 언론과 국회를 통한 야당의 격렬한 반대도 제기되었다.

2) 1957년의 국민반 강화 논쟁과 지방자치법 개정 — 간파(看破)와 반복

1957년 3월부터 전체 국민반관련 예산의 삭감이 국회에서 결정되는 1958년 1월 초까지 언론과 국회에서 국민반 운영 강화에 대한 일대 논쟁이 벌어졌다. 특히 1957년 3월과 4월의 언론에는 연일 국민반과 관련된 다양한 주장과 국회에서의 움직임에 대한 보도가 이루어졌다. 이 과정에서 취임과 동시에 국민반 운영을 강화하겠다고 공개적으로 발표했던 장경근[115]은 1957년 2월 취임하여 6개월 만인 8월에 사표를 제출했다. 그가 내무부장관 취임과 동시에 제기한 국민반 운영 강화와 관련된 사항들은 몇 달 동안 사회와 언론, 국회 내에서 큰 반대에 직면하였고, 결국 야당은 '장충단 사건'의 진상규명을 주장하며 6월경 내무

---

115 장경근은 자유당 정책위원장이자 경기도 부천의 국회의원이었다. 이미 3대 내무부차관으로 재직한 바 있었고 자유당의 '강경파'에 속했다. 이후 '국민반 운영'에 관한 야당의 비판에 직면하였고 선거를 앞두고 유권자를 조직적으로 동원하려는 시도로 의심받았다. 그 결과 국민반 폐지결의안이 제출되었으나 자유당이 다수당인 관계로 부결되었다(김보현, 「1956~1958년 야당의 정치공세와 '국민반 운영'」, 『지방행정』, 1998, 128~131쪽).

부장관 불신임안을 제출했다. 이는 자유당의 반대로 부결되었지만 결국 장경근은 두 달 후에 사표를 제출하게 되었다.116

1957년 3월부터 신문지상에는 3월 25일 개최된 지방장관에서 내무부장관이 내린 지시사항으로 '국민반 운영 강화'가 있다는 것이 보도되기 시작했다.117 발표 직후부터 언론은 사설을 통해 국민반 강화에 대한 반대입장을 표명하기 시작했다. 『한국일보』는 3월 26일부터 '국민반조직이 정상적인 민주주의 국가 쳐놓고 존재하는 예가 없는 반면 독재적인 전체주의 국가엔 반드시 존재'하고 있다고 하면서 국민반은 '군국주의의 철저화를 꾀하기 위해 운영된 일제의 유물'이라고 비판하고 있다. 애국반은 당시 '시민생활을 감시하며 소위 정신총동원을 위하여 시민의 자유를 희생시킴을 강요'하였고, '이웃 상호 간에 반목과 경계가 일상화되다시피 하여 인권을 여지없이 유린하는 결과를 형성'한 것이라고 주장했다. 무엇보다도 '내년의 총선거를 앞두고 별안간 관력에 의하여 반상회를 강화한다는 것은 그 진의를 오해받을 염려'가 있다는 점을 지적했다. 당시 행정부의 방침에서 문제가 되었던 것은 '거주증명 같은 서류에 반장 통장의 도장을 찍는' 것이나 '동네청소와 동원을 위해 지시가 오는 것'이 아니라, 관청직원이 입회하여 '지도'란 이름으로 출석부의 점검을 받는 상황이었다. 여기에 대해 한 사설은 '일본에서도 해방 후 반상회 조직을 부활하겠다고 어떤 정부가 발설했다가 국민들의 전면적인 반대를 받아 그대로 물러앉은 예가 있다. 내무장관은 아직 이런 소식도 불통인 모양이다.'라며 냉소를 퍼부었다.118

---

116 『조선일보』, 1957년 2월 6일·6월 11일·6월 16일·1957년 8월 20일. 곧이어 취임한 이선근도 1년이 지나지 않아 사임했고, 1958년 6월에 민병기가 내무부장관으로 취임하게 된다.
117 『조선일보』, 『경향신문』, 1957년 3월 26일.
118 『조선일보』, 1957년 3월 27일.

이러한 언론의 반응에 대해 내무부장관은 조건을 걸고 강행의 뜻을 내비쳤다. 즉, '왜정시대의 애국반은 상의하달을 위한 것이었으나 국민반은 하의상달을 위한 조직체이니 일반의 오해가 없도록 바란다'는 것이었다. '국민반 운영을 악이용하는 곳이 있으면 곧 수습할 것이며 전국적으로 악이용되는 경우에는 즉시 국민반제도를 폐지하겠다'고 부언하였다. 그리고 국민반 강화대책을 자유당과 또는 상관과 상의해 본 일이 없으며 장관 자신의 독자적인 행정조치라고 거듭 강조하였다.119 또 다른 이유로 '우리나라와 같이 국민의 지적 수준이 낮고 민주국가의 초창기에 있는 곳에는 반드시 있어야 한다'는 것을 들었다.120

그런데 이러한 변명이 무색하게 이후 경찰 치안국에서는 국민반 단위로 범죄 예방을 목적으로 전국적으로 '방범반'을 조직하겠다는 계획을 발표했고121, 이어서 매월 3일과 21일에 구청직원을 파견하는 정례 국민반 '상회'를 실시한다는 등의 내용이 담긴 국민반 운영요강을 내무부에서 각 관하에 시달했다.122

이러한 강행 방침은 4월 한 달간 더 큰 반대에 부딪히게 되었다. 국회 내무위원회에서의 논란을 시작으로 신문들은 연일 국민반 강화계획의 이면에 대한 의혹을 제기했고, 몇 가지 물품을 강매하는 사건 등이 보고되어 국회 분과위원회에서 조사하기로 결정하였다. 국회 내무위원회에서 야당 의원들은 국민반 운동이 국민에게 하기 싫은 일을 강요하는 '행정 별동대' 또는 '관제운동'으로 전개될 가능성을 지적했고, 선거에 악용하려는 것이 아닌가 하는 집중적인 추궁을 받았다.123 국민반

---

119 『조선일보』, 1957년 3월 28일.
120 『동아일보』, 1957년 3월 29일.
121 『조선일보』, 1957년 3월 31일.
122 『조선일보』, 1957년 4월 3일.
123 『동아일보』, 1957년 4월 10일 ; 『경향신문』, 1957년 4월 10일.

의 법적인 근거가 없다는 점, 국민반을 통해 경찰이 집집마다 신원, 성분조사를 할 수도 있다는 점을 지적124하는 국회에서의 질의가 계속되는 와중에, 4월 15일의 전국경찰국장회의에서 '국민반을 중심으로 경찰 정보망을 재정비'하라는 지시가 있었다는 사실이 알려졌다.125

이에 국회에서의 비판은 한층 더 수위를 높이게 되었다. 민주당의 현석호는 국민반 강화가 '헌법 제13조가 보장하는 결사의 자유를 유린하는 것'이라면서, 국민반이 경찰의 정보망으로 운영한다는 것은 결국 경찰이 관여한다는 것을 시인하는 것이며 이는 5열 색출이 아닌 정당 사찰을 위한 것이 아니냐며 추궁했다. 뿐만 아니라 이는 국민 전체를 경찰의 정보원으로 만드는 격이며, 대학생에 대한 내사는 헌법 제 14조가 보장한 '학문의 자유'를 위반하는 것으로 헌법위반이라고 주장했다. 게다가 이는 진보당결당대회를 방해한 100여 명의 폭도의 난동과 비교되는 것으로 결국 '전국민을 불신하는 것'이라고 주장했다.126 오

---

124 『동아일보』, 1957년 4월 12일.
125 『한국일보』, 1957년 4월 16일. 구체적으로 특수정보과 소관으로 다음과 같은 지시사항이 내려갔다. (1) 56년도 7월 30일자 정비9795호 통첩에 의한 국민반을 중심으로 정보망의 재정비를 단행하고 이에 대한 유기적인 연락활동을 하여 12분 그 운영에 만전을 기하라 (2) 정보제출에 있어 특히 정치적인 보고 및 선거보고 등에는 엄존한 사실에 입각하여 당선가능자의 순위 및 득표예상수를 정확히 보고할 것 (3) 경향각지를 막론하고 '절량농가대책운위'하면서 일부 대학생 중에서는 다방 기타 다수인이 집합하는 장소를 이용하여 현정부를 비난하는 언동을 능하는 한편 전국 야당계 청년을 규합하여 4월 20일경에는 '전국절량농가구호대책위원회'라는 명칭 아래 웅변대회를 개최하고 가칭 '전국통일청년협회'라는 조직을 구상 중이라 하니 그 동정을 내사하라 (4) 공무원의 신원을 조사하며 특히 경찰관에 있어서는 경위급 이상의 간부급을 조사하되 피조사자의 사상, 배경, 정당관계 등을 철저히 조사하라는 등의 지시를 비롯하여 경무과 소관으로는 '병사행정에 있어 각도 병사구-지방경찰서에서는 타부의 의뢰만 받고 병무소집과 간이소집 및 기타 중앙에서 지시한 사항 외에는 사무를 집행하여 중앙행정과 상반되는 경우가 있으니 앞으로는 중앙 지시에 따를 것'. 『경향신문』, 1957년 4월 16일.
126 『한국일보』, 1957년 4월 19일.

히려 국민반 강화의 첨경은 자유당의 '소위 각종 기간단체를 자유당에서 해방하여 독립시키는 것'이라는 주장도 제기되었다.[127] 결국 야당은 '국민반조직을 해체하고, 공무원 사상조사는 지양하며, 학생들의 사상동향 내사 역시 학원의 자율에 일임할 것'을 요구하는 대정부 건의안을 제출했다.[128]

그러나 내무부는 국민반 강화를 그대로 진행할 것이며 이미 5월 중 실천사항을 하달했고, 4월 중에 반원증도 발부할 것이라고 발표했다.[129] 장경근은 '상회에 경관이 출석하지는 않는다'는 유화적 조치를 내걸면서도 한편으로는 강력히 추진하여 상습적 불참자를 반성하게 하기 위해 출석부를 배치하고 출석상황을 조사하는 것은 물론이고 반내 주거하는 지식층 명단을 작성하겠다고까지 계획을 밝혔다.[130] 서울시의회에서도 국민반 운영에 대한 논쟁이 반복되지만[131] 결국 언론과 야당의 반대에도 불구하고 정부는 국민반 운영을 강행하였다. 애초에 전년도의 예산안에 포함이 되어있지 않았던 사업이었기 때문에 국민반 운영은 추가 예산을 요청했고 이에 대한 우려가 있었지만[132] 운영비 통과가 추진되었다.[133]

결국 이승만정권이 국민반 운영을 통해 1958년의 선거를 계획하고 있음은 명확한 것이었다. 당시 한 잡지의 필자는 자유당의 두 가지 선거대책 중 하나로 국민반의 강화와 이용을 들고 있다. 즉 자유당은 '국민반을 이용해 실정을 은폐하고 치적만 선전하는 기회로 삼고, 국민상

---

127 『경향신문』, 1957년 4월 22일.
128 『경향신문』, 1957년 4월 24일.
129 『동아일보』, 1957년 4월 24일.
130 『동아일보』, 1957년 5월 1일.
131 『경향신문』, 1957년 5월 17일.
132 『한국일보』, 1957년 6월 4일.
133 『경향신문』, 1957년 6월 26일.

호 간의 감시를 엄하게 하여 공포분위기를 조성하려 한다'는 것이었다. 특히 '모든 공무원들이 자유당 위력 때문에 전전긍긍'하는 상황에서 공무원이 출석해야 하는 국민반상회에서 공무원을 통해 선거운동이 조직적으로 이루어지고 그것은 '별도의 자금도 필요 없이 이루어지는 것'이라는 진단이었다.134 이것은 당시 '자유당의 선거연설에 더 이상 민중이 모이지 않는 것을 타파'하기 위한 것이고, 국민반 운영을 통해 '장기적인 선전'을 하려는 기획이었으며, 국민들이 '상호감시를 하게 하여 행정부와 자유당으로부터 이탈되는 인심을 억지로 잡으려는 기획'인 것으로 보였다. 결국 이 필자는 이러한 움직임을 '최후 발악을 하는 것'으로 평가하고 있다.135

이렇게 완벽하게 간파당한 기획임에도 불구하고 장경근이 퇴임하고 새로 취임한 이선근도 국민반 강화를 지속적으로 추진할 것임을 밝혔다. 처음으로 개최된 전국시장회의에서 이선근은 국민반 운영 요강을 지시했는데, 그 내용은 매월 모의 반상회를 개최하여 이를 라디오로 방송할 것, 출석률이 불량한 동에 대해서는 가두방송을 실시할 것, 시의 연중행사로 국민반장회의를 개최할 것 등이 있었다.136

이러한 기획하에 정부는 1958년 국민반 운영예산을 199,000,000환으로 책정하였다. 그러나, 결국 예산 위에서 국민반 운영비 전액을 삭감할 것이 결의되었다.137 그럼에도 이선근은 기자와의 대담에서 "언제는 돈 가지고 국민반을 운영하였느냐. 국민반 운영예산이 한 푼도 없는 것이 사실이나 좌우간 계속 운영될 것이다"고 말하면서 각 지방 행정 단위의 예산을 가지고 운영을 지속하겠다는 뜻을 밝혔다.138 야당

---

134 당시 자유당은 선거공영제와 자금 50만환 제한제를 추진하고 있었다.
135 엄상섭, 「국민반 소동, 선거법 소동」, 『사상계』, 1957년 8호 통권 49호, 91~95쪽.
136 『동아일보』, 1957년 10월 18일.
137 『경향신문』, 1958년 1월 3일(석간).

의 반대로 별도의 예산으로 운영하는 것은 막았지만 '반'이라는 제도를 형식적으로나마 유지하는 것은 막을 수 없었던 것이다. 결국 1958년의 5월 2일의 국회의원 선거에서는 전국 각지에서 국민반조직을 통해 통반장을 동원해 후보자의 기호와 선전물을 집집마다 배부하는 행위가 노골적으로 행해졌다.[139]

이승만정권이 국민반 운영을 통해 꾀하려 했던 의도는 결국 1958년 말의 지방자치법 개정으로 나타났다.[140] 이 법에서는 시·읍·면장의 직접 선거제도가 간선제로 바뀌었고, 거의 모든 지방 행정기관의 장을 상부에서 임명하는 것이었으며, 사실상 국민반을 법제화하는 것이었다. 이전의 동·리에 통이나 반이 있던 것을 방(坊)으로 개편한 것이었는데, 동·리장과 방장은 구청장 또는 시·읍·면장이 임명하게 되어 있었다.[141] 이러한 개정의 취지는 모두 '지방자치단체의 사무수행이 효율적으로 추진되도록 하기위한 것'이라고 하면서 다음과 같은 설명이 덧붙여졌다. '현재 우리나라의 내외실정으로 보아 어느 나라보다도 지방행정을 효율적으로 추진해야 할 것이며 또 지방자치를 실시할 것이 일천하다고 해서 길게 민주훈련의 도정(途程)만을 밟고 있을 수는 없는 형편이다.' 즉, 지방의회와 행정망을 장악하기 위해 효율성을 핑계로 민주적 절차의 억압을 정당화했던 것이다. 이어서 '비효율적'인 것의 예로는 시읍면장의 직선제에서 나타나는 여러 가지 문제점을 들고 있으며 동리장을 임명하지 않을 경우 시읍면장이 제대로 감독하지 못한다는 점을 단점으로 지적하고 있다. 여전히 행정단위는 위계적인 것으로 '하부'는 '상부'의 감독을 받아야 하는 단위로 규정되는 것이다. 그리

---

138 『경향신문』, 1958년 1월 7일(석간).
139 『경향신문』, 1958년 5월 2일.
140 이 시기에는 국가보안법을 개정하려는 움직임도 동시에 일어났다.
141 〈지방자치법〉 1958년 12월 26일 공포. 법률 제563호.

고 방(坊)이라는 명칭은 신라시대의 최하 지방행정 단위를 인용한 것이었다.142 이 법은 당시까지 '지방자치법'의 역사상 가장 중앙 집권화된 형태의 정부형태를 표현하는 법이었다. 이에 따라 1959년 초에 개최된 전국내무국장회의에서는 개정된 지방자치법에 따른 지시사항으로, '2월 말까지 방(坊) 편성을 완료하고 이전의 국민반 운영요령에 준하여 상회와 실천사항 등을 지속적으로 실시하라'고 되어 있었다.143

이처럼 이승만정권은 1957년부터 전면적인 사회적 반대에 부딪쳤음에도 불구하고 위계적인 권력구조를 관철시키려고 끊임없이 시도했다. 정부수립 이후부터 전쟁 이후까지 반복적으로 지속된 '사업'이었기에, 수세에서 벗어나고자 하는 정권의 목적으로, 특히 선거에 이용되는 것이 사회적으로 완전히 간파당한 상태였다. 그럼에도 이러한 의도는 계속해서 관철되었고, 그 결과 동·리장에 이르기까지 거의 모든 행정기관의 장을 상부로부터 임명하는 중앙집권체계를 만들려는 1958년의 지방자치법 개정까지 이르게 되었다. 이것이 이행된 1959년을 지나 1960년의 3·15선거에서는 가장 극단적인 형태의 부정선거가 치러지게 되었다. 누적된 민중의 불만과 이미 오랜 기간 공론화된 비판적 여론은 이를 가만히 둘 리가 없었다.

6. 국민반이 남긴 것
─강제된 정치노동과 거세된 정치공간

소위 민주적인 정권교체를 세 번이나 경험한 오늘에 이르러서도 지방에 따라 국민반의 명칭은 남아있다. '지역구'를 기반으로 한 국회의

---

142 내무부, 『내무행정치적사─지방행정편』, 1958, 71~72쪽.
143 『경향신문』, 1959년 2월 2일.

원 선거에 각 지역의 '유지'들이 관여하는 것은 공공연한 사실이고, 어느 지역의 통반장 관련 규정에는 여전히 '일반예비군 또는 재향군인인 남자로서 안보관이 투철하고 책임감이 확고한' 사람을 동장이 추천할 것을 규정하고 있다.144 그리고 비록 잡부금 납입 통지서 등의 공문서를 전달하고 각 지역에 할당된 업무나 요청에 대한 실태를 종합하는 형태로나마 반상회나 반장의 활동은 지속되고 있다. 어떻게 이렇게 오랜 기간 유사한 지배 양식이 지속될 수 있었으며, 어떤 과정을 통해 변화되고 유지되었던 것일까?

이 글은 그 지속성의 원인과 그것의 함의를 도출하기 위해 행정말단기구인 국민반을 사례로 1950년대 대중동원조직의 성격과 역할, 그 변화과정을 살펴보았다. 특히 국민반이 권력의 모세혈관으로서, 세세한 규율망을 구축해 가는 과정과 그 방식들을 살펴보려 했고 그것이 정부 수립 이후의 정치체제와 한국전쟁기 동원체제의 구축과정에서 수행한 역할을 검토해 보았다.

앞서 살펴 본 것처럼 애국반은 기본적으로 파시즘 시기 제국주의 지배 권력의 성격과 식민지 국가의 특성에 따라, 황민화 정책과 총동원체제의 구축이라는 핵심적 정책의 하위 정책으로서 거주 지역을 단위로 하는 통제 권력이라는 성격을 띠고 있었다. 애국반을 통해 작동한 권력의 특성은 생필품 배급에 관여하고 '후방'의 각종 노동력 동원 통로로 활용하며, '반상회'의 운영에서 알 수 있는 것처럼 일상화된 규율체제로 작동했다는 것이다. 기본적으로 이것은 '영토'의 통제권이 불법·합법의 법치논리로 무장한 국가에 의해 독점된다는 보편적 특성과 '총동원체제의 구축'이라는 역사적 조건을 기반으로 등장한 것이었다. 이러한 특성은 '전쟁수행'을 대비하는 근대 국민국가의 특성과 총동원

---

144 이강웅, 「통장 및 반장직의 역할 재정립 방향」, 『한국지방자치학회보』, 제9권 제3호, 1997, 4쪽.

체제의 종합적 성격, 그리고 국가를 장악한 지배 권력에게 있어 행정망은 '최후의 보루'라는 점에서 이러한 지배 형태가 지속될 가능성을 이미 내포하고 있었다.

미군정기의 배급시스템으로 작동한 정·동회는 이러한 체계의 일부가 지속된 것이었다. 미군정기에는 배급을 통제하고 관리한다는 명목으로 근대적 '인구관리 시스템'을 작동시키는 방식으로 등장하였다. 배급을 통해 일반 국민들의 일상적인 삶의 조건에 깊숙이 개입했던 국가의 행정망은 '개인별 통장제' 등을 시행하는 한편, '정확한 인구조사'를 시도하면서 '반'단위의 연대 책임제를 통해 상호감시를 '의무화'했던 것이다.

정부수립을 전후해서 애국반 체계는 행정기관에 의해 의식주를 비롯한 다양한 '국민운동'의 실행단위로 운영되었고, 점차 정부수립 이후 국민회가 주도하는 국민운동의 단위가 되었다. 국민회는 이승만정권을 정당화하기 위한 정치적 목적으로 국민반을 운영했으며, 각종 '반공주의' 이데올로기의 선전뿐 아니라 기부금 징수, 나아가 선거활동까지 자의적인 활동의 단위로 활용했다. 물론 국민반을 통해 정권과 국민회가 이루고자 했던 목표들이 모두 달성된 것은 결코 아니었지만, 통제적인 성격이 극단화된 유숙계가 시행될 즈음 국민반의 '반장'은, 국민반이 제대로 작동하면 할수록, 배급 통제, 주민들에 대한 감시와 통제가 가능했으며, 심지어 국회의원이 될 수 있는 기회도 제공받게 될 만큼의 권력을 지니게 되었다. 지배 블럭 내부의 갈등 속에서 국민반의 활용이 뚜렷한 성공을 가져온 것은 전혀 아니었지만, 지배-피지배의 구도 속에서 볼 때에는, 지배의 의도가 충분히 관철되었던 것이었다.

한국전쟁 발발 이후 국민반의 운영은, 일제시기의 그것과 가장 유사한 형태로 변화되었다. 국민반은 안정적이진 못했지만, 운영이 가능한 지역에서부터 지속되고 차차 체계화되는 과정을 거치고 있었다. 국민 반은 여전히 감시와 통제의 기능을 수행했지만, 동시에 그에 대한 보상이나 유인책은 거의 없이 막대하고 잡다한 노동력 동원 기능을 수행하게 되었다. 국민반장은 잡다한 위문과 노동력 동원의 책임자가 되어야 한다는 점에서 가능하면 피하고 싶은 직책이 되었다.

1957년 이후 정부는 공개적으로 국민반의 운영을 강화하겠다는 계획을 밝혔다. 이것은 정권이 지배 블럭 내부의 갈등에서 우위를 차지하기 위해 가장 명백히 정치적인 방식으로 국민반이 운영하려는 의도였다. 이전의 것에 비해 가장 체계적인 계획들이 내무부를 정점으로 하는 행정망을 통해 수립되고 하달되었지만, 이는 많은 한계와 저항에 부딪혔다. 국민반에 강제된 의무에 무관심으로 대처하는 소극적인 저항뿐 아니라, 사회적으로도 점차 언론과 국회를 통한 야당의 격렬한 반대도 제기되었다. 정치적 수세에서 벗어나고자 하는 정권의 목적, 특히 선거에 이용하려는 것은 완전히 간파당한 상태였다. 그러나 이승만 정권은 1957년부터 전면적인 사회적 반대에 부딪혔음에도 위계적인 권력구조를 관철시키려고 끊임없이 시도했다. 그럼에도 이러한 의도는 반복적으로 추진되었고, 중앙집권적인 체계를 구축하려는 1958년의 지방자치법 개정까지 이르게 되었다.

이처럼 국민반은 1950년대 국가권력과 체제의 성격을 드러내주고 있다. 안정된 정치적 정당성을 구축하지 못한 정권은 수많은 대중조직들을 준 국가기구로 활용하여 정권을 유지하려 했고, 사회 각 영역이 분리되지 않은 상황에서 국가기구는 사조직처럼, 사조직이 국가기구처럼 행세하는 자의적이고 모호한, 하지만 권력의 의도를 노골적으로 드러내 보이는 양상을 보인 것이다. 행정망은 사법기구나 의회보다도 직접적으로 정권이 개입하여 아래로부터의 정당성을 동원해 내고 정치노동을 강제할 수 있는 통로였고, 국민반은 권력의 모세혈관으로서 감시와 통제, 동원의 역할을 수행하는 매개였다.

국민반은 이러한 역할을 수행하며 전쟁 이전의 평시 규율을 만들어 갔다. 각종 국민운동이 전쟁의 논리를 일상에 적용했으며, '국가건설의 의무', '전쟁참여의 의무', '상호감시의 의무'가 국민반에게 할당되었다. 국민반의 동원과 감시논리는 '위기상황'과 '예외상태'의 논리로 일상을 재편한 것이었다.

나아가 국민반은 국가가 공간을 분할하고 재편하는 권리를 독점한 것을 반영하고 있었다. 식민지기 이래로 행정단위는 국가의 외부와 내부를 가르는 유무형의 국경을 만들어내는 영토주권·국경논리가 물질화된 공간이었다. 특히 국가는 극단적 반공주의를 그 국경 만들기의 핵심적 논리로 삼았다. 그러나 이 지역단위 공간의 정치는 '반공'이라는 극단적 적대마저 '중립적인 행정논리'로 정당화하여 국민의 일상으로 파고들게 했으며, 국가가 부과한 의무와 지방 행정만 남을 뿐, 다른 정치적 가능성이 거세된 공간을 만들어 냈다.

결과적으로 거주민, 지역주민으로서의 '국민'이 만들어졌고, 이들은 반공국가가 수행한 '국민'과 '비국민', 적과 우리라는 대립과 위계질서 속에 '말단'의 '하등국민'으로 자리매김되었다. 지역단위의 민간인 학살 과정에서 알 수 있는 것처럼, '국민반'과 '반장'은 항상 군과 경찰, 청년단체를 제외한 이후에 최종적으로 적이 아닌 존재로서의 '국민'의 정체를 식별해 주는 사람이었다. 즉, '국민반'의 '국민'은 국민의 위계에서 최말단에 위치한 '하등국민'이었다. 국가건설과 관련된 각종 '정치노동'이 강제되었고, 한국전쟁 시에는 '전쟁노동'이 강제되었다. 식민지기 애국반(국민반)의 반장은 일종의 계몽요원이면서 배급을 통제하는 역할을 담당했고, 주로 '후방'의 '국민된 도리'를 충실히 이행해야 하는 주체로 설정되어 있었다. 정부수립 이후에는 감시반장이자 규율반장으로, 민간인 학살 과정에서는 국경의 절벽 안쪽에 간신히 서있는 존재였고, 전쟁발발 이후에는 다시 위문반장, 복구반장으로 그 역할이 변화했다. 1950년대 후반에 이르면 점차 지역의 잡다한 일을 처리하는 잡역반장의 역할과 선거에 동원되고 개입하는 선거반장의 역할 두 가지로 고정되었다.

결국 정부수립 이후 국민반의 운영은 국가가 중앙집권적인 행정망을 통해서 인민을 통제·동원하려는 시도였으며, 정권의 실정과 비리를 은폐하고 유실된 정당성을 봉합해 보려는 시도가 융합된 것으로 평가할 수 있다. 특히 인구관리체계나 주소체계 같이 자연스럽고 중립적인 것으로 보이는 근대국가의 행정망이라는 본질적 특성과 역사적 조건하에서 지배 권력이 지극히 정치적으로 활용한 방식이 혼합되어, 각 행정망과 행정 관료들에게 깊고 넓게 각인되어 있었다. 국민반은 강제된 정치노동과 정치의 가능성이 거세된 관료적 공간이라는 특성을 남긴 채, 시기마다 지배 권력이 처해있던 정치·사회적 변화에 따라 자의적으로 활용되었던 것이다.

6장 돌아온 '국민'
: 제대군인들의 전후

후지이 다케시

"미국의 예로 보면 鄕軍은 나라의 주동력으로 정치와 경제와 사회에 거대한 영향을 미치고 있다. / 독일의 예에서 본다면 『히틀러』는 향군의 동조를 얻어서 『나치스』 집권의 길을 열었고 『나치스』가 구주에서 일방적인 패를 唱道할수 있는 기초를 닦았던 것이다. / 재향군인은 실로 위대한 힘을 가지고 있다. 그것은 국민의 대부분이 재향군인이 될 수 있기 때문이다."[1]

"조국의 통일을 위해서 싸웠던 우리 젊은 제대군인은 오늘도 하루살이와 같이 거리에서 헤매고 있다. 이것이 통일완수를 이룩하지 못했다는 죄의 대가인가. 그렇지 않으면 우리가 금일의 실업자 되기 위한 길을 자초한 것인가. … 우리에게 부하된 오늘의 사명은 실업자를 없애서 국민의 노동력을 모아 우리의 기계와 우리의 손으로 생산을 증가하는 직장을 이룩하여 가난한 우리의 공업을 발전시키고 전란으로 파괴된 국토를 재건하여 국가부흥을 꾀하는 데에 있으며 이것은 또한 우리 후손을 위한 길인 것이다."[2]

---

1 金泳보, 「내가 보는 在鄕軍人」, 『新人間』 창간호, 大韓民國在鄕軍人會慶尙北道支部, 1953, 100~101쪽.

2 京畿道除隊軍人金泰根, 「除隊軍人에職場을다오」, 『조선일보』, 1955년 6월 28일.

1. '국민'이 된다는 것 – 분단국가와 폭력

'국민'임을 증명한다는 것은 과연 어떤 일일까. 아주 일반적인 수준에서 생각하면 이것은 '국적'을 밝히는 일을 가리킨다. 대한민국에서는 헌법 제3조에서 "대한민국의 국민 되는 요건은 법률로써 정한다"라고 규정했으며 1948년 12월에 제정된 국적법 제2조에서 "일, 출생한 당시에 부가 대한민국의 국민인 자 / 이, 출생하기 전에 부가 사망한 때에는 사망한 당시에 대한민국의 국민이던 자 / 삼, 부가 분명하지 아니한 때 또는 국적이 없는 때에는 모가 대한민국의 국민인 자 / 사, 부모가 모다 분명하지 아니한 때 또는 국적이 없는 때에는 대한민국에서 출생한 자 / 대한민국에서 발견된 기아는 대한민국에서 출생한 것으로 추정한다"라고 국민을 규정했다. 이것만을 놓고 보면 어느 나라에서나 찾아볼 수 있는 평범한 규정이다. 하지만 대한민국이 분단국가임을 감안한다면 이것은 그리 단순한 규정이 아니다. 국민의 요건에 대해 규정한 3조에 이어 헌법 제4조에서 "대한민국의 영토는 한반도와 그 부속도서로 한다"라고 규정했기 때문에 대한민국 정부의 주권이 미치지 않는3 평양이나 신의주에 있는 사람들도 모두 대한민국 국민이며 대한민국에 대해 주권을 행사할 수 있다는 '국적'의 불안정성이 생기는 것이다. 물론 이 불안정성은 '국적'으로 번역되는 nationality라는 말에 원래 포함되어 있는 요소이기도 하다. nationality의 또 하나의 번역어가 '국체(國體)'인데 사카이 나오키(酒井直樹)가 후쿠자와 유키치(福澤諭

---

3 잘 알려져 있듯이 대한민국 정부의 합법성을 인정한 1948년 12월 12일자 유엔총회 결의 195-Ⅲ에서 대한민국 정부의 주권 범위는 선거가 실시된 38선 이남 지역으로 규정되었다. 그 결과 한국전쟁 과정에서 38선을 넘어 유엔군이 북상했을 때 38선 이북 지역에 대한 통치권을 주장하는 이승만정부와 유엔군 사이에서 논란이 빚어지기도 했다.

吉)의 국체관과 관련시켜서 지적했듯이 '국체(nationality)'란 '정(情)을 같이 하는 것', 즉 공감을 통한 자-타 구별에 의해 구성되는 유동적인 '국민 의식'을 말하는 것이다.4

일반적으로는 피부색깔, 언어, 생활관습 등의 차이를 '타자의 징후'라는 거울로 삼으로써 '동일한 우리'를 만들어내는 과정을 통해서 조정되는 이 nationality의 불안정성은5 여순사건부터 한국전쟁에 이르는 내전을 겪으면서 증폭될 수밖에 없었다. '빨갱이'라는 '비-국민'을 판별할 수 있는 객관적인 근거가 존재하지 않기 때문이다. 여순사건 직후인 1948년 11월 5일에 발표한 담화에서 이승만이 "정부에서는 각부 당국에게 신칙해서 위선 학교와 정부기관의 모든 지도자 이하로 남녀아동까지라도 일일히 조사해서 불순분자는 다 제거하고 … 앞으로 어떠한 법령이 혹 발포되더라도 전민중이 절대복종"할 것을 요구한 것에서 알 수 있듯이 모든 사람이 잠재적 '비-국민'으로 간주되는 가운데6

---

4 酒井直樹,「序論 : ナショナリティと母(國)語の政治」, 酒井直樹外編,『ナショナリティの脫構築』, 柏書房, 1996, 12쪽.

5 이러한 점에 대해서는 무엇보다도 Edward W. Said, *Orientalism*, Vintage, 1979 (Edward W. Said, 박홍규 역,『오리엔탈리즘』, 교보문고, 1991)이 도움이 된다. 특히 이스라엘에 대한 분석은 폭력에서 벗어나기 위해 또 다른 타자를 만들어 폭력을 행사하게 되는 악순환에 대해 많은 시사를 준다. 그와 더불어 근대 일본이 유럽에 의한 정복이라는 위협에서 벗어나기 위해 일본의 타자로서 '동양'을 만들어나가는 과정을 분석한 Stefan Tanaka, *Japan's Orient*, University of California Press, 1993(스테판 다나카, 박영재 외 옮김,『일본 동양학의 구조』, 문학과지성사, 2004)도 참조할 것.

6 「不純輩를徹底히除去 叛逆思想防止法令準備」,『大統領李承晩博士談話集』, 公報處, 1953, 8쪽.
이러한 인식은 한국전쟁 발발 직후인 1950년 7월 10일자로 사회·농림·국방·내무·교통·보건 각부 장관이 공동으로 내린 피난민에 관한 통첩에서도 알 수 있다. 충청·전라·경상 각도 도지사에게 하달된 이 통첩에서는 "피난민의 신분을 세밀히 조사하여 사상온건한 자에 한하여 피난민 증명서 교부에 협력할 것", 그리고 피난민 증명서를 받고 피난민수용소에 들어간 사람들에 대해서도 "사상온건 여부를 항상 심사 감시할 것"이 지시되었다. 「通牒·社會·農林·國防·內

'국민'임을 증명하는 가장 효과적인 방법은 자기 목숨을 걸고 '비-국민'과 싸우는 일이었다.7 내셔널리즘 분석의 고전이라고 할 수 있는 앤더슨(Benedict Anderson)의 『상상된 공동체』에서도 근대 내셔널리즘의 문화를 상징하는 것으로서 '무명용사의 무덤'이 거론되었지만8 이승만이 "제일 영광스러운 주검은 나라에 일이 있을 때에 군인이 되어 전쟁에 나아가 순국하는 주검일 것"9이라고 말했듯이 한국에서도 '국민'임을 증명하는 가장 확실한 방법은 나라를 위해 싸우다 죽는 일이었던 것이다. 제도적으로는 오래 전부터 분명한 일본국민이면서도 계속 잠재적 '비-국민'으로 간주된 오키나와(沖繩)인들이 '국민'임을 증명하기 위해 전선으로 나갔듯이10 '비-국민'이라는 내부의 적을 찾아내려는 감시의 시선에서 벗어나기 위해 한국에서도 많은 젊은이들이 군에 입대했다.11

務·交通·保健部長官으로부터 忠南北·全南北·慶南北各知事에게 避難民分散에 關한件」, 『韓國戰亂一年誌』, 大韓民國國防部政訓局戰史編纂會, 1951, C49~50쪽.

7 서북청년회가 지닌 폭력성을 고찰할 때도 이러한 시각은 유효할 것이다. 이남 지역의 아무런 뿌리가 없는 그들이 '38따라지'라는 호칭으로 상징되는 배제의 시선에서 벗어나려는 몸부림이 폭력의 과잉을 결과했다고 볼 수 있다. 월남 청년들의 그러한 처지에 대해서는 李敬南, 『분단시대의 청년운동』 上, 삼성문화개발, 1989, 91~94쪽.

8 Benedict Anderson, *Imagined Communities*[revised version], Verso, 1991, p.9 [베네딕트 앤더슨, 윤형숙 역, 『상상의 공동체』, 나남출판, 2002, 29쪽].

9 「傷痍軍人除隊式에보내는致辭」, 『大統領李承晩博士談話集』, 169쪽.

10 한 오키나와인 황군병사는 전선에서 가족에게 보낸 편지에 이렇게 썼다. "이 대동아전쟁에 승리한 날에는 우리 오키나와 사람은 일본인과 동등하게 취급된다. 그래서 우리도 전쟁에 이기면 일본에 가서 가족끼리 화기애애하게 생활할 수 있다." 冨山一郎, 『戰場의 記憶』, 日本經濟評論社, 1995, 6~8쪽[도미야마 이치로, 임성모 옮김, 『전장의 기억』, 이산, 2002, 28~30쪽. 단 번역문은 약간 수정했다].

11 이천에 사는 김병찬 씨(가명)는 징집영장을 받았을 때 부역자 혐의에서 벗어나기 위해 "군인갔다 와서 깨끗하게 살자"라고 마음을 다잡았다고 증언했다. 이용기,

그런데 전선에서 싸우다 돌아온 이들은 결코 유순한 '국민'이 아니었다. 전장 체험을 통해서 그들의 몸에는 이미 폭력이 각인되어 있었던 것이다. 1968년 3월부터 『신동아』에서 연재가 시작된 김승옥의 미완의 장편 「동두천」은 그러한 제대군인의 모습을 그리고 있다.[12] "6·25 때문에 생긴 마을 동두천은 6·25 이전에는 없었던 한국의 모습이고 그 속에 사는 한국인들 역시 6·25 이전에는 없었던 한국인들이었다. 아니 한국 전체가 이젠 동두천이 되어 있는 것"[13]이라는 생각으로 구상된 이 소설은, 그러나 동두천이 아니라 김승옥이 1950년대를 지낸 전라도의 한 마을에 제대군인이 돌아오는 모습에서 이야기를 풀어나가기 시작한다. "우리 한국 전체의 삶의 구조와 문제점들을 파악"하려는 이 작품이 제대군인에 주목한 것은 '국민'들이 다시 전선에서 싸우고 있는 당시의 베트남전쟁과 과거의 한국전쟁의 경험이 중첩되어 보였기 때문일 것이다. 그리고 '대한민국 국민이 된다는 것'이 지니는 폭력성을 이미 잘 알고 있던 김승옥에게[14] 제대군인은 '한국'을 상징하는 존재였다.

군대 가기 전에는 착하기만 하고 "엉엉 울며 헌병성님에게 애걸복걸

「마을에서의 한국전쟁 경험과 그 기억」, 『역사문제연구』 제6호, 역사비평사, 2001, 47쪽. 또한 이런 사례는 특히 제주도에서 많이 발견된다. 김종민, 「4·3 이후 50년」, 역사문제연구소 외 편, 『제주 4·3 연구』, 역사비평사, 1999, 373~378쪽.
반복되는 점령이라는 압도적인 군사적 폭력에 직면해 '국민되기'를 선택하게 되는 기제에 대해서는 藤井たけし, 「切れて繋がる: 朝鮮戰爭における〈殘された人々〉」, 『現代思想』 9月號, 青土社, 2003도 참조.
12 원래 장편으로 구상된 이 작품은 안타깝게도 2회 만에 중단되고 만다. 『신동아』 3월호와 5월호에 각각 게재된 이 작품은 나중에 「재룡이」로 제목을 고쳐 『김승옥 소설전집』 2권에 수록되었다.
13 김승옥, 「나와 소설쓰기」, 『김승옥 소설전집』 1, 문학동네, 1995, 14쪽.
14 김승옥은 여순사건 때 아버지를 잃었다. 아버지가 해방 전부터 좌익활동을 했었기 때문이었다. 김승옥의 초기 단편 작품인 「乾」은 그러한 역사적 과정을 배경으로 아버지와의 이별과 공범자로서의 '국민' 되기를 다룬 작품이다. 「乾」의 함의에 대해서는 藤井たけし, 앞의 글, 232~235쪽 참조.

했던"15 '재룡이'는 4년의 군복무를 마치고 나니 헌병 앞에서도 전혀 겁먹지 않는 사람이 되고 돌아왔다. 폭력이 몸에 배어 변해버린 '재룡이'가 그 후로 어떻게 살았는지 김승옥은 보여주지 않았지만, 실제로 수많은 '재룡이'들이 있었을 것이며 지금도 있을 것이다. 그 사람들은 1950년대를 어떻게 살았으며 그러한 '국민'들을 국가는 어떻게 대했을까. 이 물음에 대답하기 위한 작업의 일환으로 이 글에서는 주로 제대군인 조직의 변화 양상을 살펴봄으로써 제대군인들이 놓인 상황을 고찰해 보고자 한다.

2. 재향군인회 조직과 성격 변화

1) 재향군인회 조직

제대군인 조직이라면 바로 떠오르는 것이 재향군인회일 것이다. 재향군인회는 1952년 2월에 처음 조직되었다. 그렇지만 사실은 그때의 재향군인회는 제대군인 조직이 아니었다.

1951년 7월에 휴전회담이 시작되자 휴전 반대를 주장한 이승만 대통령은 1951년 8월 3일 UP기자와의 회견에서 "시설과 장비만 허용된다면 25만의 병력을 더 창설할 수 있다"라고 언급해 병력 증강으로 휴전회담에 대응하려고 했다. 그 뜻을 받들어 국방부 병무국에서 연구한 끝에 동원 자원으로서 '제대한 예비역 장병'·'징집 대상자'·'국민병역과 보충병역 대상자'로 재향군인회를 조직하기로 하고 1951년 12월 15일 국방부에서 '재향군인회 창립 발기인 대회'를 개최하기에 이르렀

---

15 金承鈺,「東豆川」[連載1回],『新東亞』 3월호, 東亞日報社, 1968, 462쪽.

다.16 이듬해 1월에는 "멸공총력전의 전력원이 되는 장정의 정확한 동태 파악을 위하여" 제2국민병에 대한 일제 신체검사를 실시하고 검사를 마친 사람에게 재향군인수첩이 교부되어 그 수첩을 가지지 않는 사람은 병역법 위반자로 취급한다는 방침이 발표되었으며,17 2월 1일 병무국 광장에서 사단법인 '대한민국재향군인회' 창립총회가 허정 국무총리서리, 김일환 국방부 차관 등이 참석한 가운데 열리면서 "국민총력의 일익을 지니고 병력 성원에 이바지하고자" 재향군인회가 정식으로 출범했다.18 재향군인회 초기 임원을 보면 고문 : 이응준·이선근·박두영·윤병호·민영재, 회장 : 백홍석, 부회장 : 강인로·전봉덕, 상임이사 : 신원식·고재필·윤온구·신규식, 감사 : 이익흥·김기암·윤우경, 이사 : 신가균 등 10명으로 되어 있으며19 사무국장으로 신규식이 선임되었다.20 중앙의 기구는 사무국 아래에 총무부·교도부·감찰부를 두는 1국 3부제로 구성되었다.21 당시 현역 육군 대령이자 병무국장이던 백홍석이 회장으로, 중앙관재청장서리였던 신규식22이 사무국장으로 각각 추대된 것에서도 알 수 있듯이 당시 재향군인회는 병무행정의 일환으로 조직되었다는 측면이 강했다.

---

16 대한민국재향군인회 홈페이지 〈향군50년사 : 창설기〉 (http://www.korva.or.kr/dig—korva/ca—02.asp?lno=1)에서 다운받을 수 있는 한글파일 「제2장 창설기 (1950년~1959년)」.
17 『동아일보』, 1952년 1월 11일.
18 『동아일보』, 1952년 2월 2일.
19 『동아일보』, 1952년 2월 9일.
20 각주 16)과 같음.
21 각주 16)과 같음.
22 신규식은 1931년에 와세다(早稻田)대 정치경제과를 나와 해방 후에는 미군정청 농산국 부국장, 내무부 비서실장, 국방부장관 고급부관 겸 비서과장 등을 역임한 관료이다. 霞關會編, 『現代朝鮮人名辭典 : 1962年版』, 世界ジャーナル社, 1962, 118쪽.

중앙에 이어 지방에서도 재향군인회 조직이 시작되어 1952년 6월 30일까지 동·읍·면 및 직장에 이르는 1,940개의 분회가 조직되었다고 한다.23 경상북도지부의 경우 1952년 3월 30일에 대구여자상업학교에서 결성식을 거행해 지부장으로 병사구사령관인 석주암을 선출했다. 지부 결성에 이어 시군단위의 연합분회 조직에 착수해 같은 해 9월 15일에 울릉도연합분회 결성을 마지막으로 도내 재향군인회 조직을 완료했다.24 지부의 조직 편성을 보면 도지부 - 시군연합분회 - 면분회 - 리(里)분실로 되어 있으며, 직제를 보면 지부장 및 부지부장 아래 총무처(총무과와 경리과로 구성), 교도처(교도과와 훈련과로 구성), 동원처(감찰과와 동원과로 구성), 원호처(원호과와 직업보도과로 구성)를 두었다.25

그런데 조직은 정비되었지만 재향군인수첩 교부나 재향군인 간열소집과 같은 행정적인 사업말고는 이렇다 할 만한 활동은 없었던 것으로 보인다. 대외적인 활동으로는 1953년 5월에 압록강·두만강을 휴전선으로 하고 남한의 선거제도에 의한 선거를 북한지역에 실시할 것 등을 요구하는 성명서를 발표한 것 정도이다.26 1953년 6월에 재향군인회 중앙본부에서 열린 '제1회 각도 교도처장 회의'에서도 이렇다 할 성과가 없고 교도 업무의 일원화도 이루지 못했음이 지적되었다. 그리고 그 회의에서는 앞으로의 과제로서 회원의 교도를 위한 시국강연회와 정신무장교육, 문화선전계몽반 설치, "문맹자" 퇴치를 위한 "문맹자" 교육, 위문단 조직, 건국신문 운영, 봄가을로 두 번의 군사훈련, 민병단 훈련이 결의되었다.27 휴전이 임박하는 가운데 후방의 안정을 위

---

23 각주 16)과 같음.
24 「郷軍慶北道支部略誌」, 『新人間』 창간호, 64~66쪽.
25 「郷軍 慶北道支部 案內」, 『新人間』 창간호, 68~70쪽.
26 『동아일보』, 1953년 5월 10일.

한 사업이 주를 이루었음을 알 수 있다.

실제로 휴전이 가까워지자 재향군인회에는 큰 변화가 생겼다. 즉 병력동원기구로서 민병대가 창설된 것이다. 처음 민병대(당시에는 '민병단') 조직 구상이 발표된 것은 1953년 2월 초였는데 당시 구상으로는 민병단은 국방부·내무부가 공동 감독하며 지방행정구역별로 도·시·읍·면장이 각각 단위부대를 운영하게끔 되어 있었다. 그리고 소집은 병사구사령부가 맡고 훈련 교육은 재향군인회가 맡는 등 지휘체계가 약간 애매했다.28 휴전협정 발효를 4일 앞둔 1953년 7월 23일 민병대령이 대통령령 제813호로 공포되었다. 예전의 구상과는 달리 관할은 국방부로 일원화되었으며 민병대는 국민학교 단위로 편성되어 각 국민학교 교장이 대장을 맡게 되었다.29 또 민병대 총사령관에는 재향군인회 회장이기도 한 예비역 육군 중장 신태영 전 국방부장관이 임명되었다.30 민병대령 공포 이튿날 손원일 국방부장관은 담화를 발표해 민병대의 목적이 "군사훈련의 기초지식과 무교육자에 대한 문맹을 퇴치하고 필요시에는 지방치안 확보에 경찰관에게 협조하며 향토방위를 하는 것"임을 천명했다.31 그런데 이 목적은 앞에서 본 바와 같이 재향군인회의 목적과 거의 동일한 것이다. 그래서 민병대 전국 조직이 거의 다 완료된 시점인 1953년 9월 말에 이르러서도 한 신문이 "재향군인회와 민병대와의 관련은 어떻게 맺어져 있는 것인지 또는 있을 것인지 모르겠다"라고 지적할 정도였다.32 하지만 조직 면에서 보면 민병대는 재향군인회와는 사뭇 다른 양상을 보였다. 앞에서 보았듯이 재향군인회

---

27 「第一回 各道 敎導處長 會議參席 所感」, 『新人間』 창간호, 80쪽.
28 『동아일보』, 1953년 2월 8일.
29 「民兵隊令」, 『韓國戰亂三年誌』, 大韓民國國防部政訓部, 1954, C177~178쪽.
30 『民兵隊一年誌』, 民兵總司令部, 1954, 11쪽.
31 위의 책, 10쪽.
32 「日曜時評 民兵隊의 指導에 對하여」, 『경향신문』, 1953년 9월 27일.

가 중앙으로부터 리 단위에 이르는 전국적인 유기적 조직체계를 갖춘 반면에 민병대는 국방부 아래에 민병대 총사령부를 두었을 뿐 민병대 운영은 각 병사구사령관이 각 구청장·시장·군수를 통해서 통괄하는 식으로 행정조직을 이용해 따로 지방조직을 만들지 않았다. 또한 민병대가 국방부 아래에 있기는 하지만 민병대원의 비행은 경찰이 단속 책임을 지게 하였으며 민병대와 경찰이 같이 출동할 때에는 경찰서장의 지시를 따르도록 했다.33 즉 재향군인회가 독자적인 조직체였던 반면에 민병대는 철저하게 중앙집권적으로 행정기구화된 조직체였다고 할 수 있다.

2) 재향군인회의 실질적 해체와 민병대 창설의 역사적 배경 - 지배체제의 지형 변화

재향군인회 대신에 민병대를 새로 조직한 것은 이승만의 의도가 강하게 작용한 것이었다. 이승만의 의도는 1953년 9월 2일에 발표한 민병대에 관한 담화문을 통해서 확인된다. 물론 이승만도 손원일이 말한 바와 같은 기능에 대해 언급은 하지만 "이것이 다 개명한 나라사람들의 해나가는 것이니 우리가 이렇게 아니 할 수는 없을 것이다"라며 이 부분에 대해서는 오히려 소극적 자세를 보이는 반면에 민병대 조직이 "모든 청년 전체가 통일로 단결시키자는 것"이라며 "남의 재정이나 물건에 팔려서 정치운동이나 파당적 행동에 섞끼지 말" 것이며 "그 속에서 무슨 파당을 이루거나 사사세력을 구성해서 통일정신을 손해하거나 분열주의를 감행하는 사람은 모든 사람이 그저 포기하지 말고 절대 금지해서 징벌처리이라도 액기지 말고 엄금해야 될 것"이라고 밝혔

---

33 각주 29)의 자료 및 「民兵隊運營要領」, 『民兵隊一年誌』, 26~29쪽.

다.34 즉 해방 이후 줄곧 이승만 세력의 중요한 폭력장치였던 청년단을 해산시키는 데 그 목적이 있었던 것이다. 또 9월 10일에 발표한 담화문에서는 민족청년단의 이름을 거론하면서 "청년단 속에서 분열이 나게 되었고 자유당 내에 영향이 나게 이르렀으므로 만일 이것을 곳치지 않으면 추후 내가 그 성명을 밝혀놓을 것"이라며 소방대 외의 모든 청년단체를 해산시키고 민병대에 편입할 것을 지시했다.35

이범석이 이끄는 조선민족청년단(정부수립 이후에는 '대한민족청년단')은 이승만의 거듭되는 해산명령에 따라 이미 1949년 1월 20일에 해산을 선언한 바 있었지만36 그 인맥은 당연히 끊기지 않았으며 초기 이승만정권의 주요 이데올로기였던 일민주의 보급에 앞장선 것이 바로 족청계였기 때문에37 그 세력은 유지될 수밖에 없었다. 일단 잠적했던 족청계는 원외자유당이 창당되는 과정에서 다시 수면 위로 떠올랐다. 1951년 8월 초에 이승만이 거듭되는 국회와의 갈등에 대처하기 위해 일민주의에 기초한 신당 조직을 발표하고38 그 작업을 위해 중국대사로 대만에 가 있던 이범석을 불러들인 것이다.39 부르주아세력인 민국당에 대항하기 위해 신당을 "대부분 노동자와 농민들과 기타 근로대중으로 구성하"는 것을 천명한 이승만에게 족청의 이념과 조직력은

---

34 「民兵隊創設에 對하여」, 『大統領李承晩博士談話集』, 180~181쪽.
35 「一切의 靑年團을 廢止코民兵隊에 編入」, 위의 책, 181~182쪽.
36 李範奭외, 『事實의 全部를 記述한다』, 希望出版社, 1966, 81~84쪽.
37 일민주의 이데올로그라고 할 수 있는 안호상과 양우정은 둘 다 족청계이며 일민주의보급회 명예회장은 이범석이었다. 참고로 족청계 축출 이후에 일민주의보급회는 일민주의보급회총본부로 개편되어 1954년에 다시 나온 『일민주의개술』에서는 양우정의 「이대통령 투쟁사」 등이 삭제되었다. 大統領李承晩博士, 『一民主義槪述』, 一民主義普及會, 1949 및 李承晩博士, 『一民主義槪述』, 一民主義普及會總本部, 1954 참조.
38 「新黨組織에 關하여」, 『大統領李承晩博士談話集』, 61~62쪽.
39 李範奭 외, 앞의 책, 94~95쪽.

필수적인 것이었다. 대의제민주주의에 대항하는 이승만의 포퓰리스트 (populist) 정치는 부산정치파동에서 절정에 이르는데, 이때 '민의'를 대표해서 각 도의회에서 국회해산을 결의하고 부산에 집결한 지방의원들의 조직체인 '민의관철전국지방의원대표자투쟁위원회'를 이끈 전남도의회 부의장 김창선은 족청계였으며40 폭력조직으로 등장한 백골단은 양우정이 조직한 것이고41 민중자결단의 기획부장 또한 족청 간부인 박운해였다.42 부산정치파동을 계기로 미국이 이승만 제거를 계획한 것은 잘 알려져 있지만 결국 이승만을 대신할 만한 인재를 찾지 못한 미국은 정치파동의 배후세력으로 이범석을 지목해 그 제거에 착수했다. 사실 그 전부터 미 대사관 측에서는 친이승만 세력이 "국가사회주의(state socialism)"를 선호하는 것에 대해 경계하는 눈초리를 보였으며43 무초(John Muccio) 대사 또한 이범석에 대해 "전혀 상상력이 없고 지적으로 떨어진 사람"이라고 개인적 혐오감을 드러내면서 이범석은 장개석(蔣介石)과 가까워서 만약에 이범석이 대통령이 되면 한국은 중국국민당의 영향 아래 들어갈 것이라고 보고하기도 했다.44 그리고 미국이 이범석을 경계한 또 하나의 이유는 국군에 대한 그의 영향력이었다. 한국전쟁 이전에 이범석이 국방부장관이었던 시기에도 그가 국방부 직속으로 정훈국과 대북공작기구인 제4국을 신설하려 하자 미군사고문단에서 반대해서 무산된 일이 있었는데 이때에도 이범석 쿠데타설

---

40 『民意의 勝利』, 全國地方議員同志會, 1952 및 『査察要覽』, 서울特別市警察局査察課, 1955, 62쪽→『韓國政黨史査察要覽』[영인본], 도서출판 선인, 2000, 80쪽.
41 『臨時首都千日』, 釜山日報社, 1985, 224~226쪽.
42 『査察要覽』, 59쪽→『韓國政黨史査察要覽』, 77쪽.
43 (795B.00/1—2252) Paddock to Department of State, "The Democratic Nationalist Party—Rhee's Opposition", p.12→『南北韓關係史料集』17, 國史編纂委員會, 1995 (이하 『史料集』), 17쪽.
44 (795B.11/2—1452) Muccio to the Secretary of State, "Who might be elected if Rhee died before scheduled election"→위의 책, 45~46쪽.

이 그럴싸하게 떠돌았다고 한다.45 부산정치파동 과정에서 군의 동향은 미국 입장에서도 중요한 관심사가 아닐 수 없었는데 무초는 국무부에 보낸 전문에서 이범석 그룹이 경찰을 완전히 장악하고 아직 성공적이지는 않지만 국군에도 영향력을 미치려고 한다고 보고했으며,46 국무부 동북아시아과 과장인 영(Kenneth T. Young) 또한 국무부 극동담당차관보 앨리슨(John M. Allison) 앞으로 제출한 비망록에서 이범석이 여전히 국군 장악을 시도하고 있다고 보고했다.47 국가사회주의적 성격을 띤 세력이 무장력을 장악하는 것을 미국으로서는 경계하지 않을 수 없었던 것이다.

이러한 미 국무부와 대사관 측의 경계에도 불구하고 대통령직선제 개헌을 성공적으로 이끈 이범석의 위상은 나날 높아만 갔다. 대선을 앞둔 1952년 7월 19일에 열린 원외자유당 전당대회에서는 대통령 후보에 이승만, 부통령 후보에 이범석이 지명되었다. 하지만 이승만이 함태영을 부통령 후보로 지명해서 이범석을 낙선시켜 족청계 몰락의 단서를 만들었음은 잘 알려져 있는 바와 같다. 그런데 그 배후에는 미국의 공작이 존재했다. 1952년 6월 28일자로 무초 대사가 미 국무부 장관에게 보낸 전문에서 무초는 "이승만의 마음에 이범석 일당이 위험하다는 [불신의] 씨앗을 심어놓는데 약간의 성공을 거두었다"라고 밝혔으며48 이어 7월 12일자 전문에서는 "이승만이 이범석에게 혐오감을 가

---

45 高貞勳, 『秘錄 軍』〈上卷〉, 東方書苑, 1967, 72~77쪽.

46 (795.00/6-1252 : Telegram) The Ambassador in Korea(Muccio) to the Depertment of State, *Foreign Relations of the United States 1952~1954* Volume XV Korea, United States Government Printing Office, 1984(이하 *FRUS*), p.325.

47 (795B.00/6-1352) Young to Allison, "General Approach and Possible Active Steps to meet the Korean Internal Crisis", p.1→『史料集』 17, 191쪽.

48 (795B.00/6-2852) Muccio to Secretary of State, "Muccio's letter(regarding political situation in Korea)"→위의 책, 236~237쪽.

지게 하려는 다양한 사람들의 막후의 노력이 결실을 맺을지 판단하기에는 너무 이르다"라고 하면서도 "본인과의 최근의 대화에서 이승만이 이범석을 비난한 것과 각의에서 이범석이 몇 번 꾸중을 들었다는 사실이 일정정도의 성공을 시사하고 있다"라고 보고했다.49 일찍이 이종원이 지적했듯이 부산정치파동을 계기로 한 미국의 개입이 이승만정권-자유당의 체제를 크게 변화시킨 것이다.50 대선 후에도 이승만은 자유당의 당수-부당수 체제를 총재-중앙위원 체제로 변경하도록 지시해 자유당 내부에서도 이범석의 위상은 저하되었다.51 그렇지만 지방에 강한 기반을 가진 족청계의 위세는 여전했으며 부산정치파동을 수습하는 가운데 일어난 이러한 체제 변화는 휴전을 전후한 시기에 다시 본격적으로 진행되게 된다. 장택상 등의 방해공작에 의해 이범석을 부통령에 당선시키지 못한 족청계는 1952년 8월 말에 족청계인 진헌식이 내무부장관에 취임한 것을 이용해서 역공세를 취해 장택상을 국무총리 자리에서 물러나게 하고 자유당 기간단체52라고 일컬어지는 국민회·한청·노총·농총·부인회 장악을 시도하다 일이 잘 되지 않자 자파가 다수를 차지할 수 있는 자유당 전당대회에서 주도권 장악을 꾀했다. 1953년 5월 대전에서 열린 전당대의원대회에서 족청계는 의장단을 거의 독차지하고53 채택된 선언문도 "휴전을 한사 반대하고 또는

---

49 (795.00/7-1252: Telegram) The Ambassador in Korea(Muccio) to the Depertment of State, *FRUS*, p.403.
50 李鍾元,「米韓關係における介入の原型-エヴァーレディ計畵再考(一)」,『法學』 58卷1號, 東北大學法學會, 1994.
51 『조선일보』, 1952년 9월 29일. 이 지시에 따른 당헌 수정에 대해 자유당 전당대회에서 중앙간부들은 대체로 지지하고 지방당원들은 반대했다. 자유당의 지방당원이 주로 족청계였음을 보여주는 대목이다.
52 1952년 9월의 전당대회에서의 당헌 수정에 의해 설치된 중앙위원은 기간단체에서 3명씩 위원을 선출해서 구성하기로 되어 있었기 때문에 기간단체 장악은 거의 자유당 장악을 의미했다.

계급적 보수세력을 분쇄한다"라는 식으로 이범석-양우정 노선을 크게 반영했으며 의원부에서 반대하던 "국회의원은 민의에 복종할 줄 알아야 하고 이에 불순응시에는 소환할 수 있는 제도 확립"이라는 결의안도 가결시켰다. 일민주의로 표현되는 포퓰리스트 정치노선이 다시 확인된 것이다. 나아가 족청계는 '징계위원회'를 새로 구성해 당내 숙청에 착수했다.54 그런데 뜻밖에도 이 징계위원이 화근이 되었다. 징계위원장을 맡은 충북도당부 부위원장 신형식이 6월 25일에 청주에서 열린 '6·25기념식' 석상에서 연설하면서 "우리민족의 영웅적인 지도자 『이범』 김일성장군 밑에 뭉치자"라고 말했다는 것이 문제가 된 것이다.55 본인은 실수였다며 바로 취소를 하고 자유당에도 사표를 냈지만 신형식의 좌익경력 때문에 문제는 커져갔다. 신형식은 1931년에 '공산주의적우연맹 사건'으로 검거된 바 있고56 1945년 11월에 개최된 전국인민위원회 대표자대회에 청주군 대표 중 한 사람으로 참여했으며57 1946년 3월에 결성된 충청북도민전 선전부에 있다가58 전향해서 충북도보도연맹 간사장을 지낸 사람이었다.59 실제로 족청은 좌익경력

---

53 이날 선출된 임시의장단은 이갑성·양우정·윤재욱·신태악·남궁현의 5명으로 이갑성 외는 모두 족청계라고 할 수 있는 사람들이다.
54 『조선일보』, 1953년 5월 12일.
55 신형식 발언 내용은 보고자에 따라 약간씩 다르지만 여기서는 북진통일투쟁위원회에 의한 현지조사보고를 따랐다. 『동아일보』, 1953년 7월 11일.
56 『最近に於ける朝鮮治安狀況(復刻)』, 巖南堂書店, 1966, 19쪽.
57 「全國人民委員會 代表者大會 議事錄」, 金南植編, 『「南勞黨」硏究資料集』第二輯, 高麗大學校 出版部, 1974, 124쪽.
58 『査察要覽』, 134쪽.
59 신형식의 경력에 대해 흔히 남로당원이었다고 하지만 확실하지 않다. 1953년 7월 21일 국회에서 '신형식 반역언동 및 광주, 여수 공비내통 사건 조사위원회'에 의한 보고가 있었는데 거기서는 신형식이 "전 남로당원이고 근로인민당 충북도 선전책"이었다고 보고되었다. 이것이 근민당 내부의 남로당계 프락치였다는 것인지 정확한 것은 알 수 없다. 그리고 이 보고는 보련 간사장을 이사장이라고

자들을 단원으로 수용했었는데60 이 사건 직전에 터진 '광주 여수 통비 사건'61에 의해 자유당 내부의 '좌익분자'의 존재가 논란이 되고 있는 마당에 일어난 신형식 사건은 '족청=빨갱이'라는 도식을 제공한 셈이다. 이어서 일어난 '정국은 간첩 사건'으로 양우정이 실각하고 1953년 말에 자유당에서 이범석·양우정·안호상·윤재욱·신태악·진헌식 등 8명에 대한 제명을 결정함으로써62 일민주의의 시대는 종언을 고하게 되었다.63 양날의 칼일 수 있는 '민의'=대중동원 정치가 휴

해서 보련 조직에 관여했던 의원에 의해 오류를 지적받기도 했다. 『第十六回 國會臨時會議速記錄』第二十六號, 國會事務處, 1953.

60 이범석은 "그들이 1년 동안에 赤色에 동화되었다면 나는 2년을 걸려서라도 다시 轉向시키겠다"라는 신념으로 유능한 좌익경력자들을 적극 포섭했다고 한다. 李範奭 외, 앞의 책, 79쪽. 족청이 지방에 강한 기반을 가질 수 있었던 근거가 바로 여기에 있지 않나 싶다. 나중에 '족청계'라는 이유로 자유당에서 제명된 8명 가운데 양우정과 신태악은 일제시기에 사회주의운동을 하다가 전향한 사람들이다. 이 두 사람의 경력에 대해서는 강민길·성대경 엮음, 『한국사회주의운동인명사전』, 창작과비평사, 1996, 258~259·274쪽 참조. 또한 족청계로 알려진 남궁현도 1933년에 '혁명운동자구원기관 기타 비밀결사사건'으로 검거된 바 있는 좌익 경력자이다. 『最近に於ける朝鮮治安狀況(復刻)』, 19쪽. 족청의 좌익포섭정책에 대해서는 임종명, 「조선민족청년단(1946. 10~1949. 1)과 미군정의 '장래 한국의 지도세력' 양성정책」, 『韓國史研究』 95, 韓國史研究會, 1996, 200~203쪽 참조.

61 '광주 여수 통비 사건'이란 자유당 광주시당 총무부장, 조직부장 등을 역임한 유웅과 여수시당 부위원장이자 전남도의회 부의장인 남병일이 각각 빨치산들과 접촉해 도움을 주었다는 사건이다. 그런데 실제로 그 사람들의 경력을 보면 유웅은 전남건준 연락부장, 조선국군준비대 전남지대 총무부장, 독촉청년연맹 전남지부 부위원장, 한독당 전남도당 연락부장, 민련 광주시청년부장 등을 역임한 사람으로 극우라고 할 수는 없지만 좌익이라고 볼 수도 없는 사람이고 남병일 또한 1930년쯤에 일본에 유학가서 사회주의사상에 공명해 두 달 정도 경찰에 구금된 일이 있다고는 하지만 그것말고는 이렇다 할 만한 활동이 없는 사람이었다. 『第十六回 國會臨時會議速記錄』第三十二號, 國會事務處, 1953, 10~13쪽.

62 『동아일보』, 1953년 12월 11일.

63 일민주의를 청산하는 과정에서 이승만이 착안한 것이 유교였다. 1954년부터 이승만은 성균관 대성전의 석전을 봉행했으며 유도회 분쟁에도 적극적으로 개입해 이것을 관제단체화했다. 서중석, 「정치지도자의 의식과 유교문화」, 『大東文化研

전과 더불어 청산된 것인데[64] 민병대 창설 또한 크게는 이러한 맥락 속에서 일어난 일이었다.

이 시기부터 대중동원을 통한 정치를 가능하게 하는 조직 자체가 경계 대상이 되는데 바로 그렇기 때문에 1954년 5월 20일의 총선 때는 선거를 전후한 두 달 동안 민병대 훈련은 일체 중지되고 민병대원은 '정치간여감시반(政治干與監視班)'에 의해 엄중히 감시되었다.[65] 그 후 민병대는 1955년 4월 말에 국회에서 해체가 제기되자[66] 국회에서의 논의도 없이 국무회의에서 바로 해체를 의결해 민병대는 어이없이 해체되고 말았다.[67] 이제 민병대가 필요한 상황이 아니었던 것이다.

究』第36輯, 成均館大學校 大東文化硏究院, 2000 및 趙漢成, 『1950년대 중후반기 유도회사건 연구』, 성균관대 사학과 석사학위논문, 2002 참조. 또한 1955년 3월에 이승만 생일에 맞춰 공보처에서 간행한 『대통령이승만박사약전』에서 표상된 이승만의 모습은 "동양 고대의 유교정신과 서양 근대의 자유사상이 완전히 조화되어"로부터 시작해 "일찌기 동양의 유교를 체득하시었고 이어 이 동양적인 기초 위에 태서 근대의 민권사상을 정립하신 국부 이대통령각하"로 끝날 때까지 유난히 유교와의 관계가 강조되어 일민주의를 지배이데올로기로 내세웠던 시기와는 전혀 다른 양상을 보였다. 葛弘基, 『大統領李承晩博士略傳』, 公報處, 1955. 그런데 서중석은 일민주의를 유교와 유사한 '전근대적 사상'으로 간주함으로써 이 이데올로기 지형의 변화를 파악하지 못했다.

[64] 물론 3대 대통령선거를 앞둔 1956년 3월에도 이승만의 3선 출마를 요청하는 대중동원이 있었지만 이것은 대부분 반장을 통한 행정적 동원이었다는 점에서 부산정치파동 당시에 볼 수 있었던 헤게모니적 동원과는 차이가 있다. (795B.00/3 —2956) Despatch from Turner C. Cameron, Jr., First Secretary of American Embassy, Seoul to the Secretary of State, "The 1956 Presidential Election in the ROK(II): Pre—Campaign Developments"→『史料集』18, 388쪽 및 崔錫采, 『庶民의 抗章』, 凡潮社, 1956, 243~244쪽.

[65] 『民兵隊一年誌』, 102~103쪽.

[66] 『조선일보』, 1955년 4월 29일자. 이 기사에 의하면 4월 27일에 국회에서 손권배 의원 등 15명이 긴급동의안을 제출한 것으로 되어 있지만 그날의 국회속기록에는 그러한 내용은 보이지 않는다. 아마도 본회의가 아닌 위원회에서 제출된 것으로 생각된다.

[67] 『조선일보』, 1955년 5월 1일.

3. 제대장병보도회로의 개편과 애국참전동지연맹의 등장

1) 제대장병보도회(除隊將兵輔導會)로의 개편

앞에서도 간단하게 언급했듯이 민병대 창설은 재향군인회에 큰 영향을 미치지 않을 수 없었다. 제도 면에서는 병무국장이 계속 겸임하던 재향군인회 회장직을 퇴역군인인 신태영이 맡게 되는 변화가 일어났다.68 회장이 된 신태영은 민간단체로서 재향군인회의 사단법인화를 추진했던 바 1953년 10월 8일 국방부는 사단법인 설립을 인가하면서 명칭을 '대한민국제대장병보도회'로 개칭하도록 지시했다.69 같은 해 11월에는 재향군인회를 '제대장병직업보도회'로 개편해 서울에 본부를 두고 각도에 지부를 설치하는 한편 중앙에는 '직업보도위원회'를 두기로 했다는 것이 국방부에서 발표되었다.70 휴전을 전후한 시기부터 국방부에서는 제대군인에 대한 대책을 강구하고 있었는데71 그것이 제대장병보도회라는 형태로 나타난 것이다. 이에 재향군인회는 1953년 11월 16일 전국 지부장 및 이사회를 소집해 헌장을 개정하고 명칭도 제대장병보도회로 바꾸었다.72 이 개편에 대해 국방부 병무국에서는 성명서를 발표해 '재향군인'이라는 명칭은 영어 reserve를 일본어로 번역한 것이며 일제시기 재향군인들의 만행을 상기시키는 용어이기 때문에 선진국

---

68 『경향신문』, 1953년 7월 30일. 물론 거기에는 민병대 총사령관과 재향군인회 회장을 겸임시킴으로써 안정적인 이행을 꾀하려는 의도가 있었을 것이다.
69 각주 16)과 같음.
70 『동아일보』, 1953년 11월 12일.
71 『조선일보』, 1953년 7월 20일.
72 『조선일보』, 1953년 11월 23일.

가의 예에 따라 제대장병이라는 명칭을 사용하기로 했다고 설명했다.[73] 하지만 이 개편은 단순한 명칭의 변경이 아니라 리단위에까지 조직되었던 동원기구로서의 재향군인회 해체를 의미하는 것이었다. 실제로 보도회의 중앙기구를 보면 회장 · 부회장(2명) 밑에 사무총장이 있고 총무국과 업무국, 그리고 경리과만이 있었다.[74] 동원은커녕 교도사업도 할 수 없는 조직체가 된 것이다. 앞에서 살펴본 바와 같이 크게는 동원체제의 변화가 이 개편을 가져왔다고 할 수 있지만 개별적으로는 제대군인들의 정치세력화에 대한 경계심의 산물이라고 보아야 할 것이다.

당시 군인들 사이에서는 정치에 대한 불만이 커서 휴전이 되자 41명의 장교들이 국회의원 출마를 위해 퇴역을 신청했다고 하는데[75] 출마설이 퍼진 김석원이 제3대 민의원 선거가 끝날 때까지 예편이 허가되지 않았다고 회고했듯이[76] 장교들의 제대는 1956년에 가서야 실시되었다.[77] 또한 이 개편이 대한상이군인회의 대한상이용사회로의 개편과 동시에 이루어졌다는 점에도 주의할 필요가 있다. 앞에서 언급한 국방부 병무국의 성명서에서는 "상이용사친목회"로 개편한다고 발표했는데 '군인'이라는 단어를 없앰으로써 국군과 분명히 구별되는 '친목단

---

73 『동아일보』, 1953년 12월 25일.
　　이 개편과 관련해 한 가지 흥미로운 것은 대만에서도 거의 같은 시기에 비슷한 조직이 생겼다는 점이다. 대만에서는 제대군인들의 안정을 위해 1954년 11월 1일에 '行政院國軍退除役官兵就業輔導委員會'가 설치되었다. 대만에서도 동원기구로서의 재향군인회가 아니라 직업보도를 주목적으로 하는 기구가 설치된 것이다. 中華民國國家建設叢刊編纂委員會, 『國家建設叢刊 第四册 國防軍事建設』, 中華民國國家建設叢刊編纂委員會, 1971, 262쪽.

74 『大韓民國建國十年誌』, 大韓民國建國十年誌刊行會, 1956, 890쪽.

75 John P. Lovell, "The Military and Politics in Postwar Korea", Edward Reynolds Wright ed., *Korean Politics in Transition*, University of Washington Press, 1975, pp.166~167.

76 金錫源, 『自敍傳 老兵의 恨』, 育法社, 1977, 394쪽.

77 『동아일보』, 1956년 3월 24일.

체'로 만들려고 한 것이다. 또 하나의 제대군인 조직인 대한상이군인 회는 "군인으로서 상이기장을 받고 명예제대한 자"를 회원으로 "상이 군인이 친목단결하여 상호부조하고 수양도치[= 수양도야]하여 각기 능력에 따라 국가에 충성을 다할 수 있도록 함을 목적으로" 1951년 5월에 부산에서 창립된 사단법인이었다.[78] 서울시 및 각 도에 지부를 두고 그 아래에 시·군 단위로 분회를 두었으며 1953년에는 회원 수가 명예제대자 총수의 97%에 해당하는 64,322명에 이르렀다.[79] 그런데 조직은 되었지만 중요한 사업이어야 할 원호사업이 재정적으로 뒷받침되지 않아 유명무실한 상황에서[80] 보호받지 못한 상이군인들은 자주 문제를 일으켰다.[81] 특히 1952년 9월에는 칠곡에서 150명의 상이군인들과 경찰이 충돌해 경찰관 한 명이 사망하는 사건이 발생했는데 이 상이군인들이 구금되자 부산에 있는 상이군인들이 칠곡으로 올라가기 위해 경부선 열차를 탈취하려는 일까지 벌어져 사회적으로 큰 문제가 되기도 했다.[82] 이러한 사건들 배후에 정치적 조종의 가능성이 있다고 여긴 치안국에서 상이군인들을 검거한 일도 있었는데[83] 정부 입장에서 오히려 골칫거리가 된 것은 그들의 열렬한 휴전반대 의지였다. 물론 휴전회담이 시작된 당시 누구보다도 열렬하게 휴전에 반대하고 나선 사람은 이승만이었지만 한미상호방위조약에 대해 미국 정부가 논의할 의도를 밝

---

78 大韓民國傷痍軍警會40年史編纂委員會, 『大韓民國傷痍軍警會 40年史』, 大韓民國 傷痍軍警會, 1991, 243쪽.
79 위의 책, 260쪽.
80 이임하, 『여성, 전쟁을 넘어 일어서다』, 서해문집, 2004, 45~51쪽.
81 1951년 8월부터 1952년 4월까지 9개월 동안에 상이군인에 의한 경찰과의 충돌사건이 89건, 강도 및 절도사건이 85건이 발생했다. 大韓民國傷痍軍警會40年史編纂委員會, 앞의 책, 282쪽.
82 『동아일보』, 1952년 9월 20·21일자 및 白善燁, 『軍과 나』, 大陸硏究所, 1989, 254~256쪽.
83 『조선일보』, 1952년 11월 6일.

히고 나서는 이미 이승만에게 휴전 반대는 절대적인 것이 아니었다.[84] 그런 상황에서 이승만이 가장 두려워한 것은 자신이 부추긴 휴전반대 시위가 유엔군에 대한 적대행동으로 나아가는 일이었는데 1953년 6월에 이르러서도 "저희들은 민족의 영원한 복리를 위하여 부모로부터 받은 귀한 팔과 다리를 아낌없이 제단에 올렸나이다. 그러나 이제 민족의 주권을 무시하는 휴전이 진행되고 있으니 참으로 애통하나이다"라며 "백두산까지 진격할 명령을 내려주시옵소서"라고 호소하는 상이군인들은 곤란한 존재가 아닐 수 없었다.[85] 이에 대해 이승만은 담화를 발표해 "상이군인들이 이와 같이 결심을 표시한데 대해서 나로서는 감격한 마음을 참을 수 없는 것"이라면서도 "우리민족이 전적으로 휴전 조약을 거부한다는 뜻을 표시한 것은 우리민족의 자결주의를 알리는 것뿐이오 우방정부나 군인들에게 대해서 조곰이라도 섭섭하거나 불평한 생각을 가지는 것은 아니므로 절대 이 실정을 살펴서 혹 오해나 감정이 국제상에 나지 않도록 하는 것이 우리 앞길에 나가는 순리적 보조이니 우리 모든 민중이 우리 우방에게 다른 실수가 없도록 하는 것이 제일 주의해야 하는 것이니 상이군인들의 애국심을 이만침 충분하게 발포한 것을 원만히 될 줄 알고 각각 도라가서 정부당국에게 모든 것을 맥겨주고 앞으로 진전이 되는 것을 보아서 또 무슨 보조를 행하드라도 순조로 나가게 될 것이니 부디 외국 우리친우들에게 대해서 언사나 행동에 실수하는 것이 없도록 하는 것이 우리 문제해결에 크게 도움이 될 것"이라고 오히려 그들을 말려야만 했다.[86] 실전 경험이 있는 상이군인들을 동원하는 일은 잘 되면 효과적이지만 잘못하면 무슨

---

84 이 과정에 대해서는 리영희, 「1953년 한미상호방위조약-'북진통일'과 예속의 이중주」, 『역사비평』 여름호, 역사비평사, 1992 참조.

85 『조선일보』, 1953년 6월 15일.

86 「傷痍軍人全國休戰反對鬪爭委員會에 回答」, 『大統領李承晩博士談話集』, 299쪽.

일이 벌어질지 알 수 없는 양날의 칼이었다. 이러한 경험들을 통해서 전선에서 싸우다 제대한 군인들이 얼마나 다루기 힘든 존재인지 알고 있었기 때문에 정부에서는 제대군인들을 경계대상으로 보았던 것이다.

1954년에 들어서면서 이제 곧 집단적으로 제대하게 되는 사람들에 대한 대책이 수립되기 시작했다. 1월에는 문교부에서 제대군인을 우선적으로 학교 교직원으로 채용할 방침을 밝혔으며[87] 3월에는 국방부에서 여주와 김포의 농토를 매입해 300호를 정착시키는 계획을 수립했다.[88] 1954년 4월 1일 드디어 1차로 1,902명이 제대했다.[89] 제대는 국방부의 방침에 따라 연로자(年老者), 의가사제대자(依家事除隊者), 만기제대자의 순으로 실시되었다.[90] 이어서 곧 제대할 약 7만여 명의 제대군인에 대비해 4월 9일 국무회의에서 제대병 사후 조치에 관한 구체안이 가결되었는데 그 내용을 보면, 내무부장관은 지방행정기관 공무원으로 최소한 제대장병 한 명 이상을 임용하는 조치를 취하며 경찰관서 직원도 최소한 한 명 이상을 제대장병으로 채용하고 신규 경찰관은 제대장병을 우선 채용하기로 하고 법무부장관은 형무관을 점차 제대장병으로 교체시키기로 하고 교통부장관은 특수한 자를 제외하고는 가급적 제대장병으로 교체하기로 하며 문교부장관은 진학을 희망하는 자에 대해 우선 진학을 허가하며 특수교육을 실시해 교사로 채용하는 것으로 되어 있다.[91] 같은 해 8월에는 취업알선을 위해 1차로 정부 각 부처

---

87 『조선일보』, 1954년 1월 6일.
88 『동아일보』, 1954년 3월 13일.
89 『조선일보』, 1954년 4월 3일.
90 『조선일보』, 1954년 3월 15일. 이 기사에 의하면 '연로자'란 1953년 9월 1일 현재 만35세 이상의 자로서 군복무 2년 이상인 자이며 '의가사제대자'란 집안형편이 어렵고 군복무 만2년 이상으로 계급 일등중사 이하인 자, '만기제대자'란 군복무 3년 이상인 자로서 고참 순위로 제대시킨다고 되어 있다.
91 『동아일보』, 1954년 4월 12일.

에 866명의 인원을 배정했다.92

제대는 계속 진행되어 1954년에는 12만 3천 8백여 명이, 1955년에는 19만 6천여 명이 제대하게 되었다.93 하지만 1955년에 한 제대군인이 「제대군인에 직장을 다오」라는 투고 글에서 "우리 젊은 제대군인은 오늘도 하루살이와 같이 거리에서 헤매고 있다"라고 호소하고94 바로 이튿날에 사설에서 다루어진 것을 통해서 알 수 있듯이95 제대군인들에 대한 정부 시책은 충분한 것이 아니었으며 보도회 또한 특별한 활동을 하지 못했다. 제대군인들의 이해를 대변해 줄 조직은 이제 없는 거나 마찬가지였다.

2) 애국참전동지연맹의 등장

군인들의 제대가 본격적으로 진행되던 1954년 8월 10일 대한상이군인회 부회장 김만성과 전 대한상이군인회 총본부 교도국 교도과장 조계희, 전 대한상이군인회 상무이사이자 사회부 원호국 주사인 김광직 등 4명이 서울에서 회동해 애국애족운동의 실천으로 '반공투쟁동지회'를 결성할 것을 상의했다. 이어 10월 14일에는 각 도에서 대표적인 중견 동지 한 명씩을 소집해 16명이 모인 가운데 대전에서 결성준비위원회를 구성하고 11월 20일 서울에서 결성대회를 개최하기에 이르렀다.96 이 '반공투쟁동지회'가 결성대회를 거쳐 '애국참전동지연맹'이라

---

92 『동아일보』, 1954년 8월 26일. 이 기사에 의하면 내무부가 355명으로 가장 많고 이어 문교부 210명, 상공부 191명, 교통부 48명, 체신부 16명 등으로 되어 있다. 물론 이 숫자는 결과가 아니라 계획이다.
93 『兵務行政史』(上卷), 兵務廳, 1985, 315~316쪽.
94 각주 2)와 같음.
95 『조선일보』, 1955년 6월 29일.
96 「團體三個月間活動狀況」 '애국참전동지연맹' 정당단체등록계 첨부서류(국가기

는 또 하나의 제대군인조직으로서 등장하게 된다.97

여기서 먼저 주목할 것은 대한상이군인회 관계자들이 이 조직을 주도했다는 점이다. 앞에서 살펴본 바와 같이 휴전과 더불어 상이군인회는 상이용사회로 개편되었는데 개편 전에는 6만 명을 웃돌던 회원 수는 1955년에는 2만여 명으로 대폭 줄어들었다.98 이 숫자가 말해 주는 것은 상이군인들이 상이용사회에 대해 불만이 많았다는 것인데 애국참전동지연맹은 그러한 불만을 배경으로 조직되었다고 볼 수 있다. 애국참전동지연맹을 주도한 세력이 상이군인들이었다는 사실은 간부진의 인적 구성을 보아도 확인된다. 애국참전동지연맹의 중앙위원은 7명의 상무위원과 서울시를 포함한 각 도(단 제주도에서는 실제로 조직되지 않았음) 연맹에서 선출된 대표 3명씩 27명으로 구성되었는데99 상무위

록원 소장). 이 글에서는 10월 14일에 대전에서 결성준비위원회를 구성하고 11월 20일에 '전국결성대회'를 가진 것으로 되어 있지만 같이 첨부된 '회의록'에서는 11월 14일에 경성준비위원회를 구성하고 11월 20일에 '결성대회'를 가진 것으로 되어 있으며 또 '선언문'에서는 12월 9일에 '전국결성대회'가 개최된 것으로 되어 있다. 그 기간으로 보아서 아마도 10월 14일에 결성준비위원회를 구성하고 11월 20일에 결성대회를 열어 임원, 규약 등을 결정하고 나서 12월 9일에 전국결성대회를 연 것으로 보인다.

97 현재 존재하는 재향군인회에서는 애국참전동지연맹의 등장과정을 다음과 같이 설명한다. "본회 조직이 제 기능을 발휘하지 못하게 되자 평소 향군조직에 불만을 갖고 있던 사병 출신 회원들 중 일부가 1954년 1월 애국참전동지연맹(愛國參戰同志聯盟)을 결성하기에 이르렀다. 애국참전동지연맹은 본회의 기능이 하부조직 약화로 인해 지방 구석구석까지 미치지 못하는 약점을 악용해 전국 지방을 중심으로 세력을 확장해 나갔다. 이들은 1954년 3월 일방적으로 자신이 재향군인의 통합된 유일 단체라고 강변하면서 전국의 대한민국제대장병보도회 연합분회에 공문을 발송해 애국참전동지연맹 간판으로 교체토록 강제 유도하였다. 그 결과 본회 회원들이 대거 이탈하게 되었고, 이들을 포섭한 애국참전동지연맹은 1954년 4월 말 전국 조직을 구축할 정도로 세력을 확장하였." 근거가 제시되어 있지 않기 때문에 이 설명을 어디까지 믿을 수 있을지는 판단하기 어렵다. 각주 16)의 자료 참조.

98 大韓民國傷痍軍警會40年史編纂委員會, 앞의 책, 301쪽.

원은 모두가 상이군인이었으며100 경기·강원·충북·전남 대표 중 각 한 명씩과 충남·경북·전북 대표 중 각 두 명씩이 상이군인이었다.101

11월 20일 서울시 종로구 태화관에서 30명이 모인 가운데 개최된 결성대회에서는 먼저 경과보고와 의장선출을 한 다음 강령과 규약을 심의했다. 규약의 심의에서는 경북 대표 최동희102에 의해 "현재 제대 장병보도회나 상이용사회가 있으니 또 무슨 동지회라 함은 차등 단체와 유사한 감을 주니 맞당치 못하고 규모를 넓이"기 위해 원래 명칭이던 '반공투쟁동지회'를 '애국참전동지연맹'으로 개칭하자는 동의가 제출되어 원래 중심 멤버인 김만성 등은 연맹보다 동지회가 낫다고 주장했지만 절대다수의 찬성으로 명칭이 변경되었다. 규약이 통과된 다음 총재로 이승만, 최고위원으로 이기붕, 사무총장으로 한백수를 선출하고 마지막으로 중앙위원 및 상무위원을 선출하면서 결성대회는 막을 내렸다.103

이날 통과된 강령은 다음과 같다.

   一 우리는 국가민족의 영원한 자유와 발전향상을 위하여 투쟁한다.
   一 우리는 공산주의를 타도하기 위하여 투쟁한다.
   一 우리는 대한민국 주권하에 조국통일 완수를 위하여 투쟁한다.

규약에서는 애국참전동지연맹은 "공산주의를 타도하고 대한민국 주권하에 국토통일을 목적으로" 하고 "반공전쟁에 참전한 대한민국 남녀

---

99 「中央委員名單」, '애국참전동지연맹' 정당단체등록계 첨부서류(국가기록원 소장).
100 「履歷書」, '애국참전동지연맹' 정당단체등록계 첨부서류(국가기록원 소장).
101 大韓民國傷痍軍警會40年史編纂委員會, 앞의 책, 278·298·348·360쪽 및 『大韓民國建國十年誌』, 891~892쪽.
102 최동희는 절단상이군인으로서 상이군인회에서 10만 원의 원호금을 받은 바 있는 사람이다. 大韓民國傷痍軍警會40年史編纂委員會, 앞의 책, 278쪽.
103 「會議錄」, '애국참전동지연맹' 정당단체등록계 첨부서류(국가기록원 소장).

로서 조직"되는 것으로 규정되었다. 조직 구성을 보면 총재·최고위원·사무총장 각 한 명씩과 상무위원·중앙위원·전문위원 각 약간 명으로 구성되었으며 "총재는 대통령을 추대하고 최고위원은 반공운동에 경력이 풍부한 사회명망가 중에서 중앙위원회가 전국대회에서 추천"하기로 하고 최고위원이 "본 연맹을 대표하며 본 연맹 전체를 통리"하게 했다. 즉 최고위원으로 선출된 이기붕이 애국참전동지연맹의 대표가 된 것이다. 그리고 중앙에는 총무부·조직부·선전부·조사부·재정부의 각 부서가 설치되었다.104

이어 간부들의 인적 구성을 살펴보기로 하자.105 사무총장으로 선출된 한백수(韓百秀)는 충청북도 출신으로 1911년생이었다. 1937년에 도쿄에 있는 호세이(法政) 대학 정치학과를 나와 1942년에 제천에 있는 수산금융조합의 상무이사에 취임했다. 해방 후에는 1945년 12월에 신탁통치절대반대위원회 제천군 위원장이 되고 이듬해 3월에는 독촉국민회 제천군 지부장, 12월에는 독촉청년연맹 충북도 위원장을 역임하고 충북지방에서 이승만 계열의 운동에 참여했으며 1946년에는 태양공업주식회사 전무취체역에 취임하기도 했다. 그 후 그는 상경해서 대통령 비서실장이던 이기붕의 호위 겸 비서로 일한 것으로 보인다.106 그리고 1953년 11월에는 국민회 총본부 재정부장에 취임한다. 1953년 11월이면 이기붕이 자유당의 제2인자로 부상하기 시작한 시기이다. 이기붕은 1953년 11월 24일에 자유당 총무부장에 임명된 데107 이어 11

---

104 「綱領規約」, '애국참전동지연맹' 정당단체등록계 첨부서류(국가기록원 소장).
105 이하 경력에 관한 부분은 따로 각주가 없는 한 각주 99)의 자료에 근거한 것이다.
106 朴容萬, 『景武臺秘話』, 韓國政經社, 1965, 185쪽. 여기서 박용만은 당시 이기붕의 호위 겸 비서를 "韓씨" 또는 "韓中尉"라고 썼지만 나중에 한백수가 이기붕의 비서실장을 지낸 것으로 보아서 이 "韓씨"는 한백수일 것이다. 柳志光, 『大命』, 東西文化院, 1974, 59쪽.
또한 이 '중위'라는 호칭은 그가 군과 어떤 관계가 있었음을 시사한다.

월 30일에는 국민회 전국대의원대회에서 최고득표로 최고위원으로 선출되었다.108 이 개편에 따라 한백수도 재정부장으로 선출된 것인데 주목할 점은 동시에 감찰부장으로 이정재가 선출되었다는 사실이다.109 동대문을 기반으로 한 깡패 두목으로 잘 알려진 이정재는 해방 이전부터 동대문시장의 "껄렁패의「리더」"였는데110 그것을 기반으로 해서 대한청년단 종로구단부 단장을 지낸 바 있는 '주먹'계의 거물이었다.111 또한 1954년 11월의 소위 '제3세력 제거 음모사건'에서 이정재가 "신익희는 내가 상이군인에게 命令하였으니 내일 없애버릴 것"이라고 말한 것을 보아도 알 수 있듯이 이정재는 이미 상이군인들을 거느리고 있었다.112 이정재가 이기붕의 별동대인 '정치주먹'으로서 활동하기 시작한 것이 바로 이 국민회 전국대의원대회 때부터인데 이기붕과 이정재를 연결해 준 사람이 다름이 아닌 한백수였다.113 이듬해에 한백수는 자유당 중앙당부 재정부 차장이 되었는데 재정부라는 자리를 통해서 얻을 수 있는 이권과 '정치주먹'들과의 관계 등을 배경으로 한백수는 애국참전동지연맹의 사무총장이 된 것이다.114

---

107 『조선일보』, 1953년 11월 26일.
108 『조선일보』, 1953년 12월 2일.
109 『조선일보』, 1954년 1월 6일.
110 柳志光, 앞의 책, 18쪽.
111 유지광은 이정재가 동대문구단부 단장이었다고 썼지만 대한청년단의 서울시내 9개 구단부 단장·부단장 연명으로 1953년 7월 20일자로 발표된 성명서에는 이정재가 종로구단부 단장으로 나온다. 柳志光, 앞의 책, 18쪽 및 『경향신문』, 1953년 7월 23일.
112 韓國革命裁判史編纂委員會, 『韓國革命裁判史』第一輯, 韓國革命裁判史編纂委員會, 1962, 403쪽. 물론 이정재가 했다는 이 말 자체는 조작된 가능성이 없지 않아 있지만 조작이라면 그것이 설득력을 가질 만큼 이정재와 상이군인들의 관계가 잘 알려져 있었다는 것을 방증하기에 이 관계 자체는 거의 의심할 여지가 없어 보인다.
113 柳志光, 앞의 책, 59쪽.
114 1958년 10월에는 한백수는 국민회 총무부장이 되기도 했다. 『조선일보』, 1958년

그렇다면 한백수와 상이군인들은 어떻게 연결되었을까. 그 가교 역할을 한 사람이 조계희(趙癸熙)였을 것으로 보인다. 1921년에 함경남도 문천군에서 태어난 조계희는 해방 이전부터 함남의 국민학교에서 교사를 하다가 1946년 초쯤에 월남했다. 1950년 8월에 유엔군에 입대한 그는 1951년 6월에 부상으로 제대해 같은 해 9월부터 상이군인회 총본부 교도국에서 교도과장으로 일했다. 1953년 12월에 상이군인회를 그만두고 1954년 2월에 국민회 중앙총본부 훈련부 차장이 되었다. 1953년 11월 말의 국민회 전국대의원대회를 거쳐 선출된 각부 부장이 총재인 이승만의 재가를 받은 것이 1954년 1월 3일이고[115] 부장이 결정되고 나서 차장이 선출된다는 것을 감안하면 조계희도 한백수, 이정재와 동시에 국민회 간부가 되었다고 볼 수 있다. 이 관계가 언제 생겼는지 확실히 알 수는 없지만 이 한백수-조계희 라인으로 상이군인들의 새로운 움직임이 등장했다고 보아도 무관할 것이다. 또한 애국참전동지연맹에서 조계희가 재정부장이라는 중책을 맡게 된 사실도 이 관계를 뒷받침해 준다.

다른 간부들에 대해서 살펴보면 총무부장이 된 김광직(金廣稷)은 1928년에 황해도 안악군에서 태어나 해방 직후 상경해 성균관대를 다니다가 1950년 8월에 학도병으로 참전했다. 1951년 6월에 부상으로 제대하고 1952년 5월부터 상이군인회 상무이사(교도국장)를 지냈으며 1953년 3월에 성균관대 경제학과를 졸업하고 같은 해 10월에는 상이군인회를 그만두고 사회부 원호국에서 주사로 일하다가 1954년 11월에 퇴직해 애국참전동지연맹에서 일하게 되었다. 조사부장이 된 김만성(金萬成)은 평안북도 선천군 출신으로 1927년생이다. 1946년 3월에 평양사범학교를 중퇴하고 월남한 그는 1947년 7월에 서북청년회 성북

10월 13일.
115 각주 109)와 같음.

지부 총무가 되었다. 1947년 11월에는 대동청년단 동대문구단부 감찰국장이 되었다가 청년단체들이 대한청년단으로 통합되자 대한청년단 충무로단부 서북대장 겸 감찰과장이 되었다. 1949년에 동국대 법정학과에 입학한 그는 1950년 8월 학병특별간부후보생으로 입소를 하게 된다. 이력서만으로는 그가 실제로 전선에 나갔는지 또 언제 부상을 입어서 제대했는지 알 수 없지만 1952년 9월에 상이군인회 감찰국장에 임명되었다가 이듬해 10월에는 부회장이 되었다. 또 1953년 11월에는 상이군인회 기관지인 『재건타임스』를 발행하는 재건타임스사의 전무가 되기도 했다. 선전부장을 맡은 조지원(趙智元)은 1925년에 황해도 곡산군에서 태어난 사람이다. 해방 이전에는 조선식량영단에서 서기로 일하다가 1945년 3월에 고향에 있는 아남초등학교 교원이 되었다. 해방 후에 월남한 것으로 보이는 그는 1948년 10월에 상동(上東)중학교 교원이 되었다.116 이듬해에 대한중석광업회사에 들어가 회계주임으로 일하다가 1951년 3월 육군 소위로 임관했다. 같은 해 9월에는 중위로 진급했는데 그다음 달에는 공주농업고등학교 교원으로 임명되었다. 이력서에는 나오지 않지만 그 사이에 부상을 입어서 제대한 것으로 보인다. 이어 1952년 4월에 재향군인회 중앙이사가 되었으며 같은 해 11월에는 상이군인회 충남지부장 겸 재향군인회 부지부장이

---

116 그의 월남 시기와 관련되는 이 상동중학교가 어디에 있는지 사실은 분명하지 않다. 1950년대 자료를 보면 강원도 영월군 상동면에 상동중학교가 있고(『大韓民國建國十年誌』, 880쪽) 1949년에 그가 회계주임으로 취직한 대한중석광업회사의 광산이 바로 이 상동면에 있다는 것을 보면(『四二八二年版 經濟年鑑』, 朝鮮銀行調査部, 1949, 1~38쪽) 그가 일한 상동중학교가 강원도에 있는 상동중학교로 보이지만, 강원도에 있는 상동중학교는 1953년에 생긴 것으로 되어 있다는 문제가 있다. 하지만 이 상동중학교가 이북 지역에 있다고 하면 그가 1948년 10월 이후에 월남했다는 약간 현실성이 떨어지는 가정을 하게 되기 때문에 상동중학교의 전신이 되는 학교에서 근무한 것을 이 이력서가 쓰인 1954년의 명칭으로 서술한 것으로 판단했다.

되었다. 그러는 한편 1953년 1월에는 대전고등학교로 전임했다가 같은 해 3월에 공주사범대 전임강사가 되었는데 1954년 11월 애국참전동지연맹에서 일하기 위해 이를 사임했다. 조직부장을 맡은 권상철(權相徹)은 1923년에 경북 청송군에서 태어났다. 1943년에 안동공립농림학교를 졸업하고 조선총독부 선광연료연구소 광물분석과에 들어간 그는 이듬해 연구소 연구과정을 끝내고 일본으로 건너가 교토제대 특수광물과에 연구생으로 들어갔다가 해방으로 인해 귀국했다. 귀국하고 바로 보국고발트광업주식회사 분석과에 들어갔다가 1948년에 조선방직주식회사 대구공장에 입사했다. 한국전쟁이 발발하자 1950년 8월에 육군본부직할 유격대에 들어갔는데 1951년 1월 부상으로 명예제대했다. 제대하자 상이군인경북협회 회장이 되었으며 1952년 6월에는 상이군인회 경북지부장이 되었다. 상이군인회가 상이용사회로 개편되고 나서는 경북지부 상임고문을 지냈으며 1954년 8월에는 한국개척단 경북지부장이 되었다. 부장직을 맡지는 않았지만 상무위원으로 선출된 길기영(吉起永)은 평남 안주군에서 1925년에 태어났다. 1938년에 일본으로 건너가 도쿄에 있는 豊金상업학교에 입학하고 1943년에 졸업했다. 정확히 언제 귀국했는지는 알 수 없지만 1945년 8월에 서울사범대학 사회생활과에 입학했다. 1946년에 평안청년회에 참여하고 이듬해 평안청년회가 서북청년회로 개편되고 나서는 서청에서 활동했다. 1950년 7월에 국군 제6사단 제7연대에 입대했는데 1951년 5월에 부상으로 명예제대했다. 제대하고 나서는 세관에서 일했는데 1952년 6월에는 상이군인회 중앙평의원으로 선출되었다. 또 한 명의 상무위원인 정세진(鄭世鎭)은 강원도 평창군 출신으로 1926년생이다. 1947년에 서울사범대를 나와 평창농업학교에서 교사를 하던 그는 1949년 7월에 육군사관학교에 입학했다. 1950년 1월에 졸업과 동시에 육군 소위로 임관한 그는 보병 3사단 부관실 행정과에서 일하다가 1953년 7월 부상으로 명예제대했다. 제대 후에는 재향군인회 총무국에서 일하다가 1954년 9월에 사임했다. 이상 살펴본 바와 같이 상무위원 7명 가운데 5명이 이북 지역 출신이며 모두가 상이군인이었다. 남한에 분단정권을 수립하는 과정에서도 이북 지역 출신들이 큰 역할을 했는데 애국참전동지연맹 또한 그 계보를 잇는 존재라고 할 수 있다.

그렇다면 애국참전동지연맹은 구체적으로는 어떤 사업을 추진하려 했을까. 「사업계획서」를 보면 다섯 가지의 대외활동이 제시되어 있다.[117] 첫째, 현재 사회에 범람하고 있는 사치와 허영을 일소하기 위해 우리 자신이 시범하는 동시에 각종 공개행사를 실시할 것, 둘째, 황폐화한 국토를 재건하기 위해 맹원의 자발적 동원으로 청소, 녹화 등 각종 미화운동을 전개할 것, 셋째, 신생민주주의 조국건설의 암이 되어 있는 서민생활의 혁신을 도모하고자 민관기관과의 협조하에 전국적인 누습 타파운동을 전개할 것, 넷째, 공업발전을 위한 절전운동 또는 우수한 국산품 생산을 촉구하는 동시에 국민으로 하여금 일상필수품의 외래품사용 배격운동을 강력히 추진, 다섯째, 기타 국민생활 자체의 건전화로서 반공전선의 강화를 꾀하여 각종 사회운동을 전개할 것. 관변조직이라는 것이 대체로 그렇기는 하지만 놀라울 정도로 일반적인 내용밖에 없다. 이 사업계획서를 액면 그대로 받아들인다면 그들은 청소를 하기 위해 일부러 이런 조직까지 만든 셈인데[118] 이 전혀 내용이 없는 사업계획서가 말해주는 것은 오히려 이 단체의 목적이 공적 활동에 있지 않았다는 사실이다. 미 대사관 측에서 인식한 대로 이 단체는 민병대와 같은 조직을 대신할 청년단 역할을 하게 된 것이다.[119]

---

117 「事業計劃書」, '애국참전동지연맹' 정당단체등록계 첨부서류(국가기록원 소장).
118 참고로 '5·16' 직후의 '혁명재판' 과정에서 이정재는 화랑동지회의 목적이 "남들이 우리를 「깡패」라고 말하기에 청소사업을 비롯하여 선행을 하려는 데 있었"다고 진술했다. 『韓國革命裁判史』 第五輯, 281쪽.
119 (795B.00/7-2655)Letter from Turner C. Cameron, Jr., First Secretary of

4. 제대군인 조직을 둘러싼 갈등

1) 애국참전동지연맹과 제대장병보도회의 알력

애국참전동지연맹이 또 하나의 제대군인조직으로 결성은 되었지만 국방부는 보도회만을 제대군인조직으로 인정하고 그 외의 유사단체에 대해서는 강력한 조치를 강구 중이라는 입장을 밝혔다.120 당시 보도회는 1954년 12월에 연차총회를 열어 4대 회장에 신태영을 유임시키고 부회장에 이선근·신규식을, 사무총장에 김기형을 각각 선출해 조직 재건을 위한 노력을 기울이고 있었다.121 그러던 1955년 4월 말 이승만은 민병대와 더불어 보도회도 해체하도록 국방부장관에게 지시를 내렸다. 보도회가 정치적 조직이라는 것이 그 이유였다.122 그 배경에는 신태영이 민병대와 보도회라는 전국조직의 힘을 배경으로 1956년의 대통령선거에 출마할 것이라는 '허위보고'가 있었다고 하고123 또 부회장인 신규식이 3대 국회에서 무소속의원으로서 정부에 대해 비판적 언동을 보인 것이 작용했을 것으로 보인다.124 그런데 다른 조직들과

American Embassy, Seoul to William G. Jones, Esquire, Officer—in—Charge, Korean Affairs, Office of Northeast Asian Affairs, Department of State "political Notes from Korea for Period from June 2 to July 15, 1955", p.6→『史料集』18, 237쪽.
120 『동아일보』, 1955년 1월 21일.
121 각주 16)과 같음.
122 위와 같음.
123 위와 같음.
또한 같은 해 10월에 금융조합연합회 회장이던 배민수가 식산계부흥사업을 발판으로 부통령선거에 출마하려 한다는 소문이 돌자 바로 해임된 것을 보아도 알 수 있듯이 당시 구체적인 기반이 있는 전국조직을 가지는 것 자체가 경계대상이었다. 方基中, 『裵敏洙의 農村運動과 基督敎 思想』, 연세대학교 출판부, 1999, 263~264쪽.

달리 보도회 해체는 쉽게 이루어지지 않았다. 손원일 국방부장관이 보도회 해체에 반대했기 때문이다. 하지만 이 해체 지시가 신문에도 보도되어 기정사실화되어가는 가운데[125] 보도회 측에서는 5월 19일에 전체긴급이사회를 소집해 회장과 부회장의 사표를 수리하고 회장대리로 김기형 사무총장을 선임하고 수습대책위원회를 구성했다. 수습대책위는 손원일 국방부장관을 통해 이승만에게 재고를 요청했으나 이승만은 오히려 "왜 금일에 이르기까지 해체하지 않느냐?"는 책망뿐이었다고 한다. 이처럼 사태가 확대되자 5월 27일 제4차 수습대책위원회의에서는 일단 본회를 해체하되 국방부 안에 따라 "제대군인상조회"를 조정 대안으로 발족시키기로 의결하고 회장에 이기붕을 내정해서 회장직 수락 의사를 타진했지만, 이기붕은 대통령이 반대하는 조직의 대표를 맡을 수 없다며 거절하였다. 결국 아무런 성과도 얻지 못한 채 수습대책위원회는 5월 28일에 해산하고 말았다.[126]

이런 불리한 상황인데도 지방에서는 여전히 보도회의 세력이 꺾이지 않고 있었다. 1955년 10월에 이기붕이 공보실장 앞으로 제출한 「정당협회기타단체의 조직방해 중지 의뢰의 건」에 의하면 보도회는 "행정부의 수반이며 회의 총재이신 대통령각하의 해산유시의 집행은 고사하고 사설경찰을 증원하여 법치국가에서 볼 수 없는 불법감찰 협박 등으로 조국방위성전에 참전했든 명예의 제대군인을 마치 영주격인 입장에서 취급하며 심지어는 병역법을 무시하는 여행증 발급취체 등 치외

---

124 예를 들어 1955년 2월 22일에는 정부의 근로동원을 비판하고 그 중지를 요구하는 발언을 했다. 『第二十回 國會定期會議速記錄』 第一號, 國會事務處, 1955, 10~13쪽.
또한 당시 보도회 간부들이 "야당색채가 농후하다"고 보는 견해가 있었다고 한다. 李圭東, 「除隊軍人團體와政治運動」, 『동아일보』, 1956년 3월 19일.
125 『동아일보』도 "제대장병보도회 불일내로 해체"라고 크게 보도했다. 『동아일보』, 1955년 5월 13일.
126 각주 16)과 같음.

법권의 감을 주고 있"었으며 경남에서는 애국참전동지연맹의 "맹원증을 압수 파기하는 등" 애국참전동지연맹에 대해 적극적으로 대항하고 있었다.[127] 물론 과장된 부분이 있겠지만 여전히 보도회가 세력을 유지하고 있었음은 분명하다. 이 의뢰에 대해 헌병사령부나 국방부에서는 자기 관할이 아니라고 책임을 회피해[128] 결국 이렇다 할 만한 조치는 취해지지 않았던 것 같다. 그 후에도 애국참전동지연맹측에서 일방적으로 두 단체의 통합을 선언한 일이 있었으나 국방부에서 그것을 받아들이지 않아 교착상태는 계속되었다.[129]

보도회 해체를 획책하는 한편 애국참전동지연맹은 계속 독자적인 활동을 추진해 나갔다. 일부에서는 이 단체를 이기붕 세력이 군에 대한 영향력을 확대시키기 위한 것으로 보았지만[130] 실제로 군에 대해 영향력을 행사한 것 같지는 않다. 오히려 그들이 주로 한 활동은 선거에 관한 일들이었다. 1956년 3월 8일에는 시청 앞 광장에서 이승만의 대선 재출마를 요청하는 시위를 했으며[131] 실제 대선 과정에서는 자유당의 '폭력 전술(strong-arm tactics)'의 일부로서 대한참전동지연맹 맹원들의 활동이 '유엔한국통일부흥위원단(UNCURK)'의 선거감시단에 의해 관찰되기도 했다.[132] 애국참전동지연맹은 제대군인으로서의

---

127 「政黨協會其他團體의 組織妨害中止依賴의 件」(국가기록원 소장).
128 「단체간의 분쟁조처 의뢰에관한건」(국가기록원 소장).
129 각주 16)과 같음.
130 '족청계'로 몰려 자유당에서 제명된 신태악, 윤재욱, 여운홍, 남궁현 등이 조직한 '자유당창당동지간담회'가 1955년 7월 30일에 발기인대회에서 발표한 성명 (795B.00/8-2355). Despatch from Turner C. Cameron, Jr., First Secretary of American Embassy, Seoul to the Secretary of State, enclosed file "Statement of the LP Foundation Group", p.1→『史料集』 18, 252쪽.
131 『조선일보』, 1956년 3월 9일자. 이때 단체 이름은 '대한참전전우회'로 되어 있다. 아마도 1955년쯤에 명칭을 바꾼 것으로 보이는데 등록상의 명칭은 계속 '대한참전동지연맹'이었기 때문에 본문에서는 계속 '대한참전동지연맹'으로 서술하기로 한다.

이해관계를 대변한다기보다는 "자유당의 『전위』적 존재"133로서 활동했던 것이다.

2) 대한상무회로의 통합

제대군인단체 통합 움직임은 대선이 끝나고 나야 활발해지기 시작했다. 적극적으로 중재에 나선 국방부가 1956년 7월에 '단일화추진위원회' 조직 안을 제시하고 양측에서 그것을 받아들인 것이다.134 같은 해 8월 18일에 전국 이사 및 각도 정·부 지부장 연석회의를 개최한 보도회는 정관을 개정해서 회 명칭을 '재향군인회'로 개칭하고 총재에 대통령, 부총재에 부통령·대법원장·민의원의장을 각각 추대하고 회장으로 신태영을 선출했다.135 통합을 위해 먼저 움직이기 시작한 것이다. 8월 25일에 예정된 첫 통합회의는 애국참전동지연맹이 참석을 거부해 유회되고 말았지만136 그 후로는 일이 원활히 진행돼 9월 25일에는 양 단체를 해산하고 '상무회'라는 새로운 통합 단체를 조직하는 데 합의를 보기에 이르렀다.137 1957년 1월 17일 대한상무회는 육군회관에서 창립총회를 열어 초대 회장으로 당시 상공부장관이던 김일환 예비역 중장을 선출했다.138 이어 상무회는 1957년 8월에 9개 도 지회를,

---

132 (797B.00/5－1656) Despatch from H. Marshall, Australian Representative, UNCURK Team "Presidential and Vice Presidential Elections in the Republic of Korea: 1956 Observations of UNCURK Team No. 4", p.1→『史料集』 18, 414쪽.
133 李圭東, 앞의 글.
134 각주 16)과 같음.
135 『동아일보』, 1956년 8월 21일.
136 『동아일보』, 1956년 8월 27일.
137 『동아일보』, 1956년 9월 26일.
138 『동아일보』, 1957년 1월 18일. 사실 대한상무회 내부에서는 회장으로 박승훈을 내정했지만 국방부가 김일환으로 변경시켰다고 한다. 각주 16)의 자료 참조.

10월에는 서울지회를 각각 결성하고 지회 아래에는 시·군 단위로 연합분회를, 읍·면 단위로 분회를 조직했는데 10월 7일에는 183개의 연합분회와 2,469개의 분회 조직을 완료했다.139 이제 재향군인회 해체 이래로 없었던 전국 조직을 다시 갖추게 된 것이다.

하지만 상무회의 활동을 재정적으로 뒷받침해 줄 법이 제정되지 않은 상태에서 상무회 활동은 어려울 수밖에 없었다. 국방부에서는 제대군인단체 통합 추진과 더불어 제대군인들의 생활 안정을 위해 정부 각 부 및 산하 각 기관에서 신규 채용을 할 때에는 반드시 제대군인을 채용할 것 등의 내용을 담은 '제대장병보도법안'을 작성하기도 했지만140 국무회의에서 계속 보류상태로 계류되어 있었다.141 상무회가 이런 상태였기 때문에 애국참전동지연맹은 통합 이후에도 잠시 동안 독자적 활동을 계속했다. 통합이 추진되던 1956년 12월에 임원을 개선한 애국참전동지연맹은 상무회 창립 직후에도 아직 지방조직 강화를 추진하고 있었다.142 하지만 상무회 조직 정비가 진행되면서 이기붕의 전위부대로서의 애국참전동지연맹은 그 기능을 상실하지 않을 수 없었다. 그래서 그 기능을 대신하기 위해 강화된 것이 깡패 조직이었다. 1957년 여름에 이정재를 중심으로 조직된 '삼우회(1958년에 '화랑동지회'로 개칭)'가 바로 그것이었으며143 소위 '재일교포 북송'에 반대하는 운동이 전개되었을 때에는 화랑동지회 산하의 젊은이 2000여 명이 동원되기도 했다.144

그런 점에서 보면 1950년대 중후반은 폭력장치의 사병화가 심화되

---

139 각주 16)과 같음.
140 『조선일보』, 1956년 8월 19일.
141 각주 16)과 같음.
142 「檀紀四二九〇年度第一期活動業績報告書」(국가기록원 소장).
143 『韓國革命裁判史』 第五輯, 278쪽.
144 柳志光, 앞의 책, 322쪽.

어가는 과정이었다고 할 수 있을 것이다. 제대군인들이 공적 원호 대상이라기보다 사적 포섭 대상으로 취급된 결과 제대군인에 대한 일반의 이미지는 "감사나 존경의 대상으로 느껴지기에 앞서서 귀찮고 상찌푸려지는 存在"로 비쳐지게 되었다.145

5. 새로운 정치세력으로서의 등장─지방에서의 지형 변화

1) 2대 지방의회에 대한 제대군인의 진출

중앙에서 제대군인들이 사적 폭력장치로서 이용되는 동안에 지방에서는 다른 변화가 있었다. 1956년 8월에 실시된 지방의회 선거 결과 제대군인들이 읍·면의회 등에 진출한 것이다. 선거 당시 "시의원이니 도의원이니 면의원이니 입후보 당시는 자기네들 당선되기 위해 제대군인은 어떻게 하고 무엇은 어떻게 바꾸어야 된다고 호언장담하며 떠들어대"었으며 "입후보 당시에는 누구의 정견을 듣던 간 제대군인을 들추지 않은자 없"을 정도로 일반적으로도 제대군인에 대한 주목도는 높았는데,146 여기서는 1956년에 간행된 『지방의원명감』에 기재된 경력을 바탕으로 제대군인들이 어떤 지역에서 어떤 정치적 입장으로 당선되었는지 살펴보자.147

먼저 전체 수치를 보면 도의회 1명(전체 의원 수 390명), 시의회 5명(416명), 읍·면의회 286명(21431명)이 제대군인으로서 당선되었다.

---

145 『조선일보』, 1959년 8월 1일.
146 朴在浩, 「選擧 '스로강'은 어디갔느냐 =어느除隊軍人의 가슴쓰린呼訴=」, 『眞相』 第二卷第二號, 新聞의 新聞社, 1957.
147 『地方議員名鑑 4298年版』, 中央通信社, 1956.

물론 수적으로는 극소수에 불과하지만 특히 읍·면 단위에서 제대군인들이 영향력을 가지기 시작했다는 사실은 어떤 변화가 일기 시작했음을 말해 준다. 이것을 다시 소속별로 보면 자유당 199명, 대한참전전우회(애국참전동지연맹) 19명, 민주당 8명, 무소속 60명, 제대장병보도회 5명, 농민회 1명으로 나타났다. 자유당이 압도적 다수를 차지하기는 했지만 무소속이 60명이나 되고 민주당에서 입후보해 당선한 사람 또한 있었다. 지역별 분포를 보면 경기 시의회 1명, 읍·면의회 33명, 충북 읍·면의회 51명, 충남 도의회 1명, 읍·면의회 20명, 전북 읍·면의회 40명, 전남 시의회 1명, 읍·면의회 23명, 경북 시의회 2명, 읍·면의회 39명, 경남 시의회 1명, 읍·면의회 55명, 강원 읍·면의회 23명, 제주 읍·면의회 2명이다. 이 지역별 분포를 다시 읍·면의회에서 제대군인이 차지한 비율로 보면 경기 1.5%, 충북 4.2%, 충남 1.0%, 전북 2.1%, 전남 0.9%, 경북 1.4%, 경남 2.1%, 강원 2.4%, 제주 1.3%로 충북에서 유난히 많은 제대군인들이 당선되었음을 알 수 있다. 또 지역별 분포와 소속별 분포를 교차시켜보면, 경기도에서는 자유당 9명, 전우회 7명, 민주당 3명, 무소속 13명, 보도회 2명으로 무소속이 가장 많았다. 충청북도에서는 자유당 50명, 무소속 1명으로 거의 완전히 자유당 일색이었다. 충청남도의 경우는 자유당 6명, 전우회 3명, 민주당 1명, 무소속 9명, 보도회 1명, 농민회 1명으로 여기서도 무소속이 가장 많았다. 전라북도에서는 자유당 21명, 전우회 7명, 민주당 1명, 무소속 11명으로 자유당이 우세했으며 전라남도에서는 자유당 17명, 민주당 2명, 무소속 5명으로 자유당이 압도했다. 경상북도에서는 자유당 19명, 전우회 1명, 민주당 2명, 무소속 18명, 보도회 1명으로 자유당과 무소속이 균형을 이룬 반면에 경상남도에서는 자유당 54명, 무소속 2명으로 자유당이 거의 완전히 석권했다. 강원도에서는 자유당 22명, 전우회 1명으로 자유당 일색이었으며 제주도에서는 자유당 1명, 무소속 1

명이었다. 충북·전남·경남·강원에서 자유당이 압도적이었던 반면에 경기·충남·경북에서는 무소속의 진출이 눈에 띈다. 그런데 이것을 전체적인 추세와 비교하면 경남에서 자유당 소속이 압도적이라는 것과 경기에서 무소속이 다수를 차지했다는 것은 전체적 추세와 다르게 나타난 점이지만 충북·강원에서 자유당이 압도적이고 충남에서 무소속이 강세를 보인 것은 공통적이다.148 다만 경남의 경우 전체 당선자의 97%가 여권이었다고 당시 보도된 것을 감안하면149 경기 외에는 대체로 전체 추세와 동일한 경향을 보였다고 할 수 있다. 즉 제대군인이라고 해서 특별히 보수적 성향을 보이지는 않았다는 것이다. 또한 민주당 소속으로 당선된 의원 중 두 명이 상이용사회 소속이라는 것도 당시의 지형을 보여준다.

이들의 신상을 보면 연령은 거의 대부분이 서른 살을 전후한 나이이며 직업은 농업, 학력은 소졸이 압도적으로 많다. 즉 그들이 내세울 만한 경력은 군인으로서 전선에서 싸우다 왔다는 것밖에 없다는 것이다. 특히 다른 의원들의 경력을 보면 대부분 1대 면의원이나 면서기, 이장 등 지방관리 출신들이 많은데, 이들은 해방 이전부터 그 지역에서 힘을 지닌 기득권 세력, 즉 해방으로도 단절되지 않은 '관(官)'의 계보를 잇는 세력인 반면에 제대군인들은 '관'이 아닌 '국민'으로 당선되었다고 하겠다. 중앙 차원에서 제대군인들은 정권을 유지하기 위한 도구로 이용되었을 뿐이었지만 중앙으로부터 상대적 자율성을 지닌 지방의회

---

148 면의회 선거 당선자의 전체적 추세에 대해서는 『大韓民國選擧史』, 中央選擧管理委員會, 1964, 960쪽 참조. 물론 이 '무소속'이라는 존재가 실제로 어느 당파에도 속하지 않는 사람들인지는 따져보아야 할 문제이다. 하지만 면의회와 같이 좁은 지역에서 치러지는 선거의 경우 실제 정치적 성향을 숨기기가 어려웠을 것으로 판단되기 때문에 여기서는 기록된 소속을 그대로 받아들였다.

149 서중석, 「미군정·이승만정권 4월혁명기의 지방자치제」, 『역사비평』 여름호, 역사비평사, 1991, 51쪽.

에150 제대군인들이 진출한 것은 실제 그 지역에서 제대군인들이 제대군인으로서 발언권을 가졌음을 의미한다. '빨갱이들'과 싸운 '국민'이 사회적으로 인정받을 만한 존재로서 부각되기 시작한 것이다. 남한사회는 이미 수면 아래서 변하기 시작했다.

2) 지역에서의 제대군인들의 모습

1950년대 제대군인들의 모습은 두 가지 상반된 이미지로 묘사된다. 하나는 "군대만 여기어 행패도 잘 부렸고 시골 사람들이 호랑이처럼 무서워하는 순경한테도 막 대어들어 말성"을 일으키는 모습이다.151 '비-국민' 혐의에서 완전히 벗어나고 전투 경험을 통해 폭력에 익숙해진 그들에게 시골 순경 정도는 전혀 두려워할 만한 존재가 아니었다. 폭력의 위협을 배경으로 한 감시가 제대군인들에게는 기능하지 않았던 것이다. 또한 "농촌출신 청년들이 군대생활을 하고나서는 농사짓기를 꺼려하고 도시로 집중하든지 불연이면 농촌에서 유타한 생활에 빠져서 동리사람들의 발악과 지탄을 받고 있는 예가 너무도 많"다고 보도된 것을 통해서도 알 수 있듯이152 제대군인들에 대해서는 원래 생활로 돌아가지 못하는 이질적 존재라는 이미지가 강했다. 그뿐 아니라 그들은 제대군인끼리 무리를 지어 폭력사건을 일으키기도 해서153 "제대(상이)군인이 없었으면 얼마나 좋을가 하는 원성"마저 존재했다.154 하지만 한 제대군인이 "아무리 도둑같이 인정되는 우리라할지라도 하루

---

150 위의 글, 48~49쪽.
151 李無影, 「一 除隊 兵의 素描」, 『食糧과 農業』 第一卷第一號, 食糧 · 農業硏究所, 1957, 159쪽.
152 각주 145)와 같음.
153 『조선일보』, 1957년 8월 13일자 및 1958년 2월 28일.
154 각주 2)와 같음.

바삐 직장을 마련하여 주기만 한다면 우리의 범죄사건도 줄어지고 우리도 떳떳한 간목으로 살 수 있을 것"155이라고 호소했듯이 그 배경에는 "휴전이 성립됨으로써 무려 70여 만이란 제대장병이 속출하였으나 자유당 행정부의 수뇌들은 겨우 이들의 0.83% 정도의 해당하는 소수만에 직업을 알선했을 뿐 여타는 노두에 방황하지 않을 수 없"는 상황이 있었다.156

또 하나의 모습은 "합심단결해서 동리를 위해서"157 일하는 제대군인들의 모습이다. 경기도 이천군의 마을을 조사해 마을에서의 한국전쟁 경험을 분석한 이용기는 휴전 이후에 등장한 신흥세력으로 제대군인들에 주목했다. "이들은 이전 시대와 달리 군대경험을 통해 세상을 보는 안목을 넓히고, 단체생활의 규율을 익히고, 진취적인 생활을 해봤다는 자신감이 있었다."158 1958년에 경기도 광주군과 용인군의 6개 촌락을 조사한 이만갑 또한 이와 유사한 견해를 피력했다. "사회적인 단체에 대한 참여나 혹은 공공기관에의 출입은 군대경험이 있는 사람이 없는 사람들보다 더 적극적이고 빈번하였다"며 "농촌장정이 군대에 갔다 오면 농사를 짓지 않고 도시에 나와서 불량한 행위를 하게 된다는 의견"에 대해서는 "조사기간 중 농촌인으로부터 제대군인에 관해서 아무런 자발적인 비난을 들어보지 못했고 일부러 질문을 하여도 귀농의식이 박약하고 일을 열심히 하지 않는다는 말은 없었다"라고 반박하고 "오히려 조사지구에서 관찰한 바에 의하면 군대에 갔다 온 청년들이 더 촌락생활을 발전시키기 위한 여러가지 생각을 하고 다른 청소년들을 규합하여 실천에 옮기려는 일이 많은 것을 보았다"라고 아주 긍

---

155 위와 같음.
156 『韓國革命裁判史』第一輯, 101쪽.
157 각주 145)와 같음.
158 이용기, 앞의 글, 46쪽.

정적으로 제대군인들을 바라본 것이다.159 1959년 12월에 어떤 지방유지가 "우리가 믿는 것은 군인과 학생밖에 없"다고 군인에 대한 기대를 표명한 것도 제대군인들의 모습을 통해 얻은 이미지가 작용했을 것이다.160 그런데 유의해야 할 것은 긍정적인 제대군인의 모습을 보여주는 이러한 사례들이 경기도의 사례라는 점이다.161 지방의회에 관한 부분에서 지적했듯이 경기도에서 지방의원이 된 제대군인들은 전체 추세와 달리 무소속이 많았는데 제대군인들의 독자적 움직임이 자유당과 무관하게 당선되는 기반이 되었다고 생각할 수도 있을 것이다.162

하지만 전체적으로 보면 1950년대에 "전후 폐허를 딛고 서는 힘"163으로서 제대군인들이 등장했다고 보기는 어려울 것 같다. 조직도 재정적 지원도 거의 없는 그들이 자발적으로 힘을 모아서 건설적 활동을 하는 것은 결코 쉬운 일이 아니었을 것이다. 90만 명을 넘는 사람들을 군인으로 동원해 처음으로 본격적인 근대전을 치른 러일전쟁 후 일본에서도 돌아온 제대군인들이 마을에서 적응을 못하고 문제를 일으키는 양상을 보였는데164 일본에서는 이것이 제국재향군인회를 조직하는 계

---

159 李萬甲, 『韓國農村의 社會構造』, 韓國硏究圖書館, 1960, 146~147쪽.
160 李萬甲, 「軍人＝沈黙의 데모隊」, 『思想界』 6월호, 思想界社, 1960, 73쪽.
161 물론 그러한 사례가 다른 지역에서 전혀 발견되지 않는 것은 아니다. 충남 예산군에서 제대군인 39명이 교량의 파괴로 부락민들이 불편해 하는 것을 보고 수리공사장에서 품을 팔아 24,000환을 모아서 자재를 구입해 자신들의 힘으로 다리를 고쳤다는 사례는 있지만(각주 145)와 같음), 1957년에 유엔한국경제조정관실 지역사회개발국의 한국인 직원에 의해 실시된 충북남과 전남의 3개 촌락에 관한 조사나 1964년에 이대 농촌문제연구위원회에 의해 실시된 충북·경북·강원의 3개 촌락에 관한 조사를 보아도 제대군인에 대한 언급은 전혀 없다. 존 이. 밀스 박사, 『삼개 한국촌락 답사 보고서』, 국련 한국경제 조정관실 지역 사회 개발국, 1958 및 盧昌燮 외, 『開發過程에 있는 農村社會 硏究』, 梨大出版部, 1965 참조.
162 하지만 이용기와 이만갑이 조사한 면에서는 제대군인이 의원으로 당선된 사례가 없어서 이것은 어디까지나 추측에 지나지 않다.
163 이용기, 앞의 글, 44쪽.

기가 되었다. 재향군인회 조직을 주도한 다나카 기이치(田中義一)는 1차대전 후에는 대일본청년단을 조직하고 지방에서는 재향군인에게 그 지도를 맡김으로써 사회의 군사화를 추진했는데[165] 제대군인이라는 이질적 존재를 군사적으로 지역사회를 개편하는 데 활용한 것이다. 하지만 1950년대 남한사회에서 정권은 제대군인들을 적극적으로 포섭·활용하려 하지 않았다. 그런 시대상황 속에서 기존의 사회에 적응할 수도 없게 된 그들이 바란 것은 '국민'이 '국민'으로서 대우받을 수 있는 사회였다. '국민'들은 다음 시대를 기다렸다.

6. '5·16'으로의 길 또는 '국민'의 시대

휴전 이후 남한사회는 탈동원화의 시대를 맞이했다. 이승만정권 초기에는 포섭과 동원이라는 규율사회적 성격과 격리와 감시라는 통제사회적 성격을 동시에 찾아볼 수 있었지만 미국의 개입을 통해 족청계가 제거되면서 통제사회적 성격이 전면적으로 부각되었다.[166] 일반적으로는 생산력의 발전을 통해 동원의 필요성이 감소함에 따라 규율사회로부터 통제사회로 이행하게 되는데 미국의 원조 때문에 생산력을 높일 필요가 없었던 1950년대 중반의 이승만정권은 규율사회를 구축하기도 전에 통제사회로 이행한 것이다. 그 결과 1950년대 말엽에 원조 감소에 대비

---

164 原田敬一, 『國民軍の神話 : 兵士になるということ』, 吉川弘文館, 2001, 86쪽.

165 Gregory J. Kasza, *The Conscription Society,* Yale University Press, 1995, p.18. 및 現代史の會共同研究班, 「總合研究 在鄕軍人會史論」, 『季刊現代史』 第9號, 現代史の會, 1978 참조.

166 규율사회와 통제사회의 구별에 대해서는 Michael Hardt & Antonio Negri, *Empire,* Harvard University Press, 2000, pp.22~27[안토니오 네그리·마이클 하트, 윤수종 옮김, 『제국』, 이학사, 2001, 51~57쪽] 참조.

할 대책을 강구하기 시작하기 전까지는 전국조직, 특히 농촌에 기반을 둔 조직은 철저하게 경계 대상이 되었다. 즉 '국민'이라는 공동의식을 만들어낼 수 있는 장치 자체가 학교를 거의 유일한 예외로 하고 기능하지 않았던 것이다. 그러한 사정은 제대군인들 또한 예외가 아니었다.

앞에서 살펴본 바와 같이 이승만정권은 제대군인들을 '국민'으로 통합하려는 노력을 거의 하지 않았다. 그 결과 사적 폭력장치로서 포섭된 일부를 제외하고 방치된 대부분의 제대군인들은 궁핍 속에서 1950년대를 살았다. 하지만 그들은 중앙과는 거의 무관하게 서서히 지각변동을 일으키고 있었다. 지방의원으로서의 제대군인들의 사회적 진출은 분명히 새로운 사태였으며 '국민'의 시대의 도래를 예고하는 징조였다. 통제사회의 감시 아래서 규율사회는 이미 준비되고 있었던 것이다. '5·16' 세력은 그러한 흐름을 잘 탔다. 쿠데타 직후인 1961년 7월 5일에는 '군사원호대상자임용법'과 '군사원호대상자고용법'을 공포해 일반 제대군인까지 확장된 원호대상자를 적극적으로 임용·고용하게 했으며, 이어 1963년 7월 19일에는 '5·16' 바로 직전에 이미 제정되었던 재향군인회법을 개정해 법률 제1367호로 새로이 공포한 것이다. 정부 보조금의 교부를 규정해 국가가 재정적 지원을 하게 하고 동시에 임의였던 회원가입을 의무제로 변경했다. 대통령선거 출마를 위해 박정희 자신도 1963년 8월에 제대군인이 되었다는 것도 작용했겠지만 이제 제대군인들이 국가에 의해 본격적으로 포섭되기 시작한 것이다. 그들은 '국민 재건'이라는 부름에 응해 '국민'의 시대를 열어나가는 세력이 되었다.

'5·16'으로 가는 길은 한국전쟁이 닦아놓은 것이었으며 '국민'들이 그 길을 걸어갔다. 이 길과 다른 길을 찾기 위해서는 우리는 다시 '국민'이 만들어진 그 시점으로 돌아가야 한다. '국민'에 각인된 그 폭력을 풀지 않는 한 '5·16'은 항상 '국민'과 더불어 있을 것이다.

찾아보기

ㄱ

감시 54, 164
감시 기술 127, 155, 160, 163, 164
강원도연맹 145
거제군지부 146, 151, 152
경기도연맹 145
경남도연맹 145, 146, 149
경북도연맹 145
경제협조처(ECA) 104
계엄령 76
고영환 101, 102
공보처 110
공소보류 162
관변 대중조직 53
관제빨갱이 170, 171, 176
국가 안보(national security) 117
국가보안법 129, 130, 131, 133, 150, 158, 165
『국가보안법실무제요』 132, 159
국가보안법체제 128, 156
국무회의 76
국민 되기 53
국민 만들기 51
국민 정체성 50
국민반 52, 57, 145, 285, 289, 290, 303, 311, 321, 329, 336
국민보도연맹 강령 135, 156
국민보도연맹 운영협의회 134, 136
국민보도연맹 중앙본부 123, 124, 125, 136, 146, 156
국민사상선양대회 142, 143, 150, 167, 172
국민예술제전 142, 143
국민운동 259, 294, 298, 302, 304, 310, 321, 338, 340
국민회 149, 152, 165, 298, 301, 303, 304, 305, 312, 338, 371
국방경비대 101
『국제보도』 82
『국제신문』 78, 81, 83
권력기술 54
권승렬 139, 143
규율 225, 242, 261, 270, 290, 292, 294, 298, 310, 321
그린봄(Stewart Greenbaum) 110
기재유보(記載留保) 72

기지촌 190, 197, 205, 206, 219, 221
길기영 374
김갑수 157
김광섭 100, 103
김광직 367, 372
김구 77
김규택 94
김만성 367, 369, 372
김말봉 191
김성주 173
김송 94
김영랑 94, 103
김익진 139
김일환 351, 379
김종원 145, 173, 193
김준연 136, 143
김태선 136, 139, 143, 144, 204, 306, 308, 312, 319
김헌제 78
김호진 86
김활란 182, 184, 187, 189
김효석 136, 139, 309

ㄴ

낙랑클럽 182, 184, 186, 188
남로당 자수주간 134, 137, 163
「남행록」 95
내란행위특별조치법안 129
노백용 147, 148, 149

ㄷ

단체별 동원 방식 164

대동청년단 109, 67
대한민국 학도호국단 규정 239
대한민국재향군인회 351
대한부인회 149, 165, 182, 301, 304, 305
대한상무회 379
대한상이군인회 363, 367, 368
대한상이용사회 363
대한여자의용군 182
대한청년단 149, 152, 165, 301, 304, 371, 373
대한학도의용대 242
대화숙 129
도의교육위원회 260
독립촉성국민회 67
『동아일보』 86, 88
동원 54
동원 기술 164, 168

ㅁ

마산시지부 146, 151, 153, 154, 165
모어(Gordon D. Mohr) 110
모윤숙 182, 184, 187, 188, 189
무초(John Muccio) 104, 155, 356, 357
문봉제 312
미군정 101
민간인 학살 118
민병대 60, 353, 354, 376
민보단 149, 152, 165, 305, 309
민족청년단 67, 105, 112, 149, 235, 355
『민주일보』 79, 82

찾아보기 ‖ 391

민중통제단체　124

ㅂ

박우천　135, 136, 139, 143, 168
박일원　161
박일형　147
박정희　48
박종화　94, 96, 102, 103, 104
박준섭　105
반공민족　115
반공주의　49
반란실정 문인조사반　93
반상회　289, 290, 305, 325, 330, 334, 337
반장　289
배속장교　236
배은희　312
배제　54
백골부대　173
백낙준　247
백성욱　136, 144
백합회　197, 213, 214, 215
밴 플리트(James A. Van Fleet)　183, 184
보도구금 규정　132
보도구금소　132
보도연맹　52
보이어(T. E. Boyer)　107, 109
부역혐의자　88
브랜든　106, 107, 108
비국민　52
비상학도대　242

ㅅ

사상검사　126, 158, 159, 160, 161
사상전　135
사상통제기구　123, 124
상임지도위원회　139
서북청년회　67
서울시연맹　123, 124, 125, 133, 134, 138, 141, 144, 145, 148
『서울신문』　82
서울특경대　95
서정국　146
선우종원　136, 139, 158, 159
선전 기술　163, 169
설국환　79
성매매　190
세뇌의 기술　161, 168
소련　94, 100
손동신　108
손동인　108
손양원　108
손원일　353, 354, 377
스노우(Jack W. Snow)　104, 106, 107, 108, 110
시국대응전선사상보국연맹　129
시민증　316
신규식　351, 376
신분증　242, 316
신생활운동　300
신성모　311
신영주　147, 148
신익희　136, 302, 371
신태영　353, 362, 376, 379

신형식　359
심리전　193
심문　159, 161, 162, 163, 166

ㅇ

안호상　229, 230, 232, 235, 278, 360
애국반　145, 289, 290, 291, 301, 303, 306, 308, 330, 337
「애국자」　126
애국자　206, 217, 218, 221
애국참전동지연맹　362, 367, 376
야산대　149, 152, 164, 167, 173, 174
양민학살　122
양민학살사건진상조사특별위원회　121
양심서　155, 162, 163, 166, 170
양우정　78, 136, 312, 356, 359, 360
여수서초등학교　86
『여수인민보』　101
여자의용군　180
연합군위안소　194
오제도　132, 136, 139, 144, 156, 158, 159
옥선진　136
위안소　190, 194
유건호　80
유숙계　298, 306, 307, 338
유엔한국재건단　187
윤일　147
이갑성　312
이경모　81, 87, 88, 89
이기붕　139, 369, 370, 371, 377, 380

이례행　193
이범석　72, 74, 75, 112, 229, 312, 355, 356, 357, 360
이선근　199, 254, 256, 269, 334, 351, 376
이소녕　94
이순신　104
이승만　48, 101, 103, 157, 186, 188, 195, 196, 212, 229, 302, 311, 326, 347, 348, 350, 354, 357, 365, 369, 376
이용록　138, 146, 148
이정재　371, 372, 380
이지웅　78
이철승　109
이태희　136, 139, 144
이헌구　94, 96, 97, 102, 111
인구관리체계　294
인구조사　296
인민대회　75
인민위원회　67
인민재판　78, 103
일민주의　235, 355
임영신　186, 187

ㅈ

자백　162, 169
자백의 기술　162, 168
자유당　311, 312, 331, 333, 355, 358, 370, 382
장경근　325
장재갑　139, 144, 158, 159

장택상 312
재향군인 345
재향군인회 350, 362, 379
적의 창출(making enemy) 70, 80, 102
전국학생총연맹 109, 233
전남도연맹 145
전북도연맹 145
전시국민홍보외교동맹 182
전시생활개선법 318
전시연합대학 247
전시학생증 247
전진한 105
전향결산 141
전향자 보도사업 137, 142, 143
전향자통제단체 124
정·동회제 293
정백 142, 144
정보부 140, 150
정비석 94, 99
정세진 374
정홍거 94
정훈국 247
정희택 136, 144, 158, 159
제대군인 345
제대장병보도회 362, 376, 382
조계회 367, 372
조봉암 325
조선민족청년단 355
『조선일보』 80
조영주 312
조재천 161
조지원 373

족청계 312, 355, 356, 357, 358, 359, 387
종고산 98
종교대표단 110
종교위문단 105
좌익섬멸단체 124, 156
좌익전향자단체 124, 135, 136, 156, 166
죽음으로 동원 174, 175
지도위원회 273
지방권력기관 146
진보당 325
진주시지부 154
진헌식 312

ㅊ

채명신 202
최고지도위원회 134, 139, 140
최동희 369
최영수 94, 100
최운하 136, 139, 144
최철용 147, 148
최희연 94
충남도연맹 145
충북도연맹 145
취의서 135, 155, 156, 157
취조 159, 161, 162, 163, 166, 174

ㅋ

칼 마이던스(Carl Mydans) 89, 90, 91
콜터(John B. Coulter) 104
크레인(John C. Crane) 109

ㅌ

탈당 성명서　168
탈맹(脫盟)　143, 144, 155
테크놀로지　164
통영군지부　146, 151, 152
통위부　78
특별연맹　144
특수범죄처벌에 관한 특별법　122
특수위안대　181, 198, 201, 202, 205
특정지역설치　204
특파원　77

ㅍ

『평화일보』　74, 78, 79, 85, 86, 92
포섭　54

ㅎ

학도의용대　243, 244
학도호국단　59, 113, 165, 225, 227, 242, 249, 254, 265, 274, 278
학생분규　275
한민당　67
한백수　369, 370, 371, 372
할당 동원 방식　164
행정말단기구　288
허정　183
형무소　131, 158
『호남신문』　81, 88
호림부대　173
홍한표　79, 80, 92
화랑동지회　380
황두연　78

후방　318
휴전반대 학생데모　250
히틀러 유겐트　226

기타

14연대　68, 72
1950년대　48

■ 저자소개

김득중
국사편찬위원회 편사연구사
논문으로는 「여순사건과 이승만반공체제의 구축」(성균관대 박사학위 논문), 「한국전쟁전후 민간인학살, 어떻게 다루어야 하나」(진실화해를위한과거사정리위원회) 등이 있다.

강성현
충북대, 숙명여대 강사
논문으로는 「'지연된 정의'와 대면하기 – '보도연맹 사건'과 '과거청산'」, 「'죽음'으로의 동원과 이에 대한 저항가능성 – 오키나와 집단자결의 사례를 중심으로」 등이 있다.

이임하
한성대학교 사회과학연구원 연구교수
저서로는 『여성, 전쟁을 넘어 일어서다』, 『계집은 어떻게 여성이 되었나』 등이 있다.

김학재
서울대학교 언론정보학과 박사과정 수료
논문으로는 「정부수립후 국가 감시체계의 형성과정」, 「사상검열과 전향의 포로가 된 국민」 등이 있다.

연정은
진실화해위원회 조사관
논문으로는 「안호상의 일민주의와 정치·교육활동」, 「전시연합대학과 학원통제」 등이 있다.

후지이 다케시
성균관대 사학과 박사과정 수료
논문으로는 「동아시아 '과거 청산'의 두 가지 과제」 등이 있으며 옮긴 책으로는 『번역과 주체』가 있다.